Bibliothek des Widerstandes

Fritz Salm

# Im Schatten des Henkers

Widerstand
in Mannheim
gegen Faschismus
und Krieg

**2. verbesserte Auflage**

Röderberg-Verlag Frankfurt am Main

ISBN 3-87682-033-2

® Copyright by Röderberg-Verlag Frankfurt am Main, 1979
Schumannstr. 56 · 6000 Frankfurt 1
Gesamtherstellung: Plambeck & Co.
Druck und Verlag · 4040 Neuss

# Inhalt

**Vorwort zur zweiten Auflage** / Von Herbert Mies ........ 7

**Einleitung des Verfassers** ........................... 10

**Arbeiterwiderstand in Mannheim** ................... 12
  Mannheim im Jahr 1932 .............................. 12
  Kampf um die antifaschistische Einheitsfront .......... 20
  30. Januar 1933: Machtergreifung Hitlers .............. 29
  Der Marsch der Faschisten zur „Eroberung Mannheims".. 37
  Die Terrorwahlen am 5. März 1933 .................... 39
  Kommunistenjagd in Mannheim ...................... 46
  Beginn der Judenverfolgung – Terror gegen alle
  Demokraten ........................................ 55
  Neue Kampfmethoden gegen Faschismus .............. 63
  Stimmen der Illegalen gegen die Tyrannei .............. 70
  Staatsanwalt: Kommunistisches Material in erheblichem
  Umfang ............................................ 76
  Für die Arbeitereinheitsfront .......................... 86
  Widerstandszentrum in der Amerikanerstraße .......... 93
  Ida Schaibles rettende Tat ............................ 95
  Mannheimer Arbeiterjugend im Widerstand ............ 99
  Betriebszeitungen gegen faschistische Ausbeutung ...... 107
  Dimitroff: Taktik des trojanischen Pferdes .............. 113
  Polizei entdeckt Druckstelle am Tierasyl ................ 117
  Neckarauer und Waldhofer Antifaschisten vor Gericht .... 122
  Mai-Zeitungen 1936: „Volksfront für den Sturz Hitlers!" ... 126
  Die neue Führung des KPD-Bezirks: Lechleiter, Faulhaber,
  Langendorf ........................................ 131
  Widerstandsorganisationen in Mannheimer Betrieben .... 135
  Widerstand der SPD und SAP ........................ 139
  Fritz Abels Tod ...................................... 150
  Prozeß gegen Neckarstädter – enttäuschte Gestapo ...... 152
  Verfolgungsaktion gegen Rote Hilfe .................. 154
  Massenprozeß gegen Ludwigshafener Kommunisten ..... 156
  Jungarbeiter Mannheims kämpfen für Spaniens Freiheit .. 158
  Stimme der Freiheit über Welle 29,8 .................... 166
  Als der Zweite Weltkrieg entfesselt wurde .............. 169

Illegale Versammlungen bei Kriegsausbruch ............ 174
Verteilerstelle Volz im Vorort Seckenheim ............... 180
„Der Vorbote" gegen Krieg und Faschismus ............ 182
Georg Lechleiter und seine Kampfgefährten verhaftet .... 186
Folterungen, Justizkomödie und Mord ................. 193
Sie starben als unbeugsame Kämpfer der Arbeiterklasse .. 196
Internationale Solidarität in Mannheimer Betrieben ....... 206
Im Auftrag des Nationalkomitees „Freies Deutschland" ... 213
Junge Kämpfer für das neue Deutschland ............... 216
Der blutige Todeskampf der Diktatur .................... 221
So starb Josef Rutz im KZ Sachsenhausen ............... 230
Vor dem Rathaus der Stadt Dachau ..................... 232
Mannheim in Schutt und Asche ........................ 234
Demokratischer Neubeginn? ........................... 236

**Nachwort des Verfassers** ............................ 241

**Dokumente** ......................................... 243
Die vier Ausgaben der Zeitschrift „Der Vorbote" .......... 243

**Personenverzeichnis** ................................ 275

# Vorwort zur zweiten Auflage

„Die Ereignisse und Entwicklungen der Gegenwart geben dem Buch ‚Im Schatten des Henkers' von Fritz Salm eine brennende und wohl bleibende Aktualität", hieß es im Vorwort zur ersten Auflage, die im Februar 1973 erschien.

Die sechs Jahre, die seit dem Erscheinen dieses Buches vergangen sind, sind ein Beweis dafür, daß die Auseinandersetzung um Frieden und Freiheit oder Krieg und Faschismus noch nicht zu Ende ist. Der Faschismus ist noch längst nicht aus dem Leben aller Völker verbannt.

Diese Jahre waren Jahre der politischen und geistigen Auseinandersetzung über die Bewältigung oder Nichtbewältigung der Nazivergangenheit – eine Auseinandersetzung, die zeitweilig auflebte und wieder verdrängt wurde, mit „Holocaust" und dem Für und Wider die Verjährung von Nazi-Kriegsverbrechen und Völkermord neue Höhepunkte erlebte.

Der Kampf gegen Faschismus gehört nicht der Vergangenheit an. Das zeigte der Sturz des Salazar-Regimes in Portugal, des faschistischen Franco-Regimes in Spanien, der Diktatur in Griechenland, in Südvietnam und ganz aktuell des Schah-Regimes im Iran. Das zeigt aber auch umgekehrt die Errichtung des Pinochet-Regimes in Chile und die rassistische Politik in Südafrika.

Aber auch in Mannheim wie in der ganzen Bundesrepublik wurde deutlich, daß die Gefahr des Neonazismus noch nicht beseitigt ist. Davon sprach das freche Auftreten der Neonazis im Herbst 1978 in Mannheim, als sie hier ihren Parteitag durchführen wollten, aber auf den Widerstand aller antifaschistisch-demokratischen Kräfte stießen. Davon sprechen die Entdeckung terroristischer Waffenlager der Neonazis und der Versuch mancher Massenmedien, den Nazismus zu rechtfertigen. Davon zeugten aber auch der Fall Filbinger wie die Auseinandersetzung um führende Politiker der Bundesrepublik, die, wie Carstens, der Nazi-Partei angehört haben und dennoch in höchsten Ämtern sind.

All das verweist uns auf den Wert dieses Buches, das durch seine Ergänzungen und Überarbeitungen nur noch gewonnen hat. Wenn heute – angeregt durch „Holocaust" und die Verjährungsdebatte — nicht nur die Frage gestellt wird, wie es zum Faschismus kam, warum sich das Volk nicht gewehrt habe, sondern auch gefragt wird, wie es um den antifaschistischen Widerstandskampf stand, dann möchte man sagen: Fritz Salm gibt eine Antwort. Dieses Buch ist nicht nur die Darstellung des faschistischen Grauens in Mannheim, es ist auch die Darstellung des Widerstandskampfes der Antifaschisten dieser Stadt. Es ist geschichtliche Wahrheit, daß die Kommunisten nicht nur große Opfer brachten, sondern auch die aktivste Kraft im antifaschistischen Widerstandskampf der Arbeiter waren. Sie standen im Widerstand nicht bloß ihrer Selbstbehauptung willen und sie kämpften nicht für fremde Mächte. Sie kämpften vielmehr als Arbeiterfunktionäre für unser Volk, für seine Würde, für seinen Frieden und seine Freiheit. Das mag anspruchsvoll klingen, ist aber die Wahrheit. Und jeder, der sie unvoreingenommen sucht, wird sie auch im Buch Fritz Salms finden. Dafür stehen die Namen Georg Lechleiter, Jakob Faulhaber und anderer Genossinnen und Genossen, die hingerichtet wurden. Dafür stehen die Namen der heute noch lebenden Kämpfer gegen den Faschismus, zu denen der Autor gehört. Sie alle und in gleicher Weise Sozialdemokraten wie Jakob Trumpfheller und Jakob Baumann, liberale und christliche Antifaschisten verdienen unsere Hochachtung.

Wenn sich heute vor vielen Bürgern unseres Landes die Frage stellt: Wie soll es mit der Bundesrepublik weitergehen, wohin soll sie sich entwickeln — weiter nach rechts oder zu einem Land, das einen dauerhaften Frieden, das der Bewahrung verfassungsmäßiger Grund- und Freiheitsrechte verpflichtet ist —, dann ist man versucht zu sagen: Das Buch von Fritz Salm „Im Schatten des Henkers" verweist darauf, daß eine friedliche, demokratische und fortschrittliche Bundesrepublik nur eine antifaschistische Republik sein kann. Der antifaschistische Widerstand der Mannheimer Kommunisten zeigt, daß Kommunisten nicht nur gegen Faschismus kämpften, sondern in Liebe zu ihrem Land, ihrer Stadt, ihrer Heimat auch und gerade für einen demokratischen und friedlichen Neubeginn. Kommunistische Politik ist nicht nur „Politik des Contra", sie ist stets zugleich Politik des Pro. Das haben wir Kommunisten mit dem Mannheimer Parteitag der DKP im Oktober 1978 und dem Programm der Deutschen Kommunistischen Partei erneut und überzeugend deutlich gemacht.

Wenn heute alle politischen und gesellschaftlichen Kräfte im Zusammenhang mit den Berufsverboten mehr denn je herausgefordert sind, sich die Frage zu stellen, wie man es hierzulande mit den Kommunisten halten soll, dann möchte man gleichfalls sagen: Die Antwort darauf wird durch das Buch „Im Schatten des Henkers" erleichtert. Die Henker von Arbeitervertretern sind immer auch die Henker der Freiheit des Volkes. Die Verfolgung von Kommunisten ist stets auch die Verfolgung demokratischer Volkskräfte. Die Kommunisten halten es immer und überall mit der Sache des arbeitenden Volkes. Kommunistenverfolgungen lehren: erst die Kommunisten, dann alle anderen Demokraten. Eine demokratische Bundesrepublik braucht keinen Antikommunismus, ihr dient nur ein vernünftiges Verhältnis zu den Kommunisten.

Man kann überzeugt sein, daß auch die zweite, die erweiterte Ausgabe dieses Buches das Interesse von beachtlichen Teilen der Jugend, der Bürger Mannheims und darüber hinaus in der Bundesrepublik sowie im Ausland finden wird.

Wer die Stadt Mannheim, die Aufbauleistung seiner Menschen, ihre Schaffenskraft, ihren berechtigten, aber nicht aufdringlichen Stolz, und auch ihre demokratische und antifaschistische Tradition liebt, sollte das Buch mit einer der tragischsten, aber auch kämpferischsten Seite der Geschichte Mannheims lesen. Er sollte es in sich aufnehmen und als ein Vermächtnis zu demokratischem Engagement verstehen. Wer den Opfern und Erfolgen des antifaschistischen Widerstandes in Mannheim verbunden ist, der sollte dem Autor und all denen, die ihm ihr Wissen zur Verfügung stellten, dankbar sein. „Im Schatten des Henkers" ist eine Anklage gegen diejenigen, die viel Unheil über unsere Stadt brachten und zugleich ein Plädoyer für Frieden, Demokratie und Fortschritt.

HERBERT MIES, Vorsitzender der Deutschen Kommunistischen Partei

# Einleitung des Verfassers

Das Aufleben des Neonazismus und die sich mehrenden Umtriebe alter und neuer Nazis in unserem Land haben eine Gegenbewegung wachgerufen. Besonders unter der Jugend hat demokratisch-antifaschistisches Denken und Engagement erfreulich zugenommen. Das ist wohl eine der Ursachen dafür, daß mein 1973 veröffentlichtes Buch über den Widerstand in Mannheim vergriffen ist. Mit Freude ging ich deshalb daran, eine zweite Auflage zu bearbeiten. Mancher Vorgang aus der Geschichte des Widerstandes ist nun genauer und ausführlicher geschildert, mancher Faden durch neue Erkenntnisse weitergeführt.

Ich bleibe inhaltlich bei den einführenden Worten der ersten Auflage: Der Widerstand in Mannheim war zugleich die opferreiche, heroische Periode der Geschichte der Mannheimer Arbeiterbewegung während der Zeit von 1933 bis 1945. Arbeiter waren es, die sich in unserer Stadt dem faschistischen Gewaltregime entgegenstellten, und die alles wagten für Freiheit und Frieden. Der Widerstand in Mannheim gegen den Faschismus ist eine der markantesten Episoden der neueren Geschichte unserer Stadt.

Gewiß, es gab in Mannheim auch Gegnerschaft zum Hitlerregime in bürgerlichen und christlichen Kreisen: Jugendgruppen, die sich gegen die Gleichschaltung in der Hitlerjugend zur Wehr setzten und Bürger, die aus religiöser Überzeugung den Kriegsdienst in der Wehrmacht verweigerten und für ihren Glauben in die Konzentrationslager und gar in den Tod gingen. Zu ihnen gehört Pater Alfred Delp, 1907 als Sohn eines Beamten der Mannheimer Krankenkasse geboren, der wegen seines mutigen Eintretens für Menschlichkeit und Freiheit am 2. Februar 1945 von den Faschisten ermordet wurde. Doch der Widerstand mit dem Ziel der Überwindung der Diktatur ging von der Arbeiterbewegung aus.

Den Sinn meiner Forschungen habe ich nicht darin gesehen, eine Statistik des Unrechts, der vielen Prozesse und Verurteilungen zu erarbeiten. Das wäre nicht möglich gewesen. Mir ging es darum, Episoden des schweren Kampfes, persönliche Schicksale und Probleme des Widerstandes in Erinnerung zu bringen. Mir ging es besonders auch darum, gesellschaftliche Zusammenhänge darzulegen, denn der Faschismus war keine zufällige Erscheinung, kein „Betriebsunfall" der deutschen Geschichte. Diese Erkenntnis ist für die Gegenwart sehr wichtig.

Die Schilderungen in diesem Buch beruhen zum Teil auf meinen eigenen Erlebnissen. Das trifft besonders auf den Widerstand der Jugendbewegung zu, allerdings auch auf die Vorgänge während des Zweiten Weltkrieges bei der Firma Heinrich Lanz AG. Doch die Arbeit wäre nicht gelungen ohne die Hilfe vieler Freunde, die mit mir in der Widerstandsbewegung tätig waren. Ich danke allen, die mitgewirkt haben.

Das Buch widme ich all den Frauen und Männern unserer Stadt – ob ihr Name auf den nun folgenden Seiten genannt ist oder nicht und gleich welcher Weltanschauung –, die in den Jahren der Schreckensherrschaft für Freiheit und Menschlichkeit gestritten und gelitten haben.

Mannheim, im Sommer 1979                                FRITZ SALM

# Arbeiterwiderstand in Mannheim

## Mannheim im Jahr 1932

Die Arbeiterstadt Mannheim stand zu Beginn des Jahres 1932 vor einer recht bewegten Zeit. Symptomatisch dafür waren schon die Ereignisse in der Neujahrsnacht auf dem Marktplatz der Innenstadt. Punkt 24 Uhr sang die dort sich zu jedem Jahreswechsel traditionell zusammenfindende Menge, begleitet von den Klängen eines Trommler- und Pfeiferkorps, die Internationale. Das Kampflied der internationalen Arbeiterbewegung statt des Schlagers „Oh du lieber Augustin"! Das war neu beim Jahreswechsel in Mannheim. Für die Polizei auch. Sie schlug mit Gummiknüppeln drein, und es gab Verletzte. Im ersten Polizeibericht des Jahres 1932, am 2. Januar, stand zu lesen: „Die Polizei war aber in ausreichender Stärke rasch zur Stelle und säuberte mit dem Gummiknüppel den Marktplatz."

In der „lebendigen Stadt" hatte sich am Beginn des Jahres 1932 vieles verändert. Steigende Arbeitslosenzahlen und soziale Unsicherheit prägten das Leben. Die Folgen der Wirtschaftskrise waren schon 1931 verheerend. Das Arbeitsamt Mannheim zählte am 31. Dezember 1931 insgesamt 43 506 Arbeitslose, darunter 8 271 Beschäftigte aus der Metallindustrie, 8 382 Arbeiter des Baugewerbes und 10 732 ungelernte Arbeiter.[1] Es kam noch schlimmer. Der Index der industriellen Produktion fiel rasch ab. Im August 1932 betrug er in Mannheim nur noch 59 Prozent im Vergleich zum Jahre 1928.[2] Die Herren der Industrie- und Bankmonopole nutzten die Krise des kapitalistischen Wirtschaftsystems, um eine alle Lebensgebiete umfassende Offensive gegen die Arbeiterklasse, die revolutionäre Bewegung und gegen die bürgerliche Demokratie einzuleiten. Je mehr das Jahr fortschritt, desto offensichtlicher wurde ihr Bestreben für die Errichtung einer Diktatur.

Reichskanzler Heinrich Brüning, der bis zum 30. Mai 1932 die Reichsregierung führte, verfügte mit Hilfe von Notverordnungen laufend Ausgabenkürzungen auf sozialem Gebiet und drastische Steuererhöhungen. Unter der Regierung Franz von Papens, der Brüning ablöste, wurde es noch schlimmer. Sein „Kabinett der Barone" verschärfte die Notverordnungen: Löhne, Gehälter und Unterstützungen wurden gekürzt, das tarifliche Lohnsystem wurde durch ein staatliches Lohndiktat ersetzt. Der Lebensstandard der Arbeiter und Angestellten sank von Woche zu Woche

---

1 Notizen aus dem Archiv von Staatsrat a.D. Erwin Eckert.
2 Ebenda.

weiter ab. Unter General Schleicher, der am 3. Dezember 1932 die Reichsregierung übernahm, wurde die soziale Lage der Arbeiter und Angestellten noch verheerender.

Der Faschismus stand vor der Tür. Die Notverordnungskabinette Brüning und von Papen schufen dazu die wirtschaftlichen, politischen und psychologischen Voraussetzungen. Die NSDAP, finanziert von mächtigen Industrie- und Bankgruppen, organisierte die notwendige Massenbasis und die Schlägerkolonnen. General von Schleicher spielte am Ende des Jahres nur noch den Platzhalter für Adolf Hitler.

Auch in Mannheim, wo die NSDAP bei der Reichstagswahl 1928 nur 1,9 Prozent der Stimmen erhalten hatte, wurden die Nazis plötzlich aktiv. Braune Uniformen tauchten im Straßenbild auf, wenn auch zaghafter als im Odenwald oder in den pfälzischen Dörfern. In den Stadtteilen entstanden SA-Heime. In der Humboldtstraße, in einem Malergeschäft, trafen sich täglich braununiformierte Kolonnen, ebenso im Hause H 5, 9, und provozierten in den Arbeitervierteln Schlägereien. Die Nazis versuchten, die zunehmende Not der arbeitenden Bevölkerung auszunutzen, um mit Gewalt und mit demagogischen Phrasen Masseneinfluß zu gewinnen. Und es gelang ihnen.

Zunächst waren es junge Burschen aus dem Kleinbürgertum, die zur SA zählten, dann in zunehmendem Maße auch beschäftigungslose Arbeiterjungen, durch jahrelange Arbeitslosigkeit zu Lumpenproletariern geworden, die plötzlich in nagelneuen Uniformen und Reitstiefeln daherkamen. Sie, die bisher kaum Geld für eine Zigarette hatten, saßen nun als tägliche Zecher in den SA-Kneipen. Es kam immer öfter zu Tumulten und Schlägereien. So war es zum Beispiel am 20. April 1932: Die Nazis feierten den Geburtstag Adolf Hitlers und zogen gröhlend durch die Straßen der Innenstadt. Schon am Morgen fielen Schüsse beim Arbeitsamt, ein Jungkommunist wurde verletzt fortgetragen. So ging es den ganzen Tag hindurch, das Polizeipräsidium hatte nicht genug Kräfte, um an allen Stellen einschreiten zu können. Am Abend schließlich überfiel eine SA-Horde vor ihrem Heim in H 5 mit Messern und Totschlägern Angehörige des Reichsbanners Schwarz-Rot-Gold, ein Sozialdemokrat sank blutüberströmt und schwer verletzt zusammen. Am folgenden Tag berichtete die Arbeiterpresse darüber, daß es zwar viele Verhaftete gegeben habe, darunter aber keine Nationalsozialisten.

Die Faschisten wurden geduldet und gar gefördert, die Kommunisten verfolgt. Im Musterländle Baden war es nicht anders als in den anderen Ländern des Reiches. In einer Konferenz der kommunistischen Parteiorganisation Mannheims stellte Georg Lechleiter, Sprecher der KPD-Landtagsfraktion, im November 1932 anklagend fest: „Während die Nazis den

Antifaschistische Demonstration in Mannheim vor 1933. Erste Reihe von links: Ludwig Neischwander, Franz Doll, Eugen Herbst, Emil Pitzuch, Hermann Grosse. Die vier Erstgenannten fielen dem faschistischen Terror zum Opfer.

Terror verschärfen, sehen Regierung, Justiz und Polizeiorgane ihre Aufgabe darin, gegen Kommunisten vorzugehen."[3]

So war es in der Tat: Im Lande Baden fanden von 1931 bis 1932 insgesamt 390 Prozesse gegen Kommunisten statt; dabei wurden 550 Monate Gefängnis und Zuchthaus ausgesprochen. Im Jahre 1932 war die kommunistische „Arbeiter-Zeitung" sechsmal beschlagnahmt.[4] Während des Wahlkampfes zu den Reichstagswahlen 1932 stand der faschistischen NSDAP, nicht aber der Kommunistischen Partei der Rundfunk zur Verfügung. Der Rote-Frontkämpfer-Bund, eine Kampf- und Schutzorganisation der Arbeiterklasse, war schon seit dem 2. Mai 1929 verboten. Er zählte am Tage des Verbots in Mannheim 1 600 Mitglieder. Das Verbot löste eine Verfolgungswelle aus. Die Worte des ehemaligen Reichskanzlers Josef Wirth „Der Feind steht rechts" waren auch im Musterländle Baden keineswegs Leitlinie der Politik.

Die verschärfte Wirtschaftskrise und das damit verbundene Massenelend führten zu Unruhen. Demonstrationen und Hungermärsche der Arbeitslosen wurden in Mannheim fast zur täglichen Erscheinung. Die Zahl der Arbeitslosen schnellte von Monat zu Monat mehr in die Höhe. Am Ende des Jahres 1932 zählte der Arbeitsamtsbezirk Mannheim weit über 50 000 Arbeiter und Angestellte, die ohne Arbeit waren. Lange Schlangen belagerten täglich die Schalter des Arbeitsamtes. Arbeit war dort längst nicht mehr zu vergeben. Es galt nur noch, „den Stempel" abzuholen oder einmal in der Woche die kärgliche Unterstützung. Zehntausende erhielten schon gar keine Arbeitslosenunterstützung mehr. Sie bekamen die sogenannte Krisenunterstützung oder waren schon bei der städtischen Fürsorge gelandet. Das reichte weder zum Leben noch zum Sterben. Die Zuschüsse, die das städtische Fürsorgeamt benötigte, schnellten schwindelerregend in die Höhe. Für das Jahr 1932 waren es insgesamt 16,3 Millionen Mark. Der Anteil der Städte und Gemeinden am Steueraufkommen hingegen wurde mit Hilfe der Notverordnungen laufend gekürzt.[5]

Die Arbeitslosendemonstrationen führten zu Zusammenstößen mit der Polizei. Selbst das „Mannheimer Volksblatt", der Zentrumspartei nahestehend und im Volksmund „schwarze Katel" genannt, hatte Grund, sich über den Polizeieinsatz zu entrüsten. An einem Freitagabend wurde an der Straßenecke Riedfeld- und Zehntstraße ein junger katholischer Pfarrer von Polizisten zusammengeschlagen. Er wollte sich nach einer Veranstaltung des DJK im Kaisergarten von einer Gruppe Jugendlicher verabschieden.

---

3 Protokoll einer Konferenz der KPD Mannheim vom 16. 11. 1932. In Privatbesitz.
4 Ebenda.
5 Notizen aus dem Archiv von Staatsrat a.D. Erwin Eckert.

**Wahlplakat der SPD 1932** (Stadtarchiv Mannheim).

Auch in den Betrieben wuchs die Unruhe. Kein Arbeiter, der noch in der Produktion stand, wußte, wann seine Stunde gekommen war und auch er auf die Straße flog. Die Unternehmer nutzten die anschwellende industrielle Reservearmee, um den Druck gegen die Arbeiterklasse zu verschärfen. Die berechtigte Angst vor Entlassung sollte die Arbeiter und Angestellten gefügig machen. Lohnkürzungen und der Abbau zusätzlicher betrieblicher Leistungen standen überall auf der Tagesordnung. Die Notverordnungen ermächtigten die Unternehmer, die Tarifvereinbarungen teilweise außer Kraft zu setzen und nach Willkür Lohnkürzungen zu diktieren.

Es kam in Mannheim zu Streikaktionen. Wochenlang gehörten die Lebensmittelsammler des Streikkomitees der Maschinenfabrik Friedrich August Neidig und Söhne zum Straßenbild Mannheims. Im Hinterhof des Gasthauses Beutel in der Neckarstadt war eine Gulaschkanone der Internationalen Arbeiter-Hilfe (IAH) aufgestellt. In den anderen Betrieben wurden Geldspenden für die Kollegen von Neidig gesammelt. Im Saal des Gasthauses Beutel tagte die Streikleitung in Permanenz. Friedrich August Neidig war Landeskämmerer des Stahlhelm/Bund der Frontsoldaten. Er versuchte, mit Hilfe von Streikbrecherkolonnen dieser paramilitärischen Organisation, herbeigeholt aus ländlichen Gebieten, den Streik niederzuringen. Es kam zu Zusammenstößen.

Von Mitte August bis Ende Oktober 1932 hielt die Streikfront der Neidig-Belegschaft dem wachsenden Druck stand. Dann kam das Ende. 40 Kollegen, darunter die Mitglieder des Streikkomitees und alle Kommunisten des Betriebes, wurden entlassen.

Ähnliche Streikaktionen fanden in anderen Betrieben Mannheims statt: bei Hutchinson und Estol, bei der Gummi- und Asbest-Fabrik, im Bau- und Transportgewerbe. In den Abteilungen der Großfirmen Daimler-Benz AG und Heinrich Lanz AG legten die Arbeiter wiederholt die Arbeit nieder, um sich gegen Lohn- und Akkordabbau zu wehren. Auch der Ausstand bei der Gummi und Asbest in der Schwetzingerstadt ging über viele Wochen hin. Das Streiklokal war die Wirtschaft Zum Eisenhammer. Dort tagte die Streikleitung unter Führung des Betriebsratsvorsitzenden Karl Morschhäuser, dort fanden morgendlich die Lagebesprechungen statt, und dort wurden die Streikenden verpflegt. Auch dieser Arbeitskampf, der sich gegen zwanzigprozentigen Lohnabbau richtete, war von einer breiten Solidaritätsbewegung getragen. Wie beim Streik bei Neidig, so war auch hier eine Gulaschkanone der Internationalen Arbeiter-Hilfe in Aktion, um die Belegschaft mit einem Mittagessen zu versorgen. Die Sammler von Lebensmitteln, ausgesandt vom Streikkomitee und von der IAH, durchstreiften auch die Gemeinden des Landkreises. Die Ortsgruppen der KPD in den Landgemeinden organisierten Solidaritätsausschüsse für die Mannheimer Arbeitskollegen.

Die führende Rolle bei diesen Arbeitskämpfen spielte zumeist die Revolutionäre Gewerkschaftsopposition, die RGO. Mit Ausnahme der Streiks bei Hutchinson und der Maschinenfabrik Neidig wurden sie von den Gewerkschaftsleitungen als „wilde Streiks" bezeichnet und nicht unterstützt. Dies führte zu heftigen Auseinandersetzungen in den Gewerkschaftsversammlungen.

In den Streikkomitees standen Kommunisten, Sozialdemokraten und parteilose Arbeiter zusammen. Die Einheitsfront im Kampf gegen Unternehmerwillkür und Notverordnungen ließ die Hoffnung auf die Arbeitereinheit auch im Kampf gegen die zunehmende Gefahr des Faschismus entstehen. Die Arbeitskämpfe kündigten einen raschen Aufschwung der Arbeiterbewegung an. In der Entschließung des Bezirksparteitages der KPD Baden/Pfalz im November 1932 hieß es denn auch: „In unserem Bezirk zeigt sich der revolutionäre Aufschwung besonders in einer Reihe von Streiks, die zum größten Teil unter unserer Führung stehen, und mehr als die Hälfte davon endete siegreich."

Revolutionärer Aufschwung? Zweifellos nahm im Jahre 1932 in breiten Schichten der Bevölkerung die Erkenntnis von der Notwendigkeit grundsätzlicher gesellschaftlicher Veränderungen zu. Tausende Mannheimer, die bisher politisch indifferent waren, wurden in den wirtschaftlichen und politischen Kampf der Arbeiterbewegung einbezogen. Viele glaubten an eine nahe sozialistische Revolution. Bei den zahlreichen Demonstrationen, die damals die Straßen der Stadt belebten, wurde das Ziel des Kampfes proklamiert: „Verhindert den Faschismus – für eine Arbeiter- und Bauernregierung."

Die KPD wurde in Mannheim zu einer starken Partei. Es mehrten sich die Betriebs- und Straßenzellen, die Mitgliederzahl schwoll an. Im Bericht des Bezirksparteitages 1932 wurden folgende Zahlen genannt: Ende des Jahres 1930 gab es in Baden und der Pfalz 4 025 organisierte Kommunisten, Ende Oktober 1932 umfaßte die Partei in Baden-Pfalz, inzwischen zu einem einheitlichen Bezirk vereinigt, bereits 19 639 Mitglieder, organisiert in 400 Ortsgruppen und 160 Betriebszellen.[6] Die sozialdemokratische Partei war trotz des sprunghaften Aufstiegs der KPD zu dieser Zeit immer noch stärker. Sie umfaßte in der Landesorganisation Baden rund 24 000 Frauen und Männer.[7]

6 Aufzeichnungen von Paul Schreck vom 1. Juni 1947. In Privatbesitz.
7 Jörg Schadt: Im Dienst an der Republik. Tätigkeitsberichte des Landesvorstands der Sozialdemokratischen Partei Badens 1914–1932. Verlag W. Kohlhammer, Stuttgart 1977, S. 193.

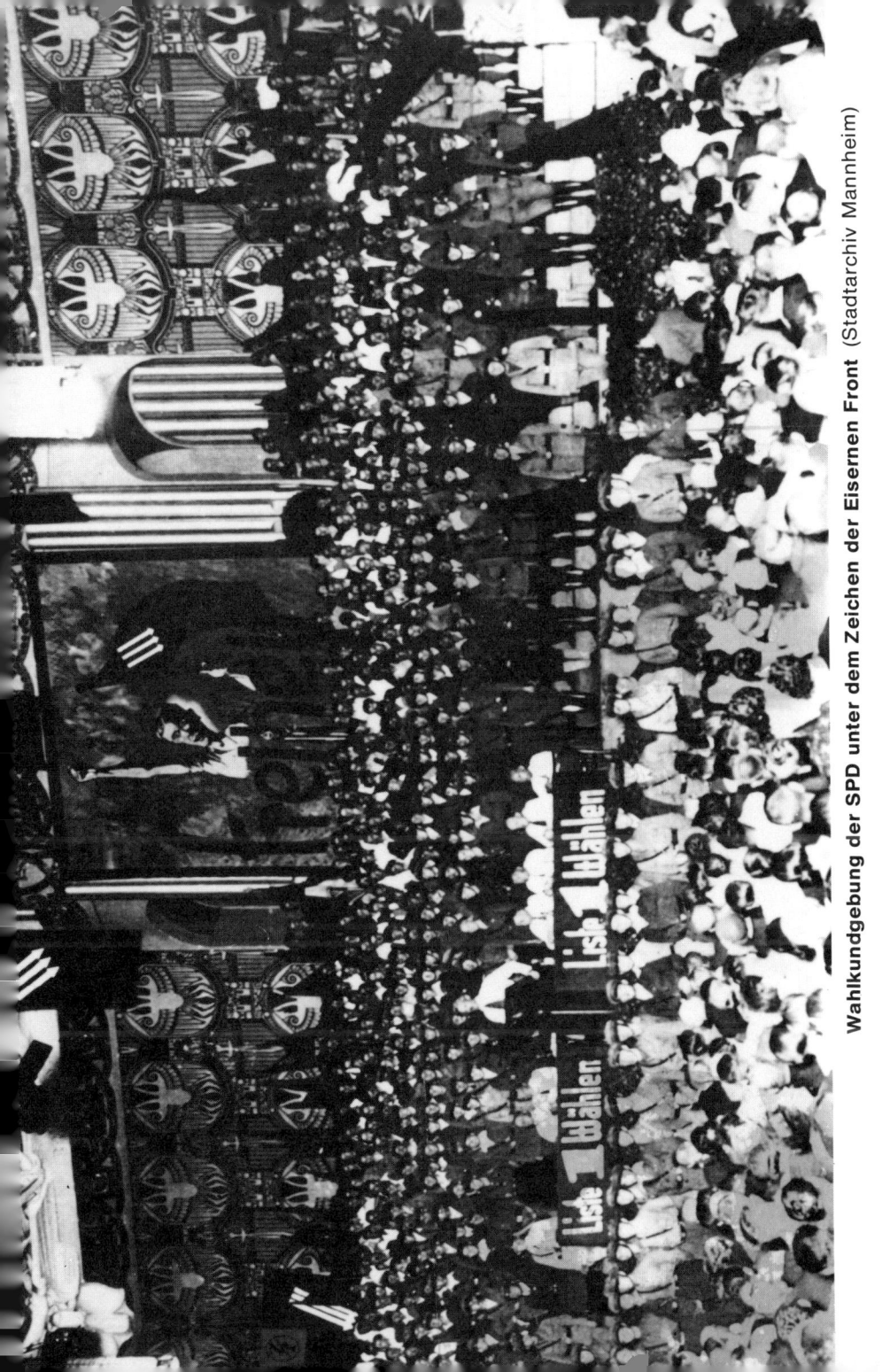

Wahlkundgebung der SPD unter dem Zeichen der Eisernen Front (Stadtarchiv Mannheim)

Von Wahl zu Wahl gewann die KPD mehr Stimmen. Bei der Reichstagswahl am 6. November 1932 erreichte sie in Mannheim erstmals mehr Stimmen als die SPD.
Die Wahl hatte folgendes Ergebnis:

| | |
|---|---|
| KPD | 36 080 Stimmen |
| SPD | 34 296 Stimmen |
| Zentrum | 22 510 Stimmen |
| NSDAP | 38 686 Stimmen |
| DNVP | 5 364 Stimmen[8] |

Auch im Land Baden hatte die Kommunistische Partei starken Stimmenzuwachs. Sie überflügelte die Wählerzahl der Sozialdemokratie um nahezu 15 000 und wurde hinter NSDAP und Zentrum zur drittstärksten Wählerpartei.

## Kampf um die antifaschistische Einheitsfront

In Mannheim entstanden zwei antifaschistische Massenbewegungen: die Eiserne Front unter sozialdemokratischem und die Antifaschistische Aktion unter kommunistischem Einfluß. Der Kern der Eisernen Front bildeten die Formationen des Reichsbanner Schwarz-Rot-Gold, die Antifaschistische Aktion bildete sich aus den proletarischen Massenorganisationen, ihr Vorläufer war der Kampfbund gegen Faschismus. An den Kundgebungen und Aufmärschen beider Bewegungen beteiligten sich viele Mannheimer. Eine Massenkundgebung der Eisernen Front am 11. Juli 1932 auf dem Zeughausplatz zählte rund 10 000 begeisterte Teilnehmer, an der drei Tage später folgenden Demonstration der Antifaschistischen Aktion nahmen 7 000 Personen teil. Doch man marschierte getrennt. Selbst am 1. Mai, dem internationalen Kampftag der Arbeiterklasse, gab es keinen gemeinsamen Aufmarsch. Die Arbeiterbewegung war tief gespalten.

Herstellung der Einheitsfront gegen den drohenden Faschismus, das war die dringende Aufgabe des Jahres 1932 in Deutschland. Vom Gelingen hing alles ab, das Schicksal der Arbeiterbewegung und die Zukunft Deutschlands. Dem wachsenden Willen zur Einheitsfront in den Betrieben und an den Stempelstellen stand die Ablehnung durch die Führungen der SPD und des ADGB gegenüber.

Die Gefahr des Faschismus kam für viele Arbeiter – Sozialdemokraten und Kommunisten – vor allem in den Schlägerkolonnen der SA zum Ausdruck. Sie glaubten, die Gefahr allein durch die Bildung und den Einsatz

---
8 Notizen aus dem Archiv von Staatsrat a.D. Erwin Eckert.

militanter Gegenformationen bannen zu können. Was ist Faschismus? Darüber gab es viele Diskussionen. Während der Gruppenabende der Metallarbeiter-Jugend, der Jugendgruppe des Deutschen Metallarbeiter-Verbandes, diskutierte man sich die Köpfe heiß, fand aber keine einheitliche Einschätzung. Zwei Auffassungen standen sich gegenüber: Die Jungkommunisten werteten den Faschismus als besonders brutale Herrschaftsform des Monopolkapitals, die jungen Sozialdemokraten als eine vorübergehende nationalistische Strömung des Kleinbürgertums.

In den Organisationen der KPD hatte sich die Erkenntnis durchgesetzt, daß die entscheidende Gegenkraft gegen die drohende Gefahr die einheitliche Aktion der Arbeiterklasse sein müsse. Ziel war die antifaschistische Einheitsfront, doch man wollte den notwendigen Abwehrkampf gegen den Faschismus verbinden mit dem sofortigen Kampf für die sozialistische Gesellschaftsordnung. ,,Deutschland so oder so: entweder faschistische Diktatur des Kapitals oder proletarische Massendiktatur, das ist die große Entscheidung", hieß es beispielsweise in einem Flugblatt der KPD-Stadtteilorganisation Neckarstadt.[9]

Die Verhinderung des Faschismus war nur möglich durch den einheitlichen Kampf der Arbeiterklasse gegen die nationalsozialistischen Terrororganisationen, zugleich aber mußte er die Zurückdrängung und Überwindung der Macht der Industrie- und Bankmonopole zum Ziel haben. Nicht das Kleinbürgertum, das in erster Linie das Fußvolk des nationalsozialistischen Ansturms gegen die Weimarer Republik und die Arbeiterbewegung stellte, sondern die Machtgier und der Expansionsdrang der Industrie- und Bankmonopole waren die Ursache der Gefahr. Arbeitereinheitsfront gegen die ökonomische Macht und den politischen Einfluß der Monopole, das war die damals richtige und historisch notwendige Zielsetzung der Kommunistischen Partei Deutschlands. Nur im Kampfe gegen das Großkapital konnte der Faschismus verhindert werden. Gegen Ende des Jahres 1932 waren viele sozialdemokratische Arbeiterfunktionäre darin mit der KPD einig.

Dabei machte die Kommunistische Partei auch Fehler. Sie bestanden nicht nur in der Gleichsetzung des antifaschistischen Kampfes mit dem Kampf um den Sozialismus, sondern besonders in der Nichtbeachtung des Unterschiedes zwischen der bürgerlichen Demokratie und faschistischen Herrschaftsformen. Das war verhängnisvoll und hinderte das Erreichen einer breiten demokratischen Abwehrfront. Hinzu kam die These vom ,,Sozialfaschismus". Die kommunistische Weltbewegung und die KPD haben

---

9 Flugblatt der KPD Mannheim-Neckarstadt aus Anlaß der Ernennung General Schleichers zum Reichskanzler. In Privatbesitz.

sich in den späteren Jahren selbstkritisch mit diesen Fehlentscheidungen auseinandergesetzt. Dies geschah im Jahre 1935 durch den VII. Weltkongreß der Kommunistischen Internationale und die Brüsseler Konferenz der KPD. Zur Sozialfaschismus-These stellt das Buch, „Die Kommunistische Internationale" fest:

„Die These vom Sozialfaschismus hinderte die Kommunisten daran, rechtzeitig zu erkennen, daß die Sozialdemokratie, mit Ausnahme ihrer rechten Führer und rechten Gruppierungen, mit dem Angriff des Faschismus am antifaschistischen Kampf teilnehmen könne... Die Feststellung der XI. Tagung des EKKI, daß der Prozeß der Faschisierung bis in die unteren Glieder der reformistischen Organisation gehe, hinderte die kommunistischen Parteien daran, reale Wege für die Annäherung der reformistischen und kommunistischen Arbeiter zu finden."[10]

Bürgerliche und rechtssozialdemokratische Historiker behaupten, die damaligen Fehleinschätzungen der KPD seien entscheidend gewesen für den Sieg des Faschismus. In demagogischer Weise machen sie die Sozialfaschismus-These für die gesamte verhängnisvolle Entwicklung verantwortlich. Sie verschweigen dabei, wie sozialdemokratische Führer die KPD beschimpften. Die Worte des SPD-Parteivorsitzenden Otto Wels auf dem Leipziger Parteitag 1931 „Bolschewismus und Faschismus sind Brüder" könnten durch andere Beispiele ergänzt werden.[10a]

Bei allen Fehlern der KPD: Die Ursache des Vormarsches und des Sieges des Hitler-Faschismus in Deutschland waren die Versäumnisse der Novemberrevolution 1918. Die Politik der sozialdemokratischen Führung in jener Epoche der deutschen Geschichte förderte die Restaurierung der Macht der Industrie- und Bankmonopole. Das war entscheidend für die Entwicklung und für das Schicksal der Weimarer Republik. Die blutigen Gewaltmaßnahmen von Gustav Noske, dem ersten Reichswehrminister, mit Hilfe faschistischer „Freiwilligenverbände" gegen den revolutionären Teil der Arbeiterklasse haben entscheidend dazu beigetragen. Gustav Noske, der sich selbst als „Bluthund" bezeichnete, war Sozialdemokrat.

Die Fehler der KPD waren die Reaktion auf diese Politik. Sie haben die Bildung einer Einheitsfront erschwert, doch sie waren nicht Ursache, sondern Folge der Spaltung der Arbeiterbewegung. Jeder Arbeiterfunktionär, der die Zeit vor dem Machtantritt des Faschismus bewußt erlebte, weiß, in

---

10 Die Kommunistische Internationale. Kurzer historischer Abriß. Verlag Marxistische Blätter, Frankfurt am Main 1970, S. 377/378.
10a Vgl. dazu: Bärbel Hebel-Kunze, SPD und Faschismus. Zur politischen und organisatorischen Entwicklung der SPD 1932–1935. Röderberg-Verlag, Frankfurt am Main 1977. Hier besonders der Abschnitt „Das Verhältnis der SPD zum Kommunismus", S. 40ff.

welch verhängnisvoller Weise der Schießbefehl des sozialdemokratischen Polizeipräsidenten von Berlin, Karl Zörgiebel, am 1. Mai 1929 den Graben zwischen kommunistischen und sozialdemokratischen Arbeitern vertiefte. Sein brutaler Befehl hat immerhin 33 Berliner Arbeitern, die den 1. Mai feiern wollten, das Leben gekostet und dies im sozialdemokratisch regierten Preußen! Einheitsfront mit Zörgiebel gegen den Faschismus? Der Berliner Polizeipräsident galt nach dem Blutmai 1929 als „Arbeiterschlächter" im Dienste des Großkapitals, als „Sozialfaschist" und dies nicht nur bei kommunistischen Arbeitern.

Die Arbeitsgemeinschaftspolitik der SPD- und ADGB-Führungen mit dem Monopolkapital stellte die Kommunistische Partei Deutschlands vor eine unlösbare Aufgabe. Sie wollte, alleingestellt, die Massen mobilisieren für die Verteidigung ihres Lebensstandards und ihrer Rechte gegen die Notverordnungspolitik und die Offensive der Unternehmerverbände. Jeder aktiv wirkende Kommunist setzte sich dafür Tag für Tag unermüdlich ein. Doch die KPD blieb trotz des Anwachsens ihrer Mitglieder zu schwach, ihr Einfluß in den Großbetrieben zu gering. Die Massenentlassungen infolge der Wirtschaftskrise trafen besonders die Mitglieder und Anhänger der KPD. Je größer ihr Einfluß in den Ausschüssen der Arbeitslosenbewegung wurde, desto mehr nahm die Zahl kommunistischer Positionen in den Großbetrieben ab.

Hinzu kam folgender Mangel in den Organisationen der Kommunistischen Partei: Die Zahl der Mitglieder mehrte sich von Tag zu Tag, doch damit auch die Zahl der Aktivisten, die weder marxistisch geschult noch in politischer Tätigkeit erfahren waren. Im Bericht des Bezirksparteitages 1932 heißt es denn auch: „75 Prozent der Parteigenossen und ein noch größerer Prozentsatz der Funktionäre haben noch nicht an der Diskussion der Partei teilgenommen; sie sind erst im Laufe der letzten 1 $^1/_2$ Jahre zur Partei gestoßen."[11]

Die sozialdemokratisch orientierten Arbeiter glaubten an den betonten Willen ihrer Führung, die Republik mit allen Mitteln verteidigen zu wollen. Am 8. Januar 1931 hatte der sozialdemokratische Regierungsrat Merkle auf einer der ersten Kundgebungen der Eisernen Front in Berlin recht konsequente Worte gesprochen. Die Rede erregte Aufsehen in ganz Deutschland, die Zeitungen zitierten besonders folgende Stelle: „Wenn Hitler illegal oder auch legal in Deutschland zur Macht kommt, bedeutet das auf jeden Fall einen Bürgerkrieg. Die Sozialdemokratie verdient ins Irrenhaus zu kommen, wenn sie den Faschisten nur mit demokratischen Mitteln entge-

---

11 Tätigkeitsbericht auf dem Bezirksparteitag Baden/Pfalz der KPD, November 1932. Archiv Erwin Eckert.

gentritt. Das Reichsbanner ist für jede Möglichkeit gewappnet."[12] Die bürgerliche Presse, so auch die „Neue Mannheimer Zeitung", apostrophierte die Ankündigung Merkles mit den Worten: „Man muß in der Tat verwundert sein, daß diese Rede nicht zur Schließung der Kundgebung durch die Polizei geführt hat."

Wer konnte bei solch radikalen Aussagen an dem Willen der sozialdemokratischen Führung zum Kampf gegen eine faschistische Machtergreifung zweifeln? Mannheim war eine sozialdemokratisch geführte Stadt. Die SPD hatte in der Arbeiterstadt starke Positionen, der letzte Oberbürgermeister vor dem Machtantritt der Nazis war der Sozialdemokrat Dr. Hermann Heimerich. In der Stadtverordnetenversammlung hatten SPD und KPD zusammen 39 Sitze, die NSDAP 14; im Stadtrat waren die beiden Arbeiterparteien mit 11 Abgeordneten, die NSDAP mit vier vertreten.

Weit wichtiger war die Stärke des ADGB und der ihm angeschlossenen Fachgewerkschaften. Die freien Gewerkschaften beherrschten weitgehend die betrieblichen Körperschaften. Sie hatten den entscheidenden Einfluß in den Großbetrieben. Die Nationalsozialisten machten große Anstrengungen, um mit Hilfe der Konzerndirektionen in den Betrieben Fuß zu fassen. Ihre betriebliche Organisation, die NSBO, stellte bei den Betriebsrätewahlen in einigen Betrieben eigene Wahllisten auf. Die Kandidaten waren zumeist willfährige Kreaturen der Industrieherren. Sie fanden nur bei den Angestellten weniger Betriebe, zum Beispiel bei BBC, einige Zustimmung.

In Deutschland mußte nach Auffassung der KPD-Führung eine umfassende antifaschistische Bewegung entstehen. Dieser Vorschlag wurde auf einer Tagung des Zentralkomitees der KPD am 25. Mai 1932 von Ernst Thälmann begründet und fand allgemeine Zustimmung. Die ZK-Tagung beschloß einen entsprechenden Aufruf. Darin hieß es: „Die Antifaschistische Aktion muß durch den Massenkampf für eure Forderungen, für die Verteidigung der Lebensinteressen aller Werktätigen, durch die Streiks der Betriebsarbeiter, durch die Massenaktionen der Millionen Erwerbslosen, durch den politischen Massenstreik der geeinten Arbeiterklasse dem Hitlerfaschismus den Weg zur Macht verlegen! Die Antifaschistische Aktion muß alle Kräfte der Arbeiterklasse und der von ihr geführten Millionen Werktätigen in Stadt und Land zum Einsatz bringen, um der Faschisierung Deutschlands Einhalt zu gebieten, um den blutigen Plan des Hitlerfaschismus zu vereiteln, der die offene, faschistische Diktatur über Deutschland aufrichten will!"[13]

12 „Neue Mannheimer Zeitung" vom 9. 1. 1931. In Privatbesitz.
13 Geschichte der deutschen Arbeiterbewegung. Band 4. Von 1924 bis Januar 1933. Dietz-Verlag, Berlin/DDR 1966, S. 570.

Schon sechs Wochen später, am 10. Juli 1932, fand in Berlin der erste zentrale Einheitskongreß der Antifaschistischen Aktion statt. Daran beteiligten sich 1465 Delegierte von antifaschistischen Komitees und Massenorganisationen, davon 132 Sozialdemokraten und 954 Parteilose. Die Zahl der Mannheimer Delegierten ist nicht mehr bekannt, wohl aber die Teilnahme von Frau Elsa Heiser, damals Mitglied der SPD in Mannheim, von 1926 bis 1930 sozialdemokratische Stadtverordnete. Sie berichtete in Versammlungen über den Kongreß.

In Mannheim war schon im Jahre 1931 ein Einheitskomitee sozialdemokratischer und kommunistischer Arbeiter entstanden. Dieses Komitee führte am 8. Oktober 1931 eine Kundgebung durch, an der nahezu 7000 Mannheimer teilnahmen.[13a] Der Verlauf der Veranstaltung wurde zur Sensation für die Stadt. Stadtpfarrer Erwin Eckert, Prediger in der Trinitatiskirche, gab seinen Eintritt in die KPD bekannt. 20 Jahre lang war er Mitglied der SPD gewesen, besonders bekannt war er als Vorsitzender des Bundes der Religiösen Sozialisten Deutschlands. Die Persönlichkeit Eckerts und seine Aktivität förderten die Entwicklung antifaschistischer Ausschüsse in den Wohngebieten Mannheims. Das gleiche trifft auf den damals unermüdlich für die antifaschistische Einheitsfront wirkenden sozialdemokratischen Bezirksfunktionär Jakob Faulhaber zu, der bei der Kundgebung am 8. Oktober ebenfalls den Eintritt in die KPD bekanntgab.

Die Trinitatiskirche konnte die Menschen nicht fassen, die an den Sonntagen kamen, um die Predigten Erwin Eckerts zu hören. Im Buch „Unquadratisch und liebenswert sind die Mannheimer Quadrate" wird geschildert: „Am meisten gefüllt, ja überfüllt war sie bei den Gottesdiensten von Pfarrer Erwin Eckert, der den ‚Religiösen Sozialisten' angehörte und später zum Kommunismus übertrat. Reine Frömmigkeit wird es kaum bei allen gewesen sein, die damals sonntags zur Trinitatiskirche gingen. Ein kommunistischer Pfarrer war immerhin eine Seltenheit, den mußte man gesehen und gehört haben, Pfarrer Eckert wurde jedoch bald seines Amtes enthoben."[14]

Gestützt auf die antifaschistischen Komitees in den Wohngebieten hatte die Bezirksleitung der KPD gemeinsam mit dem Kampfbund gegen Faschismus schon zu Beginn des Jahres 1932 die Einberufung eines Einheitskongresses sozialdemokratischer, kommunistischer und parteiloser Arbeiter beschlossen. Er sollte am 16. und 17. Januar in Mannheim stattfinden. Das Angebot eines gemeinsamen Kongresses war von den örtli-

---

13a Aus dem Archiv von Staatsrat a.D. Erwin Eckert.
14 Valentin Schmitt: Unquadratisch und liebenswert sind die Mannheimer Quadrate. Mannheimer Verlagsanstalt GmbH, S. 43.

chen Führern der SPD und des ADGB abgelehnt worden. Am 15. Januar traf beim Polizeipräsidium plötzlich eine Verbotsverfügung des Landesinnenministeriums ein. Der Kongreß wurde in Eile in das hessische Viernheim umgeleitet. Doch das Verbot hatte zur Folge, daß von den gemeldeten 1072 Delegierten nur 700 kamen, weil die Nachricht über die Verlegung nach Viernheim bei den meisten Delegierten zu spät eintraf.

Der Kongreß wurde von Elsa Heiser eröffnet, Redner war Erwin Eckert. Seine Ansprache, die viel Begeisterung hervorrief, gipfelte in dem Appell für eine gemeinsame Kampffront von Sozialdemokraten, Kommunisten und Christen gegen die drohende faschistische Gefahr. Der Viernheimer Kongreß endete mit einem Aufruf zur Bildung starker Einheitskomitees in allen Betrieben und Wohngebieten.

Zwei Monate später, am 8. März 1932, fand die größte antifaschistische Kundgebung in Mannheim statt. Einberufen wurde sie von der KPD, Sprecher war der Vorsitzende der Kommunistischen Partei, Ernst Thälmann. Die „Arbeiter-Zeitung" berichtete von 25 000 Teilnehmern, auf jeden Fall: Nibelungensaal, Musensaal und dazu noch die damalige Rhein-Neckarhalle waren überfüllt von Menschen.

Die Nationalsozialisten versuchten 1932, mit öffentlichen Versammlungen in die Arbeiterwohngebiete vorzudringen. In der Neckarstadt verhinderten Antifaschisten diesen Versuch. Das Lokal, in dem am 17. Januar erstmals eine Versammlung der NSDAP stattfinden sollte, wurde von Arbeitern besetzt. Die anrückende SA wurde verjagt, und es fand eine antifaschistische Demonstration statt. Sie wurde von Polizeikommandos gesprengt. Am nächsten Tag meldete der Polizeibericht: „Einige Teilnehmer an dem verbotenen Aufzug wurden festgenommen und ins Gefängnis eingeliefert." Am 5. April wiederholte die NSDAP den Versuch einer öffentlichen Versammlung in der Neckarstadt mit dem gleichen Ergebnis.

Am 20. Januar versuchte die SA, mit großem Aufgebot auf dem Waldhof eine öffentliche Versammlung zu erzwingen. Wiederum besetzen Antifaschisten den Saal, führten selbst eine Versammlung und anschließend eine Demonstration durch. Am 27. Januar versuchten es die Nazis auf dem Luzenberg. Arbeiter von Daimler-Benz – Sozialdemokraten und Kommunisten – verhinderten auch diese Versammlung. Der Polizeibericht am folgenden Tag meldete: „Gestern abend bewegte sich ein Zug Kommunisten, die an einer politischen Versammlung teilgenommen hatten, durch die Untermühlaustraße. Ecke Mittelstraße und Ludwig-Jolly-Straße wurde er durch die Polizei aufgelöst."

So war es das ganze Jahr hindurch. Die Versuche der NSDAP, in Arbeitervierteln öffentliche Veranstaltungen durchzuführen, wurden durch vereinte Aktionen der Antifaschisten verhindert. Symbolisch für das damalige

Titelblatt einer Broschüre zum Übertritt des Mannheimer Stadtpfarrers Erwin Eckert in die KPD (Oktober 1931) – herausgegeben von der Bezirksleitung Baden-Pfalz der KPD.

politische Kräfteverhältnis in Mannheim war der sogenannte Flaggenkrieg. Die NSDAP-Kreisleitung hatte Anweisung gegeben, vor allem in den Arbeitergebieten Hakenkreuzfahnen an den Fenstern zu zeigen. Besonders in der roten Neckarstadt sollten „Hitler-Fahnen über allen Straßen wehen". Die Antwort war ein Wall roter Fahnen, der einzelne Nazi-Fahnen verschwinden ließ.

Nach dem Staatsstreich Papens am 20. Juli gegen die sozialdemokratische Regierung Preußens wurde vielen Arbeiterfunktionären die Gefahr einer faschistischen Diktatur bewußter. Es fanden Gespräche statt, Diskussionen darüber, wie trotz der Meinungsverschiedenheiten und Gegensätze gemeinsame Abwehrmaßnahmen zu erreichen seien. Auch in Mannheim bildeten sich Diskussionskreise. So trafen sich die Redakteure der „Arbeiter-Zeitung", Willy Grimm und Erwin Strohmeier, mit den Journalisten der sozialdemokratischen „Volksstimme", Alexander Schifrin und Fritz Lemke. Gesprächsteilnehmer waren auch der Sozialdemokrat Martin Herz, und Max Diamant, ein führender Funktionär der Sozialistischen Arbeiterpartei (SAP). Willy Grimm erinnert sich an diese Zusammenkünfte. Man war sich einig über die Bedrohung der Arbeiterbewegung, man schätzte gemeinsam ein, daß ein Machtantritt der NSDAP zum Ende der bürgerlichen Demokratie führen würde, und man erzielte auch Übereinkunft darüber, daß ein Sieg Hitlers nur gemeinsam verhindert werden könne. Doch solche Gespräche führten nicht zu Vereinbarungen der Parteien und Organisationen; sie blieben privater Art.[15]

Antifaschistische Aktion und Eiserne Front marschierten trotz aller Bemühungen zur Schaffung der Arbeitereinheit am Ende des bedeutungsvollen Jahres 1932 immer noch getrennt. Als am 3. Dezember 1932 General Kurt von Schleicher das dritte Notverordnungskabinett bildete und die offene faschistische Diktatur nahe war, wandte sich die KPD Mannheim wiederum an die örtlichen Führungen von SPD und ADGB mit dem Angebot einheitlicher Aktionen zur Verhinderung der Diktatur. Wiederum erfolglos. Man lehnte nicht grundsätzlich und nicht unwiderruflich ab. Die Artwort war, örtliche Verhandlungen seien wertlos, nur zentrale Abmachungen könnten zum Ziele führen. Die Mehrheit der Mitglieder in den Vorständen der Sozialdemokratie und der Gewerkschaften Mannheims war zu dieser Zeit wohl auch davon überzeugt, daß es in Berlin zu Vereinbarungen über gemeinsame Abwehrmaßnahmen im Reichsmaßstab kommen würde. Man drängte sogar danach. Der Landesvorsitzende der badischen SPD, Georg Reinbold, erklärte in seiner Rede auf dem Offenburger Landesparteitag am 20. Juni 1932 zu solchen Bestrebungen: „Wer unsere einheitliche Linie

---

15 Bericht Willy Grimm (November 1972).

verläßt, stellt sich außerhalb der Organisation. Für eine Einheitsfront sind die obersten Parteiinstanzen zuständig. Es muß politische Sauberkeit in unseren Reihen herrschen."[16]

Abmachungen der obersten Instanzen? Das Zentralkomitee der KPD hatte dazu mehr als zehnmal aufgefordert, doch die Führungen der SPD und des ADGB in Berlin lehnten jedesmal brüsk ab. Auf zentrale Abmachungen durfte man zu dieser Stunde, da alles auf dem Spiele stand, nicht mehr warten. Sie konnten nur noch durch die Einheitsfront an der Basis erzwungen werden.

## 30. Januar 1933: Machtergreifung Hitlers

Am 30. Januar 1933 wurde die Arbeiterstadt Mannheim wie ganz Deutschland von der Ernennung Adolf Hitlers zum Reichskanzler überrascht. Das war der Auftakt zur offenen faschistischen Diktatur, zur blutigen Verfolgung der Arbeiterbewegung und zur Vorbereitung des Zweiten Weltkrieges.

Das Zentralkomitee der Kommunistischen Partei Deutschlands erließ noch am gleichen Tage einen Aufruf, in dem es hieß:

„Das blutige, barbarische Terrorregime des Faschismus wird über Deutschland aufgerichtet. Massen, laßt nicht zu, daß die Todfeinde des deutschen Volkes, die Todfeinde der Arbeiter und armen Bauern, der Werktätigen in Stadt und Land ihr Verbrechen durchführen! Setzt euch zur Wehr gegen die Anschläge und den Terror der faschistischen Konterrevolution! Verteidigt euch gegen die schrankenlose soziale Reaktion der faschistischen Diktatur!

Heraus auf die Straße!

Legt die Betriebe still!

Antwortet sofort auf den Anschlag der faschistischen Bluthunde mit Streik, mit dem Massenstreik, mit dem Generalstreik!"[17]

In der Druckerei der Rhein-Main-Druck AG in S 3, 10 liefen am Nachmittag des 30. Januar die Maschinen auf Hochtouren. Sofort nachdem die Meldung von der Ernennung Hitlers zum Reichskanzler da war, begann der Druck eines Extrablattes der „Arbeiter-Zeitung" mit der Schlagzeile „Fort mit Hitler!" Die AZ appellierte: „Tretet morgen vor Arbeitsbeginn oder während der Arbeitszeit in den Betrieben zusammen. Beschließt den

---

16 Jörg Schadt: Im Dienst an der Republik. A.a.O., S. 194.
17 Aufruf des Zentralkomitees der KPD vom 30. Januar 1933. Zitiert nach: Geschichte der deutschen Arbeiterbewegung. Band 5. Von Januar 1933 bis Mai 1945. A.a.O., S. 441.

**Extra-Ausgabe!**        **Preis 5 Pfg.**

# Arbeiter-Zeitung

Organ der KPD (Sektion der Kommunistischen Internationale) für Baden

Im Einzelverkauf 10 Pfennig    Mit der täglich erscheinenden illustrierten Beilage „Der Rote Stern"

15. Jahrgang                    A Nummer 26

# Fort mit Hitler!

**Adolf Hitler zum Reichskanzler ernannt — Generalvorstoß gegen die Arbeiterklasse und die KPD — Hitler plant das Verbot der KPD! — Nieder mit der faschistischen Diktatur! — Macht die Betriebe mobil! — Schart euch fester um die Kommunistische Partei! — Zerbrecht die faschistische Diktatur!**

## Heraus zum politischen Massenstreik!

**Mannheim, den 30. Januar.**

Der von der „Eisernen Front" zum Reichspräsidenten gewählte Generalfeldmarschall von Hindenburg hat Hitler zum Reichskanzler ernannt. Nach einer längeren Besprechung mit dem Reichspräsidenten, an der auch von Papen teilnahm, wurde Hitler mit der Kanzlerschaft betraut. Auf seinen Vorschlag wurde die Reichsregierung wie folgt gebildet:

**Reichskanzler: Adolf Hitler;**
Stellvertreter: **von Papen**, gleichzeitig Reichskommissar für Preußen;
Innenminister: **Frick**;
Wirtschaftsminister und Minister für Ernähr. u. Landwirtsch.: Geheimrat **Hugenberg**
Reichswehrminister: Freiherr **von Blomberg**;
Außenminister: Freiherr **von Neurath**;
Finanzminister: Graf **Schwerin-Krosigk**;
Arbeitsminister: **Seldte**;
Post- und Verkehrsminister: Freiherr **von Eltz**.

Reichstagspräsident **Göring** wurde zum Reichsminister ohne Geschäftsbereich und Reichskommissar für den Luftverkehr ernannt. Göring wurde gleichzeitig mit der Wahrung der Geschäfte des preußischen Innenministers betraut.

Der Reichskommissar für Arbeitsbeschaffung **Gereke** wurde in seinem Amte bestätigt.

Justizminister bleibt vorläufig noch offen.

Diese Regierung ist die offene Kriegserklärung an das arbeitende Volk. Hitler, Frick, Seldte, sie sind von Hindenburg eingesetzt als die bevorzugtesten Ausplünderer und Unterdrücker der werktätigen Massen durch die Großindustriellen, die Ostelbejunker vom Schlage des Oldenburg-Januschau.

Hitler-Hugenberg — das bedeutet die rücksichtsloseste Durchführung des Lohnraubes in den Betrieben nach Papenschem Muster.

Hitler-Hugenberg — das bedeutet Zerschlagung der Löhne in den Betrieben und schlechteste Akkordnormen.

Hitler-Hugenberg — das bedeutet die Zertrümmerung der letzten Reste der Sozialpolitik!

Hitler-Hugenberg — das bedeutet Triumph der Offiziere, die mit Papen und Schleicher mit Mißtrauen beobachtet haben!

Hitler-Hugenberg — das bedeutet faschistische Arbeitsdienstpflicht statt Winterhilfe und wirklicher Arbeitsbeschaffung!

Hitler-Hugenberg — das bedeutet Beispiellosigkeit der Feststellung der revolutionären Arbeiter, Verbot der Kommunistischen Partei und der revolutionären Gewerkschaftsopposition, der sich in der braunen Gewerkschaftsuniform Geldaken, die nicht in der braunen Gewerkschaftsuniform fügen, die als Jamaren des Todes und als Freiwild behandelt werden sollen.

Hitler-Hugenberg, Frick, Seldte und Göring — das sind die Henkersknechte des Großkapitals, die auf Kosten der Werktätigen und auf dem Rücken einer Einigung der Arbeiterklasse, die, wenn sie nun durch Schacht herbeigeführt wurde, zu sichern!

Die Einsetzung dieser Regierung durch den General Hindenburg, den Kandidaten der „Eisernen Front" zum Juli.

Die faschistische Reaktion will zum Hauptschlag ausholen und unter der Losung: Vernichtung der Kommunismus die gesamte revolutionäre Arbeiterbewegung blutig unterdrücken und niederschlagen.

Die Einsetzung dieser Regierung ist kein Zeichen der Stärke der Bourgeoisie, sondern ein Zeichen ihrer inneren Schwäche und Zerrissenheit, gleichzeitig aber auch ein Zeichen der verstärkten Angriffe gegen die Arbeiterklasse. Immer offener bekennt sich die Bourgeoisie zu ihrer Regierung.

Von 1928 bis 1930, zwei Jahre regierte das Kabinett SPD-Müllers, das den Faschismus den Weg bereitete. Die dann folgende Brüning-Regierung, die Regierung der Durchführung des faschistischen Papen-Diktatur, als vierte Regierung lässt nun Papen hier Hitler als Mann der Massen zur Regierung kommen.

Je mehr die Arbeitermassen ihre Kraft entfalten, desto grimmiger liegen sich die Gruppen in der Bourgeoisie und Kapitalistenmasse in den Haaren.

Die Hitlerpartei, jetzt offiziell Regierungspartei der Großindustriellen und Großagrarier, wird nun der Masse klar und deutlicher als je das Gesicht dieser Volksausplünderer zeigen.

In Wahrheit aber haben die Hitler- und Frick und Seldte sowieso, dem Großkapital Erfüllungsgehilfe sind, gemeinsam mit dem Generalfeldmarschall Papen. Der Oberscharrichter Thälers, der mit Millionen die Hitler-Partei finanzierte, wird jetzt Hitler als Reichskanzler vor dem Volke drapieren.

Hinter dieser Hitler-Regierung haben besoldete, die Hunger Papens besaßen, welche die Ankündigung mobil- macht, die die Arbeiterklasse ausgesetzt werden soll.

Doch die Arbeiterklasse muß, und sie muß nun keine Regierung mehr dulden, gegen die nicht Kampf, der sich den Klampfeter, gegen die ihre Organisation des Kampfes, gegen Faschismus mobilisiert, die durch ihren Maßnahmen und die Arbeiter halten kann. Wer es nicht Kampf, der ohne Klassenhalten mit Massenstreik und Barrikaden, die durch ihren Maßnahmen mobil- dem „Kulak" der Großenbourgeoisie wurde? In der Staatsfunktionen, wie den Kommunismus, den Arbeiter hinauswagen würde? Soll so einen Hitler sich ergeben?

Ob die arbeitnehmende Schicht der Sozialdemokratie, die, den die faschistische Koalition ihren Faschismus bewußt, Hitler vom Hugenberg das die Regierung gehen. Aber sie wird versagt, der den faschismus Sichter, den Verrätern von Hitler, dem Kongreß zur Durchführung der faschistischen Hitlers Absatzkontrolle durch die tief einsetzende, werden? Doch es wird auch heute ein wirklich ein KPD-aller, die erfüllten, einer parlamentarischen Hitler-Hugenberg-Regierung kann nicht die Vorherrschaftsanmaßung ringen?

Haben sie nicht in den Tagen der Papen-Regierung, in den Tagen der Schleicher-Regierung, wo die Militarisation der Arbeiter so verschärft wurde, aber alle, einmal einen Massenruhrimpf gegen Faschismus erhoben rufen?

**Darum Groß-Alarm und Massenmobilisierung im ganzen Land!**

Euere Proletarier, Angestellte, Mittelständler und Kleinbauern, formiert euere siebige Front gegen diese Ankündigung dies Hitler-Volkstauben!

Die Kommunistische Partei und die KPD mobilisieren den Widerstand und bringen vor den 20. Juli die gewerkschaftlichen, parteiischen und gewerkschaftlichen Vertretungen der werktätigen Arbeiter, die zum anderen, um die proletarische und nationale Einheitsfront zu schaffen, gegen die Hitler-Hugenberg-Regierung.

Wir rufen alle Belegschaften der Betriebe zur Massenmobilisierung auf!

Wir rufen euch zur:

Tretet morgen vor Arbeitsbeginn oder während der Arbeitszeit in den Betrieben zusammen, beschließt den Streik gegen die faschistische Hitler-Regierung!

Keine 24 Stunden wird sich die Hitler-Hugenberg-Regierung halten können, wenn in allen Betrieben, in allen Gewerkschaften, in allen durch Massenstreike, durch Kundgebungen auf Massenstreiks die Kampffront des Proletariats für Sturz dieser faschistischen Regierung aufgerichtet wird.

Verleger: Willi Bramm, Mannheim; Presse: Karl Zaiser, Mannheim. Redaktion: Mannheim R 3,15. — Druck: Sinn-Druck AG., Mannheim. — Sprechstunden der Redaktion.

Extraausgabe der Mannheimer „Arbeiter-Zeitung" (30. Januar 1933).

# Arbeiter-Zeitung

Organ der KPD (Sektion der Kommunistischen Internationale) für Baden

Mit der 14tägig erscheinenden Illustrierten Beilage "Der Rote Stern"

15. Jahrgang     Dienstag, den 31. Januar 1933     Nummer 26

## Faschistische Diktaturherrschaft

### Hitler-Regierung ist offene Kriegserklärung an das arbeitende Volk

## Kämpfende Einheitsfront zerschlägt faschistische Diktatur!

Berlin, 31. Januar. (Eig. Drahtmeldg.)

Der Reichspräsident der "Eisernen Front", Generalfeldmarschall von Hindenburg hat Hitler zum Reichskanzler ernannt und die von Hitler vorgeschlagenen Minister wie unter folgender Zusammensetzung bestätigt:

Adolf Hitler, Reichskanzler,

von Papen, Stellvertreter des Reichskanzlers und Reichskommissar für Preußen,

Freiherr von Neurath, Reichsaußenminister;

Dr. Frick, Reichsinnenminister;

Generalleutnant Freiherr von Blomberg, Reichswehrminister;

Graf Schwerin von Krosigk, Reichsfinanzminister;

Geheimrat Dr. Hugenberg, Reichswirtschaftsminister und Reichsminister für Ernährung und Landwirtschaft;

Stahlhelmführer Seldte, Reichsarbeitsminister;

Freiherr Eltz von Rübenach, Post- und Verkehrsminister;

Reichstagspräsident Göring, Minister ohne Portefeuille und kommissarischer preußischer Innenminister;

Landrat Dr. Gereke, Arbeitsbeschaffungskommissar.

Diese Regierung ist die offene Kriegserklärung an das arbeitende Volk. Hitler, Frick, Seldte, Hugenberg — so kann nur Hindenburg eingesetzt als die Minister der Monopolisten, Kampfführer gegen und Unterdrückung der werktätigen Massen durch die Großindustriellen vom Schlage Thyssens und Krupp, durch die Großagrarier, die Oktoberjunker vom Schlage des Oldenburgischen.

Ihre wahren Papen, dem wohl gehörten Mann des Volkes und seines Freiherrn und Grafen und wohl jahr Juhters in einer Regierung, wie er ihm wohl in Kurze Durchführung des Hohn-Programms gebracht hat, die eine Regierung der offenen faschistischen Diktatur des ungehemmten Terrors der braunen S...

[...]

Bomben, der Beseitigung der letzten Ueberreste der Rechte der Arbeiterklasse, des hemmungslosen Krieges auf dem imperialistischen Krieg.

Trotz aller gegenseitigen Versicherungen, die Hitler-Regierung werde eine Staatsnotstands erklären, sie werde die Kommunistische Partei, bewiesen sich der Kriegsplan in den Stunden, daß die Hitler-Diktaturherrschaft den Generalangriff auf die Arbeiterklasse organisiert. Die "Rote Fahne" hat Zentralorgan der Kommunistischen Partei, ist verboten, das Karl-Liebknecht-Haus ist zweite besetzt, Arbeiterdemonstrationen werden verboten. In verschiedenen Teilen des Reichs macht sich die SA Beseitigungsspielt.

Das ist die Einleitung zu weiteren weitaus schwereren Unterdrückungsmaßnahmen. Die Hitler-Regierung, wie der Hohn von den schärften schon, die ungeheure Arbeitslosigkeit zu beseitigen, wird den Terror gegen die zu erhöhen und die Arbeitslosen zu dezimieren dadurch, daß sie die Unterstützung weiter und weiter herabsetzen und daß sie die Arbeitslosen in den "freiwilligen Arbeitsdienst" hineinprügeln wird.

Nun, erstiden, nur wie die Geschichte des S... Kabinetts Hitler und Krupp, der Großagrarier und Großjunker, in den Tagen der Hitler-Regierung den Völkermord, die Verelendung des arbeitenden Volkes durch die Ostsülfe führen werden.

Wahr, ihr Nationalsozialisten! Euer Führer hat mit Papen und Hugenberg in einem Kabinett, mit Feinden, die in kurze Fahre alt zu erinnern Berlsammlungen mit folgenden Nick-Wänden auseinandergeprügelt worden. Er ist mit den Freiherren und Grafen auf einem Rücken in die faschistischen Gesellschaften. Er sitzt in einem Kabinett der Hitlerbrauerei und Grafen.

Werkt ihr jetzt wie die betrogen werden, merkt ihr jetzt, wo die Fahne hinaus?

Sozialdemokratische Arbeiter! Hindenburg hat den grauen Bau, in der Hoffnung, damit Hitler den Weg zur Macht zu verwehren. Trotzdem Hindenburg hat jetzt Hitler in die Regierung einverleibt. Der Hindenburg, den ihr gewählt habt, der Hitler, den ihr nicht wolltet. Hindenburg hat euch geführt in den Tod und haben. Werkt ihr jetzt, wie die verraten und verkauft worden, den sogenannten "Führern"? Begreift ihr jetzt, daß es richtig war, was Ernst Thälmann und die Kommunisten die Nationalsozialisten über die Sozialdemokratie "Keine 24 Stunden kann sich eine Regierung Hitler auch nur einen Moment bei Macht halten, wenn die sozialdemokratischen Arbeiter sich zum Kampf mit ihren jungen Brüdern der Kommunistischen Partei zusammenschließen werden."

Die kommunistische Partei ruft auf zur Aktion! Nehmt unverzüglich in allen Betrieben Stellung. Schließt das Kampfbündnis der Betriebsarbeiter und Erwerbslosen, der Werktätigen in Stadt und Land! Trefft alle Vorbereitungen und Maßnahmen, um den politischen Massenstreik gegen die faschistische Diktaturherrschaft durchzuführen.

Es lebe die Freiheit der Arbeiterklasse!

Es lebe die proletarische Einheitsfront!

Es lebe die Diktatur der Arbeiter- und Bauern-Republik!

## Massenstreiks gegen Hitler-Regierung

### Die ersten Aktionen der deutschen Arbeiterklasse gegen das faschistische Diktatur-Kabinett — 2000 Berliner Betriebsräte beraten in den Kampfeinsatz und beschließen politischen Massenstreik

Berlin, 31. Januar. (Eig. Drahtmeldg.)

Die Aktion der deutschen Arbeiterklasse gegen das faschistische Diktatur-Kabinett Hitler-Papen-Hugenberg hat an der ganzen Front eingesetzt. Bereits ist es zu den ersten Streiks gekommen.

Die 800 Mann starke Belegschaft der Reichsbahn-Ausbesserungswerkstätte in Eßlingen bei Stuttgart ist gegen die Errichtung der faschistischen Diktatur in den Streik getreten. Ebenso haben die Hamburger Hafenarbeiter die Vermittlungsbehörden belagert.

Gestern abend fand eine von über 2000 Betriebsräten besuchte Schaffnerversammlung des Berliner Betriebsrätes statt. In einer lebhaften Diskussion über die in der Resolution einer lebhaften Audienz der Berliner Betriebsräte gewünschte wurden, in der Mitteilungen den 297 in die daß die Hälfte Fertigungsstätten sind. Einstimmung wurde eine Resolution angenommen, in der die Berliner Arbeiterschaft auf Dienstag, den 1. Februar den frühen Morgenstunden aufgefordert wird, zu beschließen und die Dritten auf die Straße zu stürmen mit Kampf für den Sturz der Hitler-Regierung. Die Resolution schließt:

"Durch die Macht unseres Generalstreiks 1920 brach der Kapp-Putsch zusammen. Ebenso muß die Hitler-Regierung zerstört werden. Vereinigen wir uns gegen die Anwendung der Partei- und Gewerkschaftszugehörigkeit zur unbesiegbaren kämpfenden Einheitsfront."

Nieder mit Hitler-Papen-Hugenberg. Es lebe der Sozialismus! Es lebe der Arbeiter- und Bauern-Republik! Heraus zum politischen Massenstreik!

## Terror gegen die KPD setzt ein

### Die "Rote Fahne" beschlagnahmt und verboten — Alle kommunistischen Versammlungen und Demonstrationen in Essen und Koblenz verboten

Berlin, 31. Januar (Eig. Drahtmeldg.)

Trotz der "beruhigenden" Versicherungen des Nazi-Innenministers Frick hat der Terror gegen die KPD auf der ganzen Linie eingesetzt. Die heutige Ausgabe der "Roten Fahne" wurde beschlagnahmt und der C.-Klärung und Auffassung nach ist die KPD verboten. Näheres über die Dauer des Verbots ist bisher nicht bekannt. Bei der Beschlagnahme hat das Haus "Rote Fahne" besetzt, in den frühen Morgenstunden unter dem Schutz der Polizei. Die Polizeibehörden von Essen und Koblenz haben alle in diesen Städten anberaumten kommunistischen Versammlungen und Demonstrationen verboten.

## Heute heraus zu den Demonstrationen gegen die faschistische Diktatur der Hitler-Papen!

Titelseite der kommunistischen „Arbeiter-Zeitung" vom 31. Januar 1933.

Streik gegen die faschistische Hitler-Regierung! Keine 24 Stunden wird sich die Hitler-Hugenberg-Regierung halten können, wenn in den Betrieben, auf den Stempelstellen, in allen Orten durch Massenstreiks, Massendemonstrationen und Massenaktionen die Klassenkraft des Proletariats der faschistischen Reaktion entgegengestellt wird!"[18]

Zum Verkauf der Extraausgabe war keine besondere Mobilisierung von Verkäufern notwendig. Vor dem Gebäude der „Arbeiter-Zeitung" in S 3, 10 ballten sich am Nachmittag immer mehr Menschen zusammen, ebenso war es vor dem Verlagsgebäude der sozialdemokratischen „Volksstimme" in R 3, 14. Die Meldung von der Ernennung Hitlers zum Kanzler hatte sich wie ein Lauffeuer verbreitet. Man kam, um zu erfahren, was jetzt geschehen soll. Die Antifaschisten, gleich welcher Partei sie zugehörten, wußten, daß die Stunde der Entscheidung gekommen war. Man kam auch in der Erwartung, daß ein Angriff der Nazis auf die Büros und Verlagsgebäude der Arbeiterparteien erfolgen würde.

Am Nachmittag des 30. Januar trat die Bezirksleitung Baden/Pfalz der KPD, soweit ihre Mitglieder erreichbar waren, zusammen. In die Beratung kam die Meldung, daß sämtliche SA-Formationen von Mannheim und Umgebung den Befehl erhalten hatten, um 20 Uhr feldmarschmäßig im Schloßhof anzutreten. Das Ergebnis der Beratung der KPD-Bezirksleitung war: erstens die sofortige Entsendung einer Delegation zu den Vorständen der SPD und des ADGB mit dem Vorschlag einheitlicher Schutzaktionen, zweitens die Einleitung von Maßnahmen zur Sicherung der Partei und ihrer Funktionäre. Für den Fall der Ablehnung gemeinsamer Aktionen sollte ein Aufruf der KPD zum politischen Massenstreik vorbereitet werden. SPD und ADGB lehnten wiederum ab, die Kommunistische Partei entschloß sich, allein zu handeln.

Sollte sie darauf verzichten? Manche ihrer Kritiker meinen heute, es wäre doch sowieso schon zu spät und vergebens gewesen. Nein, die KPD mußte – und wenn auch allein – zur rettenden Tat gegen den Faschismus aufrufen. Die kommunistischen Funktionäre konnten am 30. Januar 1933 zwar nicht wissen, wie lange die Schreckensherrschaft dauern und wie hoch die Zahl der Opfer des deutschen Faschismus sein würde; aber sie wußten, was Deutschland und der Arbeiterbewegung bevorstand. Die SA- und SS-Horden, die sich an diesem Tage in und vor der Geschäftsstelle der NSDAP zusammenrotteten, untermauerten diese Erkenntnis drohend genug mit dem Gröhlen ihres Sturmliedes „Wenn der Sturmadler voraus uns

---

18 „Arbeiter-Zeitung", Extrausgabe vom 30. Januar 1933. Institut für Marxismus-Leninismus beim ZK der SED, Zentrales Parteiarchiv, Berlin/DDR. NJ 26, Blatt 2 (nachfolgend unter Kurzbezeichnung IML/ZPA).

fliegt, sind wir alle frohen Mut's, und wenn das Judenblut vom Messer spritzt, dann geht's noch mal so gut!" An diesem Tage galt es, nochmals das Letzte, das beinahe Unmögliche zu wagen.

Fritz Apelt, damals Chefredakteur der „Arbeiter-Zeitung", übernahm es, den Text des Aufrufes druckfertig zu machen, die Setzer und Drucker der Rhein-Main-Druck AG erklärten sich bereit, die Nacht über zu arbeiten. Die Mannheimer Organisationen der KPD, des KJVD, des Arbeitersportvereins „Möwe" und der antifaschistischen Kampfbünde mobilisierten die Verteiler. Kommunistische und parteilose Antifaschisten transportierten die Aufrufe in andere Industriegebiete Badens und der Pfalz. Dies geschah mit Motorrädern, oftmals sogar mit Fahrrädern. Es leben noch Mannheimer, die damals die ganze Nacht hindurch Baden und die Pfalz durchradelten, um die Flugblätter rechtzeitig an Ort und Stelle zu bringen. Und überall waren die Verteiler bereits mobilisiert, galt es doch, die Arbeiterschaft zum entscheidenden Kampf aufzurufen. An einigen Orten halfen Sozialdemokraten bei der Verteilung mit; vor vielen Betrieben schlossen sich Arbeiter, die zur Arbeit gingen, den Verteilern an.

So entstand das Flugblatt „Generalstreik gegen die faschistische Diktaturherrschaft", so wurde es über das Land gebracht und verteilt. Die Schrift ist eines der markantesten Dokumente der Mannheimer Arbeiterbewegung, der letzte verzweifelte Versuch, durch den Massenkampf der Arbeiterklasse das Verhängnis abzuwehren. Die Druckauflage war 200 000.

Am Morgen des 31. Januar waren Mannheims Arbeiter mit dem Aufruf zur direkten Aktion konfrontiert: „Die Kommunistische Partei appelliert an die sozialdemokratischen Arbeiter, an die Reichsbanner-Arbeiter, an die christlichen Arbeiter in Stadt und Land: Es lebe die proletarische Einheitsfront gegen die faschistische Hitler-Diktatur! Fort mit Hitler, Papen, Hugenberg. Es lebe der Generalstreik, es lebe der Kampf für die Freiheit der Arbeiterklasse. Es lebe der Kampf für die Arbeiter- und Bauernrepublik!"

Es kam in Mannheim zu einzelnen kurzfristigen Arbeitsniederlegungen, aber zum Massenstreik kam es nicht. Es gab viele und erregte Diskussionen in den Betrieben. Was sollte man tun? Die Mehrheit der Arbeiter war bereit zur Arbeitsniederlegung. Konnte es aber ohne Aufruf und aktive Unterstützung des ADGB zu einem umfassenden Generalstreik wie 1920 gegen die Kapp-Putschisten kommen?

Vor dem Betrieb Hutchinson im Industriegebiet der Neckarstadt verteilten Aktivisten der kommunistischen Jugendbewegung dieses Stadtteils den Aufruf. Im Werk der Gummiindustrie arbeiteten in der Mehrzahl Frauen. Es kam zu einer kurzfristigen Kundgebung vor dem Fabriktor. Die Jungkommunisten diskutierten eifrig für den Streik. Die große Masse der

# Generalstreik

## gegen die faschistische Diktaturherrschaft

Hitler Kanzler, Papen Preußenkommissar, Hugenberg Wirtschaftsminister, Frick und Göring an der Spitze der Polizeigewalt, Seldte Arbeitsminister, diese Regierung der offenen faschistischen Diktatur ist die unerhörte Kriegserklärung an die deutsche Arbeiterklasse sowie das gesamte werktätige Volk.

Die Betrugsmanöver des „sozialen" Generals sind zu Ende, die Zuspitzung der Krise, der machtvolle revolutionäre Aufschwung der Arbeiterklasse zwingt die Bourgeoisie, das nackte Gesicht ihrer Diktatur mit äußerster Brutalität zu zeigen. An die Stelle der sozialen Phrasen treten die Bajonette der Reichswehr und die Revolver der Mordkolonnen der SA und SS.

Schamloser Raub der Löhne, schrankenloser Terror der braunen Mörder, Raub der letzten schwachen Ueberreste der Rechte der Arbeiterklasse, hemmungsloser Kurs auf den imperialistischen Krieg — dieses Los steht unmittelbar der Arbeiterklasse bevor.

Die Partei der deutschen Arbeiter, die Partei gegen Lohnraub, die Partei der Verteidigung der Interessen aller Werktätigen, die Partei des Kampfes für die Freiheit der Arbeiterklasse und für den Sozialismus, die Kommunistische Partei will man verbieten.

Die Kampforganisation der proletarischen Jugend, der KJVD, die Massenkampforganisation, die den Kampf gegen Lohnraub und Unternehmerterror führt, die RGO, sollen gleichfalls verboten werden. Diese faschistischen Anschläge sollen den Kurs auf die Zerschlagung aller Arbeiterorganisationen von Deutschland einleiten.

Das blutige barbarische Terrorregime, der Faschismus wird über Deutschland aufgerichtet. Werktätige Massen, laßt nicht zu, daß die Todfeinde der Arbeiter und armen Bauern, der Werktätigen in Stadt und Land ihr Verbrechen durchführen.

Setzt euch zur Wehr gegen den Anschlag und den Terror der Konterrevolution. Stellt euch gegen die schrankenlose sozialfaschistische Reaktion der faschistischen Diktatur.

## Heraus auf die Straße, legt die Betriebe still. Antwortet sofort auf den Anschlag der faschistischen Bluthunde mit dem Streik

Arbeiter, Arbeiterinnen, Jungarbeiter nehmt in allen Betrieben, in allen Gewerkschaften, in allen Arbeiterorganisationen, auf allen Stempelstellen Stellung für den Generalstreik, gegen die faschistische Diktatur. Beschließt die Arbeitsniederlegung. Beschließt Massendemonstrationen! Wählt Arbeiterkomitees und Streikleitungen. Kämpft gemeinsam mit euren kommunistischen Klassengenossen in allen Betrieben und Arbeiterwohnungen.

Helft den Kommunisten, ihr übrigen werktätigen Massen, ihr armen Bauern auf dem Lande, ihr Mittelschichten, ihr Intellektuellen zur Unterstützung des Kampfes für die Freiheit der Arbeiterklasse. Schart euch um die bedrohte Kommunistische Partei und den KJVD, um die RGO.

Die faschistische Diktatur ist ein Schlag gegen das revolutionäre Proletariat, ist ein Schlag gegen das ganze deutsche arbeitende Volk.

Die Kommunistische Partei wendet sich vor der gesamten politischen Öffentlichkeit zugleich an den ADGB, Afa-Bund, an den 3dA, an die gesamten Gewerkschaften mit der Aufforderung, mit den Kommunisten den Generalstreik gegen die faschistische Diktatur Hitler-Hugenberg-Papen, gegen die Zerschlagung der Arbeiterorganisationen, für die Freiheit der Arbeiterklasse durchzuführen.

Die Kommunistische Partei appelliert an die sozialdemokratischen Arbeiter, an die Reichsbannerarbeiter, an die christlichen Arbeiter in Stadt und Land.

Es lebe die proletarische Einheitsfront, gegen faschistische Hitler-Diktatur! Fort mit Hitler, Papen, Hugenberg.

Es lebe der Generalstreik, es lebe der Kampf für die Freiheit der Arbeiterklasse. Es lebe der Kampf für die Arbeiter- und Bauern-Republik!

Berlin, 30. Januar 1933

### Kommunistische Partei Deutschlands

Verantwortlich Ernst Schneller MdR Berlin — Druck: Rhein-Main-Druck AG, Mannheim, S 3, 10

**Aufruf des ZK der KPD zum Generalstreik am 30. Januar 1933.**

rund 300 Arbeiterinnen und Arbeiter war unentschlossen. Einige wenige schlichen verschämt durch das Werktor an die Arbeitsplätze. „Was ist bei Benz und Lanz los, und was tut die Gewerkschaft?", wollten die von Hutchinson wissen. Die Kommunisten konnten keine Auskunft geben, sie warteten selbst voller Spannung auf Meldungen über beginnende Streikaktionen in den Großbetrieben. Nach einer halben Stunde stand der Großteil der Belegschaft immer noch unentschlossen vor dem Fabriktor. Alles hing von einer günstigen Nachricht ab. Plötzlich kamen Unbekannte auf Motorrädern daher und riefen: „Kollegen, geht an die Arbeit, niemand streikt in Mannheim!" Die Arbeiterinnen und Arbeiter strömten in den Betrieb, zwischen den Motorradfahrern und den Jungkommunisten kam es zu einer Schlägerei. Die Unbekannten entpuppten sich als Rollkommando des Nachrichtensturms der SA.

Ähnlich war es an diesem Morgen vor anderen Industriewerken. Auch die Versuche, in den Betrieben selbst zunächst entscheidende Werkabteilungen stillzulegen, führten nur vereinzelt zu kurzfristigen Arbeitsniederlegungen. Die Betriebszellen der KPD konnten es aus eigener Kraft nicht schaffen, sie waren zu schwach. Eine Organisationsstatistik der Kommunistischen Partei aus jener Zeit besagt, daß nur noch 19 Prozent ihrer Mitglieder in Großbetrieben beschäftigt waren.[19]

Der Aufruf zum Generalstreik führte zu zahlreichen Anrufen beim ADGB-Ortsausschuß. Dorthin kamen auch Delegationen aus den Betrieben. Ihnen wurde gesagt: „Nicht provozieren lassen, um Himmels Willen keine Unbesonnenheiten, sonst ist die Organisation in Gefahr. Wir werden zur rechten Zeit die richtigen Anweisungen geben."

Zur rechten Zeit die richtigen Anweisungen! Darauf warteten die sozialdemokratischen Arbeiter in den folgenden Tagen. Die Anweisungen mußten kommen, denn der „Vorwärts", das Zentralorgan der SPD, hatte doch im Juli 1932 anläßlich des Staatsstreiches von Papen in Preußen über die Anwendung des Generalstreiks geschrieben: „Wir lassen die letzte, entscheidende Waffe des Proletariats nicht durch Pfuscher abstumpfen. Ob und wann sie einzusetzen ist, darüber entscheiden allein die verantwortlichen Organisationen. Sie werden, wenn es um die Lebens- und Grundrechte der Arbeiterklasse geht, ohne zu zaudern mit der vollen Wucht der Organisation zuschlagen."[20]

Das war damals die Antwort des SPD-Vorstandes auf ein Angebot des Zentralkomitees der KPD für einen gemeinsamen Aufruf zum General-

---

19 Tätigkeitsbericht auf dem Bezirksparteitag Baden/Pfalz der KPD, November 1932. Archiv Erwin Eckert.
20 Morgenausgabe „Vorwärts" vom 17. Juli 1932. In Privatbesitz.

streik zur Rettung der sozialdemokratischen Regierung in Preußen. Jetzt war es soweit, die Faschisten waren an der Macht. Also mußte jetzt „mit der vollen Wucht der Organisation" zugeschlagen werden. Jetzt mußte kommen, was Regierungsrat Merkle auf der großen Kundgebung der Eisernen Front ausgerufen hatte: Wenn Hitler illegal oder legal zur Macht kommt, dann wird die SPD mit allen zur Verfügung stehenden Mitteln den Machtantritt des Faschismus verhindern.

So dachten die sozialdemokratischen Arbeiter und warteten, bis die Verantwortlichen ihrer Organisation die Stunde für gekommen hielten. Die zentralen Führer des ADGB aber führten in diesen Tagen Gespr»che darüber, wie man die Organisation ungeschoren über „die kurze Zeit" bringen könne, in der die NSDAP als Regierungspartei „abwirtschaften" werde. Die These vom „Abwirtschaften lassen" beherrschte bereits die Gewerkschaftsbüros.

In einer Massenschrift der SPD mit dem Titel „SPD oder KPD – Wege zur Einheitsfront", einige Tage nach dem 30. Januar 1933 in der Mannheimer Aktiendruckerei AG gedruckt, wurde diese verhängnisvolle Spekulation auf das „baldige Abwirtschaften" des deutschen Faschismus theoretisch untermauert und geradezu zur Generallinie für die SPD und die Gewerkschaften erhoben. In der Schrift hieß es:

„Wir stehen vor einer entscheidenden Entwicklung in Deutschland und in der ganzen Welt. Die ungeheure Verschärfung der kapitalistischen Krise führt zu ungeheuren Enttäuschungen der breitesten Massen im Kapitalismus. Wir erleben einen faschistischen Sturm, aber die deutsche Gegenrevolution steht heute inmitten ihrer Krise, wir hören das Röcheln der deutschen Gegenrevolution. Hitler steht an der Spitze der Reichsregierung, aber er wird die Hoffnungen seiner Anhänger und Wähler enttäuschen. Eine gewaltige politische Krise steht dem deutschen Faschismus bevor."[21]

Das war die theoretische Begründung für die Kapitulation vor dem Faschismus. Die These vom „Abwirtschaften" war verbunden mit der unlogischen Hoffnung, die Faschisten würden die Verfassungsrechte achten. Vergessen waren die Worte, die Joseph Goebbels unter dem frenetischen Beifall grinsender SA-Horden auf einer Kundgebung der NSDAP am 19. Mai 1931 im Mannheimer Rosengarten hysterisch in den Saal gebrüllt hatte: „Wir wollen auf ganz legale Weise zur Macht kommen, aber was wir dann mit dieser Macht machen, das ist ganz und gar unsere Sache."

Am Abend des 30. Januar marschierte die SA, verstärkt durch auswärtige Formationen. Es kam schon am Beginn des Fackelzuges zu heftigen

---

[21] Flugschrift der SPD 1933: SPD oder KPD – Wege zur Einheitsfront, Verleger Richard Hauschild, Berlin SW 68, Druck: Mannheimer Aktiendruckerei AG. Stadtarchiv Mannheim.

Zusammenstößen. Dann während der Kundgebung nochmals, als der Gauinspektor der SA, Otto Wetzel, auf dem Marktplatz die SA zum „Endkampf in Mannheim gegen das rote Gesindel" aufrief. Nach der Kundgebung versuchte eine siegestrunkene SA-Formation in die Neckarstadt einzudringen. Auf der Neckarbrücke stellten sich ihnen Arbeiter entgegen. Kommunisten, Sozialdemokraten und parteilose Antifaschisten verhinderten gemeinsam den Einmarsch in die Neckarstadt.

Der Polizeibericht über die Vorgänge am Abend des 30. Januar lautete: „Politische Demonstration: Der von den Nationalsozialisten veranstaltete Fackelzug verlief im allgemeinen ohne Störungen. Nach dem Abmarsch der Teilzüge vom Marktplatz wurden diese an mehreren Stellen der Innen- und Neckarstadt von politisch Andersdenkenden beschimpft und bedroht, so daß die Polizei einschreiten und zur Verhinderung von Schlägereien teilweise vom Gummiknüppel Gebrauch machen mußte."

Der Bericht der Polizei entsprach nicht der Wirklichkeit. Sie hatte nicht die Schlägereien, die Knüppelattacken der SA auf protestierende Passanten verhindert. Doch den Nazis paßte der Polizeibericht überhaupt nicht; er war ihnen zu objektiv. Das „Hakenkreuzbanner", die Zeitung der NSDAP, schrieb kategorisch und anmaßend: „Wir verlangen, daß die Polizei bewußt nicht mehr objektiv-tolerant ist."

In den folgenden Tagen setzten die Nazis die Polizei noch stärker unter Druck, um sie auf ihren terroristischen Kurs zu zwingen. Am 31. Januar kam es zu antifaschistischen Demonstrationen. Am Arbeitsamt provozierte die SA. Einem Verkäufer der Extraausgabe der „Arbeiter-Zeitung" schlugen die Nazis die Zeitungen aus der Hand, und er wurde durch einen Hieb auf den Kopf verletzt. Arbeiter eilten ihm zu Hilfe und die SA-Leute bezogen Prügel. Auf diesen Vorfall hin schrieb die Kreisleitung der NSDAP einen Brief an den Polizeipräsidenten und drohte: „Wenn die Polizeikräfte nicht ausreichen, dem blutbolschewistischen Treiben ein rasches und sicheres Ende zu bereiten, so werden wir selbst unser Leben zu schützen wissen. Herr Polizeipräsident, wir warnen Sie."[22]

## Der Marsch der Faschisten zur „Eroberung Mannheims"

Die brutale Diktatur des Faschismus war zu Beginn des Monats Februar spürbar nahe. Hausdurchsuchungen und Beschlagnahmen wurden zur

---

22 Abschrift im Besitz der VVN – Bund der Antifaschisten Mannheim – Geschichtskommission.

täglichen Erscheinung, die Verhaftungswelle lief an, die SA-Horden verschärften den Terror.

Der Fackelzug am 30. Januar war noch nicht der „große Marsch" der Faschisten in Mannheim. Der sollte am 5. Februar stattfinden, aus Anlaß eines Kreistages der Nazipartei. SA, SS und Stahlhelm mobilisierten ihre Formationen in Mannheim und der weiten Umgebung der Stadt. Die Losung lautete: „Die SA erobert Mannheim". In dem Aufruf im „Hakenkreuzbanner" zu dem Marsch hieß es unheilvekündend: „Moskaus Fremdenlegionären werden wir zeigen, daß die Zeit gekommen ist, wo die deutsche Straße dem deutschen Menschen, der deutschen Bewegung gehört, nicht aber den vaterlandslosen Gesellen."

Gauinspektor Wetzel und Standartenführer Feit erklärten dem Polizeipräsidenten, der sie um eine Beratung über den Ablauf des Marsches gebeten hatte, herrisch und herausfordernd: „Diesmal gehört die Straße uns, Ihre Leute mögen sich danach richten."

Der „Marsch zur Eroberung Mannheims" setzte sich vom Meßplatz aus in Bewegung. Die Kohorten der SA und SS aus ganz Nordbaden und der Pfalz, verstärkt durch eine 800 Mann starke Abteilung des Stahlhelm, zogen in die Neckarstadt ein. Durch die Lang-, Alphorn- und Riedfeldstraße ging es zur Bürgermeister-Fuchs-Straße. Die Kreisleitung der NSDAP hatte zur Beflaggung der Häuser aufgerufen und unentgeltlich Fahnen zur Verfügung gestellt. Die bürgerliche „Neue Badische Landeszeitung" berichtete am nächsten Tag, man habe kaum ein Dutzend Hakenkreuzfahnen gesehen.

Doch in der Neckarstadt bestimmte ein Meer von roten und schwarz-rot-goldenen Fahnen mit den Emblemen der Antifaschistischen Aktion und der Eisernen Front das Straßenbild. An einigen Stellen waren die Straßen von Transparenten überspannt: „Tod dem Faschismus" oder „Mannheim bleibt rot". SA, SS und Stahlhelm marschierten unter Protestrufen und antifaschistischen Sprechchören. Schon beim Abmarsch am Meßplatz kam es zu Angriffen der Faschisten auf protestierende Passanten.

An der Ecke Riedfeld- und Bürgermeister-Fuchs-Straße stockte der Zug. Tausende Arbeiter – vor allem Jungarbeiter – standen dort wie eine Mauer und empfingen die Nazis mit der erhobenen Faust. Das „Hakenkreuzbanner" bestätigte die gewaltige antifaschistische Gegendemonstration auf diese Weise: „Die ganze rote Meute hatte sich in der Bürgermeister-Fuchs-Straße gesammelt, und hier war es auch, wo unsere Kämpfer von einem ohrenbetäubenden Lärm empfangen wurden. Den vereinten Kräften der Polizei und SA gelang es, das Gesindel in Schach zu halten und ernste Zusammenstöße zu vermeiden."

Mit äußerster Brutalität gingen in der Bürgermeister-Fuchs-Straße die faschistischen Horden mit Knüppeln, Schulterriemen und Messern gegen die Menge vor. Die Arbeiter setzten sich zur Wehr. Von den Fenstern aus unterstützten Frauen die demonstrierenden Arbeiter mit einem Bombardement von Blumentöpfen und anderen Gegenständen. Verletzte wurden weggetragen. Der Arbeiter Jakob van der Laan wurde durch Messerstiche schwer verletzt. Viele der eingesetzten städtischen Polizisten bewiesen an diesem Tag ihre demokratische Gesinnung, indem sie sich gegen die SA-Schläger stellten.

Das bürgerliche „Mannheimer Tageblatt" kommentierte den Marsch der SA mit den Worten: „Bedauerlicherweise ließen sich einzelne Zugteilnehmer, oft aber auch Gruppen durch die Erregung hinreißen, auf die Zuschauer wahllos mit abgeschnallten Schulterriemen einzuschlagen."

Der 5. Februar 1933 zeigte noch einmal den Willen der politisch und gewerkschaftlich engagierten Arbeiter Mannheims, sich gegen die drohende Diktatur gemeinsam zur Wehr zu setzen. Die Tausende — Kommunisten, Sozialdemokraten und Parteilose — die an diesem Tag in der Neckarstadt und in anderen Stadtteilen auf der Straße waren, vereinten sich spontan zur Arbeitereinheitsfront. Dieser Tag unterstrich noch einmal, was in Mannheim möglich gewesen wäre, wenn am 30. Januar nicht die KPD allein, sondern die Arbeiterparteien gemeinsam und vor allem der ADGB zur einheitlichen Aktion, zum politischen Massenstreik aufgerufen hätten.

In der folgenden Zeit flaute die Masseninitiative ab. Antifaschistische Aktion und Eiserne Front führten zwar noch Kundgebungen und Demonstrationen durch, die immer noch große Massen vereinten. Man marschierte getrennt wie bisher, die einen mit dem Zeichen der verschlungenen Hände, die anderen unter dem Symbol der drei Pfeile. Am Samstag, dem 18. Februar demonstrierte die Antifaschistische Aktion — es war ihr letzter Aufmarsch — und am folgenden Tag die Eiserne Front. Mit der gleichen Zielsetzung, aber streng getrennt bis zum bitteren Ende! „Hitler, tu dich ja beeilen vor den eisernen drei Pfeilen", so lautete die Parole beim sonntäglichen Aufmarsch der Eisernen Front. Und am Montag, dem 20. Februar, höhnte das „Hakenkreuzbanner" darüber, daß der Mannheimer Vorstand der Sozialdemokratie den Vorschlag der KPD-Leitung für einen gemeinsamen Massenaufmarsch an diesem Wochenende abgelehnt hatte.

## Die Terrorwahlen am 5. März 1933

Es ging auf die Reichstagswahlen des 5. März zu. Sie waren die letzten Wahlen für den Deutschen Reichstag, an denen sich die Arbeiter- und bürgerlichen Parteien beteiligen konnten. Auch die KPD stellte sich zur Wahl, um alle noch vorhandenen legalen und halblegalen Möglichkeiten der Aufklärung zu nutzen. Doch diese wurden im Verlaufe des Wahlkampfes immer mehr eingeschränkt, und in den letzten Wochen vor dem 5. März war die Kommunistische Partei auf illegal hergestellte Flugschriften und illegale Verteilungsmethoden angewiesen. Die KPD führte diesen Wahlkampf mit Hilfe von Abziehapparaten, die in den Wohngebieten – in Kellern, Wohnungen und Gartenhäusern – heimlich in Tätigkeit traten.

In Mannheim setzte, wie überall im Reich, ein beispielloser Wahlterror ein; im „Hakenkreuzbanner" und in den Flugschriften der Nationalsozialisten wurde die antikommunistische Hetze bis zum Exzeß geschürt. In einem Flugblatt der NSDAP-Kreisleitung hieß es:

„Nach der Wahl am 5. März wird endgültig Schluß sein mit den roten Verbrechern, dafür werden wir sorgen: Für Ordnung, Recht und Freiheit, wählt Adolf Hitler!"

Am 27. Februar erschien das „Hakenkreuzbanner" unter der Schlagzeile: „Die Illegalität der KPD ist erwiesen". Bei der Besetzung des Karl-Liebknecht-Hauses in Berlin waren angeblich „Anweisungen zum Bürgerkrieg und zur Ermordung führender Politiker" gefunden worden. Und dann am Abend nach diesem „Fund" – er mußte logischerweise vorausgehen – brannte der Reichstag. Die Schlagzeile des „Hakenkreuzbanners" am 28. Februar lautete: „Der Reichstag brennt – kommunistische Brandstiftung". Drei Tage vor der Wahl trieben die Redakteure der Nazizeitung die Hetze auf die Spitze: „Mord, Raub, Feuer und Gift – das sind die letzten Mittel des Marxismus".

Zur Pogromhetze kam der zunehmende physische Terror: Versammlungsverbote, Beschlagnahmen von Wahlmaterialien, Hausdurchsuchungen, Verhaftungen. Am Tage nach dem Reichstagsbrand, in der letzten Woche vor der Wahl, steigerte sich der Terror von Tag zu Tag. Die Pressestelle beim Badischen Staatsministerium teilte am 2. März mit: „Auf Ersuchen des Reichsministers des Inneren werden gemäß Verordnung des Reichspräsidenten zum Schutz von Volk und Staat bis auf weiteres in Baden alle kommunistischen Druckschriften sowie alle kommunistischen Versammlungen und Aufzüge, einschließlich Versammlungen in geschlossenen Räumen verboten." Gleichzeitig wurde angeordnet, alle kommunistischen Druckschriften einschließlich der Plakate und Flugblätter sofort zu beschlagnahmen und einzuziehen.

Die Kommunistische Partei war vom 28. Februar an praktisch illegal. In der Woche vor der Wahl fanden allein im Stadtteil Neckarstadt, soweit dies heute noch feststellbar ist, 60 Hausdurchsuchungen statt. Die Verhaftungen häuften sich, je näher es dem Wahlsonntag zuging. Höhepunkt der Verhaftungswelle war der Tag vor der Wahl, der 4. März. Das Untersu-

# Volksstimme

44. Jahrgang        Mannheim, Freitag, den 3. März 1933        Nummer 61

*Krieg der Lüge, Kampf der Verleumdung!*

## Wählt sozialdemokratisch!

Was wir seit Wochen erleben, wird jedem Freiheitsfreunde unvergeßlich bleiben. Jeder spürt die Schwere, den tragischen Ernst der Situation. Kein Mensch kann prophezeien, wie sich der weltgeschichtliche Kampf, in dem wir stehen, weiter entwickeln und wieviel Opfer er noch fordern wird. Wohl aber lehrt uns die ruhige Prüfung des Erlebten, daß diese Opfer nicht vergebens sein werden, und daß der endliche Sieg uns gewiß ist!

Nun heißt es, von Haus zu Haus, von Wohnung zu Wohnung, von Mund zu Mund so zu agitieren, daß das Ergebnis des 5. März den uns aufgezwungenen Kampf um die Freiheit abkürzen und die Opfer verringern wird. Die Nationalsozialisten hatten vom 31. Juli bis zum 6. November vorigen Jahres **zwei Millionen Stimmen verloren**. Sie hoffen, diesen Verlust mehr als wettmachen zu können, weil jetzt der ganze Staatsapparat ihrer Propaganda zur Verfügung steht. Sie rechnen damit, daß sie, wenn nicht die Mehrheit, so doch eine wachsende Minderheit des deutschen Volkes für ihre Pläne gewinnen werden.

Sorge jeder mit dafür, daß ihre Hoffnungen zuschanden werden. Eine **gründliche Wahlniederlage der Faschisten am 5. März** könnte zwar noch nicht die Wende selbst, wohl aber die Einleitung zu ihr bedeuten. In nationalsozialistischen Kreisen sind pathetische Erklärungen gegeben worden, man werde die eroberten Posten **lebend** nicht wieder verlassen. Vielleicht kann gründliches Zureden des Volkes am 5. März die Herren doch so weit bringen, daß sie ihr so laut verkündetes Vorhaben aufgeben. Hauptsache ist, daß sie wieder abtreten, wenn ihnen das Volk die Mehrheit nicht gibt.

Die Stimmzettel vom 5. März können zwar nicht alles entscheiden, aber sie werden die Entscheidung vorbereiten. Das Ergebnis der Wahlen kann für die Reaktion ein Schlag sein, der ihre Entschlußkraft lähmt. Es kann für das freiheitliebende Volk ein Auftakt zu weiteren politischen Handlungen von allergrößter Bedeutung werden. Wer den Sieg nicht verzögern, wer ihn nicht zu teuer erkaufen will, der muß jetzt alles daransetzen, um die Niederlage der Gegenrevolutionäre am 5. März so gründlich wie möglich zu gestalten!

Der Feldzug, der zur Vernichtung des Marxismus unternommen wird, muß am 5. März mit der moralischen Vernichtung der Marx-Vernichter enden. Dadurch wird manches Schwere, das trotzdem noch vor uns steht, leichter werden.

Denn der Faschismus ist der **letzte** starke Gegner, der sich der Arbeiterklasse entgegenstellt. Und dann?

Ist erst dies Bollwerk überstiegen,
Wer will uns dann noch widerstehn?

## Herbei, herbei!
## Wählt Liste 2

**Eine der letzten Ausgaben der sozialdemokratischen „Volksstimme" (3. März 1933)** (Stadtarchiv Mannheim).

chungsgefängnis im Mannheimer Schloß war bereits am Mittag überfüllt. Die nachfolgend Verhafteten wurden ins Landesgefängnis im Herzogenried verbracht. Bis zum Abend waren auch dort die Zellen belegt.

Die Kommunisten führten unter diesen Bedingungen des faschistischen Terrors, der Hetze und Unterdrückung einen heroischen Wahlkampf. Er stand unter der Losung „Einheitsfront gegen die Hitler-Diktatur". Eines der Plakate, noch in der Rhein-Main-Druck AG hergestellt, lautete: „Blutiger Mord an hunderten von antifaschistischen Arbeitern, das ist der Weg Hitlers zur offenen faschistischen Diktatur. Schluß mit dem Hindenburgbündnis! Rote Einheitsfront gegen Hindenburg-Hitler-Papen- Hugenberg-Diktatur! Wählt KPD, Liste 3". KPD und SPD warnten in ihren Wahlmaterialien in gleicher Weise: „Wer Hitler wählt, wählt den Krieg".

Jeder aktive Kommunist wußte in jenen Tagen vor dem Wahltermin des 5. März: Es ging nicht nur um den Wahlausgang dieser Reichstagswahl, die Wahl war zu einer Farce geworden, jetzt ging es um die Existenz der Arbeiterbewegung. In den Straßenzellen wurden illegale Wahlversammlungen organisiert – in Wohnungen und auch in Nebenzimmern der Arbeiterlokale. Sie wurden durch die Ankündigung von Mund zu Mund vorbereitet. Endlich kam es auch in einzelnen Stadtteilen zu gemeinsamen Handlungen von Kommunisten und Sozialdemokraten. Man unterstützte sich gegenseitig beim Plakatekleben gegen die sich mehrerenden Überfälle von SA-Banden.

Nach dem Reichstagsbrand am 28. Februar und den nun verschärften Unterdrückungsmaßnahmen wurde die Herstellung illegaler Flugschriften verstärkt. Die Abziehapparate drehten sich auf Hochtouren, ihr Standort wurde ständig gewechselt – von Wohnung zu Wohnung und von Garten zu Garten –, um die Entdeckung zu verhindern. So entstand auch am Tage nach der faschistischen Brandlegung im Reichstag das Massenflugblatt der KPD-Bezirksleitung „Der Reichstag brennt". Hergestellt wurde es in der Wohnung von Heinrich van der Laan in F 5, 14, der Verfasser war Hanns Maaßen.

Gegen die Verteiler dieses Flugblattes organisierten die Nazis und die politische Polizei besonders die Jagd. Es war ihnen unangenehm, denn es brandmarkte den Anschlag gegen den Reichstag als Verbrechen der NSDAP, als bewußte Provokation, um die Kommunistische Partei und die gesamte Arbeiterbewegung vernichten zu können. So hieß es in der Flugschrift: „Der Geist von 1914 soll wie damals gegen die sogenannten Feindstaaten nun gegen die deutsche Arbeiterbewegung heraufbeschworen werden, um uns zu verbieten."

Am 28. Februar wurde auch die „Arbeiter-Zeitung" endgültig verboten, nachdem sie schon vorher laufend am Erscheinen gehindert worden war.

Mit der AZ verlor die KPD ihr wichtigstes Publikationsmittel. Die Tageszeitung der Kommunistischen Partei hatte zu jener Zeit in Baden/Pfalz 17 000 Abonnenten.

Die „Arbeiter-Zeitung" erschien erstmals am 1. Mai 1922. In Mannheimer Betrieben wurden damals „Bausteine" für den Aufbau des Verlages und der Druckerei vertrieben. Arbeitnehmergroschen waren es, die das Erscheinen der kommunistischen Tageszeitung in Mannheim ermöglichten.

Der erste Chefredakteur der AZ war Georg Lechleiter. Im Jahre 1923 verurteilte ihn die Justiz der Weimarer Republik wegen eines Artikels zu zwei Jahren Festungshaft. Einer seiner engsten journalistischen Mitarbeiter in jenen Jahren war Rudolf Langendorf, der später gemeinsam mit ihm am 15. September 1942 den faschistischen Henkern zum Opfer fiel.

Am 21. Februar 1933 hatte die Bezirksleitung der KPD in Absprache mit der Redaktion und der Verlagsleitung beschlossen, trotz der sich häufenden Behinderungen die Tageszeitung so lange wie möglich legal herauszugeben. Fritz Apelt, damals Chefredakteur der AZ, erinnert sich an folgende Vorgänge:

„Es gelang mir einige Male, die Beschlagnahmung rückgängig zu machen, indem ich den Leiter der Kriminalpolizei vor die Frage stellte, welcher Artikel Anlaß zur Beschlagnahmung gab und meine Bereitschaft erklärte, den Artikel durch einen anderen zu ersetzen. Nachdem er sich einige Male darauf eingelassen hatte, sagte er mir ganz offen: ‚Wissen Sie, wenn ich Ihre Zeitung beschlagnahme, geschieht mir gar nichts, wenn ich sie aber nicht beschlagnahme, dann kriege ich einen auf den Deckel.' Er war Sozialdemokrat und befürchtete, von seinem Posten abgesetzt zu werden, was dann auch bald eintraf."[23]

Die Redakteure der AZ gaben nach dem Verbot der Zeitung nicht auf. Sie unternahmen den Versuch, den Nazis durch die Herausgabe einer politisch getarnten Wochenzeitung ein Schnippchen zu schlagen.

Fritz Apelt übernahm diese schwierige Aufgabe. Er berichtet darüber: „Der Gedanke, so abwegig und kühn er schien, war doch nicht von der Hand zu weisen. Noch galten die alten Pressebestimmungen, und für die Herausgabe einer Zeitung war nur eine bei der Polizei erworbene Lizenz notwendig. Wir fanden einen gutbürgerlichen ‚unbescholtenen' Mann, der früher einen Zeitschriftenverlag geleitet hatte und dazu bereit war. Er erhielt die Lizenz, und wir mieteten ein kleines Büro im Hansa-Haus, gründeten einen Zeitungsverlag und finanzierten ihn von dem Geld, das noch von der ‚Arbeiter-Zeitung' vorhanden war. Drucken ließen wir die Zeitung in der gleichen Druckerei, in der das ‚Hakenkreuzbanner' im Lohndruck her-

---

23 Bericht von Fritz Apelt (Mai 1972).

gestellt wurde. So unwahrscheinlich es klingt: Die Sache funktionierte. Unsere Zeitung erschien als Wochenzeitung unter dem Namen ‚Südwestdeutsche Rundschau'. Ich redigierte die Nachrichten, kommentierte und schrieb objektiv scheinende Artikel in der ‚Sklavensprache'. Wir verwendeten auch übersetzte Nachrichten und Artikel aus der ‚Prawda'. Die Zeitung erschien einige Male, dann wurde auch sie verboten."[24]

Auch der ehemalige Verlagsleiter der Rhein-Main-Druck AG, Johann Steiner, erinnerte sich an diese Zeitung, an deren Gründung er besonders durch die Sammlung des notwendigen Geldes mitbeteiligt war: „Fünf Nummern sind insgesamt erschienen. Wir brachten es in wenigen Tagen auf 5000 Abonnenten und sammelten auch Inserate. Dann machten Freunde einen großen Fehler: Sie legten der Zeitung illegale Aufrufe gegen den Faschismus bei. Dies führte zur sofortigen Beschlagnahmung und zum Verbot der ‚Südwestdeutschen Rundschau'. Die Aktion gegen die Zeitung war natürlich mit erneuten Verhaftungen verbunden."[25]

Das Ergebnis der Terrorwahlen vom 5. März 1933 ist beachtlich. Die Nationalsozialisten erreichten in Mannheim nicht ihr Ziel: KPD und SPD bekamen in der Quadratstadt zusammen immer noch mehr Stimmen als die NSDAP.

Das Wahlergebnis für Mannheim lautete:

| | |
|---|---|
| NSDAP | 58 650 Stimmen |
| SPD | 36 474 Stimmen |
| KPD | 31 471 Stimmen |
| Zentrum | 23 873 Stimmen |
| Demokratische Staats-Partei | 4 080 Stimmen[26] |

Der Stimmenanteil der KPD in Mannheim betrug 18,5 Prozent, im Reichsdurchschnitt war er 12,3 Prozent. Auch der Prozentsatz für die SPD Mannheims lag um 3,5 Prozent höher als der Reichsdurchschnitt sozialdemokratischer Stimmen. Bei dem Stimmenanteil der Kommunistischen Partei, die den Wahlkampf illegal zu führen gezwungen war, muß man zudem in Betracht ziehen – was die offizielle Analyse des Ergebnisses der Märzwahlen und was antikommunistische Historiker „vergessen" –, daß die Woche zwischen dem Reichstagsbrand und dem Wahlsonntag angefüllt war von laufenden Verhaftungen, daß am Tage vor dem Wahlgang Massenverhaftungen stattfanden, daß viele Kommunisten bereits zu Illegalen geworden waren und die Wahllokale meiden mußten, weil dort die

24 Bericht von Fritz Apelt (Mai 1972).
25 Bericht von Johann Steiner (September 1971).
26 Wahlergebnis vom 5. März 1933, „Neue Mannheimer Zeitung", 6. 3. 1933. Stadtarchiv Mannheim.

# An alle Werktätigen!

Arbeiter, Mittelständler, Bauern! Lest den Regierungs-Aufruf der faschistischen Hitler-Papen-Hugenberg-Diktatur und urteilt selbst: Kein Wort gegen die Volksausplünderer und Millionäre, sondern Phrasen für Brot und Stimmzettel statt Sozialismus. Erinnert Euch, was haben die Nazis Euch alles versprochen:

## 1. „Zerreißung des Versailler Sklavenpakts"

und jetzt erklären diese Lakaien: „Soll aber Deutschland ... seine Verpflichtungen den anderen Nationen gegenüber gewissenhaft erfüllen, dann setzt dies voraus: Ueberwindung der kommunistischen Zersetzung Deutschlands."

## 2. „Brechung der jüdischen Zinsknechtschaft"

und „Schließung der Börsen, Ausweisung der Börsenjobber" forderten die Nazis in jeder Versammlung. Jetzt stellt sich Hitler schützend vor die Geldschränke und hetzt gegen die Kommunisten, die die entschädigungslose Enteignung der Schmarotzer fordern.

## 3. „Verstaatlichung der Banken und Trusts"

und „Beseitigung des raffenden Kapitals". Aber keinem Bankjuden oder Millionär, keinem Trustgewaltigen oder raffendem Osthilfe-Junker wird ein Haar gekrümmt, im Gegenteil: Die Börsenkurse sind seit Hitlers Regierungsantritt um 7 Prozent gestiegen!

## 4. „Beseitigung der Pacht- und Steuerwucher"

und mit keinem Wort erwähnt der Regierungsaufruf die ungeheuerliche Not der ruinierten Kleinbauern und Mittelständler; Gerichtsvollzieher und Steuereintreiber jagen nach wie vor die Werktätigen von Besitz und Scholle.

## 5. „Herabsetzung der hohen Korruptionsgehälter"

und nicht ein Wort wagen jetzt die Hitler und Frick gegen die Riesengehälter und Futterkrippenpolitiker zu reden, jetzt beziehen sie selbst die Riesengehälter. Aber um so wütender hetzen sie gegen die KPD, die die Armen und Ausgebeuteten zum Kampf führt.

## 6. „Arbeit und Brot den hungernden Familien"

und die Hitler-Papen-Regierung ist es, die gar nicht daran denkt, die übervollen Speicher und Halden zu öffnen, um den Ueberfluß den Hungernden zu geben, sondern sie erhöht die Zölle und verteuert noch die Lebensmittel.

## 7. „Gegen Judenrepublik, Hugenberg-Kapitalismus und die feinen Leute"

und jetzt erklären Hitler und Frick, daß sie „getreu ihrem Eide" und gemeinsam mit dem Herrenklub-Kanzler und ärgsten Reaktionär Hugenberg in „vollkommener Einheit" zum „Wohle des ganzen Volkes" regieren wollen.

Macht Schluß mit diesen Einpeitschern der faschistischen Diktatur!

# Hitler regiert - Der Kommunismus marschiert!

Gegen die faschistischen Volksfeinde und Volksbetrüger Hitler-Papen-Hugenberg

# Für die Arbeiter- und Bauernrepublik, Liste 3

Letztes legales Flugblatt der KPD zur Reichstagswahl am 5. März 1933.

Häscher der Faschisten auf sie lauerten. Es widerspricht den Tatsachen, wenn Historiker die Märzwahl als letzte „freie Wahlen" bezeichnen.

Im Jubiläumsbuch „100 Jahre SPD Mannheim" heißt es zum Wahlergebnis: „Rechnet man die Stimmen von SPD und KPD zusammen, so bleibt Mannheim auch jetzt noch eine ‚rote' Stadt, ihre Arbeiterschaft geht nicht zu den Nationalsozialisten über."[27]

Im Landkreis Mannheim sah das Ergebnis nicht viel günstiger für die Nazis aus. In einigen Gemeinden war der Stimmenanteil für SPD und KPD zusammen ebenfalls größer als der Anteil der NSDAP. Eine Sensation war das Wahlergebnis in Ketsch: Die KPD erhielt 927, die SPD 181 und die NSDAP 345 Stimmen.

## Kommunistenjagd in Mannheim

„Nach der Wahl am 5. März wird endgültig Schluß sein mit den roten Verbrechern", so hatte die NSDAP-Kreisleitung gedroht. Doch der Terror und willkürliche Verhaftungen hatten schon wenige Tage nach der Machtergreifung des Faschismus eingesetzt.

Die Mitglieder der KPD-Bezirksleitung konnten im Monat Februar nicht mehr ihre Wohnungen betreten. Sie waren „untergetaucht", um sich vor der Verhaftung zu schützen und um die politische Tätigkeit fortsetzen zu können. Auf sie lauerten Tag und Nacht die Agenten der Politischen Polizei und die Spitzel der nationalsozialistischen Organisationen. So erging es auch anderen in Mannheim bekannten Kommunisten und Funktionären der KPD-Stadtteil- und Betriebsorganisationen.

Als Vorwand für die erste größere Verhaftungswelle in Mannheim diente der Aufruf „Generalstreik gegen die faschistische Diktaturherrschaft" vom 30. Januar. Verhaftet wurden zunächst der Druckereileiter der Rhein-Main-Druck AG und zwei Schriftsetzer. Das Reichsgericht in Leipzig erhob Anklage wegen Vorbereitung zum Hochverrat. Der Leiter der Druckerei wurde zu acht Monaten und einer der Schriftsetzer zu zwei Monaten Gefängnis verurteilt.

Weit schlimmer erging es dem Reichstagsabgeordneten Ernst Schneller, der den Aufruf als Verantwortlicher unterzeichnet hatte. Er war Mitglied des Zentralkomitees der KPD. Das Reichsgericht verurteilte ihn zu sechs Jahren Zuchthaus. Nach Verbüßung der Strafe wurde Schneller ins KZ Sachsenhausen verschleppt und am 11. Oktober 1944 gemeinsam mit 26 anderen Antifaschisten von SS-Schergen erschossen.

27 100 Jahre SPD Mannheim. Dezember 1967. Mannheimer Verlagsanstalt GmbH, S. 58/59.

Die Polizei im Rhein-Neckargebiet jagte Franz Doll. Zur Zeit der faschistischen Machtergreifung war er politischer Leiter der KPD Baden/Pfalz. Das Reichsgericht erließ am 10. Februar Haftbefehl, nachdem man ihn schon zwei Tage zuvor in seiner Wohnung in Heidelberg festnehmen wollte. Doch er war dort nicht mehr zu erreichen, Doll war zum Illegalen geworden. Ein Heer von Agenten war in Baden und in der Pfalz unterwegs, um ihn aufzuspüren.

Wo verbarg sich Franz Doll? Eines Tages, es war Ende März 1933, glaubte das Badische Landespolizeiamt, das die Fahndung leitete, zupacken zu können. In Brühl/Rohrhof war der KPD-Kreistagsabgeordnete Gustav Kuhlen verhaftet worden. Bei ihm fand man eine Notiz, die den Namen Anton Nowacki, Niederfeldstraße 16, enthielt. Wer war dieser Nowacki, und warum hatte Kuhlen ihn notiert?

Kriminalsekretär Nagel wurde mit einer Hausdurchsuchung beauftragt. Doch in der Niederfeldstraße 16 war kein Bewohner namens Nowacki bekannt. Der Kriminalist durchforstete die Niederfeldstraße Haus für Haus und hatte Erfolg. In Nummer 103, bei der Familie Schulz im damaligen Gartengelände „Gießen" hatte sich der Reisende Nowacki eingemietet. Die Hausdurchsuchung ließ keinen Zweifel mehr daran: Nowacki war der gesuchte Bezirksleiter der KPD, Franz Doll. Im Zimmer fanden Nagel und der ihn begleitende SA-Hilfspolizist die volle Bestätigung, den Reichstagsabgeordneten-Ausweis Nr. 135 auf den Namen Franz Doll, einen Personalausweis des gleichen Namens und eine Menge politischer Akten und Notizen. Sogar das KPD-Mitgliedsbuch des Bezirksleiters fand man in dem Zimmer des „Reisenden".

Da fehlte nur noch der Gesuchte selbst, und auf den brauchte man ja nur warten. Kriminalsekretär Nagel war stolz auf seinen Erfolg, und er forderte Verstärkung an. Der die Aktion leitende Polizeikommissar Gerst entsandte denn auch sogleich sechs weitere SA-Hilfspolizisten in das Gartengewann, und Nagel teilte sie generalstabsgemäß ein. Fünf SA-Leute überwachten das Haus und Frau Schulz, die anderen zwei deren in der Nähe wohnende Freundin. Man wollte sicher gehen und konnte ja nicht wissen, ob Doll nicht auch zu ihr Verbindung hatte.

Das Netz war gespannt, die Hilfspolizisten umlauerten das Haus und beschatteten die beiden Frauen auf jedem Gang, den sie taten. Kriminalsekretär Nagel fand, daß er ein Abendbrot redlich verdient habe und ging nach Hause. Und da geschah etwas, das bis heute keine Aufklärung gefunden hat. Plötzlich erschien ein Kriminalbeamter und holte die fünf Hilfspolizisten von Schulzes Haus weg mit der Erklärung, Franz Doll sei bereits verhaftet und der Überwachungsauftrag aufgehoben. Doch die Meldung war falsch, Doll war nicht in Haft. Gerst tobte. Sofort ordnete er eine erneute und verstärkte Überwachung an. Sein Zorn wurde auf die Spitze getrieben durch die Meldung, daß inzwischen der Großteil von Dolls Eigentum aus dem Zimmer verschwunden war. Polizeikommissar Gerst verhörte die Vermieterin. Das brachte nichts ein. Sie konnte nachweisen, daß sie zur Zeit der geheimnisvollen Geschehnisse bei ihrer Freundin weilte. Und die beiden diese Frau überwachenden SA-Polizisten bestätigten die Aussage der verdächtigten Frau Schulz.

Trotz intensiver Verfolgung und der Notwendigkeit, das illegale Quartier fortlaufend zu wechseln, leitete Franz Doll die politische Tätigkeit der KPD in Baden/Pfalz noch bis Ende April 1933. Die Fahndung nach ihm lief auf Hochtouren. Ein Mann des Nachrichtensturms der SA meldete, Doll in der Pfalz gesehen zu haben. Der Polizei-Funkdienst gab am 27. April diese Anweisung durch: „An Alle. Gegen den am 9.11.06 in Karlsruhe geborenen, zuletzt in Heidelberg wohnhaften Dreher Franz Doll, pol. Leiter der KPD, Bezirk Baden/Pfalz, wird Voruntersuchung wegen Vorbereitung zum Hochverrat eingeleitet. Derzeitiger Aufenthalt des Doll unbekannt. Doll soll sich unter den Namen Heinrich Jakobi und Anton Nowacki insbesondere in der Pfalz und im Saargebiet aufhalten. Doll ist 162 groß, untersetzt, bartlos, hat dkl. Gesichtsfarbe, dkl., zurückgekämmtes Haar. Eingehende Fahndung und Festnahme im Betretungsfall."[28]

Franz Doll war nach der Entdeckung seines Niederfelder Zimmers in Ludwigshafen untergetaucht. Eine weitere politische Tätigkeit in Baden/Pfalz war nicht mehr möglich. Die Mannheimer Kommunistin Ricke Ries erhielt den Auftrag, seine Flucht vorzubereiten. Doll gelangte nach Berlin und meldete sich dort in einem illegalen Büro des Zentralkomitees der KPD zum Einsatz in einem anderen Gebiet. In dem Berliner Büro sah er wohl zum letzten Male in seinem Leben einen seiner Genossen aus Mannheim. Das war Johann Steiner, der dort Beitrags- und Zeitungsgeld des Bezirks Baden/Pfalz abrechnete. Ihm vertraute Doll an, daß er eine Funktion im Ruhrgebiet übernehmen wolle.

In einer Fahndungsmeldung der Polizei vom 12. März 1934, unterzeichnet von dem Gestapomann Schlude, an die Oberreichsanwaltschaft hieß es: „Die Fahndung nach Doll ist bisher ergebnislos verlaufen. Die Fahndung wird energisch fortgesetzt und im Ernstfall das Weitere veranlaßt." Die Polizei vermutete ihn immer noch im Raum Mannheim. Franz Doll war aber zu dieser Zeit bereits im Ruhrgebiet, wo er leitend im illegalen Kampf gegen den Faschismus tätig war. Wahrscheinlich wurde er dort von den Faschisten ermordet.

---

28 Bericht des Geheimen Staatspolizeiamtes Karlsruhe vom 31. August 1934. VVN – Bund der Antifaschisten, Geschichtskommission.

Erkennungsfotos nach der Verhaftung: Karl Schneck (oben), Walter Chemnitz.

Steckbrief gegen den Politischen Leiter der KPD Baden-Pfalz: „Franz Doll ist zu verhaften."

Organisationsleiter der Bezirksleitung von Baden/Pfalz wurde kurz nach der nationalsozialistischen Machtergreifung Karl Schneck. Er löste den Ludwigshafener Herbert Müller ab, der sein Tätigkeitsfeld in die Pfalz verlegte, um dort die Parteigruppen auf illegale Arbeitsmethoden umzustellen. Schnecks Aktivität in Mannheim währte nicht lange. Auch er stand schon seit Anfang Februar auf der Fahndungsliste. Man beschuldigte ihn, die Anweisung für den Druck des Aufrufs zum Generalstreik an die Druckerei gegeben zu haben. Der Polizei gelang es, den Organisationsleiter zu verhaften. Die angebliche Anweisung für den Druck konnte man ihm trotz aller Verhöre nicht nachweisen.

Doch Karl Schneck blieb in Haft. Er war ein populärer Funktionär der KPD, die Nazis wollten ihn unter allen Umständen unschädlich machen. Schneck war im Jahre 1932 aus Stuttgart nach Mannheim gekommen. Er war Mitglied des württembergischen Landtages. Bereits am 27. Oktober 1924 war er wegen seiner Tätigkeit als Arbeiterfunktionär zu drei Jahren Gefängnis verurteilt worden. Die erneute Verhaftung beugte ihn nicht; er glaubte unerschütterlich an den Sieg der Arbeiterbewegung.

Am 29. April 1933 schrieb Karl Schneck aus der Untersuchungszelle einen Brief an Freunde in Freudenstadt im Schwarzwald, der sich nach 1945 in den Akten der Gestapo wiederfand. Darin stehen die Worte: „Ich denke immer, es wird nie so heiß gegessen als gekocht. Am Ende reden wir ja immer auch noch mit. In den hundert Jahren, seit es den Marxismus als Theorie gibt, haben schon viele Gelehrte und Staatsmänner mit den Waffen des Geistes oder der Gewalt versucht, den Marxismus umzubringen. Doch sie deckt der kühle Rasen, der Marxismus lebt ... So denke ich, deshalb halten wir den Kopf hoch. Es ist meine Hoffnung, daß ihr in eurer schönen Schwarzwaldstadt bald euren Eingekerkerten begrüßen könnt."[29]

Im Jahre 1934 aus dem Konzentrationslager entlassen, setzte Karl Schneck den Kampf gegen den Faschismus fort. Schwer erkrankt brachten ihn Kampfgefährten über die Reichsgrenze, und er kam in die Sowjetunion. Schneck starb am 3. Februar 1943 in Kasachstan.

Keiner war mehr sicher, keiner konnte sich zu Hause aufhalten. Es ist nicht möglich, die Namen all derer aufzuzählen, die in den Tagen nach der Machtergreifung des Faschismus verfolgt, gejagt und verhaftet wurden. Den Häschern Hitlers fiel Karl Fischer, Mitglied der Bezirksleitung, in die Hände. Er starb im Gefängnis, sein Tod blieb ungeklärt. Im Mai 1933 war auch die Tätigkeit von Herbert Müller in der Pfalz zu Ende, er wurde ins Konzentrationslager verschleppt.

29 Brief von Karl Schneck vom 29. 4. 1933. IML/ZPA/NJ 1867/2.

# Beschluß

57J

8 J 323 / 33.
I Tgb. 46 /35.

In der Strafsache gegen
den Dreher Franz D o l l , geboren am 9. November 1906 in
Durlach, zuletzt wohnhaft in Heidelberg, z. Zt. unbekannten
Aufenthalts
           wegen Vorbereitung zum Hochverrat
hat der Volksgerichtshof, 1. Senat, in der Sitzung vom
7. März 1935 nach Anhörung des Oberreichsanwalts

           b e s c h l o s s e n :

Der von dem Untersuchungsrichter des Reichsgerichts
am 27. März 1933 gegen den Angeschuldigten Franz D o l l
erlassene Steckbrief ist zu erneuern.
    gez.:     Schauwecker     Dr. Löhmann     Stutzer.

           Ausgefertigt
           Berlin, den 7. März 1935

           Amtmann
       Urkundsbeamter der Geschäftsstelle

An
den Herrn Oberreichsanwalt
     in L e i p z i g

    mit 1 Ausfertigung
        1 Abschrift
        3 Bünden Akten.

**Beschluß des 1. Senats des Volksgerichtshofes vom 7. März 1935: Der Steckbrief gegen Franz Doll ist zu erneuern.**

In einem Bericht des Landespolizeiamtes zum Fall Doll findet sich folgender Satz: „Der Geschäftsführer des Verlages der hiesigen ‚Arbeiter-Zeitung', Johann Steiner, der eventuell Auskunft über den Aufenthalt des Doll geben könnte, ist flüchtig, da er in Schutzhaft genommen werden sollte." Die Polizei suchte Johann Steiner vergebens. Er war noch lange Zeit in Mannheim und sammelte ausstehende Gelder der „Arbeiter-Zeitung" ein, um damit die illegale Tätigkeit der KPD finanziell zu unterstützen. Erst im Herbst 1934 verließ Steiner die Stadt und Deutschland. Er leitete von Frankreich und vom Saarland aus illegale Literaturtransporte nach Mannheim. Später ging er nach Spanien und führte den Kampf gegen den Faschismus in den Reihen der Internationalen Brigaden fort.

Die berüchtigten Konzentrationslager Kislau, Heuberg und Ankenbuck füllten sich mit Antifaschisten, Kommunisten und Sozialdemokraten. Die meisten politischen Häftlinge waren Funktionäre der KPD, viele aus Mannheim. Im KZ Kislau kam der sozialdemokratische Reichstagsabgeordnete Ludwig Marum ums Leben. Die Nazis behaupteten, er habe sich erhängt, in Wirklichkeit wurde Marum am 29. März 1934 ermordet.

In Kislau kam es, wenn auch in gedämpfter Weise, zu antifaschistischen Demonstrationen. Erwin Knapp aus Schwetzingen, der am 28. April mit anderen Häftlingen aus dem Landesgefängnis nach Kislau verschleppt wurde, erinnert sich an eine „Schweigedemonstration" anläßlich der Ermordung eines bekannten Kommunisten in Hamburg:

„Es wurde beschlossen, nach dem Abendbrot, ich weiß nicht mehr ob fünf oder zehn Minuten, schweigend an den Tischen sitzen zu bleiben. Dieser Beschluß wurde von allen Häftlingen befolgt. Schlagartig wurde es im Saal totenstill. Die Wache kam aus dem Nebenraum gestürzt und fragte, was los sei. Keiner antwortete, nur Achselzucken erfolgte.

Der Lagerkommandant Mohr wurde alarmiert. Inzwischen war die Schweigezeit abgelaufen. Nun wurden die Rädelsführer gesucht. Jeder befragte Häftling erklärte, er habe sich seinem Nebenmann angeschlossen. Da kein Rädelsführer gefunden wurde, griff man einfach den Genossen Hans Heck und steckte ihn in den Bunker. Am nächsten Morgen hing im Saal ein Anschlag. Der Lagerkommandant verkündete: Aus dem gestrigen Vorkommnis habe er ersehen, daß der alte Geist der Rebellion unter den Häftlingen noch immer lebendig ist. Er ordnete daher eine Woche Hofentzug, Schreibverbot und Entzug der Besuchserlaubnis an." [29a]

Viele führende Mitglieder der KPD waren verhaftet. Andere mußten Mannheim verlassen, um der Verhaftung zu entgehen und um ihre politische Tätigkeit fortsetzen zu können. So erging es Eugen Herbst von der

---

29a Bericht von Erwin Knapp (Januar 1972).

Bezirksleitung Baden/Pfalz. Kaum von einem schweren Lungenleiden genesen, ging er nach München und leitete dort den Kampf gegen den Faschismus. Während der Tage der sogenannten Röhm-Revolte 1934 wurde er von der SS ermordet.

In München wurde auch der Mannheimer Willy Grimm verhaftet. Er war seit Dezember 1932 in der Isar-Stadt Chefredakteur der dortigen kommunistischen Tageszeitung „Neue Zeit". Zuvor war er Redakteur der „Arbeiter-Zeitung" und Funktionär und Redner der Arbeiterbewegung Mannheims gewesen. Nach einjähriger Gefängnishaft verschleppte ihn die Gestapo ins KZ; nahezu zehn Jahre verbrachte er in den Konzentrationslagern Dachau und Mauthausen.

Mit der Ernennung des faschistischen Gauleiters Robert Wagner zum Reichskommissar für das Badische Polizeiwesen am 9. März 1933 verschärfte sich der Terror. An diesem Tag verbrannten SA und SS auf dem Marktplatz der Innenstadt die schwarz-rot-goldene Fahne der Republik. Oberbürgermeister Dr. Heimerich, unter Fausthieben und Tritten auf den Balkon des Rathauses gezwungen, mußte von dort aus zuschauen. In der Nacht vom 9. auf den 10. März stürmte die SA das „Volkshaus" und das Gebäude der „Volksstimme". Durch die Straßen peitschten Schüsse. Verängstigte Bürger befürchteten den Beginn des noch von vielen Einwohnern Mannheims erwarteten offenen Straßenkampfes. Doch es scheint, daß in dieser Nacht nur die SA geschossen hat. Für einen bewaffneten Einsatz zum Schutze der Gebäude und des Eigentums der Arbeiterbewegung wäre es sowieso zu spät gewesen. Am 10. März meldete das „Hakenkreuzbanner" siegesbewußt: „Unsere Banner wehen auf dem Schloß, dem Bezirksamt, dem Rathaus und der Polizeiunterkunft."

Am folgenden Tag übernahm Robert Wagner „im Auftrag der Reichsregierung die gesamte Badische Staatsgewalt". Die Nazis errichteten im „Musterländle" die nackte Diktatur. Nun wurden auch prominente Sozialdemokraten in „Schutzhaft" genommen, am 12. März Oberbürgermeister Dr. Heimerich und der SPD- und ADGB-Vorsitzende Jakob Trumpfheller.

Tag für Tag folgten Meldungen über willkürliche Verhaftungen und Einlieferungen in Konzentrationslager. Die am 28. Februar erlassene Notverordnung des Reichspräsidenten „Zum Schutz von Volk und Staat" legalisierte den Terror. Am 15. März brachte die Presse die folgende lakonische Notiz: „In Schutzhaft genommen wurden: Bankdirektor Jakob Kahn, Kaufmann Felix Frohmann, Stadtverordneter Fischer, außerdem neun Kommunisten." Die Kommunisten nannte man schon gar nicht mehr mit Namen. Sie waren Freiwild geworden. Die illegale Bezirksleitung der KPD meldete in einem Bericht vom 24. März 900 Verhaftungen von Parteifunktionären in Baden/Pfalz.

Was tat die badische Landesregierung, ein Kabinett der bürgerlichen Parteien, angesichts der zunehmenden Übergriffe und der faschistischen Gleichschaltung des Landes? Man baute auf die Loyalität Hindenburgs. Dies um so mehr, als Reichswehrminister von Blomberg bei einem Besuch in Karlsruhe im Namen des Reichspräsidenten versichert hatte, in Baden würden „keine Eingriffe der Zentralgewalt" erfolgen. Als dann Gauführer Robert Wagner das Regierungsgebäude überfiel und selbstherrlich Minister absetzte, als gar Staatspräsident Dr. Schmitt vorübergehend verhaftet wurde, da sandte die in der Landesregierung führende Zentrumspartei einen verzweifelten Hilferuf an Hindenburg: „Badische Zentrumsfraktion erbittet Schutz gegen Amtsenthebung badischer Regierung und Gefangennahme des Staatspräsidenten durch Reichskommissar und Tagungsrecht für Landtag." Doch Hindenburg gab keine Antwort.[30]

Am 17. März ordnete das neue, faschistische Staatsministerium von Baden an: „Sämtliche der SPD und KPD angehörenden Mitglieder des Badischen Landtages, sowie sämtliche in den neuen Reichstag gewählten Abgeordneten der SPD und KPD sind, soweit sie in Baden wohnen oder Aufenthalt haben, bis auf weiteres in Schutzhaft zu nehmen, ferner sämtliche Kommunisten, die auf dem Reichstagswahlvorschlag der KPD stehen."

Die verschärfte Verhaftungswelle traf in den folgenden Wochen auch bürgerliche und christlich gesinnte Politiker. Die bürgerlichen Parteien, die am 23. März 1933 im Reichstag dem Ermächtigungsgesetz zustimmten – aus Opportunismus und offensichtlich des Glaubens, die Terrorgesetze würden nur die Kommunisten treffen –, erlebten in Baden wie überall im Reich ihre Schicksalsstunde.

## Beginn der Judenverfolgung – Terror gegen alle Demokraten

Im Monat März begann auch die Verfolgung jüdischer Mitbürger, die in den späteren Jahren zur Massenvernichtung gesteigert wurde. Am 30. März erließen die beiden vom Gauleiter eingesetzten Kommissare der Stadt Mannheim Wetzel und Renninger, der einige Wochen später Oberbürgermeister wurde, einen Aufruf: „Die Mannheimer Bevölkerung wird daher zum Kampf gegen die jüdischen Todfeinde unseres neuauflebenden Deutschlands aufgerufen, indem sie den wirtschaftlichen und gesellschaftlichen Boykott für die Juden Mannheims verhängt." Der „Kampf der

---

30 Karl Joseph Rößler, Der Badische Landtag, Verlag Rombach, Freiburg i. Br. 1949, S. 47.

Mannheimer Bevölkerung" gegen die Juden war bereits wohl organisiert, als der Aufruf der Kommissare erschien, denn am Morgen des gleichen Tages wurden die Kolonnen der SA und SS gegen jüdische Geschäfte in Marsch gesetzt. Und das „Hakenkreuzbanner" konnte am 30. März zugleich mit dem Aufruf bereits einen Bericht über die Aktion veröffentlichen:

1933: Verschleppungen ins KZ Kislau. 2. Zivilist von links: Adam Remmele, in der Mitte Ludwig Marum.

„Nachdem die Greuelpropaganda der Juden immer größere und unverschämtere Formen annahm, mußte in kürzester Frist eine Gegenaktion durchgeführt werden, sollte nicht die berechtigte Empörung des Volkes Anlaß zu großen Ausschreitungen sein! Um die Mittagszeit des Dienstag wurde das Straßenbild durch Trupps von SA- und SS-Männern auffallend belebt. Hälserecken, Getuschel!

Ohne große Umstände postierten sich dann vor allen jüdischen Geschäften Doppelposten der SA und SS. Die Posten blieben den ganzen Tag über vor den Geschäften und forderten durch Zureden und Aufklärung das Publikum auf, die jüdischen Geschäfte nicht mehr zu betreten. Da daraufhin der Geschäftsbetrieb der meisten Judenläden stillgelegt war, entschlossen sich die meisten, ihre Rolläden herunter zu lassen!"

Die Kreisleitung Mannheim der Nazipartei war also besonders forsch bei der Verwirklichung der rassistischen Ideologie und bei der Einleitung der Arisierungspolitik, denn der von der Naziführung ausgerufene Boykott gegen jüdische Geschäfte war erst für den 1. April vorgesehen.

Ein vom Stadtarchiv Mannheim veröffentlichtes Buch schildert in zwei Bänden die Verfolgung der Juden in Mannheim. Es enthält eine ausführliche Aufzählung von Dokumenten über die antisemitischen Terrormaßnahmen in der Stadt Mannheim, von den ersten Anfängen bis zur Deportation in Konzentrationslager. Das Buch enthält einen Abschnitt mit dem Titel „Die Reaktion der jüdischen Bürger auf die ‚Machtergreifung'". Darin werden zwei jüdische Strömungen angeführt: diejenige des passiven Verhaltens mit der Hoffnung, das Unheil werde sich irgendwie abwenden und die der rechtsextremen Juden, „die Hitler nicht nur duldeten, sondern – wenn auch bedingt – aktiv förderten".[31] Das Buch erwähnt leider nicht die jüdischen Bürger, die gemeinsam mit der Arbeiterbewegung gegen die Hitlerdiktatur kämpften. Auch sie gab es in Mannheim, sowohl in kommunistischen als auch in sozialdemokratischen Organisationen und besonders in der Widerstandsbewegung der Arbeiterjugend. Gewiß, dies war der Zahl nach nicht der entscheidende Teil der Juden in Mannheim, aber bestimmt die politisch bewußteste Gruppe unter den jüdischen Mitbürgern, und ihr Verhalten vor und nach der Machtergreifung sollte nicht vergessen werden.

Max Oppenheimer, heute Präsidiumsmitglied der Vereinigungen der Verfolgten des Naziregimes – Bund der Antifaschisten, erinnert sich an die antifaschistische Aktivität einer Gruppe junger Juden in Mannheim. Er schildert:

„In den Jahren 1933/34 trat ein Teil der jüdischen Jugendlichen, vor allem diejenigen, deren Eltern nach dem Krieg aus Polen eingewandert waren und die zumeist Arbeiter und kleine Handwerker waren, in die linken zionistischen Jugendverbände, die sich oftmals als marxistisch bezeichneten, ein. Eine besondere Rolle spielte hierbei der Jugendverband Schomer Hazair. Gegen diese zionistischen Organisationen, deren Ziel die Auswanderung nach Palästina war und die deshalb von den Nazis bis zur Auflösung im Jahre 1938 trotz ihrer marxistischen Zirkelarbeit eine gewisse Narrenfreiheit hatten, entstand der Bund deutsch-jüdischer Jugend, später Ring, Bund jüdischer Jugend, weil die Nazis gegen die Benutzung des Wortes deutsch durch Juden waren. Da die Führung dieser Organisation eng mit dem konservativen, ja reaktionären Reichsbund jüdischer Frontsoldaten zusammenarbeitete, gründeten nicht-zionistische Juden 1933 oder 1934 eine Gruppe, die sich Biro-Bitschan-Jugend nannte und für eine Auswanderung junger werktätiger Juden nach der Sowjetunion plädierte. Die Organisation wurde jedoch recht schnell von den Nazis auf-

---

31 Die Judenverfolgung in Mannheim 1933–1945. Herausgegeben vom Stadtarchiv Mannheim. Verlag W. Kohlhammer, Stuttgart 1971. Band 1, S. 49.

gelöst, denn Propaganda für die Sowjetunion war bekanntlich das Staatsverbrechen Nummer eins. Einen der führenden Leute dieser Gruppe lernte ich während meiner Berufsausbildung in der jüdischen Anlernwerkstätte Mannheim-Neckarau in den Jahren 1936/37 kennen. Sein Name war Uren Matzner. Er war dort Geselle in der Schreinerei. Die Gruppe führte mit sozialistisch eingestellten Jugendlichen politische Gespräche, lehrte sie Lieder der revolutionären Arbeiterbewegung und hatte auch, soweit ich mich entsinne, Kontakt zu einem Neckarauer Kommunisten. Als im Herbst 1938 die Nazis alle Juden polnischer Abstammung nach Polen abschoben, wurde auch Uren Matzner dorthin ausgewiesen."[32]

Die Verfolgung der Arbeiterbewegung wurde auch auf die Betriebe übertragen. Kommunistische und sozialdemokratische Arbeiterfunktionäre wurden auf die Straße geworfen. In den städtischen Verkehrsbetrieben fing es an. Die Nationalsozialisten hatten bombastisch erklärt, sie wollten die Stadtverwaltung und die Kommunalbetriebe „von Korruption und Bonzentum" säubern; mit dieser Phrase verschleierten sie das Vorgehen gegen Arbeiterfunktionäre und Demokraten.

Am 27. April wurden bei der städtischen Straßenbahn 25 Arbeiter entlassen, angeblich „zur Wiederherstellung des Berufsbeamtentums". Auf der Entlassungsliste standen getreulich vereint die Namen von Sozialdemokraten und Kommunisten: der Sozialdemokrat Franz Lockemann neben dem Kommunisten Otto Dreißig, die SPD-Mitglieder Otto Paulus und Otto Krämer neben den KPD-Mitgliedern Karl Schlessmann, Jakob Kieser und Fritz Straubitz.[33] Da wurden auch keine Unterschiede gemacht zwischen denen, die am 30. Januar für die Generalstreikparole eingetreten waren und denen, die sich still verhalten hatten. So war es in allen städtischen Betrieben und Ämtern, so war es am Theater und so war es auch in der privaten Industrie.

Im Monat Mai wurden sämtliche Betriebsräte der Konsum-Genossenschaft entlassen, die Betriebsräte bei der Großeinkaufs-Genossenschaft fielen kurze Zeit später einer politischen „Säuberungsaktion" zum Opfer. Bei Daimler-Benz mußte der sozialdemokratische Vorsitzende des Arbeiterrats Georg Fischer gemeinsam mit seinen kommunistischen Kollegen das Werk verlassen; genauso erging es den gewählten Vertretern der Arbeiterschaft in anderen Betrieben. Vielen Arbeiterfunktionären, die nun ohne Arbeit waren und eine erneute Beschäftigung in Aussicht hatten, verweigerte das Arbeitsamt die Arbeitserlaubnis.

Am 8. Mai erließen die beiden faschistischen Kommissare die folgende Anordnung:

32 Brief Max Oppenheimers an den Verfasser (10. 1. 1973).
33 Entlassungsschreiben in Privatbesitz.

„Die Leiterin der Sozialen Frauenschule Dr. Marie Bernays, sowie der Aufseher Maximilian Arnold beim Tiefbauamt werden von ihren Dienstgeschäften entbunden und beurlaubt.

Personalveränderungen: Auf Beschluß des Kommissars der Stadt Mannheim werden mit sofortiger Wirkung ihrer Dienstgeschäfte entbunden und beurlaubt: Baurat Frenz, Obersekretär Schüle, Oberverwaltungsinspektor Englert, Oberwerkstätteninspektor Willer, Kontrolleur Mundhaas, Schaffner Fränznick und Schaffner Kost beim Städt. Straßenbahnamt, Oberverwaltungsinspektor Fischer, Kasseninspektor August Layer und Schmiedemeister Karl Friedrich bei der Fuhr- und Gutsverwaltung."[34]

Der faschistische Terror war in kurzer Zeit allseitig organisiert und vollkommen, er erfaßte bereits wenige Wochen nach Hitlers Ernennung zum Reichskanzler alle Sphären des Lebens. Selbstverständlich richtete er sich auch gegen demokratische und sozialistische Massenbewegungen, gegen den Arbeitersport, Kulturorganisationen und die Jugendbewegung. Sie wurden als „kommunistische Tarnorganisationen" denunziert und aufgelöst, ihr Vermögen beschlagnahmt und die Funktionäre verfolgt. Die Bezeichnung „kommunistische Tarnorganisation", nach 1945 und besonders im Gefolge des Kalten Krieges neu belebt als Waffe gegen demokratische Bestrebungen und Vorwand für Verbote und Verfolgungen, ist eine Begriffsschöpfung der Faschisten. Die Jagd der Gestapo galt auch den Organisationen der proletarischern Solidarität IAH und Rote Hilfe, denen in der Zeit der Verfolgung eine besondere Bedeutung zukam. Sie leiteten Unterstützungsaktionen für die Angehörigen der politisch Inhaftierten und Verfolgten ein. Die Faschisten versuchten mit allen Mitteln, Solidaritätsaktionen zu unterdrücken.

Solidarität und Hilfe waren wichtig in jener Zeit des Terrors, aber auch gefährlich. Wer die Kinder der politischen Gefangenen speiste, der war Staatsfeind. In der Anklageschrift gegen Elisabeth Menges, die im Jahre 1937 mit einer Gruppe Antifaschisten der Neckarstadt vor den Schranken des Gerichts stand, findet sich der folgende Satz: „Entsprechend den Weisungen der Roten Hilfe, der die Beschuldigte vor der nationalen Erhebung angehörte, hat Frau Elisabeth Menges bis Juni 1935 in erheblichem Umfang Frauen von politischen Gefangenen mit Obst und Gemüse unterstützt."[35]

Die besondere Rache der Nazis galt den aktiven Mitgliedern antifaschistischer Selbstschutzformationen, wie des früheren Roten Frontkämpferbundes (RFB), des Kampfbundes gegen den Faschismus sowie auch des

---

34 „Hakenkreuzbanner", 8. Mai 1933. Stadtarchiv Mannheim.
35 Anklageschrift gegen Jakob Tritschler u. a. vom 26. 1. 1937. IML/ZPA/NJ 12 848.

# Der Vortrupp

## ~ FUNKTIONÄRORGAN FÜR BADEN-PFALZ ~

...on 1. Dezember                                   Ausgfford 5 Pfg.

Organisiert die Kampagne für die Befreiung Thälmanns.

In der englischen Zeitung "Manchester Guardian" vom 16. Oktober ds. Js. stand die Meldung, dass am 3. Oktober in Berlin eine Konferenz stattfand. Anwesend waren Oberreichsanwalt Werner, mehrere Beamten der Staatspolizei, je ein Vertreter von Göbbels, sowie Göring.
Der Vertreter Göbbels erklärte, dass sie es nicht dulden würden, dass der Prozess gegen Thälmann in der alten Weise geführt würde. Dieses würde, genau wie der Reichstagsbrandprozess, gegen die Interessen des neuen Deutschlands sein.
Nach den Ausführungen dieses Vertreters wurde ein Beschluss gefasst, dass der Prozess nach allerkürzester Ankündigung stattfinden und schnellstens beendet werden soll. Die Anklage soll ausschliesslich auf angebliche Pläne eines kommunistischen Aufstandes im Jahre 1933 beruhen. Auf Grund dieser Pläne würde man in der Lage sein, ein Todesurteil zu fällen.
Bis heute hat die Naziregierung diese Meldung noch nicht dementiert. Stillschweigend haben sie zugegeben, dass der Prozess gegen Thälmann tatsächlich in aller Stille, so bald wie möglich stattfinden soll. Mit ihrem Stillschweigen wollen sie bezwecken, die immer stärker einsetzende Propagandawelle für Thälmann abzuschwächen.
Wir dürfen uns nicht täuschen lassen. Wir müssen uns immer der Gefahr, in der Thälmann schwebt, bewusst sein. Der Hitlerfaschismus wird alles daran setzen, um ein Terrorurteil sondergleichen zu fällen. Die Göbbels und Göring sind sich darüber klar, dass Thälmann der Führer der Kommunistischen Partei Deutschlands ist, der sich durch keine Zuchthausstrafen, keinen Terror abschrecken lässt, auch weiter Führer zu bleiben.
Wir dürfen aber auch nicht die Möglichkeiten unterschätzen, die uns zur Rettung Thälmanns gegeben sind. Schon das Stillschweigen der faschistischen Behörden zu diesem Prozess beweist, welche Macht sie der Thälmann-Kampagne selbst einräumen. Wir dürfen und können es nicht nur der übrigen Welt überlassen, diese Kampagne zu führen. Für uns gilt es, in erster Linie einzugreifen in diesem Kampf.
In allen Ortsgruppen, in allen Betrieben müssen wir die Arbeit verstärken. Gewiss ist es schwer! Aber immer noch wird es uns möglich sein, Plakate zu schreiben und sie anzukleben. Flugblätter können wir hektographieren und sie bei guter Zusammenarbeit einzelner Genossen an richtiger Stelle verteilen. Dort, wo es die Genossen nicht allein können, muss mit dem Vertrauensmann Fühlung genommen werden, damit der für das Nötige sorgt.

## Heraus mit Thälmann, Torgler und allen anderen politischen Gefangenen!

„Der Vortrupp", Funktionärsorgan der KPD für Baden-Pfalz, Dezember 1933.

Reichsbanners Schwarz-Rot-Gold. Sie wurden einzeln und in ganzen Gruppen verhaftet, vor Gericht gestellt oder in Konzentrationslager verschleppt. Anfang Mai 1933 wurden 120 Mitglieder des Kampfbundes, Kommunisten und Parteilose, wegen „Zugehörigkeit zu einer verbotenen Organisation" zu je einem Monat bis drei Monaten Gefängnis verurteilt. In einem Zeitungsbericht jener Tage hieß es, bei den 120 Antifaschisten habe es sich um Angehörige „des kommunistischen Nestes" in der Neckarstadt gehandelt.

Eine der verfolgten Organisationen war auch die Revolutionäre Gewerkschaftsopposition (RGO). Sie hatte in den ersten drei Monaten 1933 in den Betrieben Flugblätter in Umlauf gebracht, zum 1. Mai erschien ihr Aufruf an die Arbeiter und Angestellten, dem „Marsch in die Gleichschaltung und Knechtschaft" fernzubleiben. Die RGO handelte damit im Gegensatz zur Führung des ADGB, die zum Erstaunen der Gewerkschafter zur Beteiligung an der faschistischen Maiparade aufrief und selbst – die meisten gesenkten Hauptes – hinter wehenden Hitlerfahnen ins Stadion zur Kundgebung einzog.

Die Führer der freien Gewerkschaften hinter Hakenkreuzfahnen? So geschah es am 1. Mai 1933, ein makabrer Anblick. Sie wollten durch devote Anpassung die Organisation retten. Am nächsten Tag besetzte die SA das Gewerkschaftshaus und jagte sie hinaus. Das Schicksal des ADGB und seiner Fachgewerkschaften war damit besiegelt.

Die RGO versuchte, durch die Verteilung illegaler Flugblätter in den Betrieben den Widerstand gegen die Zwangsmitgliedschaft in der am 10. Mai 1933 gegründeten faschistischen Deutschen Arbeitsfront (DAF) zu entfachen. Das gelang nicht, sie war zu schwach, ein beträchtlicher Teil ihrer Funktionäre bereits in Haft. Etwa drei Wochen vor dem 1. Mai war es der Gestapo gelungen, den Bezirksvorsitzenden der Revolutionären Gewerkschaftsopposition, Walter Chemnitz, in der Nähe der Friedrich-Ebert-Brücke zu verhaften; dies war der Auftakt zu einer Verhaftungswelle, der im Monat Mai 45 RGO-Mitarbeiter zum Opfer fielen.

Am Vormittag des internationalen Kampftages der Arbeiterbewegung veranstalteten Funktionäre dieser Organisation an der Altriper Fähre eine illegale Beratung. Sie führte zu Verhaftungen, denn es war ein Agent der SS dabei. Einer der Teilnehmer, der Metallfunktionär Hermann Hohl schilderte später den Hergang:

„An der Beratung, die unter freiem Himmel stattfand, nahmen ungefähr fünfundzwanzig Arbeiter und Angestellte teil. Sie kamen einzeln oder höchstens in Gruppen zu dreien als harmlose Spaziergänger dort an. Das fiel nicht sonderlich auf, denn am 1. Mai 1933 war schönes Wetter und viele Arbeitskollegen, die am ‚Tag der Arbeit', zu dem die Nazis den Kampftag der Arbeiterbewegung umgefälscht hatten, nicht teilnehmen wollten, gingen ins Freie. Die Zusammenkunft war für uns nicht nur eine Trotzdemonstration gegen den nazistischen 1. Mai-Rummel, sondern zugleich eine ernste Beratung darüber, was die RGO zur Schaffung der notwendigen Arbeitereinheitsfront gegen den Faschismus beitragen konnte. Ein besonderes Problem dabei war die Haltung der RGO zum ADGB, der ja bis zu diesem Tage noch bestand und zwar unter seiner bisherigen Führung.

Die Beratung an der Fähre verlief ohne Störung, und es schien alles in Ordnung zu sein. Plötzlich setzten am 1. Juni die ersten Verhaftungen ein. Wir standen zunächst vor einem Rätsel. Im Verlauf der Verhöre stellte sich dann heraus, daß an der Zusammenkunft ein Spitzel der SS teilgenommen hatte. Er war angeblich aus politischen Gründen bei der Post entlassen worden. Doch diese Entlassung war vorgetäuscht; er war ein bezahlter Agent. Es war ihm nicht gelungen, eine Liste der Teilnehmer in die Hände zu bekommen, doch er konnte seinen Auftraggebern die meisten der Kollegen nennen.

Die Anklageschrift der Staatsanwaltschaft des Sondergerichts warf uns vor, ‚kraft einheitlichen Willensbeschlusses die RGO nach dem am 30. März 1933 erfolgten Verbot weitergeführt' zu haben."[36]

Schon vor der Festnahme der Teilnehmer an der Zusammenkunft bei Altrip war es in Mannheim zu einer Verhaftungskampagne gegen RGO-Mitglieder gekommen. Anlaß war ebenfalls eine Veranstaltung unter freiem Himmel: im Käfertaler Wald in der Nähe des Wasserwerks. Etwa 20 Mitglieder hatten sich dort an einem Samstag getroffen, um Probleme des weiteren gewerkschaftlichen Kampfes zu beraten. Plötzlich tauchten von allen Seiten Polizisten auf, die Zusammenkunft war regelrecht eingekreist. Ein Lastwagen zum Abtransport der Gewerkschafter stand schon bereit.

Auch bei dieser Versammlung mußte Verrat im Spiel gewesen sein, und wahrscheinlich – das läßt sich mit Gewißheit nicht mehr feststellen – war der gleiche SS-Spitzel dafür verantwortlich, der die Veranstaltung an der Fähre denunziert hatte. Die 20 Teilnehmer der Zusammenkunft am Wasserwerk wurden in KZ-Haft verschleppt.

Nach diesen Mißerfolgen versuchte man noch einmal, eine neue Führungsgruppe zur Fortsetzung der RGO-Tätigkeit zu organisieren. Doch es gelang nicht, allzu schnell endete das Vorhaben mit erneuten Verhaftungen. Gustav Kappler, Eugen Wiedmaier und Karl Harth, ehemals Stadtrat der KPD in Ludwigshafen, wurden nach langer Untersuchungshaft am 20. Dezember 1934 wegen „Weiterführung der verbotenen RGO" zu Gefängnisstrafen verurteilt.

---

36 Bericht von Hermann Hohl (Mai 1972).

In Mannheim spielte fortan die Revolutionäre Gewerkschaftsopposition keine Rolle mehr. Das traf auch auf andere Organisationen, sowohl unter kommunistischer als auch unter sozialdemokratischer Führung stehend, zu. Auch die großen antifaschistischen Bewegungen Eiserne Front und Antifaschistische Aktion traten kaum mehr durch illegale Publikationen in Erscheinung.

Die Fortführung des illegalen Kampfes konzentrierte sich mehr und mehr auf die beiden Parteiorganisationen SPD und KPD, zu denen allerdings eine dritte Partei, die Sozialistische Arbeiterpartei (SAP) hinzukam, die in Mannheim ihre Gruppen aufbaute. Ausnahmen bildeten die Arbeiterjugendbewegung sowie die Rote Hilfe und die Internationale Arbeiter-Hilfe. Die fortdauernde Aktivität ihrer Solidarität entsprach der Notwendigkeit, den Opfern des Terrors zu helfen.

## Neue Kampfmethoden gegen den Faschismus

Die zunehmende Verfolgung erforderte neue Überlegungen. Noch am 5. Februar war der politisch aktive Teil der Mannheimer Arbeiterbewegung auf der Straße den SA-Horden offen entgegengetreten. Doch schon in den nächsten Tagen zeigte sich die Notwendigkeit, zu völlig illegalen Organisations- und Arbeitsmethoden überzugehen. Und dies mußte sehr rasch geschehen, um die Weiterführung des organisierten Kampfes zu sichern.

Auch nach der März-Wahl gab es noch öffentliche antifaschistische Protestaktionen. Am 8. März berichtete die „Neue Mannheimer Zeitung" über folgende Begebenheit im Stadtteil Feudenheim: „Wie der Polizeibericht mitteilt, sammelte sich gestern vormittag in Feudenheim wiederholt eine größere Anzahl von Angehörigen der Eisernen Front und der KPD vor dem Gemeindesekretariat und verlangte das Einziehen der dort gehißten schwarz-weiß-roten und Hakenkreuzfahne. Die Ansammlung wurde zerstreut. Im Laufe des Nachmittags wurden die Fahnen von Nationalsozialisten eingezogen. Gegen etwa 50 Anhänger der KPD, die den Vorgang durch Zwischenrufe zu stören versuchten, wurde eingeschritten."

Doch diese Aktionen konnten die Festigung der Diktatur nicht mehr aufhalten. Die Arbeiterbewegung mußte sich auf eine längere Periode der faschistischen Herrschaft in Deutschland einstellen.

Das Zentralkomitee der Kommunistischen Partei hatte schon frühzeitig Anweisungen für den Übergang zur Illegalität gegeben. Am 7. Februar fand im Sportheim Ziegenhals bei Zeuthen eine illegale Tagung des ZK statt. Dies war die letzte Tagung des Zentralkomitees, an welcher der Vorsitzende der Kommunistischen Partei Deutschlands, Ernst Thälmann, teil-

# ZWISCHEN RHEIN UND NECKAR

Mannheim, 3. März 1933 — „Volksstimme" Nummer 61

## Die Kampfleitung der Eisernen Front gibt bekannt:

Auf höhere behördliche Anweisung darf der heute abend stattfindende Fackelzug die Teilnehmerzahl von 1200 Mann nicht überschreiten.

Es treten deshalb nur an:

die von der technischen Leitung des Reichsbanners bestimmten R.-B.-Leute, der Vortrupp des Reichsbanners mit Musik, die Aktivgruppen der Arbeiterjugend mit Spielmannszug, sämtliche Formationen der Hifo und Hammerschaften ohne Rheinau.

Aufstellung des Zuges halb 7 Uhr in der Collinistraße mit der Spitze gegen Rupprechtstraße
Marschrichtung: Rupprechtstraße über Friedrichsring, zwischen U 6 und T 6 bis T 4, zwischen T 4 und 3 bis R 4, zwischen R 4 und Q 4 bis Q 7 und R 7, Friedrichsring, Wasserturm, um den Friedrichsplatz zum Eingang des Rosengartens an der Prinz-Wilhelm-Straße
Fackeln werden am Aufstellungsplatz ausgegeben. — Anschließend an den **Fackelzug**

**um 8 Uhr im Rosengarten große öffentliche**

## Kundgebung der Eisernen Front

Redner: **Reichstagsabgeordneter Roßmann - Stuttgart**
Vorsitzender des Bundesausschusses des Reichsbundes der Kriegsbeschädigten

Eintrittspreis einschließlich städtischer Einlaßkarte 20 Pfennig.

**Erscheint in Massen zum letzten Appell vor der großen Entscheidung**

---

Aufruf zum letzten Aufmarsch der Eisernen Front („Volksstimme" vom 3. März 1933): nur 1200 Teilnehmer erlaubt! (Stadtarchiv Mannheim)

nahm. Er sprach über die Lage nach der Machtergreifung des Faschismus: „Schon die ersten Taten der Hitlerregierung beweisen den ganzen tiefen Ernst der Situation. Es wäre ein Verbrechen, irgendwelche legalistischen Illusionen in unseren Reihen zu dulden. Wir müssen in der ganzen Arbeiterbewegung darüber Klarheit schaffen, daß es wahrscheinlich keine andere Art der Ablösung dieser Regierung geben kann als ihren revolutionären Sturz. Das bedeutet nicht, daß der Sturz der Hitlerregierung und der Sieg der proletarischen Revolution unbedingt ein und dasselbe sein müssen. Wir stellen die Frage des Kampfes für den Sturz der Hitlerregierung, die Frage der Beseitigung der Hitler-Hugenberg-Regierung als unmittelbare Aufgabe."

Zur Lage der Arbeiterbewegung und der Kommunistischen Partei sagte Thälmann: „Der Kampf, der vor uns liegt, ist der schwerste, den die Partei zu bestehen hat. Er kann nicht verglichen werden mit den Jahren seit 1923."

Ernst Tälmann wies die Partei auf folgende Notwendigkeiten hin:

„Eiserner Kurs auf die Sicherung der Partei und ihre Fortführung trotz aller Anschläge des faschistischen Terrors!

Konzentration aller Kräfte auf die Entfaltung jeder Form des Massenwiderstandes, der Massenaktionen und Massenkämpfe auf der Linie: Demonstrationen, Streiks, Massenstreiks, Generalstreik gegen die faschistische Diktatur!

Einheitsfrontpolitik zur Kampfmobilisierung in höheren Formen mit kühnerer Initiative!

Stärkster Kurs auf die Zerschlagung aller parlamentarischen Illusionen, auf die Erziehung der Massen zum außerparlamentarischen Massenkampf! . . .

Höchste Entfaltung der Masseninitiative, der eigenen Aktivität und Selbständigkeit der unteren Einheiten und Leitungen!"[37]

Eine rasche Umstellung auf illegale Arbeitsmethoden war schwierig. Erstens hatte die KPD in Mannheim wie überall in Deutschland Massencharakter angenommen, und viele Mitglieder waren mit dem Wesen des Faschismus nicht vertraut. Sie hatten, wie es Thälmann auf der ZK-Tagung formuliert hatte, „legalistische Illusionen". Zweitens waren die meisten der Funktionäre den Polizeiorganen, den SA- und SS-Nachrichtendiensten durch ihre bisherige Aktivität wohlbekannt und daher wußte man nicht, wer am nächsten Tag überhaupt noch in Freiheit war.

Nach der ZK-Tagung am 7. Februar fanden in Mannheim viele Beratungen statt, um die Organisationen der KPD in den Wohngebieten wie in den Betrieben auf illegale Formen der Tätigkeit zu orientieren. Dies geschah unter Anleitung des Instrukteurs des Zentralkomitees für Südwestdeutschland, Heinrich Rau. Ausgehend von den Festlegungen der Zeuthener Tagung wurden Sofortmaßnahmen beraten und durchgeführt. Brennende Probleme waren die Sicherung der Funktionäre, die kontinuierliche Anleitung der Parteiorganisationen und die Erreichung selbständiger Initiativen kleinster Parteizellen.

Das Schema des Organisationsaufbaus in Mannheim war 1933 anders als in den übrigen Kreisgebieten. Es gab keine Unterbezirksleitung wie beispielsweise in Heidelberg und Ludwigshafen. Die Stadtteil- und Betriebsgruppen Mannheims waren in vier Industriegebiete eingeteilt. Dem

---

37 Geschichte der deutschen Arbeiterbewegung. Band 5, a.a.O., S. 446/447.

entsprachen vier Industriegebietsleitungen. Das erste Gebiet umfaßte die Stadtteile Innenstadt und Schwetzingerstadt mit den Betrieben des Hafens, das zweite hatte die Neckarstadt zum Kern, zu ihm gehörten auch Käfertal und die Betriebsgruppe Brown Boveri, das dritte umfaßte die nördlichen Stadtteilgruppen und Betriebsgruppen, besonders Waldhof und Daimler-Benz, das vierte Industriegebiet Neckarau/Rheinau und die Betriebsorganisation bei Lanz AG. Die Bezirksleitung Baden/Pfalz hatte zu jeder dieser IG-Leitungen einzeln Verbindung mit Hilfe von Instrukteuren.

Unabhängig von diesem System politischer Anleitung arbeitete die „Technikergruppe" der Bezirksleitung. Jede Parteiorganisation in den Wohngebieten war bestrebt, eine eigene „Technik", bestehend aus einer Schreibmaschine und einem Abziehgerät, zu besitzen. Man wollte eigene Schriften herstellen, dem Terrorsystem mit einer Vielzahl von Abziehmöglichkeiten begegnen, die unabhängig voneinander bestanden.

Die Mitarbeiter der Bezirkstechnik waren für viele Dinge verantwortlich. Eine Gruppe organisierte den illegalen Druck der Materialien, zum Beispiel der „Arbeiter-Zeitung", eine andere die Verteilung der Schriften an die Organisationen des Widerstandes. Dann gab es eine besondere Abteilung; ihre Aufgabe war nicht minder bedeutungsvoll: die Organisierung und Betreuung geschickt ausgesuchter Quartiere und Arbeitsräume. Von der Tätigkeit dieser „Techniker" hing weitgehend der illegale Kampf gegen den Faschismus ab, und es war vorauszusehen, daß sie der besonderen Verfolgung ausgesetzt waren. All dies mußte unter den Bedingungen einer permanenten Verhaftungswelle und höchster Unsicherheit getan werden. Oft genug kam es vor, daß eine Stelle, kaum daß sie eingerichtet war, wieder aufgegeben werden mußte. Noch schlimmer war, daß nicht selten Kommunisten, die einen wichtigen Auftrag übernommen hatten, schon wenige Tage später in die Hände der Gestapo gerieten.

Hanns Maaßen, seit dem 1. Januar 1933 anstelle des erkrankten Eugen Herbst Leiter für Agitation und Propaganda in der KPD-Bezirksleitung Baden/Pfalz, schildert aus eigener bitterer Erfahrung:

„Die Genossen der Bezirksleitung kamen aus Sicherheitsgründen nur noch jeweils zu zweit zusammen, zu viele illegale Quartiere waren schon ‚geplatzt' und leitende Genossen verhaftet worden, so Paul Schreck, Fritz Apelt, Walter Chemnitz, Anette Langendorf, Ludwig Kober, Jakob Faulhaber, Georg Lechleiter und viele andere. Man wußte oftmals nicht mehr, ob das eigene Notquartier noch sicher war. Als eines Tages, es war kurz vor dem 1. März, eine Verhaftungsaktion im Stadtteil Käfertal ruchbar wurde, wo ich mein illegales Quartier hatte, blieb ich in jener Nacht in der Innenstadt. Dort fühlte ich mich am sichersten. Obwohl ich aber nicht bei Genossen wohnte, wurde ich verhaftet und später auf den Heuberg und dann nach Kislau verfrachtet, wo kurz vorher die Genossen Klausmann und Heiß ausgebrochen waren."[38]

Die von Maaßen erwähnte Flucht von Robert Klausmann, bis zu seiner Verhaftung Abgeordneter des Landtages, gelang auf folgende Weise: Klausmann wurde vom KZ Kislau zu vorübergehender Behandlung in ein Krankenhaus nach Heidelberg eingeliefert. Seine Genossin Ricke Ries erhielt den Auftrag, von dort seine Flucht zu organisieren. Sie besuchte ihn als seine „Schwester" und brachte eine Hose, ein Hemd und Schuhe mit. Robert Klausmann ging zur Toilette, zog sich um und verschwand auf vorher abgesprochenem Wege. Er fuhr nach Schlierbach, wo ihn Genossen erwarteten. Am Abend ging die Reise nach Mannheim, und er übernachtete bei der Familie Krumm auf dem Lindenhof. Ein Friseur veränderte sein Aussehen: Am anderen Morgen verließ ein blondhaariger Klausmann das Haus, während die Polizei nach „dem flüchtigen ehemaligen Abgeordneten des Badischen Landtages Robert Klausmann mit dunkler Haarfarbe" Ausschau hielt. Der Flüchtling entkam nach Frankreich und unterstützte bis zum Ausbruch des Krieges von Straßburg aus die antifaschistische Bewegung.

Auch im damaligen Landkreis Mannheim fanden Massenverhaftungen statt. Es ist nicht mehr möglich, die Zahl der Hitlergegner festzustellen, die 1933 in den Landgemeinden aus ihren Wohnungen geholt und in Konzentrationslager transportiert wurden. In Weinheim waren es vierzehn, in Brühl sechs und in Ilvesheim fünf Funktionäre der KPD, darunter Johann Kupka, der später hingerichtet wurde, und der Ortsgruppenleiter Philipp Steigleder. In Schwetzingen wurde außer dem schon erwähnten Erwin Knapp auch seine Ehefrau Friedel festgenommen.

Der Aufbau und die kontinuierliche Tätigkeit der Parteiführung wie jeder einzelnen Zelle waren durch zahlreiche Verhaftungen und Eingriffe der Polizeiorgane gestört und zeitweise unterbrochen. Richard Hofmann, der zur Gruppe der „Techniker" gehörte, sollte zum Beispiel in Mannheim und anderen Städten Badens illegale Anlaufstellen organisieren. Am 20. Februar wurde er im Bahnhof Lörrach verhaftet. In seiner Manteltasche befanden sich Anschriften Mannheimer Bürger, deren Wohnungen für Kurierzwecke vorgesehen waren. Hofmann gelang es, einen Zettel zu verschlucken, doch das restliche Material reichte aus, um in Mannheim sechs Verhaftungen vorzunehmen.

Es ist nicht möglich, alle diejenigen zu nennen, die im Jahre 1933 beim Aufbau der illegalen Organisation des kommunistischen Widerstandes in Mannheim aktiv mitgewirkt haben. Die Führungstätigkeit der Bezirkslei-

---

38 Bericht von Hanns Maaßen (Mai 1972).

tung, von der in diesem Buch nur aus dem Raum Mannheim berichtet wird, erstreckte sich auf ganz Baden und die Pfalz. Also brauchte sie Mitarbeiter, die als Kuriere die Verbindung zu den Kreisorganisationen aufrechterhielten. Sie mußten bei ihren Reisen recht vorsichtig sein und auf mögliche Verfolger achten; davon hing weitgehend die Sicherheit der Organisationen ab, die sie zu betreuen hatten.

Die Führung mußte auch bedacht sein, stets sichere Schlafstellen für anreisende Instrukteure und gefährdete Genossen bereit zu haben. Oft genug kam es vor, daß ein Funktionär plötzlich „untertauchen" mußte, um seine Tätigkeit in Mannheim fortsetzen zu können oder aber um in das Saargebiet in Sicherheit gebracht zu werden. Auch für diese Arbeit hatte man eine besondere Gruppe gebildet, in ihr betätigten sich zum Beispiel Gerhard Holtz und seine Frau Käthe.

Erwin Ries leitete 1933 die gesamte technische Tätigkeit der Bezirksleitung. Sein besonderer Auftrag war die Herausgabe einer Funktionärzeitschrift zur Anleitung der Organisation. Sie erschien unter dem Titel „Vortrupp". Die Zeitschrift sah in der Umstellung der Betriebs- und Wohngebietsorganisationen auf kleinste Zellen eine vordringliche Aufgabe. Das war die sicherste Form der Organisation und zugleich die wirkungsvollste im Kampf gegen den Faschismus.

Jede illegale Schrift, die der Polizei in die Hände fiel, löste eine wohlorganisierte Jagd aus, in die ein umfangreicher Spitzeldienst einbezogen war. Es war nicht nur die politische Polizei mit ihrem Agentennetz, die herumschnüffelte, sondern alle NS-Organisationen waren mit einem Heer von Beobachtern beteiligt.

Vom Februar 1933 an gab es in Mannheim eine nicht mehr abreißende Kette von Verhaftungen einzelner und ganzer Gruppen. Dennoch war die KPD, wie das die Gestapo-Berichte bestätigen, stets gegenwärtig. Ihre Publikationen – in Mannheim hergestellt oder aus dem Saargebiet und später aus dem Ausland eingeschleust – zirkulierten heimlich in den Betrieben und Wohngebieten der Arbeiterstadt.

Auch sozialdemokratische Funktionäre begannen mit dem Aufbau einer illegalen Organisation ihrer Partei. Das war im Sommer 1933. Sie hatten genauso wie die Kommunisten unter steten Verfolgungen zu leiden, auch ihre illegale Tätigkeit gegen das Hitlerregime war mit großen Opfern verbunden. Die Sozialdemokraten Mannheims hatten keinerlei Anleitung durch eine zentrale Führung für den notwendigen illegalen Organisationsaufbau. Sie waren auf ihre Überlegungen angewiesen und hatten zudem keine Funktionäre, die sich auf eigene Erfahrungen illegaler Tätigkeit stützen konnten. In dem Buch „100 Jahre SPD Mannheim" schildert Emil Henk, der 1933 und 1934 führend am Aufbau der sozialdemokratischen

Widerstandsbewegung in Mannheim beteiligt war, den Unterschied zwischen sozialdemokratischen und kommunistischen Organisationsprinzipien in jener Zeit. So schreibt er, die SPD sei nicht in Zellen organisiert gewesen wie die Kommunisten, sondern nur in Stadtteilorganisationen. Henk erklärt auch den Grund dieses Unterschiedes: „Die sozialdemokratische Partei wurde allerdings von der Diktatur überrascht. Sie war eine legale Partei, und sie wußte vor 1933 nichts von Illegalität. Sie war tragischerweise nicht vorbereitet – im Gegensatz zu den Kommunisten."[39]

Das ist richtig. Die führenden Männer der SPD rechneten selbst in den ersten Wochen nach der nationalsozialistischen Machtergreifung noch nicht mit der Illegalität. Die daraus entstandenen Folgen schildert niemand anders als die Gestapo. In einem Bericht der für Baden zuständigen Gestapo-Leitstelle Karlsruhe, datiert vom 31. August 1934, heißt es wörtlich:

„Die Propaganda durch Verteilung und Ausstreuung von Druckschriften an öffentlichen Orten war, von Mannheim abgesehen, ohne nennenswerte Bedeutung. Gerade hierbei hat sich gezeigt, daß die SPD im Lande Baden als Organisation völlig erledigt ist, daß jedoch die KPD hauptsächlich im Industriegebiet Mannheim/Ludwigshafen einen latenten Gefahrenherd bedeutet, der einer besonderen Beobachtung in den kommenden Monaten bedarf."[40]

Die illegale SPD in Baden war allerdings im Jahre 1934 nicht „völlig erledigt", wie die Geheime Staatspolizei annahm, besonders für Mannheim traf dies trotz aller Schwierigkeiten beim Organisationsaufbau keineswegs zu. Obwohl die sozialdemokratischen Funktionäre von ihrer Führung nicht auf die Illegalität vorbereitet waren und ohne die notwendige Anleitung für die politische Tätigkeit unter den Bedingungen der Verfolgung und des Terrors blieben, versuchten sie gerade 1934 ihre Organisation in Mannheim auszubauen. Auch auf sie trifft zu, was das Geheime Staatspolizeiamt Karlsruhe am 30. Mai 1936 an den badischen Minister des Innern berichtete:

„Bei der Überwachung und Bekämpfung der Feinde des nationalsozialistischen Staates im Lande Baden konnte schon bald festgestellt werden, daß mit dem Verbot und der Zerschlagung der kommunistischen und marxistischen Parteiorganisationen keineswegs ein restloser Stillstand in der Tätigkeit dieser Bewegungen eingetreten war." Auch auf sie traf zu, „daß

---

39 Heinz Hauser: 100 Jahre SPD Mannheim. Eine Dokumentation. Mannheimer Verlagsanstalt 1967. Beitrag von Emil Henk: Sozialdemokratischer Widerstand im Raum Mannheim, S. 68.
40 Bericht der Gestapo-Leitstelle Karlsruhe vom 31. 8. 1934. VVN – Bund der Antifaschisten Mannheim, Geschichtskommission.

der Auf- und Ausbau des illegalen Apparats mit Zähigkeit und Beharrlichkeit betrieben wurde, eine Tätigkeit, die heute keineswegs ihren Abschluß gefunden hat", wie es in dem Bericht der Geheimen Staatspolizei an den faschistischen Landesinnenminister hieß.[41]

## Stimmen der Illegalen gegen die Tyrannei

Die „Südwstdeutsche Rundschau" war die letzte legale von Kommunisten herausgegebene Zeitung, die in Mannheim nach der Machtergreifung Hitlers hergestellt und verbreitet wurde. Auch die sozialdemokratische Presse entging nicht der Unterdrückung. Im Monat Mai wurde das Verlagsgebäude in R 3, 14 von den Nazis besetzt und vom 27. Mai 1933 an erschien in dem der Arbeiterbewegung gestohlenen Verlag anstelle der „Volksstimme" das „Hakenkreuzbanner", die Tageszeitung der NSDAP. Von nun an konnten sozialistische und demokratische Zeitungen und Flugschriften nur noch vom Ausland eingeschleust, illegal gedruckt oder im Abziehverfahren hergestellt werden. Damit begann eine schwierige, heroische und opferreiche Periode antifaschistischer Aufklärungsarbeit. Hunderte Kommunisten, Sozialdemokraten und parteilose Antifaschisten wurden wegen der Herausgabe und Verbreitung illegaler Schriften, hergestellt in Mannheim oder auf gefahrvolle Weise über die Grenzen gebracht, in Gefängnisse, Zuchthäuser und Konzentrationslager verschleppt. Mehr als 40 Mannheimer Arbeiterfunktionäre fanden dabei den Tod.

Bereits im Februar 1933 wurden in Mannheim die ersten illegalen, selbst hergestellten Schriften verteilt. Ende März wurde beschlossen, aus Anlaß eines internationalen antifaschistischen Kongresses, der in Paris stattfand, ein Flugblatt in einer Auflage von 10 000 Exemplaren zu drucken.

Es war zu Beginn des Monats April. Der ehemalige Redakteur der „Arbeiter-Zeitung", Erwin Strohmeier, hatte die Ausarbeitung des Textes übernommen, Hans Genzwürker, vor der polizeilichen Besetzung des Betriebes Schriftsetzer bei der Rhein-Main-Druck AG, erklärte sich bereit, das Flugblatt herzustellen. Es gelang, den Besitzer einer Druckerei in der Waldhofstraße Nummer 72 für den illegalen Druck zu gewinnen. Der Titel des Flugblattes sollte lauten: „Klassenkampf gegen den Faschismus – rüstet zum antifaschistischen Weltkongreß!" Dieses Flugblatt hatte eine besondere Bedeutung. Es galt, in jener Zeit der verschärften chauvinisti-

---

[41] Jörg Schadt: Verfolgung und Widerstand unter dem Nationalsozialismus in Baden. Herausgegeben vom Stadtarchiv Mannheim. Verlag W. Kohlhammer, Stuttgart 1976, S. 187 u. 188.

schen Hetze den internationalen Charakter der Arbeiterbewegung und des antifaschistischen Kampfes bewußt zu machen. Deshalb sollte die Schrift in den Tagen vor dem 1. Mai, dem ersten internationalen Kampftag der Arbeiterklasse unter den Bedingungen der Diktatur, verteilt werden.
Der Versuch scheiterte. Strohmeier und Genzwürker wurden verhaftet, noch bevor das Flugblatt hergestellt war. Ebenso erging es Gustav Müller, der den Transport übernommen hatte. Er stand am 9. April 1933 nachts um 24 Uhr an der Haltestelle Humboldtschule der Straßenbahn und wartete auf Erwin Strohmeier. Die Anweisung hatte er von Erwin Ries, dem Bezirkstechniker, erhalten. Es sollten noch zwei seiner Genossen hinzukommen, um beim Abtransport der 10 000 Flugblätter zu helfen. In der Nähe, in der Kleinen Riedstraße, wohnte Gustav Fütterer. Dorthin sollten die Flugblätter gebracht werden.

Um 24 Uhr an der Haltestelle: Strohmeier war noch nicht da, Müller wurde auf lautes Lachen und Sprechen aufmerksam, das aus dem Lokal „Zum neuen Neckarpark" kam. Er legte dem zunächst keine Bedeutung bei. Doch in der Gastwirtschaft, die der Druckerei gegenüberlag, hatte sich eine Gruppe der politischen Polizei – als angeblich harmlose Zecher – eingenistet. Es waren Kriminalbeamte und Hilfspolizisten der SA, angeführt von Kriminalkommissar Gerst. Gustav Müller erkannte sie, und er bemerkte, daß die Gruppe durch SA-Hilfspolizisten auf zehn bis zwölf Mann anwuchs. Was ging da vor und wo blieb Erwin Strohmeier?

Gustav Müller witterte Unheil. Er versuchte, sich rasch von dem vereinbarten Treffpunkt zu entfernen. Aber kaum hatte er einige Meter die Haltestelle verlassen, ertönte der Ruf: „Halt, Polizei!" Müller wurde es heiß, denn gleich mußten seine zwei Genossen kommen, die beim Abtransport der Flugblätter helfen sollten. Sie würden ahnungslos in die Falle laufen. Endlich kam der erlösende Befehl: „Abführen", die Überwachung des Gebietes war damit aufgehoben. Müller wurde in das Polizeipräsidium gebracht und in eine Zelle eingewiesen. In dieser Zelle traf er zu seiner Überraschung Erwin Strohmeier, man konnte sich über die zu machenden Aussagen verabreden.

Gegen Gustav Müller wurde keine Anklage erhoben, man konnte ihm nichts nachweisen, denn Erwin Strohmeier und Hans Genzwürker nahmen alles auf sich. Strohmeier wurde zu 15 Monaten und Genzwürker zu acht Monaten Gefängnis verurteilt. Ihre Verhaftung hatte Folgen: Die geplante Herausgabe der illegalen „Arbeiter-Zeitung" verzögerte sich; beide hatten diese Aufgabe übernommen. Es mußten neue Möglichkeiten zur Herstellung der Bezirkszeitung überlegt werden. Sie sollte noch vor dem 1. Mai erscheinen.

Die „Arbeiter-Zeitung" erschien dennoch wenige Tage vor dem 1. Mai

1933. Hergestellt wurde sie im Stadtteil Feudenheim, im Hause Feldstraße 35. Organisator der Druckstelle war der Feudenheimer Johann Maier. Der im Hause Feldstraße 35 wohnende Kommunist Max Schröder installierte in der Dachmansarde des Hauses eine Schreibmaschine und ein Rotaprint-Abziehgerät. Die Stelle war gut abgesichert, das Papier lagerte man vorsichtigerweise nicht in diesem Hause, sondern in einer in der Nähe liegenden Wohnung. Während der Herstellung der AZ wurde die Umgebung des Hauses genau beobachtet. Die „Arbeiter-Zeitung" erschien am 1. Mai 1933 in einer Auflage von 1000 Exemplaren, außerdem eine Zeitung mit dem Titel „Rote Post", Auflage 2500.[42]

Im Juni kam Ludwig Neischwander, der am 27. Februar verhaftet worden war, aus dem KZ Ankenbuck zurück. Er übernahm die Verteilung der Zeitungen. Ein Lieferwagen holte sie in der Feldstraße ab und belieferte 15 Verteilerstellen im Stadt- und Landkreis Mannheim. Außerdem ging die AZ in andere Städte Badens und der Pfalz. Im September 1933 erhielten Schröder und seine Feudenheimer Helfer die Anweisung, sofort die Mansarde „reinzumachen". Doch es war wohl blinder Alarm. Einige Wochen später ging die Herstellung der Zeitung in der Feldstraße ungestört weiter. Ungefähr im April 1934 wurde die Stelle nach der Fertigstellung einer Sonderausgabe zum 1. Mai ohne Einwirkung der Gestapo aufgegeben. Die Herstellung der „Arbeiter-Zeitung" übernahm nun Hans Schäffner im Stadtteil Schwetzingerstadt, ab Juni 1935 gemeinsam mit Otto Magin.

Es ist nicht mehr festzustellen, wieviele Ausgaben der „Arbeiter-Zeitung" während der Zeit der faschistischen Diktatur erschienen sind. Hergestellt wurde sie manchmal auch von Stadtteilgruppen. Dies geschah, wenn die zentrale Abziehstelle nicht mehr als sicher galt oder um die Gestapo irrezuleiten. Die „Arbeiter-Zeitung" erschien auch als Sonderausgabe zu den internationalen Kampftagen der Arbeiterklasse und dies noch zum 1. Mai 1936.

In fast jedem Prozeß gegen Kommunisten lag die AZ als Belastungsmaterial vor, in jedem Bericht der Gestapo spielte sie eine Rolle. Die „Arbeiter-Zeitung" wurde nicht verteilt, sondern verkauft. Anders war ihr Erscheinen finanziell nicht zu garantieren. Im Jahre 1934 wurde im „Vortrupp", der Anweisungen über den Verkauf der illegalen Literatur enthielt, der Preis der AZ mit fünf Pfennigen angegeben, zwei Pfennige gehörten der Gruppe und drei wurden der Bezirksleitung abgeführt. Das illegale Zentralorgan der Kommunistischen Partei „Die Rote Fahne" wurde für zehn Pfennige verkauft.

Es waren Pfennige! Dem Verfasser des Buches klingt heute noch das

---

42 Bericht von Johann Maier (Januar 1972).

höhnische Lachen des Staatsanwalts und der Richter in den Ohren, als in dem Prozeß 1935 gegen junge Kommunisten von den Pfennigen die Rede war, die in jener Zeit des Kampfes der Arbeiterbewegung zusammengetragen wurden. Zehn für die „Junge Garde" und fünf für die „Strebelhölle". Die Arbeiterbewegung hatte schon vor der Machtergreifung Hitlers mit Pfennigen gegen die Millionen gekämpft, mit denen die Großindustrie die NSDAP finanzierte.

In einem Schreiben der KPD-Bezirksleitung, verfaßt im Jahre 1935, wurde über den damaligen Verkauf der „Arbeiter-Zeitung" folgendes ausgesagt: „Während früher die Zeitung einen Zuschuß erforderte, da immer nur ein Teil abgerechnet wurde, ist es heute weit besser. Die Zeitung wird zu 90 Prozent abgerechnet und bringt der BL noch einen Überschuß ein." Die Auflage der AZ wurde in diesem Schreiben mit 4500 angegeben.[43]

Die ersten Ausgaben des Funktionärs-Organs „Vortrupp" wurden in der Wohnung von Karl Heß in der Spelzenstraße 5 hergestellt. Dort entstanden auch antifaschistische Flugschriften. Als es der Gestapo im Oktober 1933 gelang, einen Teil des technischen Apparates der KPD auszuheben, wurde auch die Abziehstelle des „Vortrupp" entdeckt. Am 24. Oktober drangen Gestapo-Agenten in die Wohnung von Karl Heß ein. Er war gerade dabei, ein Flugblatt mit dem Titel „Nieder mit den faschistischen Kriegstreibern" herzustellen.

Auch in den Stadtteilen wurden Zeitungen und Flugschriften hergestellt. Regelmäßig erschien „Der rote Scheinwerfer", die KPD-Stadtteilzeitung der Neckarstadt. Die erste Ausgabe entstand im Gartenhaus eines parteilosen Arbeiters im Gartengelände der Friesenheimer Insel. Dies war im Monat April 1933. In diesem Gartenhaus wurden auch Flugblätter der KPD-Stadtteilorganisation, besonders für die Betriebe der Neckarstadt hergestellt. Es ging nicht lange gut. Bereits im August 1933 hatte die Gestapo das Gartenhaus entdeckt. Fritz Schloz, der Hersteller der Zeitung, war auf dem Weg dorthin beobachtet worden. Er wurde verhaftet, und mit ihm verlor die Stadtteilorganisation ihren Abziehapparat Rotaprint. Sie mußte neue Vervielfältigungsmöglichkeiten suchen. In die Bresche sprangen Jakob Wagner und seine Frau. Sie richteten in ihrer Wohnung in der Bürgermeister-Fuchs-Straße eine neue Druckstelle ein. „Der rote Scheinwerfer" erschien wieder in Mannheim. Nach der Verhaftung von Heß übernahm Familie Wagner auch die Herstellung des „Vortrupp". So war die weitere Existenz der Zeitungen trotz der Gestapo-Aktionen zunächst gesichert. Im Jahre 1934 war eines Morgens „Der rote Scheinwerfer" am Schwarzen Brett einer Abteilung des Betriebes MWM angeschlagen. Er

43 In Privatbesitz.

hing nahezu eine Stunde. Die Gestapo schnüffelte einige Tage lang im Betrieb herum, um die Täter zu entdecken. Doch es gelang ihr nicht.
Die KPD legte besonderen Wert auf die Herausgabe von Betriebszeitungen. Einige der betrieblichen Zeitungen, die vor 1933 in Umlauf waren, überlebten den Machtantritt Hitlers nicht lange und erschienen nur noch, wie zum Beispiel „Die rote Mühle" für die Mühlenbetriebe, im ersten Jahr der Diktatur. Andere aber gingen noch in späteren Jahren in den Betrieben Mannheims von Hand zu Hand. Von ihnen und ihrem Inhalt wird noch berichtet. An dieser Stelle soll der Werdegang des illegalen „Aniliner", seine Verteilung und Wirkung geschildert werden. Die Zeitung war schon vor der Machtergreifung des Faschismus bei der Belegschaft der BASF bekannt, und sie sollte weiter erscheinen. Doch die Herstellung und Verteilung mußte unter den Bedingungen der Terrorherrschaft vollkommen neu organisiert werden. Zu diesem Zweck nahm ein Mitglied des ZK der KPD mit einem Mannheimer Kommunisten Verbindung auf. Die BASF war schon zu dieser Zeit ein Konzern, der für die Kriegsvorbereitung des deutschen Imperialismus von größter Bedeutung war.

Paul Eble aus Mannheim, kaum aus der „Schutzhaft" entlassen, übernahm den Auftrag, die Betriebsgruppe bei der BASF zu reorganisieren und zugleich die Herausgabe der Betriebszeitung zu sichern. Er berichtet:

„Zunächst mußten ein Abzugsapparat, die dazu gehörigen Materialien sowie das notwendige Papier besorgt werden. Das war nicht einfach. Aus Sicherheitsgründen wurde die technische Apparatur in Heidelberg eingekauft. Zwei Genossen gingen mit meiner redaktionellen und technischen Hilfe an den Druck der ersten Nummer des neuen ‚Aniliner'. Die Druckstelle befand sich in der Waldhofstraße. Die Zeitung erschien im Kleinformat DIN A 5, zunächst einmal in einer Auflage von 500.

Mit Hilfe eines gemaßregelten Genossen der BASF bekam ich einen redaktionellen Mitarbeiter aus dem Werk Ludwigshafen-Oppau. Er besorgte Berichte aus dem Betrieb, und unsere Zeitung wurde damit betriebsnaher. Es galt, den Kreis der Mitarbeiter zu erweitern. Um die Betriebsgruppe nicht zu gefährden, mußten dafür vor allem parteilose Antifaschisten gewonnen werden. So lernte ich die beiden Söhne eines ehemaligen Gewerkschaftsfunktionärs kennen. Sie waren durch die Haß- und Kriegspropaganda der Nazis in ihrer beruflichen Ausbildung im Ausland behindert worden. Sie halfen tatkräftig mit.

Ein besonderes Problem bildete die Verteilung. Sie erfolgte schlagartig nach verabredeter Zeitfolge, um die Genossen nicht zu gefährden. Beim Schichtwechsel lag der kleine ‚Aniliner' an den Arbeitsplätzen oder auf den Sitzen der Züge, welche die BASF-Arbeiter zum Betrieb brachten. Die Zeitung wurde unter der Hand weitergegeben, und jede Nummer löste im Betrieb eine Sensation aus. Betriebsspitzel, im ‚blauen Anton' getarnt, versuchten, die Zeitung zu erhaschen und die Verteiler aufzuspüren. Es gelang ihnen nicht, da mit dem Terror auch unsere Wachsamkeit zunahm. Trotz einiger Verhaftungen und Entlassungen ‚Verdächtiger' ging die Tätigkeit der Betriebsgruppe mit dem ‚Aniliner' weiter."[44]

Im Jahre 1935 mußte Paul Eble die Anleitung der Gruppe und die Herausgabe der Zeitung einstellen. Später – die BASF spielte inzwischen eine besondere Rolle in der Rüstungsproduktion – versuchte Georg Lechleiter, erneut die Herausgabe des „Aniliner" zu erreichen. Ludwigshafener Antifaschisten waren dazu bereit, doch die Tätigkeit eines Spitzels vereitelte diesen Plan.

Es läßt sich heute nicht mehr feststellen, wieviele illegale Zeitungen, Schriften und Flugblätter in den zwölf Jahren des Faschismus in Mannheim in Umlauf waren. Berichte der Gestapo und Gerichtsakten betonen immer wieder das hervorstechende Merkmal des kommunistischen Widerstandes im Raum Mannheim: selbst geschriebene und selbst hergestellte Materialien. Die Kommunisten haben, wie es in der Anklageschrift gegen drei Mitglieder der Stadtteilorganisation Innenstadt der KPD heißt, „auf Abziehapparaten selbst hergestellte Flugschriften zur Verbreitung gebracht". Selbstverständlich wurden auch viele Zeitungen aus dem Ausland und vor dem Anschluß des Saargebietes von dort eingeschleust, vor allem das Zentralorgan „Rote Fahne". Für diese gefahrvolle und opferreiche Tätigkeit war eigens eine Gruppe tätig. Doch typisch für den kommunistischen Widerstand in Mannheim war die eigene Herstellung von Materialien für die Betriebe wie für die Wohngebiete. Auch das unterscheidet den kommunistischen Widerstand in Mannheim von der illegalen Tätigkeit der SPD, die fast ausschließlich in der Verbreitung eingeschleuster Schriften bestand, getarnter Broschüren und besonders der Zeitschrift „Sozialistische Aktion". Selbsthergestellte Schriften des Widerstandes waren in Mannheim neben den kommunistischen Materialien nur von der Sozialistischen Arbeiterpartei (SAP) in Umlauf.

Interessant ist, daß Angaben über die Auflagenhöhe der Zeitungen in damaligen Berichten der illegalen KPD oftmals mit denen in den Geheimberichten der Gestapo übereinstimmen. In der Anklageschrift gegen den Oberberater der KPD für den Südwesten, Max Dahlhaus, vom 3. April 1937 beispielsweise wurden folgende monatliche Auflagen für Zeitungen in Mannheim genannt: für die „Arbeiter-Zeitung" 5000 bis 6000, für den „Vortrupp" 3000. Die Anzahl der Zeitung „Der rote Scheinwerfer" wurde im Prozeßverlauf mit 4000 angegeben. In der Anklageschrift finden sich für

---

44 Bericht von Paul Eble (Januar 1972).

nach Mannheim eingeführte zentrale Zeitungen die folgenden Angaben: „Rote Fahne" monatlich 2000 bis 3000 und „Junge Garde" 1500 bis 2000. In der Anklageschrift des Oberreichsanwaltes – die obigen Zahlen hatte ihm die Gestapo-Leitstelle Mannheim übermittelt – hieß es zudem: „Neben den regelmäßig erscheinenden Zeitungen wurden von Zeit zu Zeit aus besonderen Anlässen auch noch Flugblätter hergestellt, u. a. zum 1. Mai, bei Errichtung des Volksgerichtshofes, bei der Röhm-Revolte, bei verschiedenen Betriebs- und sonstigen Ereignissen."[45]

Es wurde schon oft die Frage nach der Wirksamkeit der illegalen antifaschistischen Schriften in der Öffentlichkeit gestellt. Konnten sie überhaupt eine Wirkung gegenüber der beispiellosen Meinungsmanipulation durch die faschistische Propaganda und Verhetzung haben?

In einem Tätigkeitsbericht der Gestapo-Leitstelle Karlsruhe über die Zeit vom 1. bis 30. November 1935 wird festgestellt, daß das von Kommunisten „in erheblicher Menge" in Mannheim verteilte Flugblatt „Der 7. November" von der Bevölkerung nur in wenigen Exemplaren an die Polizei abgeliefert wurde. Daraus schloß die Gestapo im Bericht an ihre höchste Dienststelle in Berlin:

„Es ist hieraus zu entnehmen, daß innerhalb breitester Kreise der Bevölkerung die Bereitwilligkeit zur Aufnahme staatsfeindlichen Gedankengutes und zur Weiterverbreitung desselben durch Weitergabe der Druckschriften in erheblichem Maße zugenommen hat."[46]

## Staatsanwalt: „Kommunistisches Material in erheblichem Umfang"

In der zweiten Hälfte des Jahres 1933 erschienen in Betrieben und Wohngebieten Mannheims zahlreiche antifaschistische Schriften. Sie dokumentieren einmal die Aktivität der KPD trotz aller Verfolgungen. Hinzu kam, daß zu dieser Zeit auch der kommunistische Jugendverband und andere Arbeiterorganisationen sehr wirksam waren. Die Arbeiter-Sportbewegung brachte antifaschistische Flugblätter gegen die Gleichschaltung des Sports in Umlauf. Von der RGO erschien in Großbetrieben eine eigene Zeitung: „Der Gewerkschafter". Diese Aktivität nach den Massenverhaftungen der Monate Februar bis Juni beweist die Stärke und den Einfluß der damaligen kommunistischen Arbeiterorganisationen.

45 Anklageschrift des Reichsanwalts beim Volksgerichtshof Berlin vom 3. 4. 1937 gegen Max Dahlhaus. IML/ZPA/NJ 1-3/6991.
46 Bericht des Geheimen Staatspolizeiamts Karlsruhe vom 30. 11. 1935. IML/ZPA/St. 3/51.

Die größten Stadtteilorganisationen der KPD bestanden in den Wohngebieten Neckarstadt, Waldhof, Neckarau und Schwetzingerstadt. Aber auch in den übrigen Stadtteilen waren organisierte Parteigruppen tätig, besonders in Käfertal, Feudenheim und Luzenberg, auch in den Orten des Landkreises. Es ist nicht möglich, im Rahmen dieses Buches die Geschichte aller damals tätigen Gruppen der KPD zu schildern. Stellvertretend für die antifaschistische Wirksamkeit und den selbstlosen Einsatz vieler Kommunisten in jener Zeit sei hier die Tätigkeit der Stadtteilgruppe Käfertal erwähnt.

Die Käfertaler Gruppe zählte Mitte 1933 24 Mitglieder, die in Fünfergruppen organisiert, regelmäßig ihre Beiträge bezahlten. Man verteilte Flugblätter in Briefkästen und verkaufte eine ansehnliche Zahl illegaler Zeitungen. Die Gruppe hatte bei einem Parteilosen eine Abziehstelle eingerichtet und stellte eigene Materialien her. Wenn es not tat, übernahm man auch den Druck des Bezirksorgans „Arbeiter-Zeitung"; das geschah vier bis fünf Mal.

Die sozialdemokratische Gruppe in Käfertal, die keine Verbindung zu einer übergeordneten Leitung der SPD hatte, half bei der Verteilung der kommunistischen Schriften mit. So konnte man in kürzester Zeit ganze Straßenzüge mit antifaschistischen Flugschriften beliefern. SPD und KPD Käfertals hatten sogar eine einheitliche „Kampfkasse". Die Leitungen beider Gruppen führten gemeinsame Besprechungen durch.[47]

Der politische Leiter der KPD von Baden/Pfalz, Franz Doll, war durch einen neuen Bezirksleiter ersetzt, die Bezirksleitung wie auch die unteren Leitungen waren trotz aller Verfolgungen in den vorhergegangenen Monaten komplett und arbeitsfähig. Die Anleitung durch das Zentralkomitee der Kommunistischen Partei erfolgte weiterhin über Heinrich Rau. Er war zu dieser Zeit oft in Mannheim. Der damalige Funktionär der Stadtteilorganisation Neckarstadt, Heinrich Wieland, erinnert sich an folgenden Vorgang:

„Im September 1933 wurde ich eines Tages in die Nähe des Friedhofes bestellt. Dort traf ich den Genossen Ludwig Neischwander. Er teilte mir mit, ich solle hier auf- und abgehen, und wenn mir etwas verdächtig vorkomme, dann solle ich mich zum Friedhofseingang begeben, dort stehe der Genosse Max Winterhalter. Für diesen sei mein Erscheinen Signal, daß etwas nicht in Ordnung sei. Anschließend sollte ich als harmloser Spaziergänger auf den Friedhof gehen. Ich sah nichts, was meinen Verdacht erregte. Dann kamen zwei mir nicht bekannte Männer vorbei und anschließend Neischwander, der mir mitteilte, mein Auftrag sei erledigt. Als ich im Jahre 1937 den Genossen Heiner Rau in Spanien als Politkommissar der

---

47 Bericht von Rudolf Feil (Januar 1972).

XI. Internationalen Brigade traf, erkannte ich ihn als einen der beiden Männer, die 1933 am Mannheimer Friedhof an mir vorübergingen. Er bestätigte es; damals war er als Vertreter des ZK in Mannheim."[48]

In den Monaten August, September und Oktober erschien regelmäßig die „Arbeiter-Zeitung", die Parteiorganisationen der Betriebe und Stadtgebiete wurden durch drei Ausgaben des „Vortrupp", verteilt jeweils im August, September und Dezember, in den politischen und technischen Fragen des Kampfes angeleitet.

Zum Jahrestag der Novemberrevolution 1918 wurde eine in Mannheim gedruckte Sonderausgabe der „Roten Fahne", des Zentralorgans der KPD, verkauft. Hergestellt wurden 5000 Exemplare für den Bezirk Baden/Pfalz. Die Mannheimer Organisation hatte sogar den Druck von 20 000 Sondernummern für das Reichsgebiet übernommen. Der Auftrag gelangte über Heinrich Rau nach Mannheim. Für die Herstellung und den Transport nach der Fertigstellung hatte man eigens eine Arbeitsgruppe gebildet. Die Leitung übernahm Robert Ernst, in der Zeit vor der Hitlerdiktatur führendes Mitglied der Jugendformation des Roten Frontkämpferbundes. Ihm standen im Druckwesen erfahrene Aktivisten der Arbeiterbewegung zur Seite: Ludwig Jost und Heinz Müller. Der Buchdrucker Jost, ein Arbeitersportler des Vereins „Möwe", hatte seinen Arbeitgeber, den Besitzer einer Druckerei in der Schwetzingerstadt, für den illegalen Druck der Zeitungen gewonnen. Doch irgendwie hatte die Gestapo Wind von der Sache bekommen, und am 16. November wurde Jost an seinem Arbeitsplatz verhaftet. Der Auftrag zum Druck der „Roten Fahne" konnte dadurch nicht zu Ende geführt werden.

Der Vorgang führte in Mannheim zu weiteren Opfern. Robert Ernst und Heinz Müller wurden ebenfalls verhaftet und zu Gefängnisstrafen verurteilt. Müller hatte die Druckplatten für die „Rote Fahne" vom Saargebiet nach Mannheim transportiert. Solche Transporte hatte er schon des öfteren übernommen und war deshalb schon einmal in Not geraten. Im August 1933 wurde er in Bruchmühlbach festgenommen, doch er konnte die Polizei überlisten. Diesmal gelang es ihm nicht mehr. Seine damalige Braut und spätere Ehefrau, Grete Müller, die mit ihm politisch tätig war, erzählt aus jenen Tagen:

„Heinz lebte schon seit März 1933 als Illegaler, gesucht und gehetzt von der Gestapo. Freunde hatten ihm in einem Haus am Zeughausplatz ein Mansardenzimmer zur Verfügung gestellt. Doch zumeist war er nicht in Mannheim, denn er erledigte zentrale Druckaufträge für die illegale Partei. War Heinz in Mannheim, dann war besondere Vorsicht geboten. Bei einem

---

48 Bericht von Heinrich Wieland (Januar 1972).

notwendigen gemeinsamen Besuch des Arbeitsamtes ereignete sich folgendes: Kaum hatte der Amtsangestellte den Namen Heinz Müller gehört, da sagte er prompt: ‚Gedulden Sie sich einen Augenblick.' Wir gewahrten, daß er zum Telefonapparat eilte, seine nervöse Hast ließ keinen Zweifel darüber zu, wem der Anruf galt. Heinz flüsterte mir zu, ruhig hier zu bleiben, er werde sofort verschwinden. Der Angestellte war sehr aufgeregt, beinahe trostlos, als er den Besucher nicht mehr vorfand. Vielleicht entging ihm an diesem Vormittag ein ‚Kopfgeld' oder gar eine Beförderung. Als ich das Arbeitsamt wenige Minuten später verließ, da betrat auch schon raschen Schrittes der Gestapobeamte Schlude die Vorhalle."[49]

Die Verhaftung von Heinz Müller erfolgte am 18. Dezember 1933. Dies geschah nicht in seiner Wohnmansarde, sondern in der Wohnung von Robert Ernst, den er besuchen wollte. Er konnte nicht wissen, daß Robert Ernst verhaftet worden war, da er vom Saargebiet angereist kam. Von der Neckarwache aus, wohin man ihn zunächst abführte, unternahm er einen Fluchtversuch. Es war eine wilde Jagd durch die Neckarstadt. Heinz Müller war ein hervorragender Sprinter der Arbeitersportbewegung Mannheims gewesen. Doch gegen die Spürnase eines Polizeihundes, den man einsetzte, war er machtlos. So wurde er schließlich in einem Hause der Zehntstraße entdeckt.

Um diese Zeit standen der Bezirksleitung der KPD an mehreren Stellen Abziehapparate zur Verfügung. Sie hatte, soweit sich das heute noch feststellen läßt, mindestens drei zentrale Arbeitsräume, jeder in einem anderen Stadtteil. Einer dieser Räume, in dem beinahe Tag für Tag gearbeitet wurde, befand sich in der Innenstadt, ein zweiter in der Schwetzingerstadt und der dritte auf dem Lindenhof. Karl Denninger, Bepp genannt, war einer der Verantwortlichen für die notwendigen technischen Voraussetzungen des antifaschistischen Kampfes. Er hatte schon früher bei der Herausgabe illegaler Schriften mitgewirkt. Seit Februar lebte er illegal in Mannheim, gegen ihn war am 12. Februar Haftbefehl erlassen worden. Denninger erzählt über das Entstehen eines der drei Arbeitsräume der Bezirksleitung:

„Ein parteiloser Berufskollege mietete in der Merlachstraße auf dem Lindenhof eine Polstererwerkstätte. Sie bestand aus zwei Räumen und war für unsere Zwecke sehr geeignet. Wir installierten in einem Raum eine große Kiste und polsterten sie innen aus. Polsterer war ja unser Beruf. Aber dieser Polsterbezug diente einem besonderen Zweck: Er sollte die Geräusche einer Schreibmaschine dämpfen. Die Kiste beherbergte nämlich, wenn geschrieben werden mußte, die Stenotypistin der BL Erna und war damit sozusagen ein Büro im Büro. Monatelang wurde unsere Schreib-

---

49 Bericht von Grete Müller (Januar 1973).

stelle benutzt. Oftmals war der politische Leiter des Bezirks selbst da und diktierte. Wir beobachteten in dieser Zeit die Umgebung des Hauses."[50]

Aus Berichten ergibt sich, daß die Bezirksorganisation Baden/Pfalz der KPD im Herbst 1933 immer noch ungefähr 800 Beiträge zahlende Mitglieder erfaßte. Außerdem hatte man – und dies vor allem in Mannheim – eine ansehnliche Zahl parteiloser Antifaschisten für die illegale Tätigkeit gewonnen. Das war sehr wichtig, weil alle bekannten KPD-Mitglieder unter Beobachtung standen. Viele der früheren aktiven Anhänger der antifaschistischen Kampfverbände RFB und Antifaschistische Aktion hatten sich für den illegalen Kampf der Kommunistischen Partei zur Verfügung gestellt.

Doch all dies genügte nicht. Die KPD mußte stärker werden. Es galt vor allem, in den Betrieben weit mehr verankert zu sein und mit den sozialdemokratischen Widerstandsgruppen zur Verständigung und Zusammenarbeit zu kommen. Nur so konnte das Ziel, die Arbeitereinheitsfront gegen den Faschismus, verwirklicht werden.

Die Septemberausgabe des „Vortrupp" enthielt denn auch einen kritischen Appell: „Viele ehrliche Genossen finden keinen Anschluß an die Partei, weil man noch nicht an sie herangetreten ist. Ebenso mangelt es mit der Aufnahme neuer Genossen. Das Fehlen der Selbstinitiative ruft Leerlauf hervor, mit Ausnahme weniger Stadtteile wurde noch nirgends die Möglichkeit zur Herstellung eigenen Materials geschaffen. Die Arbeiter-Korrespondenzen fehlen bei der Zusammenstellung der Betriebszeitungen fast vollständig."[51]

Diese Ausgabe des „Vortrupp" bemängelte auch, daß die Verbindungen zu den noch tätigen sozialdemokratischen Gruppen sehr vereinzelt waren. Man half sich zwar gegenseitig, man warnte einander, wenn Gefahr im Verzug war. Doch organisierte Zusammenarbeit und besonders politische Diskussionen, um die Standpunkte anzunähern, gab es zunächst nur zwischen dem Kommunistischen Jugendverband und damals noch existierenden Gruppen der Sozialistischen Arbeiter-Jugend. In der antifaschistischen Jugendbewegung war eine Einheitsfront im Entstehen, die Hoffnungen für die Zukunft weckte. Die Gegensätze in der Zeit der Weimarer Republik und das Mißtrauen, das in jenen Jahren das Verhältnis zwischen Sozialdemokraten und Kommunisten bestimmte, wirkten sich auch nach der Machtergreifung des Faschismus noch hemmend aus. Die Jugend war dabei, sie zu überwinden. Ausgehend von den Jugendgruppen entwickel-

---

50 Bericht von Karl Denninger (Februar 1972).
51 „Vortrupp – Funktionärorgan für Baden/Pfalz", Dezember 1933. IML/ZPA/NJ 3327/2, Bl. 9, S. 4.

ten sich auch Kontakte zwischen den Parteiorganisationen. Man tauschte gegenseitig Materialien aus, und es kam – wie in Käfertal – auch in der Neckarstadt zu gemeinsamen Flugblattverteilungen.

Die Faschisten schauten nicht tatenlos zu, sie leiteten verschärfte Terrormaßnahmen ein. Die politische Polizei war inzwischen verstärkt und perfektioniert worden, die sogenannten Nachrichtenstürme der SA und SS erhielten Anweisung zu intensiver Überwachung aller Verdächtigen. Ihnen wurden für den Erfolgsfall Prämien in Aussicht gestellt. Aktive Antifaschisten bemerkten immer häufiger, daß sie auf Tritt und Schritt beschattet wurden. Hausdurchsuchungen, vorübergehende Festnahmen und Verhöre machten die Tätigkeit unsicherer und kündigten noch schärfere Maßnahmen an.

Anfang Oktober 1933 rollte in Mannheim plötzlich eine große Verhaftungswelle an. Sie traf Kommunisten und Sozialdemokraten. In der Zeit von September bis zum Jahresende wurden 48 kommunistische und 14 sozialdemokratische Aktivisten verhaftet. Die Polizeiaktion, soweit sie die KPD betraf, richtete sich zunächst gegen die Hersteller und zentralen Verteiler antifaschistischer Schriften, gegen illegale Arbeitsräume, Quartiere und Anlaufstellen für Material und Post. Betroffen waren aber auch Funktionäre der Stadtteilorganisationen Neckarstadt, Neckarau, Käfertal und Luzenberg. Allein im Stadtgebiet Neckarstadt wurden 21 Antifaschisten aus ihren Wohnungen geholt oder an den Arbeitsplätzen verhaftet.

Doch der breit angelegten Aktion des Polizeiapparates fielen nicht nur Funktionäre der Mannheimer Organisation zum Opfer, sondern auch Instrukteure der Bezirksleitung, welche die Verbindung zu anderen Kreisorganisationen Badens und der Pfalz pflegten. So erging es zum Beispiel dem Instrukteur August Fend, der im Auftrage der Bezirksleitung das Gebiet Mittelbaden betreute. Er wurde am 2. November 1933 festgenommen.

Der Arbeitsraum in der Innenstadt – bei dem sozialdemokratischen Schneidermeister Cabelitz im Hause H 6, 6 – wurde während dieser Polizeiaktion im Herbst 1933 ebenfalls entdeckt und der Wohnungsbesitzer unter Anklage gestellt. Dieses Büro der Bezirksleitung hatte vor Monaten Ricke Ries eingerichtet. Dort hatten sehr viele Beratungen über illegale Maßnahmen und Aktionen stattgefunden; Ende März 1933 hatte in der Wohnung des Schneidermeisters die Bezirksleitung letztmals im Beisein von Franz Doll getagt. In diesem ,,Büro" übermittelte der Beauftragte des Zentralkomitees, Heinrich Rau, Meldungen, Instruktionen und Erfahrungen des illegalen Kampfes.

Schon kurze Zeit danach mußte auch der Arbeitsraum in der Merlachstraße, der mit soviel Bedachtsamkeit von Polsterern eingerichtet worden war, aufgegeben werden. Karl Denninger erzählte darüber:

„In den ersten Tagen des Monats November kam uns die Sache nicht mehr geheuer vor. Mein Kollege Karl Häfner hatte in der Nähe des Hauses einige Male Personen gesehen, die zuvor nicht die Straße frequentierten und offensichtlich höchst interessiert die Passanten musterten. Wir beobachteten einige Tage lang die Umgebung und merkten schließlich, daß es immer die gleichen Herren waren, die sich da herumtrieben. Der ‚Rote', so bezeichneten wir den Bezirksleiter, und die Stenotypistin Erna wurden gewarnt und die Tätigkeit im Büro gestoppt. Eines Tages, es war Mitte des Monats November, sprach die Gestapo bei Häfner vor. Die Beamten machten allerdings keine gründliche Hausdurchsuchung. Mein Kollege versuchte, mich zu warnen. Er fand mich in unserem gemeinsamen Schachlokal, setzte sich zunächst an einen anderen Tisch, um sicher zu sein, daß ihm niemand gefolgt war. Dann verständigte er mich. Eine gründliche Hausdurchsuchung oder noch schlimmeres war zu erwarten, wir mußten rasch handeln.

Am nächsten Morgen pirschte ich mich um fünf Uhr an das Haus heran. Es schien alles in Ordnung zu sein. In Eile räumten wir aus, was zu unserem Büro gehörte und brachten es in Sicherheit. Wenige Tage später kam die Gestapo in die Merlachstraße, machte diesmal eine gründliche Durchsuchung und verhaftete Karl Häfner."[52]

Karl Denninger flüchtete am 2. Januar 1934 ins Saargebiet. Papiere hatte er nicht. Mit der Stempelkarte eines anderen Kommunisten gelang ihm die Fahrt mit einem Arbeiterbus von Kusel nach Saarbrücken. Später ging er nach Frankreich. Nach der Besetzung Frankreichs von der Gestapo verhaftet, wurde Denninger 1944 vom Reichsgericht zu acht Jahren Zuchthaus verurteilt. Nicht wegen der gepolsterten Kiste, sondern aus Rache für seine gesamte antifaschistische Tätigkeit. Der Staatsanwalt hatte sogar die Todesstrafe beantragt. Am 6. Mai 1945 wurde Karl Denninger von sowjetischen Soldaten befreit. Er war einem Transport von Häftlingen zugeteilt worden, der vom Zuchthaus Halle an der Saale angeblich nach Dachau kommandiert war. Die vorrückende Rote Armee verhinderte bei Aussig in der Tschechoslowakei den Weitertransport.

Es folgte Schlag auf Schlag im Spätherbst 1933 gegen die Mannheimer Antifaschisten. Am 9. Oktober wurde Gustav Fütterer aus der Neckarstadt, einer der zentralen Verteiler antinazistischer Materialien, verhaftet. Mit ihm standen später 14 weitere Angeklagte vor Gericht. Ungefähr zwei Wochen danach, am 23. Oktober folgte die überraschende Aktion gegen die Abziehstelle bei Karl Heß in der Spelzenstraße 5. Das Haus wurde in den nächsten Tagen von drei Beamten der politischen Polizei überwacht. Zwei

---

52 Bericht von Karl Denninger (Februar 1972).

Tage nach der Verhaftung von Karl Heß gab Polizeihauptwachtmeister Schlude in seiner Tagesmeldung an die übergeordnete Polizeistelle bekannt, der kommunistische Funktionär Heinrich Wieland sei dabei getroffen worden, wie er vor dem Hause „zu verabredeter Empfangnahme von Schriften" gewartet habe. Dieser „Erfolg" Schludes war zufällig. Wieland wartete nicht „zu verabredeter Empfangnahme von Schriften", von der Abziehstelle wußte er gar nichts. Er traf sich in der Nähe des Hauses mit zwei Genossen seiner Parteigruppe. Als sie die Gestapo-Leute bemerkten, ging jeder seiner Wege. Doch Heiner Wieland wurde verhaftet. Man konnte ihm nichts nachweisen, dennoch blieb er monatelang in Haft.

Im Zusammenhang mit der ausgehobenen Abziehstelle in der Spelzenstraße wurde gegen 18 Mannheimer Bürger, meist aus der Neckarstadt, Haftbefehl erlassen. 13 der Beschuldigten wurden Wochen und zum Teil Monate später „mangels ausreichender Beweise außer Verfolgung gesetzt". Für einige von ihnen blieb die Haft nicht ohne weitere Folgen: Sie verloren ihre Arbeitsplätze.

Die Hiobsbotschaften häuften sich. Am 16. Dezember wurde Otto Götz, ein Mitarbeiter des technischen Apparates, mit einem Koffer verhaftet. Mit ihm fielen der Gestapo 3000 Exemplare der „Arbeiter-Zeitung", Ausgabe Dezember 1933, in die Hände. Otto Götz war zu dieser Zeit der Kurier, der die AZ nach ihrer Fertigstellung zur Verteilerstelle für die Mannheimer Organisation brachte.

Am 16. Dezember 1933 bekam er die Nachricht, daß für die Mannheimer Gruppen eine Sendung bei der Gepäckaufbewahrung des Hauptbahnhofes abzuholen sei. Er wußte, wo er den Gepäckschein und den Kofferschlüssel abzuholen hatte. Er kannte auch die Stelle, wo der Koffer abzuliefern war. Dies war eine Gastwirtschaft in der Innenstadt. Am Bahnhof klappte es wie gewohnt. Doch auf dem Wege zur Gastwirtschaft wurde er plötzlich stutzig. Er sah einen Mann, den er auch in der Bahnhofshalle bemerkt hatte. Der Kurier steuerte nicht direkten Weges die Wirtschaft an. Auf Umwegen näherte er sich dem Lokal, und da sah er den Mann wieder hinter sich. Götz ging an der Gastwirtschaft vorbei in Richtung Marktplatz. Es wäre leicht gewesen, den Koffer schnell in irgendeinen Hausgang zu stellen. Ohne ihn wäre er wahrscheinlich entkommen. Was tun? Vielleicht war alles Zufall, und das Material wollte er nicht im Stich lassen. Otto Götz wurde am Marktplatz festgenommen. Der Mann auf seinen Fersen war Frietsch von der Mannheimer Gestapo.

Den Koffer hatte Otto Magin, damals zentraler Stadtkurier der KPD, bei der Gepäckaufbewahrung deponiert. Man konnte nicht wissen, ob nicht auch er schon bei der Abgabe des Koffers am Hauptbahnhof beobachtet worden war. Er erhielt Anweisung, die Verbindung zur Organisation abzubrechen. Seine Funktion übernahm Josef Rutz, Magin nahm im April 1934 die Tätigkeit für die illegale antifaschistische Bewegung wieder auf.

Die Gestapo spann die entdeckten Fäden weiter. Ihr Ziel war die Entdeckung der Bezirksleitung. Im Büro der politischen Polizei spukte plötzlich der Name der „Rote" herum. Wer verbarg sich dahinter? Das mußte der führende Mann sein. Der gesamte Apparat der Gestapo und alle Spitzeldienste der nazistischen Organisationen wurden alarmiert. Längst Inhaftierte wurden erneut vernommen, um etwas über den Unbekannten zu erfahren. Aus Ludwigshafen brachten V-Leute die Nachricht, daß auch dort in Kreisen der Antifaschisten von dem „Roten" die Rede war. Angeblich hatten sie in der Gastwirtschaft „Jahnecke" ein Gespräch belauscht. So erzählte später Kriminal-Assistent Frietsch bei Verhören, um die Allgegenwart der politischen Polizei zu dokumentieren.

Am 28. Dezember 1933 hatte es die Gestapo geschafft. An diesem Tag wurde der „Rote" gemeinsam mit dem Organisationsleiter des Bezirks Baden/Pfalz, Hans Liebl, verhaftet. Dies geschah am Marktplatz der Innenstadt, wo sich die beiden zu einer Aussprache getroffen hatten. Sie erkannten die Gestapobeamten Frietsch und Michel, die plötzlich auf sie zueilten und wollten auf eine gerade abfahrende Straßenbahn aufspringen, um sich in Sicherheit zu bringen. Es war zu spät, sie wurden abgeführt. Am nächsten Tag verhaftete die Polizei auch Ernst Rohleder, der als Verbindungsmann für den Bezirksleiter tätig war.

Der politische Leiter des Bezirks Baden/Pfalz, den man den „Roten" nannte und der eigentlich unter dem Decknamen Artur in Baden und der Pfalz die Organisation führte, war der Reichstagsabgeordnete der KPD Otto Walter. Am 14. August 1933 war er im Auftrag des Zentralkomitees der KPD nach Mannheim gekommen, um die Nachfolge von Doll anzutreten.

Die Anklageschrift gegen Otto Walter schildert seine antifaschistische Tätigkeit im Raum Mannheim mit den Worten:

„Alle Maßnahmen, die zur Wiedererstarkung des Kommunismus in diesem Bezirk ergriffen wurden, leitete und überwachte er. Er beriet mit den anderen Mitgliedern der Bezirksleitung und mit anderen Funktionären das gesamte illegale Vorgehen. In Mannheim selbst und anderen Orten rief er häufig die führenden Gesinnungsgenossen zusammen und unterwies jeden einzelnen in seinem engeren Arbeitsgebiet. An ihn kamen die Befehle des Zentralkomitees; er hatte dann die entsprechenden Anweisungen an die badischen und pfälzischen kommunistischen Unterbezirksleitungen und Ortsgruppen, sowie an die Nebenorganisationen der KPD in Baden und der Pfalz weiterzugeben. Deshalb stand er mit den Mannheimer Funktionären in dauernder unmittelbarer Verbindung. Insoweit Treffpunkte nicht von vornherein vereinbart waren, ließ er die Gesinnungsgenossen durch Kuriere bestellen. Als einen dieser Kuriere verwendete er den Angeschuldigten Rohleder, den er sich zu diesem Zweck hatte zuführen lassen. Seine auswärtigen Mitarbeiter erreichte er über die zuständigen Unterbezirksleitungen, mit denen er ebenfalls durch Kuriere – zum Teil durch einen regelmäßigen Kurierdienst – in Verbindung stand. Der angeschuldigte Walter war also nicht nur seiner äußeren Funktionärstellung nach das Haupt der illegalen Bezirksleitung in Mannheim, sondern auch tatsächlich der führende Kopf."[53]

In den beiden folgenden Jahren fanden zahlreiche Prozesse gegen Mannheimer Arbeiterfunktionäre statt, die der großangelegten Polizeiaktion im Herbst und Winter 1933 zum Opfer fielen. Insgesamt wurden 32 Personen zu Zuchthaus- und Gefängnisstrafen verurteilt. Allein bei den Prozessen gegen Karl Heß und andere am 27. August 1934, gegen die Leitungsmitglieder der Gruppe Käfertal am 8. November 1934 und gegen Gustav Fütterer und andere am 3. Januar 1935 standen 23 Mannheimer Bürger vor Gericht.

Unter den Verurteilten dieser Prozesse waren wichtige Mitarbeiter des zentralen Apparates der kommunistischen Widerstandsbewegung: der Hauptkassierer der KPD-Bezirksleitung Ludwig Schmider, die Funktionäre Fritz Schwarz, Wilhelm Mai, Karl Künstler und Heinrich Brand, die Stenotypistin der Bezirksleitung, Erna Schwarzschild und Gustav Müller. Verurteilt wurde auch Anna Ritz, die ein Zimmer ihrer Wohnung als Quartier für Illegale zur Verfügung gestellt und Anlaufstellen für schriftliche Nachrichten organisiert hatte.

In dem Prozeß gegen Karl Heß und seine Genossen bestätigte der Staatsanwalt in seiner Anklagerede den Umfang der antifaschistischen Tätigkeit mit folgenden Worten: ,,Die Herstellung und Verbreitung kommunistischer Materialien erfolgte in erheblichem Umfang und in einer großangelegten bis ins Saarland reichenden Organisation."[54]

Sieben Antifaschisten war es gelungen, der Verhaftung durch die Flucht zu entgehen. Unter ihnen waren Erwin Ries und seine Lebensgefährtin Ulricke, in Mannheim als die Genossin Ricke bekannt. Sie kam vom Saarland aus noch einige Male illegal nach Mannheim, um Instruktionen für die Parteiorganisationen zu überbringen. Erwin Ries starb später in der Sowjetunion. Mit Mühe und Not gelang auch der Funktionärin Anni Haas aus der Neckarstadt die Flucht nach Frankreich. Sie gehörte zur ,,Techniker-Gruppe" und war unermüdlich tätig gewesen, um Quartiere und Anlauf-

---

[53] Anklageschrift gegen Otto Walter, Hans Liebl und Ernst Rohleder vom 11.10.1934. VVN – Bund der Antifaschisten Mannheim – Geschichtskommission.

[54] Anklageschrift gegen Karl Hess u. a. VVN – Bund der Antifaschisten Mannheim, Geschichtskommission.

stellen für die Organisation und für Illegale zu besorgen. Nach der Verhaftung der Gruppe war sie in höchster Gefahr. Anni war bei einem „Treff" an der Friedrich-Ebert-Brücke mit führenden Mitgliedern der KPD-Bezirksleitung gesehen worden. Bei den ersten Verhören ihrer inhaftierten Genossen stellte sich sofort heraus, daß auch sie vor der Verhaftung stand. Es gelang, Anni Haas durch einen aus dem Untersuchungsgefängnis geschmuggelten Kassiber zu warnen. Das war das Signal zur Flucht.

Anni Haas stand schon vordem unter Beobachtung. Eines Morgens, es war wenige Tage vor der Festnahme ihrer Gruppe, drangen die Gestapo-Leute Frietsch, Schlude und Bischoff in die Wohnung in der Eggelstraße ein, in der sie ein Zimmer bewohnte. Die Gestapo vermutete dort den von ihr seit dem Machtantritt Hitlers gesuchten Karl Eheim, der gemeinsam mit Johann Steiner für die Finanzierung der illegalen Tätigkeit bemüht war. Gestapo-Agenten hatten ihn beobachtet, als er das Haus betrat. Sie hatten richtig vermutet: Eheim, dessen illegales Quartier unter Beobachtung stand, hielt sich vorübergehend in diesem Haus versteckt. Er verdankte sein Entkommen der Unachtsamkeit der die Wohnung durchsuchenden Gestapo-Leute. So entging er der Polizeiaktion, und auch ihm gelang später die Flucht nach Frankreich.

Die Verhaftungswelle im Herbst und Winter 1933 forderte nicht nur im Stadtgebiet große Opfer, sondern im gesamten Bezirk Baden/Pfalz. In Ludwigshafen, wo genauso wie in Mannheim organisierte Gruppen antifaschistische Schriften verteilten, kam die Polizei dem führenden Mann der Unterbezirksleitung auf die Spur. Das war der Elektriker Adam Voltz, der schon seit März 1933 illegal lebte. Er leitete seit der Machtübernahme der NSDAP gemeinsam mit Jakob Rummer die Parteiorganisation der vorderen Pfalz. Voltz mußte Ludwigshafen verlassen; er emigrierte in die Schweiz. An seine Stelle als politischer Leiter des Unterbezirks trat einige Monate später der Heizer Philipp Geis, der nach einjähriger Haft aus dem KZ Dachau entlassen wurde. Otto Walter, der politische Leiter des Bezirks Baden/Pfalz, vom Tage seiner Festnahme an in Zuchthaus- und KZ-Haft, erlebte das Ende der Hitlerdiktatur im Konzentrationslager Sachsenhausen. Dort war er in hervorragender Weise an der schwierigen und gefahrvollen Tätigkeit der illegalen antifaschistischen Lagerleitung beteiligt.

## Für die Arbeitereinheitsfront

Im zweiten Jahr der faschistischen Gewaltherrschaft begann in der KPD wie überall in der internationalen kommunistischen Bewegung eine umfassende kritische Diskussion. Der Faschismus hatte in Deutschland seine

Herrschaft stabilisiert. Nun galt es, eine Strategie zu entwickeln, die der gegebenen Lage entsprach. Die KPD mußte mehr als bisher auf die Schaffung einer breiten antifaschistischen Front orientieren, und es mußten sektiererische Vorstellungen, die der Einheitsfrontpolitik im Wege standen, überwunden werden.

Besondere Bedeutung bei diesen Überlegungen hatten die Februarereignisse 1934 in Frankreich. Am 12. Februar kam es dort zu einem umfassenden Generalstreik gegen den Versuch der Faschisten, mit Hilfe eines Putsches die Diktatur zu errichten. 4,5 Millionen Arbeiter und Angestellte traten in den Streik. In Paris und anderen Industriezentren kam es zu gewaltigen Demonstrationen der Arbeitereinheit. Der faschistische Putschversuch wurde zerschlagen.

Der Sieg der einheitlich handelnden Arbeiterklasse führte in Frankreich zur Volksfrontpolitik. Unter dem Druck ihrer Mitglieder und Anhänger mußte die Führung der Sozialistischen Partei auf die Einheitsfrontangebote der Kommunistischen Partei eingehen. Am 27. Juli 1934 wurde von beiden Parteien ein Abkommen über Maßnahmen der Aktionseinheit gegen den Faschismus unterzeichnet.

Die Arbeiterbewegung Frankreichs hatte die Lehren aus der Niederlage der deutschen Arbeiterklasse gezogen. Die Ereignisse in Frankreich wirkten sich auch auf die deutsche Arbeiterbewegung aus. Aus ihnen galt es – natürlich unter den schrecklichen Bedingungen der faschistischen Herrschaft – Konsequenzen für die eigene Strategie zu ziehen.

Dabei handelte es sich vor allem um solche Fragen wie die Bedeutung des Kampfes um Demokratie, das neue Verhältnis zur Sozialdemokratie, den Aufbau einheitlicher freier Gewerkschaften, die Ausnutzung legaler Möglichkeiten für den antifaschistischen Kampf, die Organisierung einer breiten antifaschistischen Volksfront und die Bildung einer einheitlichen revolutionären Partei der Arbeiterklasse auf dem Weg über die Aktionseinheit des Proletariats.[55]

In Mannheim hatte sich die Kommunistische Partei schon gegen Ende des Jahres 1933 auf eine veränderte, den neuen Realitäten entsprechende Haltung gegenüber der Sozialdemokratie und auf die Neubildung einheitlicher Gewerkschaftsorganisationen in den Betrieben orientiert. Ausdruck dafür war ein Artikel in der Septemberausgabe des „Vortrupp". Er wies auf die Notwendigkeit der Zusammenarbeit nicht nur mit den linken Sozialdemokraten hin, sondern auch mit den sozialdemokratischen Gruppen, die mit dem Prager Parteivorstand der SPD Verbindung hatten. Darin bestand die neue Überlegung. Der Artikel enthielt auch schon die Orientie-

---

55 Geschichte der Deutschen Arbeiterbewegung, Bd. 5, a.a.O., S. 87.

rung auf einheitliche freie Gewerkschaftsorganisationen: „Die Hauptaufgabe bleibt der Aufbau von Gewerkschaften. Wir sind bereit, unsere RGO aufzulösen, damit dem Aufbau einheitlicher Gewerkschaften der Weg geebnet wird."[56]

Diese so wichtige Orientierung der Parteiorganisation in Mannheim auf eine breite antifaschistische Front war zu Beginn des Jahres 1934 durch die zahlreichen Verhaftungen erschwert. Viele Fäden mußten erst wieder geknüpft, neue Arbeitsräume und Abziehmöglichkeiten geschaffen werden. Daß dies rasch wieder gelang, dafür zeugen die Druckschriften, die in den ersten Monaten des Jahres 1934 in den Betrieben und Wohngebieten Mannheims in Umlauf waren. Auch das Abziehgerät der Käfertaler Gruppe, das die dortigen Leitungsmitglieder vor ihrer Verhaftung noch in Sicherheit bringen konnten, war in der Neckarstadt wieder in Tätigkeit.

Im April tauchte bereits wieder eine neue Nummer der „Arbeiter-Zeitung" und das Zentralorgan „Rote Fahne" auf. Es wurden auch wieder Flugblätter verteilt. Ein Bericht der Gestapo-Leitstelle Karlsruhe über die Lage im Jahre 1934 bestätigt dies mit der folgenden Meldung: „Im Zweigstellenbezirk Mannheim macht sich die marxistische Propaganda besonders bemerkbar. Die Flugschriftenverteilung hat hier erheblich zugenommen."[57]

Auch im Landkreis war der Widerstand gegen die faschistische Diktatur gegenwärtig. In vielen Orten waren antifaschistische Schriften in Umlauf, überall wurden aber auch Antifaschisten verhaftet. Der Lagebericht der Gestapo für 1934 meldete zum Beispiel folgende Vorgänge eines einzigen Monats in Weinheim:

„Im Zweigstellenbezirk Mannheim, nicht nur im Stadtgebiet Mannheim, sondern auch in den Landorten und im Amtsbezirk Weinheim setzte bereits Ende Juli die kommunistische Propaganda sehr stark ein. Vom 17. August an hat speziell die Flugschriftenverteilung erheblich zugenommen. Es gelangten zunächst Flugschriften zur Verteilung, die bereits bekannt waren, wie ‚Das rote Fanal', und ‚SA was nun?', dann aber auch Flugschriften und Handzettel, die speziell für die Volksabstimmung am 19. August hergestellt waren. So z. B. ‚Hitler mordet Dollfuß! Ein neues Serajewo', ‚Millionenfaches Nein dem Volksverderber Hitler', ‚Hitler – öffentlicher Feind Europas Nr. 1!'. An verschiedenen Arbeitsstellen des Mannheimer Volksdienstes wurden Exemplare der ‚Roten Fahne' niedergelegt. Im übrigen erfolgte die Verteilung der Flugblätter und Handzettel durch

---

56 IML/ZPA/NJ 3327/2, Bl. 7, S. 3.
57 Lagebericht des Geheimen Staatspolizeiamtes Karlsruhe 1934. IML/ZPA/St. 3/848, Bl. 6–7.

Titelseite der „Solidarität", Organ der Internationalen Arbeiterhilfe, vom 15. September 1934.

Einwerfen in Hausbriefkästen, durch Aufgabe als Postsendungen, durch Niederlegung auf öffentlichen Straßen und Plätzen, wobei der Abwurf vermutlich von Kraftwagen erfolgte. Wegen Verbreitung dieser Hetzschriften wurden neun Arbeiter festgenommen und in das Bezirksgefängnis eingeliefert. In der Nacht zum 1. August wurde die Umfassungsmauer am Anwesen des Turnvereins Weinheim mit kommunistischen Aufschriften beschmiert. Wegen abfälliger Äußerungen über Einrichtungen und Persönlichkeiten des öffentlichen Lebens gelangten 25 Personen zur Anzeige. Die Arbeiter Reiling und Overdick sowie zwei ledige Frauenspersonen wurden festgenommen, weil sie in einem Steinbruch Sprengstoff entwendet und zu terroristischen Zwecken aufbewahrt haben. Die Arbeiter Giesecke und Schmitt sowie der Hausbursche Baier wurden festgenommen, weil sie das kommunistische Flugblatt ‚SA was nun?' und die illegale Arbeiterzeitung zur Verteilung gebracht haben."[58]

Die Bezirksleitung der KPD verfaßte zum 1. Mai 1934 eine schriftliche Anleitung an die Parteiorganisationen. Darin hieß es: „Die faschistische Mai-Parade ist eine Demonstration für den Lohnabbau. So wie auf den 1. Mai 1933 die Zerschlagung der Gewerkschaften folgte, so soll auf den 1. Mai 1934 die Zerschlagung der Tarifverträge, die verschärfte Kapitaloffensive folgen. Wir fordern die Arbeiter demzufolge auf, der faschistischen Mai-Parade fernzubleiben."

Als wichtigste Aufgabe bezeichnete die „Anweisung zum 1. Mai 1934" gemeinsame Aktionen mit sozialdemokratischen Arbeitern, früheren Gewerkschaftsmitgliedern und Reichsbannerarbeitern. In dem Schreiben, das allen Betriebs- und Straßenzellen durch Kuriere zuging, hieß es: „Es ist Aufgabe eines jeden Mitgliedes, ständig mit einem oder mehreren sozialdemokratischen Arbeitern zu diskutieren und wenigstens einen sozialdemokratischen Arbeiter zur ständigen Mitarbeit heranzuziehen."[59]

Am 1. August 1934 veröffentlichte das Zentralkomitee der KPD eine Resolution mit dem Titel „Die Schaffung der Einheitsfront der werktätigen Massen im Kampfe gegen die Hitlerdiktatur", zugleich damit einen Brief des ZK an alle Betriebs- und Straßenzellen der Kommunistischen Partei.

Beide Dokumente waren auf einer Tagung des Zentralkomitees mit Bezirks- und Betriebsfunktionären beschlossen worden. Die Orientierung lautete: Wiederaufbau der freien Gewerkschaften, politische Arbeit auch unter den werktätigen Mitgliedern faschistischer Massenorganisationen

---

58 Lagebericht des Geheimen Staatspolizeiamtes Karlsruhe 1934. IML/ZPA/St. 3/848, Bl. 6–7.
59 Anweisung der Bezirksleitung Baden/Pfalz der KPD zum 1. Mai 1934. IML/ZPA/3427, Bl. 1.

wie der DAF und der Mittelstands- und Bauernverbände, Überwindung aller Überreste sektiererischen Denkens in der Partei.

In Mannheim kursierte diese August-Resolution unter dem Tarntitel „Briefmarkensammlung". In einigen Betrieben und Wohngebieten diskutierten Kommunisten und Sozialdemokraten gemeinsam darüber, noch nachweisbar ist dies für die Betriebe Strebelwerk, Lanz AG und GEG sowie für den Stadtteil Neckarstadt. In diesem Stadtteil verfaßten Sozialdemokraten und Kommunisten gemeinsam ein „Memorandum" als Plattform für die Gemeinsamkeit der beiden Arbeiterparteien im Kampfe gegen den Faschismus. Dies Dokument ist leider nicht erhalten geblieben, in dem Prozeß gegen Fritz Salm und Genossen 1935 lag es als Beweisstück gegen die Angeklagten auf dem Richtertisch.

Auf der Grundlage der August-Resolution entstand in Mannheim ein Flugblatt „Organisiert die Einheit der Arbeiterklasse". Die Auflage war hoch. Es wurde, wie der Staatsanwalt in einem späteren Prozeß gegen Antifaschisten in seiner Anklagerede betonte, „von Bürgern der Stadt Mannheim in ihren Briefkästen vorgefunden". Dieser Staatsanwalt wußte auch zu berichten, daß „die marxistischen Gegner" 1934 in den Betrieben „Propaganda von Mund zu Mund" betrieben hätten und klagte über die Folgen: „Diese systematische Werbetätigkeit hatte zur Folge, daß auch im Mannheimer Volksdienst eine Reihe kleinerer Auflehnungen vorkamen, wobei unter anderem eine drohende Haltung gegen die Lagerleitung eingenommen wurde."[60]

Politischer Leiter des Bezirks Baden/Pfalz der KPD nach der Verhaftung von Otto Walter war zunächst Kurt Müller, Organisationsleiter der Mannheimer Schlosser Karl-Heinz Hoffmann, die Bezirkskassierung hatte Regina Röhrig übernommen. Kurt Müllers Führungstätigkeit währte nur kurze Zeit. Ihm erging es wie so vielen Aktivisten des Widerstandes. Bei der Bezirksleitung Baden/Pfalz der KPD war der durch stete Polizeieingriffe erzwungene Personenwechsel besonders groß. Am 23. September fiel Müller am Bahnhof Weinheim der Gestapo in die Hände.

In der zweiten Hälfte des Jahres 1934 fanden zur Auswertung der August-Resolution einige Tagungen für das Gebiet Südwestdeutschland statt. Schwerpunkte dieser Beratungen waren Probleme der Einheitsfrontpolitik. Auch Vertreter der Mannheimer Organisation nahmen teil. Zwei dieser Konferenzen fanden in Saarbrücken statt. An der ersten Beratung am 29. August 1934 nahmen Karl-Heinz Hoffmann und ein Vertreter der Betriebszelle Strebelwerk, Rudolf Maus, teil. Teilnehmer vom Zentralkomitee der KPD waren Walter Ulbricht, Franz Dahlem und Wilhelm Florin.

60 Prozeßakten des Prozesses „gegen Fritz Salm u. a." vom 5. 9. 1935.

Unter anderem wurden die Möglichkeiten für den Aufbau freier Gewerkschaften, besonders des Deutschen Metallarbeiter-Verbandes diskutiert. Der Sprecher aus Mannheim berichtete auf der Konferenz über die Möglichkeiten in den Mannheimer Betrieben: „Unsere Genossen eines Betriebes sind an die sozialdemokratischen Arbeiter herangetreten und haben den Wiederaufbau des DMV vorgeschlagen. Es wurde eine gemeinsame Erklärung ausgearbeitet und gemeinsam ist man an einen zweiten Betrieb herangetreten, um dort mit einigen Kollegen zu sprechen. In beiden Betrieben sollen Vertrauensleute und eine Leitung des DMV geschaffen werden. Es besteht die Möglichkeit, vorerst in Mannheim eine provisorische Leitung des DMV aus diesen beiden Betrieben zu bilden. Wir denken, daß wir bis zum VII. Weltkongreß gemeinsam mit den Sozialdemokraten einen DMV gebildet haben."[61]

Die zweite Tagung in Saarbrücken – sie fand im Oktober 1934 statt – war eine Beratung von Arbeitern aus Chemiekonzernen. Aus Mannheim und Ludwigshafen nahmen Paul Eble, Instrukteur der Betriebsgruppe BASF und ein gemaßregelter Betriebsrat der Anilin teil. Man diskutierte über Kampfmaßnahmen gegen die immer stärker anlaufende Rüstungs- und Kriegsproduktion in den chemischen Großbetrieben. Auch zu dieser Beratung waren Mitglieder des Zentralkomitees der KPD gekommen.

Die Bildung eines illegalen Metallarbeiter-Verbandes unter den damaligen Bedingungen war ein kühnes und sehr kompliziertes Unterfangen. Die Initiative sollte von den Betrieben Strebelwerk und Lanz AG ausgehen. Diese beiden Großbetriebe meinte der Sprecher aus Mannheim, als er auf der Konferenz in Saarbrücken von der Möglichkeit zur Gründung des DMV zunächst in zwei Betrieben sprach. In den Monaten August bis November 1934 fanden in Betrieben und Wohngebieten Beratungen statt, wie diese Gründung unter den schwierigen Umständen jener Zeit vor sich gehen könnte. Auch mit Vertretern illegaler Stadtteilgruppen der SPD und mit der Leitung der Sozialistischen Arbeiterpartei wurde darüber verhandelt. Kommunistischer Jugend-Verband und Sozialistische Arbeiter-Jugend führten Diskussionen über eine Neubelebung der ehemaligen Jugendgruppe des DMV. Es herrschte bei all diesen Zusammenkünften zumeist Übereinstimmung über die Bedeutung des Vorhabens für die Arbeiterbewegung, doch es gab auch Bedenken. Die einen hielten die Bestrebung für zu gefährlich, andere für zu verfrüht, und mancher führende Sozialdemokrat in Mannheim befürchtete in dem Vorhaben eine geschickte kommunistische Taktik, um den Einfluß der KPD auf Kosten seiner Partei zu vergrößern.

61 IML/ZPA/NJ 3/1/409, Bl. 13.

Das Ziel wurde nicht erreicht, weder bis zum VII. Weltkongreß der Kommunistischen Internationale noch in den Jahren danach. Die Verwirklichung setzte eine Periode kontinuierlicher, vom Gegner ungestörter Tätigkeit der Arbeiterbewegung voraus. Doch das ließ der faschistische Terrorapparat nicht zu. Selbst in den dazu vorgesehenen Betrieben kam man über erste Beratungen nicht hinaus. Allzu umfassend und durchdringend war das System der V-Leute und der Einschüchterung in den Großbetrieben perfektioniert; verdächtige Kollegen standen unter ständiger Beobachtung. Viele der ehemaligen Gewerkschaftsfunktionäre fürchteten um den Arbeitsplatz und um ihre persönliche Sicherheit. Zudem setzte im Herbst 1934 erneut eine Verhaftungswelle ein, der entscheidende Führungskader des Mannheimer Widerstandes zum Opfer fielen, sowohl Kommunisten als auch Sozialdemokraten.

Die Bestrebungen zur Bildung einheitlicher Gewerkschaften wurden dennoch fortgesetzt. Sie widerspiegeln sich in den späteren Betriebszeitungen der KPD und in den Richtlinien für die Tätigkeit der kommunistischen Bewegung in Baden und Pfalz in den Jahren 1936 und 1937. Darüber wird noch zu berichten sein.

## Widerstandszentrum in der Amerikanerstraße

Die Arbeitsstellen der Bezirksleitung in der Merlachstraße und in H. 6. 6 waren verlorengegangen. Sie zu ersetzen war äußerst schwierig, es gab nicht allzu viele, die zu dieser Zeit noch bereit waren, ihre Wohnung zur Verfügung zu stellen. Zudem war nicht jedes Haus für illegale Zusammenkünfte geeignet. Darum konzentrierte sich die gesamte Tätigkeit der Bezirksleitung Baden/Pfalz auf die letzte zentrale Arbeitsstelle in der Amerikanerstraße Nummer fünf. Sie war bisher schon als Anlaufstelle für illegale Schriften benutzt worden.

Im Anwesen Amerikanerstraße fünf wohnte in einem kleinen Häuschen der Kommunist Christian Merle. Im Hof befand sich eine Edelmetallgießerei. Hier arbeitete Merle als Metallgießer. Er war ein hervorragender Fachmann für Metallegierungen. In den Versammlungen seiner Stadtteilorganisation Schwetzingerstadt war er nicht als häufiger Sprecher aufgefallen, er war ein ruhiger, klassenbewußter Arbeiter. Seine Passion waren Wellensittiche und Zierfische, Merle war als guter Züchter bekannt. Damit verbrachte der Metallgießer seine Freizeit.

Zu Beginn des Jahres 1934 wurde es anders im Hause Merle. Den Faschisten war es gelungen, die technische Tätigkeit der Bezirksleitung so zu begrenzen, daß die organisierte Widerstandsbewegung bedroht schien.

Doch der Kampf gegen die Hitlerdiktatur erlaubte keine Pause, also mußte man ein Risiko eingehen, und dies tat vor allem Christian Merle.

Das Anwesen bot sich für eine umfassende illegale Tätigkeit geradezu an. Gegenüber dem Haus befand sich zwar ein SA-Heim, aber darum machte man sich keine Sorgen. Die Nazis würden gewiß nicht zu dem Verdacht kommen, daß ausgerechnet vor ihrer Nase die Kommunisten ein illegales Zentrum einrichten. Zur Metallgießerei kamen Kunden, also fielen häufige Besuche nicht auf.

So wurde das Haus Amerikanerstraße fünf 1934 zum Zentrum des Widerstandes in Mannheim. Hier liefen die Pakete mit antifaschistischen Schriften an, hierher kamen die Kuriere zur weiteren Verteilung der Materialien an die Gruppen. Hier war die Schreibstelle der Bezirksleitung. Für die im Spätherbst 1933 verhaftete Stenotypistin Erna Schwarzschild war inzwischen Ella Göltenboth eingesprungen. Hier fanden zudem noch die politischen Beratungen statt. An manchen Abenden tagte eine Gruppe im Wohnhaus und die andere im Büro der Gießerei.

Sieben Monate lang ging es gut, doch der 13. Oktober 1934 wurde zum schwarzen Tag für die Bewegung und für Christian Merle.

Am 12. Oktober reiste aus dem Saargebiet der Kurier „Max" nach Mannheim. In zwei Koffern transportierte er 2800 Exemplare „Rote Fahne" und 2000 antifaschistische Broschüren. Der Kurier übernachtete in einer kleinen Pension in der Innenstadt, die man schon mehrmals als Quartier benutzt hatte. Er wollte erst am nächsten Tag in der Amerikanerstraße anlaufen. Was sich dann an diesem Tage abspielte, das schildert Karl Eiermann, der zusammen mit Leo Heiß die politische Arbeit der Widerstandsgruppe im Stadtteil Schwetzingerstadt leitete:

„Der Kurier fuhr am 13. Oktober zunächst mit einer Taxe in die Amerikanerstraße. Die Koffer hatte er in seiner Schlafstelle zurückgelassen. Er wollte sehen, ob die Luft ‚rein' war, um sie dann zu holen. Doch die Gestapo war hinter ihm her. Irgendwo hatte sie sich angehängt. Der Kurier merkte es nicht, fuhr zurück in seine Schlafstelle, holte die Koffer und mit der Taxe ging es wieder in die Amerikanerstraße. Gestapobeamte fuhren vorsichtig hinterdrein. Christian Merle nahm die Pakete in der Gießerei in Empfang. Es galt, sie bis zum Weitertransport zu den einzelnen Gruppen zu verstecken. Der Genosse Leo Heiß half ihm dabei.

Da rief plötzlich die Frau Merles von der Wohnung aus laut über den Hof: ‚Christian, zwei fremde Herren wollen dich sprechen.' Das war für Merle das Signal, daß die Gestapo da war. Er und Leo versuchten in Hast, die Pakete in die Feuerung der Schmelzöfen zu werfen und zu verbrennen. Das konnte nicht mehr gelingen. Die Polizisten drangen in die Werkstätte ein und Merle wurde abgeführt. Heiß konnte entkommen. Er versteckte sich

hinter einem Schmelzofen. Dahinten war es so heiß, daß die Polizisten niemand dort vermuteten. Als Merle abgeführt war, verließ Leo Heiß fast benommen von der Hitze, aber ungesehen das Anwesen und entkam."[62]
Wie war es der Gestapo gelungen, die Spur des Kuriers Max zu entdecken? Es war wichtig, dies zu erfahren. Der junge Kommunist Georg Fischer übernahm mit zwei seiner Jugendfreunde den Auftrag, dies zu erforschen. Man ging vorsichtig zu Werke. Einer beobachtete tagelang den Taxifahrer, der den verhafteten Kurier gefahren hatte, der zweite sollte versuchen, die Frau auszufragen, in deren Wohnung Max zunächst seine Koffer abgestellt hatte. Doch an die Frau war nicht heranzukommen. Sie und ihre Wohnung wurden ununterbrochen von Agenten der Gestapo beschattet. Den Taxifahrer aber sah man einige Tage nach den Verhaftungen am Bahnhof mit Bischoff von der Gestapo. Die beiden unterhielten sich nicht lange, und es konnte Zufall sein. Doch sofort wurde jemand nach Saarbrücken entsandt, um die Beobachtung mitzuteilen. Von dort erfolgte die Anweisung an die Kuriere, vom Bahnhof Mannheim aus nicht mehr Taxis zu benutzen. Mehr konnte man nicht tun.

Christian Merle wurde zu sieben Jahren Zuchthaus verurteilt. Nach der Strafverbüßung kam er als schwerkranker Mann nach Mannheim zurück.

## Ida Schaibles rettende Tat

Die Inhaftierung Merles war der Auftakt einer erneuten Verhaftungswelle in Mannheim. Ende Oktober meldete die Gestapoleitstelle ihren Vorgesetzten in Berlin, daß sich die kommunistische Tätigkeit im Raume Mannheim zusehends verstärke. Wiederum seien zahlreiche Druckschriften im Umlauf. In den Betrieben und in verschiedenen Stadtteilen, so meldete die Gestapo, wurde ein Flugblatt folgenden Inhalts festgestellt: ,,Wer den Marxismus ausrotten will, muß die Arbeiter ausrotten, denn sie sind die Träger des Marxismus."

Das Flugblatt war besonders zahlreich im Stadtteil Schwetzingerstadt aufgetaucht. Die Gestapo führte daraufhin in diesem Stadtteil eine Verhaftungsaktion durch, ihr bekannte Kommunisten wurden frühmorgens aus ihren Wohnungen geholt und verhört. Fünf von ihnen blieben in Haft, denn bei ihnen fand die Polizei belastendes Material, unter anderem auch das gesuchte Flugblatt. Sie wurden im Jahre 1935 in dem Prozeß gegen Ernst Votteler und andere zu Gefängnisstrafen verurteilt.

Im November erhielt die Mannheimer KPD eine Warnung: Die lokale poli-

---

62 Bericht von Karl Eiermann (Februar 1972).

tische Polizei war um 15 auswärtige Beamte verstärkt worden. Das bedeutete, daß die Faschisten etwas Besonderes gegen die Bewegung vorhatten, und es war höchste Vorsicht geboten. Kurz vor Weihnachten verhaftete die Gestapo in der kleinen Pension Arnoldi in der Neckarstadt den technischen Leiter der Bezirksleitung, Hans Spill, und den Bezirksleiter des Kommunistischen Jugendverbandes, Josef Geiger. In den folgenden Tagen wurden 25 Jugendfunktionäre des KJVD und der SAJ festgenommen.

Die Schwierigkeiten für die Bezirksleitung häuften sich. Auch in den Gemeinden des Landkreises Mannheim kam es wieder zu umfangreichen Verhaftungen. Bei einer Hausdurchsuchung in Oftersheim wurden Exemplare der „Arbeiter-Zeitung" entdeckt. Die Polizei verhaftete ziemlich willkürlich 14 ehemalige Mitglieder der KPD wegen Fortführung der illegalen Organisation. In Weinheim kam es zu dieser Zeit zu zwölf und in Brühl zu acht Festnahmen. Die Verhaftungen in Brühl erfolgten nach einer Demonstration der beim Notdienst Beschäftigten. Etwa 400 Arbeiter marschierten in geschlossener Formation vor das Rathaus und forderten, daß sie auch für die Zeit des Arbeitsausfalls wegen schlechter Witterung entlohnt würden. Die Polizei suchte die „Rädelsführer" der Bewegung. Schließlich wurden sechs Kommunisten, ein Parteiloser und ein Angehöriger der Zentrumspartei verhaftet und ins Konzentrationslager Kislau transportiert, wo sie monatelang inhaftiert waren.[63]

Auch im benachbarten Ludwigshafen war die illegale Arbeit der antifaschistischen Bewegung sehr gefährdet. Die Führungstätigkeit der dortigen Unterbezirksleitung wurde mehr und mehr durch Beobachtungen und Eingriffe der Gestapo behindert. In den Monaten August und September 1934 kam es zu neun Verhaftungen. Am 21. Dezember des gleichen Jahres fand vor dem Oberlandesgerichtshof München der Prozeß gegen die Betroffenen statt. Sieben der Beschuldigten wurden zu Zuchthaus- und Gefängnisstrafen verurteilt.

Philipp Geis und Jakob Rummer sowie ihre Freunde in der Pfalz ließen sich dadurch nicht entmutigen. Für die verurteilten Genossen sprangen andere in die entstandene Bresche, und die antifaschistische Aufklärungsarbeit ging weiter. Doch die Verbindung der Bezirksleitung zur Parteiorganisation jenseits des Rheins war mehr als einmal unterbrochen, und es war nicht leicht und nicht ungefährlich, sie wieder herzustellen. Der Unterbezirk Ludwigshafen wurde von der Bezirksleitung direkt angeleitet, zu den übrigen Gebietsorganisationen der Pfalz hatte die Führung mit Hilfe von Instrukteuren Kontakt. In den Jahren 1934 und 1935 war zum Bei-

---

63 Bericht von Johann Popp (Januar 1973).

spiel der Mannheimer Wilhelm Biedermann einer der Instrukteure, welche das Pfälzer Gebiet bereisten. Er gehörte zu den Funktionären der Arbeitersportbewegung, die sich nach dem Machtantritt Hitlers der Widerstandsbewegung zur Verfügung stellten.

Am 7. Januar 1935 kam die Oberberaterin des Zentralkomitees der Kommunistischen Partei für Südwestdeutschland, Maria Krollmann, nach Mannheim, um mit dem politischen Leiter des Bezirks, Karl-Heinz Hoffmann, zu sprechen. Sie war schon einige Male hier gewesen. Maria Krollmann, genannt „Ma", wollte Hoffmann in dessen Quartier in der Wohnung Schaible, Burgstraße 40, treffen. So war es vereinbart und die „Ma" kannte das Quartier. In der Wohnung aber lauerten die Gestapobeamten Frietsch, Bischoff und Gerst. Sie hatten die illegale Unterkunft ausspioniert. Frau Schaible wurde von ihnen dort festgehalten. Die Gestapo-Leute erwarteten nicht Maria Krollmann, sondern sie hatten es auf den politischen Bezirksleiter abgesehen. Die Oberberaterin war für sie ein zusätzlicher unerwarteter Fang. Die Polizisten waren zufrieden, zumal ihnen Hoffmann auch in die Arme laufen mußte, die Wohnung war ja seine Schlafstelle.

Die drei warteten geduldig, Maria Krollmann war inzwischen abgeführt worden. Man saß in der Küche, Frau Schaible allerdings auf glühenden Kohlen. Inzwischen waren zwei Stunden vergangen und Karl-Heinz Hoffmann mußte jeden Augenblick kommen. Polizeikommissar Gerst sagte zu Frau Schaible: „Wenn Sie uns den Hoffmann in die Hände spielen, dann passiert Ihnen nichts, dann kommen Sie frei."

Ida Schaible lauschte auf Schritte im Treppenhaus. Sie kannte die Art von Karl-Heinz, die Treppe hochzugehen. Plötzlich hörte sie das Geräusch, das durch das Öffnen und Schließen der Haustür entsteht. Das mußte er sein. Im letzten Augenblick kam ihr ein rettender Gedanke. Sie bat darum, rasch aufs Klosett zu dürfen. Warum auch nicht, dachten die ihrer Sache sicheren Gestapo-Bullen und nickten bejahend. Das konnte die Rettung sein. Um aufs Klosett zu gehen, mußte man von der Küche auf den Korridor. Da ging ein kleines Guckfenster auf das Treppenhaus. Es ging um Sekunden. Frau Schaible öffnete in Eile das Fenster und winkte ab. Hoffmann stand schon vor der Tür. Er begriff und schlich leise aber in Eile die Treppe hinab. Die Gestapo-Beamten in der Küche haben nichts gemerkt.

Vergebens warteten Frietsch, Bischoff und Gerst noch einige Zeit in der Wohnung. Dann gaben sie auf. Aber sie beobachteten noch einige Tage das Haus. Vergebens. Ida Schaible wurde am 21. Februar 1935 verhaftet. Sie nahm alles auf sich, ihrem Ehemann konnte man nichts nachweisen. Sie wurde zu drei Jahren Zuchthaus verurteilt.

Maria Krollmann war bis zum Ende der Hitlerdiktatur in Zuchthaushaft.

Sie hatte bei ihrer überraschenden Verhaftung einige Abrechnungszettel in der Tasche gehabt. Diese kleinen Zettel wurden dem damaligen Bezirkskassierer der KPD, Friedrich Dürr, zum Verhängnis. Er wurde am 11. Januar 1935 verhaftet. Das Oberlandesgericht Karlsruhe verurteilte ihn zu drei Jahren und sechs Monaten Zuchthaus.

Dürr wurde außer seiner Kassierertätigkeit zur Last gelegt, gemeinsam mit zwei Freunden in der Neujahrsnacht, die seiner Verhaftung vorausging, den Jahreswechsel auf besondere Art gefeiert zu haben: Am Marktplatz und am Tattersall waren um 24 Uhr Böllerschüsse ertönt und es regnete Flugblätter auf die Straßen. Sie lauteten: „Mit Jammern und Klagen wird nichts bestellt, mit Hammer und Sichel gewinnst du die Welt." Ein zweites Flugblatt appellierte: „1935! Schmiedet die Einheitsfront gegen Hitler!"

Friedrich Dürr, nach Verbüßung seiner Zuchthausstrafe ins Konzentrationslager überführt, kehrte nicht mehr nach Mannheim zurück. Er wurde in Dachau von der SS erschossen. Über seine Taten beim Aufstand in Dachau und seinen Tod soll noch berichtet werden. Einer der Helfer von Dürr bei der Aktion in der Neujahrsnacht war der Neckarauer Otto Lumpp, seit dem Jahre 1923 aktiver Funktionär der Mannheimer Arbeiterbewegung. Er wurde zu drei Jahren und sechs Monaten Zuchthaus verurteilt und später ins Konzentrationslager überführt. Lumpp überlebte die Schreckensjahre im KZ Dachau und kam nach Kriegsende in seine Heimatstadt zurück.

Karl-Heinz Hoffmann war durch die Tat von Frau Ida Schaible um Haaresbreite der Verhaftung entgangen. Er flüchtete zunächst mit der Straßenbahn in die Neckarstadt und dann nach dem Waldhof. Dort hatte er ein Notquartier. Inzwischen lief die Fahndung der düpierten Gestapo auf Hochtouren. Bei Verwandten und Bekannten Hoffmanns fanden Hausdurchsuchungen statt. Es gelang ihm drei Tage später, nach Frankfurt zu kommen. Dort erhielt er die Anschrift einer Anlaufstelle in Berlin. Ein Kurier brachte ihn von Berlin in eine kleine Ortschaft bei Zittau. Hundert Meter von der Grenze entfernt feierten die Dorfbewohner ein Schützenfest. Daran nahm der Flüchtling teil und verschwand im günstigen Augenblick über die Grenze. Ein Verbindungsmann brachte ihn nach Prag. Im Juli 1935 war Hoffmann in der Sowjetunion. Nach dem Putsch der faschistischen Generale in Spanien kämpfte er in den Reihen der Interbrigaden.

Der ehemalige Jungkommunist aus der Arbeiterstadt Mannheim und Schlosser der Motoren-Werke Mannheim, Karl-Heinz Hoffmann, ist heute Armeegeneral und Minister für Verteidigung der Deutschen Demokratischen Republik.

## Mannheimer Arbeiterjugend im Widerstand

Die Verhaftungswelle, die vom Herbst 1934 bis zum Februar 1935 andauerte, setzte der politischen Tätigkeit des Kommunistischen Jugendverbandes in Mannheim ein jähes Ende. Im Jahre 1934 war die Aktivität des KJVD besonders auffällig geworden. Die fortlaufenden Verhaftungen von Jugendfunktionären des KJVD, von jungen Sportlern des vor 1933 sehr bekannten Arbeitersportvereins „Möve" und von Aktivisten der Antifa-Jugend hatten den Jugendwiderstand in Mannheim nicht zum Schweigen gebracht. In den Jahren 1933 und 1934 gab es zwölf Prozesse gegen Jungkommunisten aus dem Stadt- und Landkreis Mannheim, andere wurden ohne Urteil in Konzentrationslager verschleppt.

Im Hochsommer 1933 setzte eine größere Verhaftungsaktion gegen Funktionäre des KJVD ein. Einer der festgenommenen Jugendfunktionäre, Paul Jöst aus dem Stadtteil Neckarstadt, wegen der Verteilung von Flugblättern inhaftiert, starb am 23. Oktober aus ungeklärten Gründen im Landesgefängnis Herzogenried. Mitgefangene erklärten später, Paul Jöst sei am Tage zuvor noch gesund und recht munter gewesen, sein Tod könne weder durch Krankheit noch durch Selbstmord eingetreten sein.

Nach monatelanger Untersuchungshaft wurden sechs führende Mitglieder dieser Gruppe am 29. November 1934 in dem Prozeß gegen Fritz Kampp und andere zu Gefängnisstrafen verurteilt.

Unter ihnen befand sich Karl Schneider-Lösch, seit März 1933 politischer Leiter des KJVD von Baden/Pfalz. Er und Ludwig Wieland aus dieser Gruppe verurteilter Jungkommunisten kämpften später in den Internationalen Brigaden gegen Franco und seine deutschen und italienischen Hilfstruppen.

Trotz der erbarmungslosen Verfolgung der kommunistischen Jugendbewegung im ersten Jahr der faschistischen Diktatur mußte die Gestapo in ihrem Lagebericht des Badischen Staatspolizeiamtes vom 8. Februar 1935 melden: „Zu Beginn des Monats Januar 1935 erfolgten in Mannheim und Frankfurt mehrere Festnahmen von Jugendfunktionären des illegalen KJVD, der sich besonders im Spätherbst 1934 in der näheren und weiteren Umgebung von Mannheim ausgebreitet hatte und bereits über 300 Anhänger verfügte, die block- und häuserweise organisiert waren und mit illegaler Literatur in Form von Druckschriften ‚Rote Fahne', ‚Leichtathletik', ‚Kommunistische Internationale' und ‚Junge Garde' versehen wurden."[64]

64 Tagesmeldung des Geheimen Staatspolizeiamtes Karlsruhe vom 8. 2. 1935. IML/ZPA/St. 3/32, Bl. 39.

Die antimilitaristische Aktivität der kommunistischen Jugendbewegung in Baden und der Pfalz hatte eine frühe Tradition. Mitglieder des KJVD aus Mannheim und Ludwigshafen haben in der Zeit der Besetzung der Pfalz durch französische Truppen in der Nähe der Kasernen, in denen Soldaten stationiert waren, antimilitaristische Schriften gestreut und Plakate geklebt. Dies geschah besonders zu der Zeit der nationalen Erhebungen in Marokko gegen die Kolonialherrschaft des französischen Imperialismus. Die deutschen Jungkommunisten mahnten im Geiste Karl Liebknechts: Schießt nicht auf eure marokkanischen Brüder. Die Feinde des französischen Volkes stehen in eurem eigenen Land. Das sind die Rüstungsgewinnler, die am Völkermord verdienen.

An diesen Aktionen beteiligten sich oftmals mehr als 50 Jungkommunisten Mannheims. Ebenso stark war die Aktivität ihrer Ludwigshafener Jugendgenossen. Die Tätigkeit war keineswegs ungefährlich. Es kam zu Verhaftungen. Die Verhöre durch die französische Militärpolizei wurden mit äußerster Brutalität und unter Mißhandlungen durchgeführt. Vor dem französischen Militärgerichtshof in Mainz fanden Prozesse gegen Mannheimer und Pfälzer Jungkommunisten statt. Hauptangeklagter in einem Prozeß gegen Ludwigshafener Jugendfreunde war Eugen Herbst, damals Mitglied des Zentralkomitees des KJVD.[65]

Mit der gleichen Aktivität bekämpfte die kommunistische Jugendbewegung den aufkommenden deutschen Militarismus. In der Zeit der großen Wirtschaftskrise wurde der KJVD in Mannheim zu einer starken Jugendorganisation. Viele Jugendliche, die bis dahin noch nicht politisch tätig waren, kamen in die Gruppen des KJVD, und es kam zu zahlreichen Übertritten aus der SAJ, der sozialdemokratisch orientierten Jugendorganisation. Dies war besonders nach der Bewilligung finanzieller Mittel für das Panzerkreuzer-Bauprogramm der Brüning-Regierung durch die sozialdemokratische Reichstagsfraktion im Jahre 1929 der Fall. In allen Stadtteilen Mannheims bestanden Jugendgruppen des KJVD, und die „Junge Garde", das Zentralorgan des Jugendverbandes, fand immer größere Verbreitung. In den Mannheimer Großbetrieben wurden Jugendzellen gebildet und Betriebszeitungen des KJVD zirkulierten in vielen Betrieben.

Nach der Einführung des „freiwilligen" Arbeitsdienstes im Rahmen der Notverordnungen am 28. Juli 1932 verstärkte der KJVD seine Aktivität gegen den Militarismus und die immer forcierter betriebene Aufrüstung in Deutschland. Er bekämpfte vor allem auch die chauvinistische Verhetzung der Jugend und die antisowjetische Propaganda als Mittel der psychologischen Kriegsvorbereitung.

---

65 Berichte von Artur Brede und Willy Feller (Februar 1973).

Antifaschistische Jugenddemonstration in Mannheim 1932.

Bei den Abwehraktionen gegen SA und SS standen Jungkommunisten stets in vorderster Front, und schon vor dem Machtantritt Hitlers büßten junge Arbeiter Mannheims ihre antifaschistische Aktivität mit Gefängnishaft und Schikanen in Betrieb und Schule. Zwei Beispiele mögen die damalige Situation dokumentieren:

Es war an einem Sonntag des Monats Juni 1932. SA-Horden überfielen in Weinheim eine Schar Jungen und Mädchen der kommunistischen Jugendbewegung, die dort Flugblätter verteilten. Man war wie fast an jedem Wochenende auf Landagitation. Andere Gruppen des Kommunistischen Jugendverbandes, die an dem Landsonntag beteiligt waren, eilten ihren bedrängten Jugendgenossen zu Hilfe. In der Nördlichen Hauptstraße Weinheims kam es zu einer regelrechten Straßenschlacht. Es gab Verletzte. Polizeibeamte rückten an. Gegen keinen der SA-Schläger, doch gegen 16 Jungkommunisten wurden gerichtliche Verfahren wegen Landfriedensbruch eingeleitet. In den Betrieben und Berufsschulen wurden Verwarnungen gegen sie ausgesprochen. Genauso erging es einer Gruppe Jungkommunisten, die beim Bau eines Kinderheimes der IAH in Schlierbach bei Heidelberg halfen. Die Abwehr eines versuchten Überfalls auf die Baustelle mußten neun von ihnen mit Gefängnisstrafen büßen. Und die faschistischen Angreifer traten vor Gericht als Belastungszeugen auf.

Der KJVD leitete im Jahre 1932 eine beharrliche Tätigkeit für ein umfassendes Bündnis der Arbeiterjugend und auch mit bürgerlichen Jugendbewegungen gegen Militarismus und Faschismus ein. Eng verbunden war der KJVD um diese Zeit mit dem Sozialistischen Studenten- und Schülerbund SSB und mit der Deutschen Jungenschaft DJ 1.11., einer linksbürgerlichen Pfadfinderbewegung. Groß war der Zustrom von Jungarbeitern im Jahre 1932 zur Antifa-Jugend, den Jugendformationen der Antifaschistischen Aktion. Jungkommunisten und parteilose Jugendliche hatten gemeinsam die Führung in den Jugendabteilungen der Antifa. Auch in den Gruppen der Gewerkschaftsjugend und der Arbeitersportorganisationen hatte der KJVD großen Einfluß. Das Lied der kommunistischen Jugendbewegung „Wir sind die erste Reihe, wir gehen drauf und dran..." war in jener Zeit in den Arbeiterviertel von Mannheim ein populäres Lied.

Mit der zunehmenden Gefahr des Faschismus verstärkte die kommunistische Jugendbewegung die Bestrebungen für eine Zusammenarbeit mit der sozialdemokratischen SAJ. Es gab Aussprachen und zeitweilig gemeinsame Aktionen, aber trotz aller Bemühungen kam es nicht zu einem Einheitsfrontabkommen.

Vom Tage des Machtantritts der Faschisten an war der KJVD den gleichen Verfolgungen ausgesetzt wie die Kommunistische Partei. Zur Zeit der Ernennung Hitlers zum Reichskanzler war Fritz Nickolay politischer Leiter des Bezirks Baden/Pfalz des Kommunistischen Jugendverbandes. Wenige Wochen nach der faschistischen Machtergreifung wurde er verhaftet und ins Konzentrationslager Dachau verschleppt. Anfang des Jahres 1935 wieder in Freiheit, setzte Nickolay den Kampf gegen das faschistische System fort. Er entging einer zweiten Verhaftung durch die Flucht nach Frankreich; in den Kriegsjahren gehörte er zur französischen Widerstandsbewegung und später zur Bewegung „Freies Deutschland". Der Organisationsleiter des KJVD Jaques, Sohn von Georg Lechleiter, wurde festgenommen und in sein Heimatland, die Schweiz ausgewiesen. Nun übernahmen Karl Schneider-Lösch und Fritz Kampp die Führung.

Trotz des Terrors und der Verhaftungen war die Existenz des Kommunistischen Jugendverbandes in Mannheim durch Losungen, Flugblätter und durch den Verkauf der „Jungen Garde" stets bemerkbar. Sichtbaren Ausdruck der jungkommunistischen Aktivität gab eine große rote Fahne, die eines Morgens im März 1933 über dem Kamin des Elektrizitätswerkes in der Neckarstadt wehte und mit deren Entfernung die Polizei Mühe hatte. Am Aufstieg des Kamins waren Sprossen abgesägt worden, um das Einholen der Fahne zu erschweren. Einige Tage darauf flatterte eine rote Fahne über der Schiffswerft.

Ende des Jahres 1933 begann endlich eine Annäherung und Zusammenarbeit zwischen der kommunistischen und sozialdemokratischen Jugendbewegung Mannheims. Im Odenwald fanden gemeinsame antifaschistische Treffen statt, das größte beim sogenannten Felsenmeer. Die Zusammenarbeit zwischen jungen Antifaschisten wurde 1934 besonders eng. Zu Beginn des Jahres fanden viele gemeinsame Aussprachen und Diskussionen statt, besonders im Stadtteil Neckarstadt, aber auch in der Innen- und Schwetzingerstadt. In Wohnungen, Gartenhäusern und auf gemeinsamen Wanderungen gab es oftmals erregte Streitgespräche. Sie führten zu einer gemeinsamen Wertung des Faschismus, aber auch zur Erkenntnis der notwendigen Gemeinsamkeit im Handeln. Im Jahre 1934 war in der Arbeiterstadt Mannheim eine einheitliche antifaschistische Jugendbewegung im Werden. Die Verhaftungen im Herbst und Winter setzten dem ein Ende.

In den Jahren 1933 und 1934 berichtete die politische Polizei des öfteren über die Aktivität des KJVD in den Lagern des Arbeitsdienstes. In einigen Lagern in Baden kam es zu Arbeitsniederlegungen. Auch im Raum Mannheim. Das Geheime Staatspolizeiamt Karlsruhe meldete: „Die unter den arbeitslosen Jugendlichen betriebene Propaganda gegen Arbeitsdienst und Landhilfe des KJVD hat so großen Anklang gefunden, daß verschiedentlich eine Überwachung der Schalterräume des Arbeitsamtes Mannheim erforderlich war."[66]

Im Arbeitslager „Isolierspital" am Ulmenweg bestand eine starke Gruppe des KJVD. Eines Tages kam es dort zu einer regelrechten Rebellion, als man die Jugendlichen mit verfrorenen Kartoffeln und jeweils einem Hering abspeisen wollte. Im Lager fand eine Protestkundgebung statt. Organisator des Widerstandes war der Kommunistische Jugendverband. Als eine Gruppe der 200 Mann zählenden Abteilung des Arbeitsdienstlagers auf dem Rückmarsch vom Herschelbad in der Breiten Straße Lieder der Arbeiterbewegung anstimmte, wurde die Auflösung des Lagers befohlen. Auch im Arbeitsdienstlager Sandtorfer Bruch kam es zu Rebellionen. Dort verjagten die Arbeitsdienstler den Lagerführer. Zu Demonstrationen kam es auch während eines Besuches von Reichsarbeitsdienstführer Hierl während des Dammbaues Mannheimer Arbeitsdienstler auf der Friesenheimer Insel.[67]

Das illegale Zentralorgan des Kommunistischen Jugendverbandes „Junge Garde" unterrichtete Ende Juli 1934 seine Leser über diese Begebenheit in Mannheim:

„In Mannheim werden mehrere Arbeitsdienstlager aufgelöst, angeblich ‚wegen finanzieller Schwierigkeiten'. Die ADler berichteten uns jedoch: ‚Das Essen ist immer schlechter geworden, die Rebellion immer stärker. Die Bonzen merkten bald, wie die Belegschaften waren und wollten uns auseinanderreißen. Wir sollten in andere Lager zwangsverschickt werden. Dabei kam es zu Unruhen. Im Lager ‚Isolierspital' wurden dabei Fensterscheiben eingeworfen. Dort ist zweimal das Überfallauto vorgefahren und hat auch einige Jungs verhaftet. Besonders wild sind die Jungs alle, weil ihnen zu Anfang versprochen wurde, daß sie nach dem Arbeitsdienst wieder Arbeit im Betrieb bekommen. Wenn sie dann entlassen werden, schickt man sie entweder von neuem in den AD oder aber auf Landhilfe."[68]

Im Oktober 1934 machte in den Mannheimer Betrieben, in der Gewerbeschule und beim Arbeitsdienst ein Flugblatt mit dem Titel „Arbeitsdienst – Barras – Krieg" die Runde. In dem Flugblatt hieß es: „Das Wettrüsten übertrifft an Ausmaß dasjenige vor dem ersten Weltkrieg. Die Jugend, die das in erster Linie angeht, muß sich im klaren sein, warum das so ist und warum sie den neuen Heldentod sterben soll. Vaterland! Lebensraum für die Nation! Siedlungsland im Osten! So trommelt es unaufhörlich auf die deutsche Jugend herab. Das ist der Inhalt der offenen und versteckten Propaganda für den ‚Heldentod' der deutschen Jugend."[69]

66 Tagesmeldung des Geheimen Staatspolizeiamtes Karlsruhe vom 8. 2. 1935. IML/ZPA/St. 3/32, Bl. 39.
67 Bericht von Walter Kleber (Februar 1972).
68 „Junge Garde", Zentralorgan des KJVD. IML/ZPA/NJ 3774, Bl. 4.
69 Flugblätter des KJVD 1934. In Privatbesitz.

**Ernst Thälmann muß befreit werden!**

Lesen und weitergeben!    Preis 15 Pf.

# Die junge Garde
### Zeitung der werktätigen Jugend Deutschlands
Zentralorgan des KJVD (Sektion der KJI)

Jahrgang 1934    Mitte Juli    Nr. 12

## Nieder mit der Brandstifter- und Mörder-Regierung!
### Es ist an der Zeit durchzugreifen — Rätedeutschland wird sozialistische Ordnung schaffen

Am 30. Januar 1933 jubelten die Massen und die braune SA in der Wilhelmstraße: Am Fenster des Reichskanzlerpalais stand der „Führer", „des deutschen Volkes neuer Kanzler" und neben ihm Röhm, der Mann seines Vertrauens, sein bester Duzfreund, sein Stabschef der SA.

Am 30. Juni 1934 triumphieren in der Wilhelmstraße die aufgepflanzten Bajonette der Reichswehr. Am Fenster des Reichskanzlerpalais nimmt der blutbefleckte Gangster Hitler die Parade ab. Neben ihm der Reaktionär von Ribbentrop, sein Unterhändler und Verbindungsmann zu den Geldsäcken und Regierungshäusern der französischen und englischen Schwerindustrie.

Zwischen dem 30. Januar 33 und dem 30. Juni 34 liegen 17 Monate blutigen Mordterrors gegen das revolutionäre Proletariat, 17 Monate der grausamsten Bürgerkriegsattacken gegen das Leben, die Freiheit und die Zukunft der werktätigen Massen und seiner Jugend. Die begeisterten Massen vom 30. Januar aber erhofften den Sozialismus, die Erfüllung der unter Eid gegebenen Versprechungen. Statt Arbeit gaben die Hitler, Röhm und Schiras der Jugend, den ganzen werktätigen Volk Kriegsdienst in den Arbeitsdienstlagern, Notverordnung, Unterstützungsraub, Massenentlassung Jugendlicher aus den Betrieben, Drill und Sklavenfron in der Landhilfe. Der Unternehmer wurde zum Führer und die Jungarbeiterschaft zur untersten, am meisten ausgebeuteten Gefolgschaft gemacht. Die Jugend wurde vor die verschlossenen Tore der Hochschulen, ohne Berufsausbildung, ohne Aufstiegsmöglichkeit gestellt — die einzige „Zukunft" des imperialistischen Schlachtfeldes vor Augen. Hunderttausende im eigenen Lager begannen zu zweifeln. Sie lernten den Lügner, den Demagogen, den Eidbrecher, den Mörder Hitler, seine Clique, seine faschistische Kapitalistendiktatur kennen und hassen. Die Vertrauenskrisenwahlen benutzte das Proletariat zum wuchtigen antifaschistischen Massenprotest. Der Einfluß unserer heldenhaften herrlichen Kommunistischen Partei, unseres Kommunistischen Jugendverbandes ergriff immer neue Massen. Es wuchs die Rebellion in den Reihen der SA und Hitlerjugend, während Hitler zum Staatsbankrott, zur Katastrophe treibt, während die Inflation an die Tore pocht, während sich die ungekrönten Könige von Kohle, Eisen, Stahl und Land um den Löwenanteil an der verringerten Profitmasse wütend streiten.

Die Meinungsverschiedenheiten im Lager der Ausbeuter und ihrer Militärs über die Methoden des Kampfes gegen die heraufziehende proletarische Revolution gingen bis in die Spitzen der faschistischen Diktaturregierung.

Röhm und seine Clique sah unter dem Druck der rebellierenden SA ihre eigene Machtstellung gefährdet. Er wollte mit noch gerissenerem Betrug und lügnerischen Berechnungen die weitere Radikalisierung und antikapitalistischen Aktionen der SA-Männer verhindern. Ihre Rebellion ausnutzend, wollte er für sich größere, uneingeschränkte Machtbefugnisse erzwingen.

Die Schwerindustrie und ihre Reichswehrgeneräle aber fürchteten die Unzufriedenheit der braunen Soldaten, ihr Schrei nach Arbeit und Brot würde durch zügellose soziale Demagogie nicht gehemmt, sondern in die Bahn des revolutionären Klassenkampfes, des Sturzes der faschistischen Diktatur, unter die rote Kampfesfahne der kommunistischen Freiheitsbewegung führen. Sie schickten Hitler zu Mussolini, Ribbentrop nach Frankreich und England, Göbbels nach Polen, um das werktätige Volk und ihre eigenen Anhänger und SA-Leute für Anleihen und Unterstützung im Kampf

## Lied der oppositionellen Hitler-Jugend
### (Nach der Melodie des Roten Wedding)
#### Von den Berliner oppositionellen Hitlerjungen eingesandt

Links, links, links, links!
Wann kommt der Tag des Gefechts?
Links, links, links, links!
Die Führer marschierten nach rechts.
Sie hatten uns versprochen das Ende der Not.
Und Sozialismus und Freiheit und Brot!
Was ist denn nun wirklich passiert?
Da oben sitzt immer noch die Bourgeoisie.
Jetzt Arm in Arm mit der Bonzokratie.
Und der Arbeiter wird schikaniert.

Refrain:

Rote Fahne grüßt euch ihr Jungen!
Über das Hakenkreuz muß raus!
Sichel u. Hammer, innigverschlungen,
So steht die Sturmfahne aus!
Schluß mit Feiern und Raketen!
Schluß mit dem Phrasenkampf!
Hoch die Fäuste, Jungproleten!
Zum Kampf! Zum Kampf!

Links, links, links, links!
Wer spricht noch von Revolution,
Links, links, links, links!
Dem winkt das Konzertlager schon.

Wen haben denn schon unsre Führer befreit?
Den Siemens und den Krupp und die ganze Herrlichkeit.
Doch für uns ist die Landhilfe gut.
Wenn Urlaub ist, wird marschiert mit Gepäck.
Und die Bonzen reisen im Auto weg.
Wenn du nachdenkst, dann packt dich die Wut!

Refrain.

Links, links, links, links!
Jetzt hauen wir hin das Gepäck!
Links, links, links, links!
Nach links geht der Weg aus dem Dreck.
Wir wollen für die Bonzen nicht die Laufjungen sein!
Wir wählen unsre Führer aus den eignen Reihn.
Laßt euch nicht den Kopf mehr verdrehn!
Und reget der Baldur das Maul sich wund:
Erkämpft mit der Roten Jugend im Bund
Sozialismus, wie wir ihn verstehn!

Refrain.

„Die junge Garde", Zentralorgan des Kommunistischen Jugendverbandes (KJVD), Mitte Juli 1934.

Dieses Flugblatt, hergestellt in einem Schrebergarten im Herzogenried, löste eine besondere Jagd der Gestapo aus. Im Gartenhaus dieses Gartens entstanden in jener Zeit viele antimilitaristische und antifaschistische Flugblätter der Jugend, so auch die KJVD-Flugschrift „SA – was nun?" Die Gestapo schnüffelte wochenlang in den Schrebergärten herum, oftmals ganz in der Nähe des Gartenhauses, aber sie fand nicht das Versteck. Die Aktionen der kommunistischen Jugendbewegung führten zu erhöhter Aktivität der Gestapo. Im Herbst 1934 setzte plötzlich wieder eine Verhaftungswelle ein.

Zunächst wurde der Jugendfunktionär Karl Liesecke verhaftet. Ihm konnte die Verteilung des Flugblattes „SA – was nun?" angekreidet werden. Liesecke, der schon 1933 acht Monate in Haft war, wurde am 4. Dezember 1934 zudem wegen der Vermittlung von Quartieren an Illegale verurteilt. Nach 18monatiger Gefängnisstrafe wieder in Freiheit, gelang Liesecke die Flucht über die Grenze. Seine letzten Zeilen an die Eltern, die allerdings bei der Gestapo landeten, waren am 7. November 1936 in Perpignan geschrieben und lauteten: „Sende letzte Grüße von französischem Boden." Der unermüdliche, tapfere und immer bescheidene Jungkommunist Karl Liesecke aus der Schwetzingerstadt ging nach Spanien, um dort die Republik zu verteidigen. Er fiel im Februar 1937 bei Madrid an der Jarrama-Front.

Nach der Verhaftung Lieseckes ging es Schlag auf Schlag. Der Gestapo gelang es, ganze Gruppen des KJVD zu entdecken. Im Februar 1935 meldete sie 26 Festnahmen in Mannheim. Auch im Landkreis, in Neckarhausen und Schwetzingen wurden Jungkommunisten verhaftet.

Josef Geiger, genannt Emil, der den verurteilten Karl Schneider-Lösch als politischen Leiter des Bezirks abgelöst hatte, wurde, wie schon berichtet, in der Pension Arnoldi verhaftet. Am 8. August 1935 fand vor dem Oberlandesgericht Karlsruhe der Prozeß gegen Georg Wesch und Genossen statt. Auf der Anklagebank saßen sieben Funktionäre der kommunistischen Jugendbewegung. Einige Tage später, am 5. September, wurde die Hauptgruppe, neun Jungkommunisten und junge Sozialdemokraten, im Prozeß gegen Fritz Salm und Genossen verurteilt. Insgesamt wurden in den Prozessen der Jahre 1935 und 1937 junge Antifaschisten des Stadt- und Landkreises Mannheim zu 69 Jahren Zuchthaus und Gefängnis verurteilt. Die Urteile beruhten zum Teil auf willkürlichen Angaben der Gestapo ohne Beweisführung. So erging es dem KJVD-Funktionär Walter Kleber. Er war Leiter der Jugendgruppe in Mannheim-Innenstadt, von der außer ihm niemand in die Fänge der politischen Polizei geraten war. Das Gericht verurteilte ihn zu einer Gefängnisstrafe nur deshalb, weil die Gestapo „annahm", er habe sich illegal betätigt.

Gegen einige der aktiven Teilnehmer am Mannheimer Jugendwiderstand inszenierte die Nazijustiz besondere Prozesse, so gegen Helmut Kohl, der vom Volksgerichtshof zu drei Jahren Zuchthaus verurteilt wurde. Andere entgingen der Verhaftung durch die Flucht über die Grenze. Nach diesen Prozessen gegen die jungkommunistischen Aktivisten gab es keine organisierte Tätigkeit des KJVD in Mannheim mehr. Doch auch in der Zeit danach zirkulierte die „Junge Garde" in Betrieben und Schulen. Sie kam über die Verteilerapparate der KPD nach Mannheim. Mit der Zerschlagung der organisierten Widerstandsgruppen der Jugend war der antifaschistische Kampf junger Mannheimer nicht zu Ende. Schließlich zählten zu den Aktivisten der Anti-Hitlerbewegung in den folgenden Jahren manche der Jugendfreunde – vom KJVD, von der SAJ und von der Deutschen Jungenschaft 1. November –, die zuvor in der Jugendbewegung tätig waren. Nicht nur in Deutschland. Auch in den Schützengräben Spaniens und in der Bewegung „Freies Deutschland" kämpften und starben junge Sozialisten aus der Arbeiterstadt Mannheim für Deutschlands Zukunft.

## Betriebszeitungen gegen faschistische Ausbeutung

Die Verhaftungen im Winter von 1934 auf 1935 hatten schlimme Folgen für jeden einzelnen der Inhaftierten und besonders für die betroffenen Familien. Die illegalen Gruppen der IAH und der Roten Hilfe versuchten, die größte Not zu lindern. Vor allem im Stadtteil Waldhof wurden Sammlungen von Geld und Lebensmitteln durchgeführt. Ebenso in Orten des Landkreises. Dort bestanden aktive Gruppen der Roten Hilfe, es wurde sogar eine eigene Zeitung herausgegeben. Für die Kinder der politischen Gefangenen wurden Patenschaften organisiert. Auch in den Betrieben sammelte man Solidaritätsspenden. Die Kommunisten und auch Parteilose des Betriebes Motorcondensator unterstützten zum Beispiel die Frau des verhafteten Friedrich Dürr. Auch diese Sammlungen mußten wie jede andere antifaschistische Aktivität unter Beachtung konspirativer Regeln durchgeführt werden.

Schlimm waren natürlich auch die Folgen für die Bewegung. Am Beginn des Jahres 1935 war die Bezirksleitung der KPD zerschlagen, die einzelnen Organisationen und Widerstandsgruppen waren auf sich selbst angewiesen. Inzwischen hatte eine Veränderung der Organisationsstruktur der KPD stattgefunden, es wurden kleinere Bezirke gebildet. Mannheim gehörte fortan zum Bezirk Südwest, bestehend aus Nordbaden und der Pfalz. Südbaden wurde zu einer selbständigen Bezirksorganisation. Doch was nutzte die Verkleinerung des Gebiets, wenn keine Leitung mehr bestand? Es galt, so rasch wie möglich einen neuen „Bezirkskopf" zu formieren. Diese Aufgabe übernahmen drei Antifaschisten: Karl Gräsle, Willi Krumm und Georg Fischer. Sie setzten zunächst die Arbeit der Bezirksleitung fort. In die Bresche sprang auch Ludwig Neischwander. Er kannte die Verbindungen zu den Betriebsorganisationen und knüpfte die gerissenen Fäden wieder.

Man wollte besonders in der Stadt Mannheim die Anleitung der Organisation den härteren Bedingungen des illegalen Kampfes anpassen. So entstand neben der Bezirksleitung eine illegale Leitung für das Stadtgebiet. In der Kantine eines Eisenlagers im Industriegebiet der Neckarstadt fanden die ersten Beratungen der Stadtleitung statt. Der Portier des Lagers war KPD-Genosse. Die Teilnehmer: Erwin Strohmeier, Gustav Müller und Hans Schellenberger. Hinzu gesellte sich Georg Fischer als Verbindungsmann zur Bezirksleitung. Die Tätigkeit dieser Unterbezirksleitung währte allerdings nur ein Jahr.

Die kommunistische Bewegung wurde noch mehr auf die Betriebe orientiert, so wie das auf den beiden Konferenzen in Saarbrücken beschlossen worden war. Der gemeinsame Widerstand gegen die verschärfte Ausbeutung in den Betrieben war die wesentliche Voraussetzung für das Entstehen der Arbeitereinheitsfront gegen den Faschismus. Die Resolution „Proletarische Einheitsfront und antifaschistische Volksfront zum Sturz der faschistischen Diktatur", die am 30. Januar 1935 auf einer Tagung des Zentralkomitees der KPD beschlossen wurde, an der auch verantwortliche Funktionäre aus den Parteiorganisationen und des Kommunistischen Jugendverbandes teilgenommen haben, enthielt folgende Richtschnur: Über die Aktionseinheit der Arbeiterklasse, die enge Zusammenarbeit von Kommunisten und Sozialdemokraten zum Bündnis aller Demokraten gegen den Faschismus und zur Volksfront![70]

Die kommunistische Aktivität im Jahre 1935 in Mannheim war in starkem Maße durch die Herausgabe und Verbreitung von Betriebszeitungen und betrieblichen Flugblättern geprägt.

In den Betrieben GEG und Konsum wurde eine Zeitung verbreitet, die im ersten Artikel das neue Gesetz der faschistischen Reichsregierung anprangerte, mit dessen Hilfe die Verbrauchergenossenschaften zur Selbstauflösung gezwungen werden sollten. Angeblich waren diese Genossenschaften nicht mehr existenzfähig. Das Gesetz rief Unruhe unter den Belegschaften bei der GEG und beim Konsum hervor. Man befürchtete dort zu Recht, daß mit Hilfe dieses Gesetzes die genossenschaftlichen Betriebe

---

70 Geschichte der deutschen Arbeiterbewegung, Bd. 5, a.a.O., S. 94.

in die Hände der Mühlenkonzerne gespielt werden sollten. Es ging das Gerücht um, daß die geplanten Maßnahmen mit einem vierzigprozentigen Abbau der Zahl der Arbeiter und Angestellten verbunden sei.

Die Betriebszeitung der KPD rief auf: „Genossenschaftsmitglieder! Kämpft gegen die Bankrotteure! Verlangt die Erhaltung und den Ausbau der Genossenschaften. Fordert das uneingeschränkte Selbstbestimmungsrecht der Mitglieder und verlangt die Beseitigung der Nazi-Kommissare aus den Ämtern in den Genossenschaften. Verlangt freie und geheime Wahl für alle Genossenschaftsfunktionäre. Reiht Euch ein in die Einheitsfront gegen die Faschisten, die nicht nur die Genossenschaften in den Bankrott, sondern auch das ganze deutsche Volk in die Katastrophe treiben wollen!"

Die Mannheimer Kommunisten haben in jener schweren Zeit nicht nur allgemeinpolitische und antifaschistische Losungen verbreitet. Die KPD-Zellen in den Betrieben nahmen sich trotz aller Verfolgung auch der täglichen Sorgen der Arbeiter und Angestellten an. Sie haben den Faschismus anhand seiner sozialreaktionären, arbeiterfeindlichen Praxis entlarvt. Beispiele dafür sind zwei weitere Artikel aus dieser Betriebszeitung für die GEG und den Konsumbetrieb:

## „Nazi-Korruption in der GEG

Nach längerem Drängen und Drehen seiner eigenen PG's hat der Betriebsobmann Schneider, im Dienstgrad Sturmführer, in der GEG unnötiger Maschinenmeister, der seine Zeit vornehmlich in der Kantine zubringt, endlich vor einiger Zeit die Mitgliedsbücher der DAF herausgegeben. Und siehe da, die gehegten Vermutungen sind eingetroffen. Bei einem beachtlichen Teil der Bücher fehlt eine ganze Anzahl von Marken. Wo ist das Geld dafür geblieben?

Herr Schneider wird es wohl wissen, sich aber schwer hüten, etwas darüber zu sagen. Die Inhaber von der ‚Libelle' und anderer Vergnügungsstätten könnten vielleicht Aufschluß geben. Wird nun der PG Schneider zur Verantwortung gezogen? Allem Anschein nach nicht, denn nach seiner eigenen Aussage soll er in einem der städtischen Betriebe untergebracht werden. In diesem Zusammenhang muß doch die Frage aufgeworfen werden: Sind die Städtischen Betriebe schon eine Unterkunftsstätte für die Nazis mit langen Fingern?

Wir Arbeiter wehren uns jedenfalls dagegen, daß man solche Herren frei herumlaufen läßt und ihnen noch Pöstchen zuschustert. Wir verlangen die exemplarische Bestrafung dieses sauberen PG. Außerdem fordern wir Ersatz für unsere bezahlten und nicht geklebten Beitragsmarken."

## „15% Lohnabbau im Konsumverein

Nachdem die Nazi-Politik auch den Mannheimer Konsum-Verein in eine verhängnisvolle wirtschaftliche Lage gebracht hat, soll er jetzt saniert werden, saniert auf Kosten der Arbeiter, wie das im kapitalistischen System so üblich ist. Diktatorisch wurde in einer Belegschaftsversammlung verkündet, daß ab Juli 15% weniger Lohn bezahlt wird. Eine Diskussion über diese Maßnahme wurde in der Belegschaftsversammlung nicht zugelassen. Im Dritten Reich hat eben der Arbeiter das Maul zu halten, und er darf nicht murren, wenn man ihm das Fell über die Ohren zieht. Gleichzeitig mit dem Lohnabbau wurde aber die Arbeitsleistung für den einzelnen Arbeiter gesteigert. Das alles geschieht mit Zustimmung des Treuhänders der Arbeit. Im Konsum-Betrieb herrscht maßlose Empörung.

Jetzt aber gilt es zu handeln, Ihr Konsum-Arbeiter und -Angestellte! Denkt daran, daß wenn Ihr einig und geschlossen handelt, Ihr unüberwindlich seid. Gebt euch nicht zufrieden mit dem Lohnabbau. Verlangt die sofortige Rückgängigmachung des Lohnabzuges. Gebt der Betriebsleitung keine Ruhe. Schreitet zu Kampfmaßnahmen. Passive Resistenz-Streik!

Schließt euch zusammen in der Einheitsfront! Baut euch eure Klassengewerkschaften wieder auf zur Führung des Kampfes!"[71]

Ein damaliger Konsum-Arbeiter erinnert sich: Diese KPD-Betriebszeitung, in hoher Zahl bei GEG und Konsum verbreitet, wirkte sensationell. Ihr Inhalt war vor der Herstellung von Kommunisten und Sozialdemokraten gemeinsam besprochen worden. Ihr Erscheinen führte zu einer tagelangen Schnüffelaktion der Gestapo in beiden Betrieben, zu Verhören und Hausdurchsuchungen bei Belegschaftsmitgliedern, die als Kommunisten galten. Die Verfasser, Hersteller und Verteiler wurden nicht entdeckt.

Eines Morgens bei Arbeitsbeginn fanden die Arbeiter und Arbeiterinnen der Jute-Spinnerei Sandhofen im Betrieb ein Flugblatt des folgenden Inhalts:

## „Haarsträubende Verhältnisse in der Jute-Spinnerei

Über 1500 Arbeiter, hauptsächlich Arbeiterinnen, sind im Betrieb beschäftigt. Die Zustände sind furchtbar. Schon vor Jahren ging der Betrieb dazu über, jeder Weberin zwei Webstühle statt wie früher einen zu übergeben. Das bedeutete ein ungeheures Hetztempo für jede Arbeiterin. Die Nazis haben versprochen, diesen Zustand abzuschaffen. Statt einer Verbesse-

---

71 Betriebszeitung der KPD. IML/ZPA/Berichte, Baden/Pfalz 1935, 3582.

rung ist aber eine Verschlechterung eingetreten, denn seit über einem Jahr wird nur das allerschlechteste Rohmaterial verwendet, wodurch die Arbeit ungeheuer erschwert wird.

Während noch vor zwei Jahren eine Arbeiterin im Akkord 26 bis 30 Mark verdienen konnte, ist es heute so, daß sie im günstigsten Fall 22 bis 23 Mark verdient. In der Praxis jedoch kommen die Arbeiterinnen infolge des schlechten Materials bei härtester Schufterei mit ihrem Akkord nicht einmal auf den Taglohn, welcher wöchentlich netto rund 14 Mark einbringt. Die jüngeren Arbeiterinnen verdienen 6 bis 9 Mark die Woche.

Wie ein Mensch von solchen Hundelöhnen leben soll, ist unerklärlich. Dafür ein Beispiel: Ein Teil der Arbeiterinnen wohnt im Mädchenheim. Dort müssen sie zahlen: für ein Mittag- und Abendessen je 50 Pfennig, für eine Tasse Kaffee 10 Pfennig, für ihren Verschlag (Zimmer kann man das nicht nennen) 1,20 Mark pro Woche. Will eine Arbeiterin sich auch nur ein Essen und zwei Tassen Kaffee am Tag leisten, dann ergibt das folgende Rechnung: 7 Essen zu 50 Pfennig = 3,50 Mark, 14 Tassen Kaffee = 1,40 Mark, 1,20 Mark Miete pro Woche, das macht zusammen 6,10 Mark. Dazu die Ausgaben für Frühstück und Vesperbrot, für Nachtessen, für Wäsche, für Schuhe und Kleider – jeder kann sich ausrechnen, daß diese Mädchen mit 6 bis 9 Mark Lohn buchstäblich hungern müssen. Selbst die Vollverdiener mit 14 Mark müssen sich jede Schuhsohle am Mund absparen.

Der Vertrauensrat Hans Schenkel ist ein richtiger Unternehmerknecht. Auf Beschwerden der Arbeiterinnen weiß er nur sie abzuschnauzen mit den Worten: ‚Ihr müßt halt mehr schaffe'.

Hunger, Elend, Ausbeutung im höchsten Grade, brutale Behandlung durch die Vorgesetzten – das ist das Los der Jute-Arbeiterinnen im Dritten Reich. All das steht im Zeichen des ‚Schutzes von Mutter und Kind'.

Arbeiterinnen und Arbeiter der Jute-Spinnerei! Kämpft gemeinsam mit der KPD gegen faschistische Ausbeutung und Lohnraub – für die Einheitsfront aller Werktätigen gegen die Hitler-Diktatur!"[72]

Auch dieses Flugblatt, verteilt in der Jute-Spinnerei und im Stadtteil Sandhofen, rief selbstverständlich die Aktivität der Gestapo und der Nazis wach. Tagelang wurden Verhöre durchgeführt. Verdächtige Arbeiterinnen und Arbeiter der Jute-Spinnerei wurden zur Gestapo vorgeladen. Die faschistische NSBO-Zelle im Betrieb wurde zu einem Appell zitiert und zur höchsten „Wachsamkeit gegen die Bolschewisten" aufgefordert. Zu den Beschuldigungen in dem Flugblatt wurde bei dem Appell nichts gesagt.

In den Abteilungen von Daimler-Benz machten an den gleichen Tagen des Jahres 1935 Schriften die Runde mit dem Titel: „Benz-Zeitung". Ein

---

72 Betriebszeitung der KPD. IML/ZPA/Berichte, Baden/Pfalz 1935, 3582.

Artikel dieser „Benz-Zeitung" prangerte das Verhalten eines Betriebsleiters an, das zum Selbstmord eines Arbeitskollegen geführt hatte:

## „In den Tod getrieben

Der Arbeiter Ritter war als Einfahrer bei der Weltfirma Daimler-Benz beschäftigt. Vor kurzem hatte er das Pech, einen neuen Wagen beim Einfahren anzustoßen, wodurch ein geringfügiger Schaden entstand, der mit höchstens 3 bis 5 Mark zu beheben gewesen wäre. Der Betriebsleiter ‚Müller zur Hellen' (auch Höllen-Müller genannt) nahm das zum Anlaß, um in ganz unverschämter Weise den Arbeiter Ritter anzuschreien und ihm mit Entlassung zu drohen. Der Arbeiter griff daraufhin aus Verzweiflung zum Strick und erhängte sich.

Es ist nicht der erste Fall, daß Arbeiter aus Verzweiflung zum Strick greifen, um ihren kapitalistischen Peinigern zu entgehen. Wir erinnern nur an den Fall Heuser bei BBC. Auch dieser Arbeiter, Amtswalter und Familienvater, suchte aus ähnlichen Gründen den Tod.

Die deutsche Presse brachte vor kurzem eine Meldung aus Budapest, wo in zwei Tagen 50 Personen Selbstmord begingen. Aber nicht nur im faschistischen Ungarn, auch im nationalsozialistischen Deutschland ist der Selbstmord für Tausende und Abertausende der einzige Ausweg. Trotz allen Behauptungen Hitlers von wirtschaftlicher Besserung, nationalem Wiederaufstieg usw. müssen wir feststellen, daß Elend und Not in ungeheurem Maße gestiegen sind, so daß viele keinen anderen Ausweg mehr sehen als den Tod. Gewiß hat sich manches gebessert: Die Kriegsgewinnler haben zum Beispiel jetzt schon Hochkonjunktur. Oder die unzähligen Parteibonzen, die sich an der gefüllten Staatsfutterkrippe fettfressen – für sie ist es in der Tat besser geworden. Jedoch das Volk hungert und darbt.

Selbstmord ist trotz alledem der falsche Weg. Nicht Selbstmord, sondern Kampf diesem faschistischen Henker- und Ausbeutungssystem bis zu seinem Sturze!"[73]

Auch „Der rote Scheinwerfer", die Stadtteilzeitung für die Neckarstadt, brachte betriebliche Korrespondenzen und prangerte die zunehmende Ausbeutung der Arbeiter an. Aus den Motoren-Werken wurde in der Zeitung berichtet: „In diesem Betrieb sind die Akkorde derart schlecht, daß ein Arbeiter auf 40 Pfennig Stundenlohn kam. Als die Diektion diesen Arbeiter entlassen wollte, weil sie eine Weiterbeschäftigung für zwecklos hielt, erklärte sich das Arbeitsamt bereit, die Differenz zwischen Lohn- und

---

73 „Benz-Zeitung". In Privatbesitz.

Erwerbslosenunterstützung zuzulegen. Das Arbeitsamt muß also für den Unternehmer den Lohn bezahlen. Wir haben, wie auch dieses Beispiel beweist, seit Hitlers Machtantritt ‚kolossale Fortschritte' zu verzeichnen."
Die Stadtteilzeitung der Neckarstadt prangerte in dieser Ausgabe auch die Entlassungen im Jahre 1935 im Strebelwerk an. Die Notiz lautete: „Die 200 Entlassungen, von denen wir in der letzten Nummer berichteten, haben sich in der Zwischenzeit auf 400 gesteigert. Es ist kaum glaublich, aber Tatsache: Kaum sind die Entlassungen ausgesprochen, stellt die Firma Antrag auf Genehmigung von Sonntagsarbeit. Bei der momentanen Gluthitze ist die Arbeit im Strebelwerk an sich schon eine Qual. Vollkommen erschöpft und ausgepumpt verlassen die Proleten die Fabrik, und jetzt will die Firma auch noch Sonntagsarbeit. Hier zeigt sich deutlich, daß die Entlassungen unberechtigt waren. Aber der Wille des Unternehmers wird eben vom Treuhänder der Arbeit ohne weiteres respektiert."[74]

## Dimitroff: Taktik des trojanischen Pferdes

Vom 25. Juli bis zum 20. August 1935 fand in Moskau eine internationale Konferenz statt, die großen Einfluß auf die Strategie und Taktik der Arbeiterbewegung aller Länder hatte: der VII. Weltkongreß der Kommunistischen Internationale.
Der Kongreß charakterisierte den Faschismus an der Macht als offene terroristische Diktatur der reaktionärsten, am meisten imperialistischen Elemente des Finanzkapitals. Er erklärte den Kampf für den Frieden zur zentralen Aufgabe der Kommunistischen Parteien und betonte den engen Zusammenhang zwischen dem Kampf für Demokratie und Sozialismus und dem Kampf für den Frieden. Der Kongreß entwickelte die Politik der antifaschistischen Volksfront. Er legte fest, daß die Herstellung der einheitlichen Kampffront der Arbeiterklasse die wichtigste, nächstliegende Aufgabe der internationalen Arbeiterbewegung ist, und er verwies auf die Mannigfaltigkeit der Formen, in denen je nach den Bedingungen in den verschiedenen Ländern, die Einheitsfront verwirklicht werden kann. Der VII. Weltkongreß orientierte die Kommunistischen Parteien auf die Schaffung von Regierungen der proletarischen Einheitsfront oder der antifaschistischen Volksfront.
Der Generalsekretär der Kommunistischen Internationale, Georgi Dimitroff, unterzog die sektiererischen und dogmatischen Tendenzen in den Kommunistischen Parteien einer prinzipiellen Kritik und wies darauf hin,

---

74 „Der rote Scheinwerfer". IML/ZPA/Berichte, Baden/Pfalz 1935, 3582, Bl. 112.

daß es notwendig sei, die Prinzipien des Marxismus/Leninismus schöpferisch anzuwenden und sich nicht durch sektiererisches Verhalten, Dogmatismus und Schematismus den Weg zur Gewinnung aller friedlichen Kräfte für den gemeinsamen Kampf gegen Faschismus zu erschweren.[75]

In seinem Referat orientierte Dimitroff die Kommunistischen Parteien auch auf die Arbeit in den faschistischen Massenorganisationen, für Deutschland besonders in der Deutschen Arbeitsfront. Er erklärte u. a.:

„Indessen ist es für die Kommunisten in den faschistischen Ländern besonders wichtig, überall dort zu sein, wo die Massen sind. Der Faschismus hat den Arbeitern ihre eigenen legalen Organisationen genommen. Er hat ihnen die faschistischen Organisationen aufgezwungen, und dort befinden sich die Massen – durch Zwang oder zum Teil freiwillig. Diese Massenorganisationen des Faschismus können und müssen für uns ein legaler oder halblegaler Ausgangspunkt für die Verteidigung der tagtäglichen Interessen der Massen werden. Zur Auswertung dieser Möglichkeiten müssen die Kommunisten in den faschistischen Massenorganisationen Stellen, die durch Wahlen zu erlangen sind, erobern, um mit den Massen in Fühlung zu kommen. Sie müssen sich ein für allemal von den Vorurteilen frei machen, daß sich eine solche Tätigkeit für einen revolutionären Arbeiter nicht geziemt und seiner unwürdig ist ...

Genossen, ihr erinnert euch der alten Sage von der Einnahme Trojas. Troja hatte sich vor dem angreifenden Heer durch unbezwingbare Mauern geschützt. Und das angreifende Heer, das nicht wenig Verluste erlitten hatte, konnte den Sieg nicht eher erringen, als bis es mit Hilfe des berühmten Trojanischen Pferdes in die Stadt, in das Herz des Feindes eindrang.

Mir scheint, wir revolutionären Arbeiter dürfen nicht Anstoß daran nehmen, die gleiche Taktik gegenüber unserem faschistischen Feinde anzuwenden, der sich vor dem Volke durch die lebendige Mauer seiner Mordbuben schützt."[76]

Vom 3. bis 15. Oktober 1935 fand bei Moskau eine Parteikonferenz der KPD statt, die sogenannte Brüsseler Konferenz. Daran nahmen 39 Delegierte, mehrere Delegierte mit beratender Stimme und Vertreter Kommunistischer Parteien anderer Länder teil. Sie war die erste Reichskonferenz der KPD nach der Machtergreifung des Faschismus.

Die Brüsseler Konferenz hatte eine wichtige Aufgabe: Es galt, die Beschlüsse des VII. Weltkongresses der Kommunistischen Internationale für den antifaschistischen Kampf in Deutschland auszuwerten und die inter-

---

75 Geschichte der deutschen Arbeiterbewegung. Chronik Teil II, von 1970 bis 1945. Dietz Verlag, Berlin 1966, S. 351/352.
76 VII. Kongreß der Kommunistischen Internationale. Referate und Resolutionen. Verlag Marxistische Blätter GmbH, Frankfurt am Main 1975, S. 127 u. 128.

nationalen Erfahrungen entsprechend den Bedingungen im eigenen Land zu berücksichtigen. Es galt ebenso, die Politik der KPD zu überprüfen, Mängel und Fehler zu beseitigen. „Zur zentralen Aufgabe erklärte die Parteikonferenz die Herstellung der Aktionseinheit aller Teile der deutschen Arbeiterklasse und die Schaffung der antifaschistischen Volksfront zum Kampf gegen die faschistische Diktatur und für ihren Sturz, für die Verhinderung des Krieges".[77]

Diesem Ziele sollte die gesamte Tätigkeit der KPD untergeordnet werden, für dieses Ziel galt es, die anderen Hitlergegner zu gewinnen. Die Brüsseler Konferenz orientierte die Kommunisten auf ein kameradschaftliches Verhältnis mit den Sozialdemokraten, auf die Bestrebung zur Wiederherstellung der freien Gewerkschaften sowie, entsprechend den Beschlüssen des VII. Weltkongresses, auf die Ausnutzung aller legalen und halblegalen Möglichkeiten der Wirksamkeit in den faschistischen Massenorganisationen.

Der Chef der faschistischen Sicherheitspolizei, SS-Gruppenführer Reinhard Heydrich, bestätigte in einem Brief der Gestapo des Jahres 1936, wie gefürchtet die „Taktik des Trojanischen Pferdes" bei den Nazis war. In seinem Brief hieß es warnend:

„Wir sind gezwungen, den Mitgliedern der DAF zu sagen, daß die Dimitroffsche Taktik des trojanischen Pferdes, der Einheits- und Volksfront sich nicht nur auf die gewaltigen Erfolge in Frankreich und Spanien beschränkt. Die Erfolge dieser Taktik sind in Deutschland nicht weniger umfangreich und nicht weniger gefährlich, wenn sie auch für die Öffentlichkeit weniger sichtbar sind."[78]

An der Brüsseler Konferenz der KPD sollte auch ein Delegierter der Mannheimer Parteiorganisation teilnehmen. Vorgesehen war vom Zentralkomitee der KPD die Beteiligung eines Metallarbeiters aus einem der entscheidenden Großbetriebe der Stadt. Daher kam im Juni 1935 das Mitglied der Unterabschnittsleitung Süd-West, Max Gorbach, von Straßburg nach Mannheim. Er war in der ersten Hälfte des Jahres 1935 einige Male illegal als Beauftragter des Zentralkomitees in Mannheim, um mit der Bezirksleitung zu beraten. Nun sollte er mit der BL die Benennung eines Delegierten für die Konferenz in Moskau und zugleich seine Reise dorthin besprechen. Der Beauftragte des ZK hatte in Mannheim eine Anlaufstelle. Von da war ihm bei seinen vorherigen Reisen hierher die Verbindung zur Bezirksleitung besorgt worden. Doch diesmal war etwas nicht in Ordnung. Die Anlaufstelle wurde offensichtlich von der Polizei überwacht.

77 Geschichte der deutschen Arbeiterbewegung. Bd. 5, S. 119 u. 120.
78 Anlage zum Monatsbericht über Linksbewegung im Januar 1936 „Wie kämpft der Staatsfeind". IML/ZPA/St. 3, Bl. 119–120.

Max Gorbach wollte dennoch seinen Auftrag erfüllen. Er kannte Wilhelm Biedermann, mit dem er vor 1933 in der Arbeitersportbewegung zu tun hatte. Außerdem war dieser wenige Wochen zuvor zweimal im Auftrage der Mannheimer Parteiorganisation bei der Süd-Westleitung in Straßburg gewesen und dort mit Gorbach, der technischer Leiter dieser Abschnittsleitung war, zusammengekommen. Biedermann konnte ihm vielleicht helfen, und dessen Wohnung in der Traitteur-Straße war ihm nicht fremd. Also ging er zu seinem früheren Sportfreund und fand Unterkunft. Biedermann versuchte drei Tage lang, die Verbindung zu den führenden Genossen herzustellen. Bisher hatte er stets mit Erwin Strohmeier Kontakt gehabt, doch diesmal fand er ihn nicht. Alles war vergebens. Max Gorbach konnte nicht länger bleiben, er hatte weitere Aufträge zu erfüllen. Unverrichteterdinge verließ er die Stadt. So kam es, daß kein Mannheimer Kommunist auf der Brüsseler Konferenz vertreten war.[79]

Die Rede Georgi Dimitroffs wurde in Mannheim dennoch bekannt. Dies geschah mit Hilfe einer Tarnschrift unter dem Titel „Ratgeber für den Haus-, Schreber- und Siedlergarten", die von Straßburg aus eingeschleust wurde. Erste Einflüsse des VII. Weltkongresses der Kommunistischen Internationale und der Brüsseler Konferenz der KPD auf die kommunistische Widerstandsbewegung in Mannheim lassen sich erst zu Beginn des Jahres 1936 erkennen. Die „Arbeiter-Zeitung", Ausgabe Februar 1936, schrieb zum Beispiel:

„Die Volksfront ist die Voraussetzung für den Sturz der Hitler-Diktatur und für die Rettung des Friedens. Deshalb stellten der VII. Weltkongreß der Kommunistischen Internationale und die Brüsseler Konferenz der KPD die Losung auf: Aktionseinheit der Arbeiterklasse und antifaschistische Volksfront zum Sturz der Diktatur!"[80]

Es fanden auch Aussprachen in den Betriebsgruppen und Wohngebietsorganisationen statt. Heinrich Wieland erwähnt in seinem schon zitierten Bericht Informationsgespräche über beide Tagungen in der Stadtteilorganisation Neckarstadt, die Anfang 1936 durchgeführt wurden, und der Neckarauer Michael Maldinger erinnert sich an organisierte Diskussionen über die Rede Dimitroffs in den Parteizellen dieses Wohngebiets. Der Einfluß des VII. Weltkongresses der KI und der Brüsseler Konferenz der KPD auf die Tätigkeit der kommunistischen Widerstandsbewegung Mannheims widerspiegelt sich besonders in den Zeitungen zum 1. Mai 1936.

---

79 Berichte v. Max Gorbach und Wilhelm Biedermann (Februar 1973).
80 „Arbeiter-Zeitung", Ausgabe Februar 1936. In Privatbesitz.

## Polizei entdeckt Druckstelle beim Tierasyl

Im Sommer des Jahres 1935, während der Tage des VII. Weltkongresses der Kommunistischen Internationale, wurde die Kommunistischen Partei des Rhein/Neckar-Gebiets erneut von Polizeimaßnahmen betroffen. Im Januar 1935 war dem politischen Leiter des Bezirks mit Mühe und Not die Flucht gelungen. Viele aktive Kommunisten waren in Untersuchungshaft geraten und sahen ihrer Verurteilung entgegen. Der technische Apparat der Bezirksleitung schien vollkommen zerschlagen. Kriminal-Assistent Frietsch erklärte im Februar 1935 bei einem Verhör verhafteter Jungkommunisten frohlockend: „Leugnen ist zwecklos, was wollt ihr noch, die führenden Funktionäre der KPD haben wir restlos, und jetzt ist es aus." Doch in den Monaten darauf waren nicht nur Betriebszeitungen in Umlauf, im Monat März erschien auch schon wieder eine Ausgabe der „Arbeiter-Zeitung", des Organs der Bezirksleitung. Die Schlagzeile lautete „Trotz alledem!" Das von der Gestapo nach den vielen Verhaftungen nicht erwartete Erscheinen der Bezirkszeitung löste für die in den Wintermonaten Verhafteten tagelange und zermürbende Verhöre aus. Frietsch und Schlude nahmen zunächst an, Karl-Heinz Hoffmann sei noch in Mannheim. Die Fahndung nach ihm wurde verstärkt. Jede Möglichkeit einer erneuten illegalen Wohnstätte des früheren Bezirksleiters wurde genauestens untersucht. Darum fanden zu dieser Zeit so viele Hausdurchsuchungen in Mannheim statt.

In dem späteren Prozeß gegen Otto Magin, den Hersteller der „Arbeiter-Zeitung", stellte der anklagende Staatsanwalt fest: „Es muß angenommen werden, daß Magin nach der Flucht Hoffmanns die Materialien für die Druckschriften von anderer, noch nicht ermittelter Seite erhalten hat."[81] Die „noch nicht ermittelte Seite" waren Karl Gräsle und Willi Krumm. Sie schrieben nach der Flucht Hoffmanns die Manuskripte für die „Arbeiter-Zeitung" und auch für Flugblätter. Hans Schäffner hatte in der Schwetzingerstadt eine neue Schreibstelle zur Herstellung der Matrizen für die Bezirkszeitung und für sonstige Schriften eingerichtet. Die Tätigkeit für die AZ ging zunächst weiter. Doch Mitte des Jahres 1935 gelang es der Gestapo erneut, einen entscheidenden Teil des technischen Apparates der KPD zu entdecken und zu vernichten. Sie spürte nach monatelangen Beobachtungen die Druckstelle für die „Arbeiter-Zeitung" am Tierasyl auf dem Lindenhof auf. Die Hersteller und zentralen Verteiler der Zeitung, Otto Magin, Josef Rutz und Maximillian Bayer wurden verhaftet. Hans Schäffner gelang die Flucht.

81 Anklageschrift gegen Otto Magin und Genossen, VVN – Bund der Antifaschisten, Mannheim, Geschichtskommission.

Die Verhaftung von Magin erfolgte am 30. Juli 1935. Einige Wochen später, am 10. Oktober, nahm die Gestapo Rutz und Bayer fest. Maximillian Bayer hatte sein Gartenhaus und eine Hütte für die Herstellung der „Arbeiter-Zeitung" zur Verfügung gestellt.

Otto Magin war einige Tage vor seiner Verhaftung zur Gestapo geholt worden. Die Fragen während des Verhörs ließen nicht erkennen, daß er im Verdacht stand, für die Herstellung der „Arbeiter-Zeitung" verantwortlich zu sein. Das Verhör betraf die politische Aktivität der KPD-Gruppe Schwetzingerstadt. In diesem Stadtteil, in dem Magin wohnte, waren Flugblattverteiler verhaftet worden. Nach dem Verhör ließ man ihn wieder frei. Magin fühlte sich nicht sonderlich bedroht, denn er war bei dieser Flugblattverteilung nicht dabei gewesen.

Zu diesem Zeitpunkt konnte Otto Magin noch nicht wissen, daß er in einem Brief an die Staatsanwaltschaft denunziert worden war. Er wußte auch nicht, daß er vor dem Verhör schon vier Wochen unter Beobachtung gestanden hatte und daß man bereits über seine Besuche im Garten Bayers im Bilde war. In diesen Tagen bereitete er mit seinem Freund Schäffner die Herstellung der August-Ausgabe der AZ vor. Die Manuskripte der Bezirksleitung waren von Karl Gräsle angeliefert, zwei beschriebene Matrizen lagen bereits in Bayers Gartenhaus.

Die Gestapo griff noch nicht zu. Vielleicht, so dachten wohl Frietsch und Schlude, führt eine weitere Beobachtung zur Entdeckung der Parteiführung, vielleicht macht Magin dort Meldung über das Verhör. Also wartete man noch, lag auf der Lauer und beobachtete. Magin benachrichtigte wirklich die Leitung der Partei, nämlich über Schäffner. Der meldete das Verhör weiter, ohne daß die Polizei dahinterkam, an wen die Meldung ging. Otto Magin erhielt Anweisung, sofort jegliche Tätigkeit einzustellen. Es war zu spät. Seine Verhaftung war bei der Gestapo längst geplant.

Am 30. Juli erschien frühmorgens die Polizei bei Magin und führte ihn ab. Den Garten beobachtete sie weiter. Frietsch hoffte, daß dort andere Funktionäre erscheinen würden, um die Herstellung der Zeitung zu vollenden oder aber, um den bedrohten Abziehapparat zu holen. Als dies nicht eintraf, schlug die Gestapo am 10. Oktober weiter zu. Frietsch, Schlude und Michel packten den gefesselten und schwer mißhandelten Magin in einen Wagen, holten Bayer aus seiner Wohnung und fuhren mit ihnen zum Garten. Auf dem Dachboden der Hütte fanden sie einen Abziehapparat Greif/Rapid, die zwei beschriebenen Matrizen und Papier für die herzustellende Zeitung. Willi Krumm von der Bezirksleitung der KPD beobachtete, hinter einem Baum des Waldparks verborgen, den Gang des gefesselten und geschundenen Magin zum Garten am Tierasyl.

„Otto Magins Gesicht sah fürchterlich aus, als man ihn mir gegenüberstellte, es war dick angeschwollen und blutunterlaufen", schilderte später Maximillian Bayer. Trotz schwerster Mißhandlungen war ihm nur die Herstellung der „Arbeiter-Zeitung" nachzuweisen. Doch er und seine Freunde haben auch andere Schriften hektographiert, den „Scheinwerfer", den „Vortrupp", Flugblätter und Appelle an die Polizeibeamten Mannheims. Diese Appelle wurden von einer für diese gefährliche Tätigkeit besonders gebildeten Gruppe in die Briefkästen von Polizeibeamten gesteckt oder an sie verschickt. Die Flugblätter appellierten an die Beamten der Polizei, sich nicht als Büttel und Totschläger gegen Demokraten mißbrauchen zu lassen.

In einem Bericht der Gestapo-Leitstelle Düsseldorf an das Geheime Staatspolizeiamt Berlin vom 12. Februar 1935 werden diese Schriften an die Mannheimer Polizeibeamten erwähnt. Die Meldung der Düsseldorfer Gestapo lautete: „Wie der V.-Mann mitteilt, sollen der Schutzpolizei in Mannheim 500 illegale Zersetzungsschriften versandt worden sein. Von diesen seien freiwillig noch nicht 10 Exemplare der vorgesetzten Dienststelle vorgelegt worden. Nachdem der Kommandeur den Offizieren der Abteilung entsprechende Vorwürfe gemacht habe, hätten sich noch 50 Beamte zum Empfang dieser Schriften bekannt und diese abgeliefert. Die KPD erblickt hierin eine stillschweigende Sympathie mit den Zielen der KPD und schließt auf eine unzufriedene Stimmung bei den Beamten, selbst wenn man berücksichtigt, daß der eine oder andere aus übertriebener Angst nicht hat zugeben wollen, eine Zersetzungsschrift erhalten zu haben."[82]

Otto Magin, Josef Rutz und Maximillian Bayer wurden gemeinsam verurteilt: Magin zu sieben Jahren, Rutz zu vier Jahren und sechs Monaten und Bayer zu drei Jahren Zuchthaus. Magin und Rutz sahen Mannheim nicht wieder. Otto Magin wurde nach siebenjähriger Zuchthaushaft in Ludwigsburg in das Konzentrationslager Dachau verschleppt und starb dort am 1. Februar 1943, nachdem man ihm eine Injektion angeblich gegen Typhus gegeben hatte. Seine Frau schrieb nach Kriegsende: „Als ich meinen Mann am Tage seiner Entlassung im Zuchthaus Ludwigsburg abholen wollte, lachte man mir dort ins Gesicht und sagte: ‚Ihr Mann ist noch immer ein Gegner Hitlers und deshalb muß er erst mal nach Dachau zur Umschulung.' Nach sechs Wochen Umschulung ist er dort gestorben."[83] Josef Rutz wurde ebenfalls ins Konzentrationslager verschleppt und am 11. Oktober 1944 in Sachsenhausen von der SS erschossen.

---

82 Bericht des Geheimen Staatspolizeiamtes Düsseldorf vom 12. Februar 1935. IML/ZPA/St. 3/777, Bl. 317.
83 Bericht von Frau Magin (1946).

# ARBEITER-ZEITUNG

## Organ der K.P.D. Baden-Pfalz

### Wachsender wirtschaftlicher Bankrott
### des Hitlerajstems.

Die finanzielle und wirtschaftliche Lage des kapitalistischen Deutschlands ist katastrophal. Die schwebende Schuld des Reiches beträgt nach vorsichtigen Schätzungen mindestens 30 Milliarden Mark an Jn- und Auslandsschulden, d. h. seit der Machtübernahme Hitlers ist sie um rund 15 Milliarden angewachsen.

Diese Milliardensummen werden vom Reiche gebraucht hauptsächlich für die Aufrüstung. ( Bau einer Kriegsluftflotte, Massenhafte Herstellung von Munition und Kriegsmaterialien, Bau strategischen Autostrassen u. s. w. ) Durch diese Aufrüstung war es möglich ein Teil der Erwerbslosen in Arbeit zu bringen, aber trotzdem haben wir in Deutschland, ebenfalls auf Grund vorsichtiger Berechnung, noch 4 1/2 Millionen sichtbarer und " unsichtbarer Erwerbslosen."

Alle Steuererhöhungen, alle rigurosen Abgaben die das deutsche Volk leisten muss, alle Abzüge an Lohn- und Gehalt haben beiweitem nicht ausgereicht um die Arbeitsbeschaffung, d. h. um die Aufrüstung des deutsch Jmperialismus zu bezahlen. Deshalb musste das Reich Milliarden Schulden machen. Diese Milliarden wurden gepumpt bei den Sparkassen, bei den Banken bei den privaten und staatlichen Versicherungen.

Es wurde angelegt in sogenannten unproduktiven Ausgaben. Kanonen und Maschinengewehre, sich nicht. Man kann damit Menschen morden, aber keine Einnahmen erzielen. Dieses unproduktiv angelegte Kapital muss aber verzinst und zurückgezahlt werden. Womit ? Das ist jetzt die Frage.

Die laufenden Einnahmen des Reiches an Steuern und Zöllen reichen nicht aus. Der nach monatelanger Verzögerung erschienene Haushaltsplan weist ein Defizit von über 400 Million Mk. auf.

Jedoch der deutsche Jmperialismus ist mit seiner Aufrüstungspolitik noch nicht zu Ende. Das zukünftige Heer verschlingt ungeheure Steuern. Die neue Kriegsflotte Deutschlands kostet Milliarden. Die Schult

Illegale „Arbeiter-Zeitung" der KPD Baden-Pfalz 1935.

Nach Hans Schäffner suchte die Polizei vergebens; er konnte sich rechtzeitig in Sicherheit bringen. Zunächst hielt er sich in einer Wohnung der Schwetzingerstadt verborgen. Die Genossen seiner Parteigruppe in diesem Stadtteil sammelten inzwischen das notwendige Geld für die Fahrt an die Schweizer Grenze. Südbadische Antifaschisten waren bereits informiert worden und brachten ihn auf Schleichpfaden und mit Hilfe eines Bootes in die Schweiz. Dort war er nicht lange. Im Auftrag der KPD reiste Schäffner nach Prag, um dort eine gefährliche Tätigkeit zu übernehmen. Der von den Nazis steckbrieflich gesuchte Mannheimer Antifaschist ging von der Tschechoslowakei aus alle drei bis vier Wochen über die Grenze nach Deutschland. Dies war jedesmal ein abenteuerlicher und gefährlicher Grenzgang. Sein Weg führte nach Dresden, Berlin und nach Königsberg, um den dortigen Parteiorganisationen Material und Instruktionen des Zentralkomitees zu überbringen.

In Dresden fiel er beinahe der Gestapo in die Hände; nach einer wilden Jagd durch die Straßen der Stadt gelang es ihm, die Verfolger abzuschütteln. Zwei Wochen lang verbrachte er im Gartenhaus eines Dresdener Genossen, dann entkam er über die Grenze und erreichte wieder Prag. Ein weiterer Einsatz als Kurier nach Deutschland war nach diesem Vorfall nicht mehr möglich. Ende des Jahres 1936 ging Hans Schäffner nach Spanien. In den Internationalen Brigaden traf er wieder Mannheimer Freunde, die gleich ihm dorthin geeilt waren, um die spanische Republik gegen die faschistischen Generale zu verteidigen.

Im Stadtteil Schwetzingerstadt waren schon einige Male Objekte des illegalen antifaschistischen Kampfes entdeckt worden. In diesem Wohngebiet war die „Rote Fahne" gedruckt und das Widerstandszentrum Amerikanerstraße eingerichtet worden, und mit der Herstellung der „Arbeiter-Zeitung" hatten drei Schwetzingerstädtler zu tun gehabt.

Die Gestapo widmete diesem Stadtteil erhöhte Aufmerksamkeit. Sie veranstaltete Hausdurchsuchungen bei Kommunisten und Sozialdemokraten und überwachte besonders die Wohnhäuser, in denen Leo Heiß und Karl Eiermann wohnten. Dabei stellte sie fest, daß die beiden dort weder ein- noch ausgingen, sie waren „untergetaucht". Die Polizei leitete eine Suchaktion im Stadtteil ein, doch sie fand nicht die illegalen Quartiere der KPD-Funktionäre.

Zwischen Leo Heiß, Karl Eiermann und der Unterbezirksleitung Mannheim der KPD fand eine Beratung statt. Beide waren auf das äußerste gefährdet und konnten der Widerstandsorganisation kaum noch eine Hilfe sein. Man beschloß die Flucht ins Ausland. Im November 1935, am Buß- und Bettag, fuhren beide von Ludwigshafen nach Freiburg. Die Abfahrt von Ludwigshafen war eine Vorsichtsmaßnahme, weil am Bahnhof Mannheim die Verhaftung zu befürchten war. In Freiburg erhielten Heiß und Eiermann von dortigen Genossen Fahrkarten nach Haldingen. Am Bahnhof Haldingen wurden sie bereits erwartet und erhielten schweizer Tagesscheine für den Grenzübergang. Die Flucht in die Schweiz gelang.

## Neckarauer und Waldhofer Antifaschisten vor Gericht

Am 15. Oktober 1935 meldete die Gestapo-Leitstelle Karlsruhe: „Die Stadtteilgruppen der KPD Waldhof, Neckarau und Rheinau wurden weiter aufgerollt und eine erhebliche Zahl von Verhaftungen vorgenommen." Am 29. Oktober übermittelte die Mannheimer Gestapo ihren Berliner Auftraggebern die Nachricht von der Verhaftung von 25 Mannheimer Bürgern „wegen Zugehörigkeit zur KPD-Ortsgruppe Neckarau."[84]

Die illegale Stadtteilorganisation der KPD in Neckarau hatte schon vor dieser Verhaftungswelle viele Opfer im antifaschistischen Kampf bringen müssen. Der Terror traf einzelne Bürger Neckaraus und ganze Gruppen Aus diesem Stadtteil waren im Prozeß gegen Gustav Fütterer und seine Freunde im Januar 1935 vier Funktionäre als Mitarbeiter des Mannheimer Kurierapparates angeklagt und ins Gefängnis geworfen worden. Einer der Betroffenen war Heinrich Brand, der auch in der Neckarauer Organisation eine führende Rolle gespielt hatte. Zur antifaschistischen Bewegung in Neckarau zählte auch Otto Lumpp, der gemeinsam mit Friedrich Dürr wegen der Böllerschüsse in der Neujahrsnacht zu Zuchthaus verurteilt worden war und zudem noch Maximillian Bayer. Eine andere Gruppe Neckarauer Aktivisten des Widerstandes wurde schon am 18 Oktober 1934 im Prozeß gegen Jakob Dierolf und andere wegen Verbreitung illegaler Schriften zu Gefängnisstrafen verurteilt. Trotz all dieser Verhaftungen hatte Neckarau noch immer die stärkste Parteiorganisation der KPD in Mannheim – bis zu den Festnahmen, die im August 1935 einsetzten und bis Oktober andauerten.

Im Prozeß gegen 23 Angeklagte am 29. Mai 1936 sprach der Staatsanwalt in seiner Anklage von „gut 30 Zellen" der KPD in Neckarau-Rheinau und von „in großem Umfang erfolgten Beitragszahlungen". Auch bei der Verteilung antifaschistischer Flugschriften und beim Verkauf von Zeitungen war die Neckarauer Organisation stets mit an erster Stelle der antifaschistischen Widerstandsgruppen Mannheims.

Doch die Gestapo wußte sehr wohl, daß sie mit den 23 Neckarauer Bürgern, die sie der illegalen Tätigkeit überführen konnte, nicht die gesamte

---

84 Archiv der VVN – Bund der Antifaschisten Mannheim, Geschichtskommission.

Organisation in diesem Stadtteil erfaßt hatte. 30 Zellen ist eine hohe Zahl! Eine dieser Zellen, bestehend aus acht Mitgliedern, war zum Beispiel im Gewann Niederfeld wirksam. Von ihr war nur der führende Mann in Haft, Michael Maldinger. Ihn bezeichnete der Staatsanwalt als einen „überzeugten und aktiven Kommunisten, der sich in seinen Aussagen bei den Vernehmungen und vor Gericht die größte Zurückhaltung auferlegte". Doch gerade darüber, was im Niederfeld geschehen war, hätte die politische Polizei gern mehr gewußt. Sie schnüffelte schon lange Zeit vor den Verhaftungen in dieser Gegend herum.

Aus den Angaben ihrer Späher folgerte sie, daß im Gartengelände des Niederfeld die Flugschriften für die Zellen in Neckarau hergestellt würden. Doch die Beobachtungen der Spitzel führten zu keinem Ergebnis. Der Verdacht der Gestapo war nicht unbegründet, die Vervielfältigungsstelle der Neckarauer KPD-Organisation befand sich in den Jahren 1934 und 1935 wirklich im Niederfeld, zuletzt im Hause von Michael Maldinger. Als die zentrale Druckstelle am Tierasyl, im gleichen Gartengewann gelegen, entdeckt war, da stellte die Neckarauer Gruppe Überlegungen über eine Verlagerung ihres Abziehgerätes an. Doch dann setzte auch schon die Verhaftungswelle im Stadtteil ein. Die Beobachtungen im Gewann Niederfeld häuften sich und ließen die baldige Entdeckung befürchten. Kurz entschlossen wurde der Abziehapparat aus dem Hause Maldinger entfernt und in den Brunnenschacht eines Gartens versenkt. Es war höchste Zeit, denn wenige Tage später wurde Michael Maldinger verhaftet und die Gestapo durchsuchte sehr genau sein Anwesen.

Die 23 Neckarauer wurden zum Teil zu langjährigen Zuchthaus- und Gefängnisstrafen verurteilt. Die höchste Strafe erhielt der Zimmermann Karl Delp: sieben Jahre Zuchthaus. Er war der führende Mann der Organisation in Neckarau. Zu den Angeklagten gehörte auch der Rheinauer Heinrich Wehmeier, der zu fünf Jahren Zuchthaus verurteilt wurde, in Wirklichkeit aber erst nach dem Zusammenbruch der faschistischen Diktatur wieder ein freier Mann war. Die Höllenstationen auf seinem langen Weg bis 1945: das Zuchthaus Ludwigsburg, das berüchtigte Lager II des Aschendorfer Moors, wo er schwer mißhandelt wurde, das KZ Dachau und zuletzt das Strafbataillon Dirlewanger.

Maldinger, der zu vier Jahren und sechs Monaten Zuchthaus verurteilt wurde, stand am 14. Februar 1944 erneut vor Gericht wegen „Wehrkraftzersetzung". Der Zusammenbruch der faschistischen Kriegsmaschine brachte ihm die Freiheit wieder und bewahrte ihn vielleicht vor dem Schlimmsten.

Hohe Zuchthausstrafen erhielten außerdem: Josef Moldrzik fünf Jahre und sechs Monate, Sebastian Sturm fünf Jahre, Otto Dewald vier Jahre und sechs Monate, Karl Schmitt, Franz Weiss und Eduard Schwab je vier Jahre, Rudolf Limbeck, Anton Kurz und Reinhold Petzhold je drei Jahre und sechs Monate.

Die Polizei- und Justizaktion gegen die Neckarauer Antifaschisten fand in diesem Stadtteil große Beachtung, auch bei der Belegschaft der Firma Heinrich Lanz AG, da nicht wenige der Verurteilten aus diesem Betrieb waren. Viele unter ihnen waren bekannte Arbeiterfunktionäre, zum Beispiel der Metaller Fritz Weber. Er trat bereits 1904 der SPD bei und war im gleichen Jahr Mitgründer der süddeutschen Arbeiter-Jugendbewegung; 1919 gehörte er in Mannheim zur Führung der USPD und war Stadtverordneter, im Jahre 1921 schloß er sich der KPD an.

Die zweite große Verhaftungswelle im Jahre 1935 setzte im Spätsommer auf dem Waldhof ein. 16 Antifaschisten, Frauen und Männer wurden aus ihren Wohnungen geholt und zu Beginn des Jahres 1936 vor Gericht gestellt.

Diese Polizeiaktion, die im nördlichen Mannheim großes Aufsehen erregte, richtete sich gegen die Internationale Arbeiter-Hilfe. Das Oberlandesgericht warf den Angeklagten vor, Geld und Sachspenden für die Angehörigen der politischen Gefangenen gesammelt zu haben.

Unter denen, die deshalb auf der Anklagebank saßen, waren auch die Frau von Paul Schreck und die Mutter von Erwin Ries. Sie wurden zu Gefängnisstrafen nur deshalb verurteilt, weil sie das Los der Kinder inhaftierter Antifaschisten erleichtern wollten.

Bei den Hausdurchsuchungen im Stadtteil Waldhof waren illegale Schriften, die ,,Rote Fahne", die ,,Arbeiter-Zeitung" und ,,Der rote Scheinwerfer" gefunden worden. Außerdem entdeckte die Gestapo bei einem der Angeklagten Broschüren, die 1935 in Mannheim unter Tarntiteln in Umlauf waren: ,,Leichtathletik", ,,Aus des Knaben Wunderhorn" und ,,Siegfrieds Tod".

Am 21. Februar 1936 wurde das Urteil gefällt: Ein Angeklagter wurde ,,mangels Beweise" freigesprochen, die anderen vierzehn zu Zuchthaus- und Gefängnisstrafen von einem Jahr bis zu fünf Jahren verurteilt. Unter ihnen war Karl Gräsle. Seine Tätigkeit im Bezirksmaßstab, zum Beispiel die Zusammenarbeit mit den Herstellern der ,,Arbeiter-Zeitung", war der Gestapo verborgen geblieben; er wurde nur wegen seiner politischen Aktivität im Stadtteil bestraft: mit drei Jahren Zuchthaus.

Die Gestapo wußte längst nicht alles, was im Stadtteil Waldhof geschehen war. Sie konnte auch nicht alle die Aktivisten auf die Anklagebank bringen, die dort den illegalen Kampf gegen die Hitlerdiktatur unterstützten. Verborgen blieb ihr vor allem die Abziehstelle für antifaschistische Schriften in der Gartenstadt. Nicht wenige der illegalen Zeitungen und

Flugblätter, die damals in den nördlichen Wohngebieten Mannheims, in den Betrieben Daimler-Benz und Jute-Spinnerei im Umlauf waren, so die Zeitungen „Benz-Arbeiter", „Linkskurve" und „Roter Stern" kamen von dort. Die kommunistische Widerstandsorganisation im Waldhof druckte nach der Machtergreifung des Faschismus zunächst in einem Geräteschuppen im Garten des Antifaschisten Ernst Heidenreich. Er und Eugen Sigrist hatten dort eine Schreibmaschine und einen Abziehapparat installiert und Heidenreich war eifrig tätig. Er begnügte sich nicht mit der Herstellung von Schriften für die Waldhofer Organisation, Ernst Heidenreich war auch in anderen Stadtgebieten als „Drucker" illegaler Aufklärungsmaterialien gegen den Faschismus bekannt. Und er bekam viele Aufträge. So entstand in seinem Schuppen einige Male die Zeitung „Das Rote Fanal", die von Maria und Willy Mandel in Viernheim geschrieben wurde und über die noch zu erzählen ist. Auch die kommunistische Jugendbewegung wandte sich an Heidenreich um Hilfe, wenn die eigene Abziehstelle gefährdet schien. „Was sein muß, muß sein", sagte er dann und übernahm die Herstellung der Schriften.

Heidenreich war auch der Drucker eines Flugblattes, das ehemals aktiven Arbeitersportlern in Mannheim noch gut in Erinnerung ist. Es war die Flugschrift des Funktionärs der Mannheimer Sportbewegung Christian März mit dem Titel „Zum Hungertod verurteilt". März war über ein Jahr in „Schutzhaft" gewesen. Wieder in Freiheit, verweigerte man ihm wie so vielen Antifaschisten die Arbeitslosenunterstützung und auch eine Arbeitserlaubnis. Darum sein Flugblatt „Zum Hungertod verurteilt"! Christian März ließ sich von seinen Freunden nicht davon abbringen, die Flugschrift, unterzeichnet mit seinem Namen, am Marktplatz der Innenstadt persönlich den Passanten zu überreichen. Das führte zur erneuten Verhaftung.

Am 12. Juni 1934 wurde Ernst Heidenreich festgenommen und zu achtzehn Monaten Gefängnis verurteilt. Die Herstellung von illegalen Materialien konnte man ihm nicht nachweisen, sonst wäre die Strafe höher ausgefallen. Schreibmaschine und Abziehapparat waren in Sicherheit gebracht worden. Doch die Organisation im Waldhof brauchte eine neue Druckstelle. Wo war man sicher vor dem Zugriff der Gestapo? Ernst Göltenboths Hühnerfarm schien geeignet. Hans Hoffmann, Paul Leuz, Fritz Nägele und noch einige andere Antifaschisten hoben einen Schacht aus und verkleideten ihn mit Eisenbahnschwellen. Sie bauten einen Unterstand. So war eine neue Abziehstelle der Waldhofer Widerstandsorganisation entstanden, in der bis zu den Verhaftungen im Jahre 1935 emsig gearbeitet wurde. Nach Göltenboths Festnahme wurde sie aufgegeben.

Die höchste Strafe im Prozeß gegen die KPD-Organisation im Waldhof erhielt der Maschinenformer Eugen Biehler: fünf Jahre Zuchthaus. Der Staatsanwalt bezeichnete ihn als äußerst bewußten und aktiven Arbeiterfunktionär: „Er war und ist auch heute noch ein überzeugter Kommunist." Eugen Biehler war schon vor dieser Verhaftung verfolgt und verurteilt worden. 1933 erhielt er 18 Monate Gefängnis. Wieder in Freiheit, setzte er den Kampf gegen die Hitlerdiktatur fort, als Mitglied der kommunistischen Betriebsgruppe bei der Firma Lanz AG, wo er Arbeit gefunden hatte, als Verbindungsmann zur Gruppe Waldhof und auch als Hersteller illegaler Schriften, die, wenn Not am Mann war, in der Wohnung Biehlers entstanden. Seine Tochter Käthe erinnert sich an die konspirative Tätigkeit in der Wohnung der Eltern: „Es war alles sehr geheimnisvoll, oftmals durfte ich die Handkurbel des Abziehapparates bedienen, und am Abend brachten Mutter und ich die Flugschriften mit einem Wäschekorb aus dem Haus. Wohin, das weiß ich nicht mehr."[85]

Der Kommunist Eugen Biehler kam nach der Verurteilung im Prozeß gegen die Waldhof-Gruppe nicht mehr nach Hause zurück. Die Gestapo verschleppte ihn nach der fünfjährigen Zuchthaushaft ins Konzentrationslager Dachau, von dort in das KZ Ravensbrück. Am 5. Mai 1942 starb er in diesem Lager angeblich infolge eines Magenleidens.

Auch Georg Pütz, der in diesem Prozeß zu drei Jahren und sechs Monaten Zuchthaus verurteilt wurde, starb im Konzentrationslager. Sein Leben endete am 4. Januar 1940 im KZ Mauthausen. Ins Konzentrationslager überführt wurde nach der Verbüßung einer Zuchthausstrafe von drei Jahren auch Ernst Göltenboth. Er überlebte die Schreckensjahre der KZ-Haft und kam nach Kriegsende gemeinsam mit Paul Schreck aus dem Lager Buchenwald nach Mannheim zurück. Ebenso erging es Karl Gräsle. Nach dreijähriger Zuchthaushaft ließ ihn die Gestapo ins KZ Sachsenhausen überführen, am 3. Mai 1945 gewann er die Freiheit wieder.

## Mai-Zeitungen 1936: „Volksfront für den Sturz Hitlers!"

Obwohl die Abziehstelle der „Arbeiter-Zeitung" am Tierasyl im Niederfeld entdeckt worden war und trotz der Verhaftung der Hersteller und zentralen Verteiler der Bezirkszeitung tauchten nach kurzer Zeit wieder Exemplare der AZ auf. Sie entstanden im Gartenhaus des kommunistischen Funktionärs Fritz Abel, in einem Schrebergarten der Neckarstadt. Unter den Schrebergärtnern hatte er auch seine Helfer.

85 Bericht von Käthe Fichter (September 1971).

Fritz Abel kam im Sommer 1935 nach achtzehnmonatiger Gefängnishaft nach Mannheim zurück. Das Reichsgericht hatte ihn am 24. März 1934 wegen seiner Tätigkeit als Gruppenführer des antifaschistischen Massenselbstschutzes verurteilt. Er stellte sich erneut für den Kampf gegen die Hitlerdiktatur zur Verfügung und richtete in seinem Gartenhaus eine Abziehstelle für illegale Schriften ein, zunächst zur Herstellung der Stadtteilzeitung der Neckarstadt „Der rote Scheinwerfer". Nach Magins Verhaftung übernahm Abel die Herstellung der „Arbeiter-Zeitung". In seinem Häuschen entstanden auch die meisten kommunistischen Flugblätter, die zu dieser Zeit in Betrieben und Wohngebieten Mannheims heimlich von Hand zu Hand gereicht wurden.

Die geschriebenen Matrizen überbrachte ihm Georg Fischer, der den Auftrag übernommen hatte, ein neues Büro der Bezirksleitung der KPD einzurichten. Das war nicht leicht nach den zahlreichen Polizeiaktionen und Verhaftungen der Vormonate. Und es war äußerste Vorsicht geboten. Aus Sicherheitsgründen kam nur die Wohnung eines Parteilosen in Frage, der bisher nicht aktiv in der antifaschistischen Bewegung stand. Zudem durften nur einige ganz zuverlässige und nicht zu sehr „belastete" KPD-Genossen beim Suchen nach der neuen Stelle mithelfen.

Es gelang schließlich nach großer Mühe, einen bisher parteilosen, konsequenten Demokraten dafür zu gewinnen, ein Zimmer seiner Wohnung zur Verfügung zu stellen. Er war Ingenieur bei der BASF, und er besorgte auch eine neue Schreibmaschine. Das Büro befand sich im Gagfa-Block der Neckarstadt. Die Schreibarbeiten übernahm wiederum Ella Göltenboth, die Verbindung zwischen dem Büro im Gagfa-Block und dem Gartenhaus Abels hielt Georg Fischer aufrecht.

Es ist nicht mit Sicherheit mehr festzustellen, zu welchem Zeitpunkt die erste neue Ausgabe der „Arbeiter-Zeitung", hergestellt von Abel, zur Verteilung kam. Es muß im frühen Herbst 1935 gewesen sein. Das ergibt sich aus den Aussagen von Antifaschisten, die beim Transport der Zeitungen beteiligt waren. Zu ihnen gehörte Hermann Conrad. Er erinnert sich daran, daß er zu dieser Zeit die AZ bei Abel abgeholt und für die Gruppen im Stadtteil Neckarstadt weitergegeben hat. Zweimal übernahm er auch den Transport zur antifaschistischen Gruppe in Friedrichsfeld. Nicht Fritz Abel hat ihn darum gebeten, sondern ein Funktionär, mit dem er befreundet war, und dies war Valentin Eschelbach. Der ehemalige Arbeitersportler Eschelbach gehörte wie Conrad zur KPD-Organisation der Neckarstadt. Der Kurier nach Friedrichsfeld war „ausgefallen", darum mußte jemand anders das Material dort hin bringen: Diese Begebenheit läßt den Schluß zu, daß Valentin Eschelbach zu dieser Zeit die zentrale Verteilergruppe leitete, mindestens aber zu ihr gehörte.

Ein Erlebnis Conrads bei diesen zwei Transporten für die Friedrichsfelder Gruppe dokumentiert die Allgegenwart der Gestapo und die Gefahr, in der sich Fritz Abel schon am Beginn seiner Tätigkeit für die Zeitung befand. Bei der ersten Übergabe des Pakets an den Friedrichsfelder Kurier verlief alles reibungslos. Überbringer und Empfänger trafen sich am Nekkarplatt bei Feudenheim, Eschelbach hatte jedem von beiden die Beschreibung des anderen übermittelt. Beim zweiten Transport geschah folgendes: Conrad gewahrte plötzlich auf dem Wege von der Straßenbahnhaltestelle am Neckarplatt zur verabredeten Stelle einen Mann, der ihn beobachtete. So schien es ihm wenigstens. Auf keinen Fall durfte er seinen Genossen treffen und das Paket übergeben. Conrad spielte den harmlosen Spaziergänger und streifte durch die Felder. Als er sich nicht mehr beobachtet fühlte, näherte er sich erneut dem Treffpunkt und gewahrte auch schon den Friedrichsfelder, der sich mit einem Fahrrad näherte. Plötzlich bemerkte er hinter einem Baum den Neugierigen wieder. Nun war alles klar. Conrad eilte zur Straßenbahnhaltestelle und sprang auf den ersten Wagen. Dem Verfolger gelang es, gerade noch in den Anhängerwagen zu kommen. Nun wurde Conrad zur Gewißheit, wer hinter ihm her war: Es war Mai von der Gestapo. Die gemeinsame Straßenbahnfahrt ging bis zur Haltestelle Meßplatz. Conrad war es unterwegs auf der Höhe der Sellweide an ziemlich einsamer Stelle gelungen, das Paket abzuwerfen. Die Jagd ging durch die Straßen der Neckarstadt, und da konnte der flinkere Antifaschist den hartnäckigen Verfolger abhängen.[86]

Erhalten geblieben ist eine Ausgabe der „Arbeiter-Zeitung", die Fritz Abel im Februar 1936 herstellte. Sie war die erste illegale Mannheimer Zeitung, die im Sinne der Beschlüsse des VII. Weltkongresses der Kommunistischen Internationale und der Brüsseler Konferenz der KPD die Bildung einer demokratischen Volksfront popularisierte. Ihr Aufruf am Ende eines Artikels gegen die Kriegsaufrüstung lautete:

„Gegen die Kriegspolitik Hitlers, die das ganze Land in eine Katastrophe führt, für die Erhaltung des Friedens! Für ausreichenden Lebensunterhalt und Sicherung der Existenz aller Werktätigen! Für die Wiederherstellung der demokratischen Volksfreiheiten! Es lebe die Vlksfront gegen die Hitler-Diktatur! Es lebe der Freiheitskampf des werktätigen deutschen Volkes!"[87]

Im Gartenhaus Fritz Abels wurden auch die Zeitungen zum 1. Mai 1936 hergestellt, die in verhältnismäßig hoher Zahl zur Verteilung kamen. Eine dieser Zeitungen war die Sonderausgabe der „Arbeiter-Zeitung". Sie

---

86 Bericht von Hermann Conrad (Januar 1972).
87 Illegale „Arbeiter-Zeitung" vom Februar 1936. In Privatbesitz.

warnte vor der zunehmenden Kriegsgefahr und rief entsprechend den Festlegungen des VII. Weltkongresses der KI zur Einheitsfront gegen den Faschismus und für eine demokratische Republik auf. Der Leitartikel der Sonderausgabe, von Georg Lechleiter geschrieben und von Ella Göltenboth in der Schreibstelle im Gagfa-Block auf eine Matrize getippt, begann mit folgenden Worten: „1. Mai 1936. Das Gespenst des mörderischsten Krieges aller Zeiten steht drohend vor uns. Die kapitalistische Welt, allen voran das faschistische Deutschland, rüstet fieberhaft. Gasbomben vernichten hunderttausende Menschenleben eines harmlosen, unschuldigen afrikanischen Volkes. Aber in aller Welt scharen sich immer mehr Kämpfer um die Banner der Völkerbefreiung." Der Artikel endete mit dem Appell: „Die Kommunisten wollen die Einheitsfront mit den Sozialdemokraten. Sie wollen schließlich die organisierte Einheit der deutschen Arbeiter in einer einzigen Arbeiterpartei. Die Kommunisten sind bereit, unter Zurückstellung alles Trennenden sich mit allen antifaschistischen Kräften zusammenzuschließen zum Kampfe für den Sturz der Hitler-Diktatur und für ein demokratisches Deutschland."[88]

Eine zweite Zeitung zum Weltkampftag der Arbeiterklasse 1936, die „Mai-Zeitung", rief ebenfalls zum Kampfe gegen die immer mehr fortschreitende Vorbereitung zum Kriege auf. Sie brachte einen Aufruf, der mit den Sätzen begann: „Im Gegensatz zur faschistischen Parole ‚Freut Euch des Lebens' feiert das klassenbewußte Proletariat der ganzen Welt diesen 1. Mai als Tag des Kampfes und der höchsten Alarmbereitschaft. Noch selten waren die Spannungen, die Widersprüche, die nationalen und internationalen Verwicklungen des kapitalistischen Systems so ausgeprägt, der Klassenkampf in allen seinen Formen so erbittert als gerade jetzt. Nie waren Ausbeutung, Unterdrückung und Kriegsgefahr mit demagogischeren Mitteln bemäntelt." Der Aufruf endete mit der Losung: „Krieg dem imperialistischen Krieg! Gegen Hunger und Faschismus! Gegen Diktatur und Unterdrückung!"[89]

---

[88] „Arbeiter-Zeitung", Maiausgabe 1936. IML/ZPA/Berichte Baden/Pfalz 1936, 3754, Bl. 46.
[89] Mannheimer Mai-Zeitung 1936, IML/ZPA/Berichte Baden/Pfalz 1936, 3754, Bl. 48.

# Arbeiter-Zeitung
## Maiausgabe
## Unser 1. Mai.

### TROTZ ALLEDEM!

1.Mai 1936. Das Gespenst des mörderischsten Krieges aller Zeiten steht drohend vor uns. Die kapitalistische Welt, allen voran das faschistisch Deutschland, rüstet fieberhaft. Gasbomben vernichten hunderttausende Menschenleben eines harmlosen, unschuldigen afrikanischen Volkes.

Aber in aller Welt scharen sich immer mehr Kämpfer um die roten Banner der Völkerbefreiung. Sie blicken nach Osten, wo ein sechstel der Erde befreit ist. Über Spanien flattern die Fahnen der Revolution. In Frankreich siegt die Volksfront.

Das deutsche Volk stöhnt unter dem Alpdruck faschistischer Unterdrückung und Grausamkeit. Der 1.Mai ist in Deutschland zur hohnvollen Farce geworden. Die Generalobersten und die Rüstungs- und Bankkapitalisten regieren. Sie sind die Gewinner, nicht die Arbeiter. Ihre Gehälter sind erhöht worden, nicht die des Volkes. Ihre Grausamkeit will alles freiheitliche zermalmen.

Das entrechtete Volk, in dessen bestem Geist des 1.Mai mehr denn je wach ist, wird zusammen getrieben zu faschistischen Kundgebungen. Die werktätigen Frauen sind mundtot gemacht. Sie sind ausgeschlossen und dürfen "Spalier" bilden.

Und trotz alledem glüht in den Massen der Wille zur Befreiung. Heimlich scharen sich ihre besten Kräfte, Kommunisten, Sozialdemokraten, alle Fortschrittler zusammen.

Wir lieben unser Volk. Wir lieben unsere Heimat- und weil wir sie lieben, kämpfen wir für ein freies Deutschland.

Der 1.Mai ist unser Kampftag. Er ist der Kampftag aller Arbeiter. Der 1.Mai ist uns Aufruf und Mahnung.

**1.-Mai-Ausgabe 1936 der „Arbeiter-Zeitung".**

## Die neue Führung des KPD-Bezirks: Lechleiter, Faulhaber, Langendorf

Im Frühjahr 1935 waren einige der ehemals führenden Funktionäre der KPD aus den Konzentrationslagern Kislau, Heuberg und Ankenbuck nach Mannheim zurückgekehrt, andere bereits im Herbst 1934. Unter ihnen waren Jakob Faulhaber, Georg Lechleiter und Rudolf Langendorf. Auch der ehemalige Reichstagsabgeordnete Paul Schreck war am 16. April 1935 „probeweise auf drei Monate" aus dem KZ Kislau entlassen worden.

Aus der ihrer Rückkehr folgenden Zeit liegen Berichte und Aussagen über Zusammenkünfte und Beratungen besonderer Art vor. Der in der DDR lebende Professor Kurt Langendorf, Sohn von Anette und Rudolf Langendorf, schildert zum Beispiel seine Beobachtungen im Elternhaus in Friedrichsfeld:

„Die Besuche waren der Tarnung wegen mit dem Abholen von Obst und Gemüse aus unserem Garten verbunden. Sie dauerten immer ganze Nachmittage und wurden zur Diskussion sowohl politischer als auch theoretischer Fragen des Marxismus genutzt. Sie trugen nach außenhin immer einen familiären Charakter, was noch dadurch dokumentiert wurde, daß die Genossen kaum allein kamen. Es waren zumeist die Frauen und Kinder dabei."[90]

Kurt Langendorf erinnert sich auch daran, daß Besucher von auswärts in das Elternhaus kamen. In ziemlich regelmäßigen Zeitabständen reiste zum Beispiel ein Mann von Frankfurt nach Friedrichsfeld, um sich in Langendorfs Haus mit Mannheimer Kommunisten zu treffen. Wer er war, das ist bis heute und wohl für immer verborgen geblieben, man nannte ihn eben den Frankfurter. Doch wenn er in Friedrichsfeld eintraf, dann zogen sich die anwesenden Freunde zu ernster Beratung in eines der Zimmer zurück. Der Sohn von Anette und Rudolf Langendorf weiß auch noch, daß zu etwas späterer Zeit des öfteren Gustav Kuhlen aus Brühl/Rohrhof nach Friedrichsfeld gekommen ist. Er war nach vierjähriger Zuchthaus- und KZ-Haft nach Hause zurückgekehrt.

Die Zusammenkünfte und Unterhaltungen im Hause Langendorf, soweit sie schon im Jahre 1935 stattgefunden haben, weisen nicht darauf hin, daß zu dieser Zeit schon Georg Lechleiter, Jakob Faulhaber und Rudolf Langendorf die Führung der Parteiorganisation übernommen hatten, aber zweifellos haben diese Diskussionen über politische und praktische Probleme der Arbeiterbewegung die Neubildung einer Bezirksleitung mit vorbereitet. Nach der Verhaftung des bis dahin Verantwortlichen der Bezirks-

---

90 Bericht von Kurt Langendorf (Mai 1971).

leitung, Karl Gräsle, war die Neubildung einer Bezirksführung der KPD Nordbaden/Pfalz zu einem dringenden Problem des organisierten illegalen Kampfes geworden. Doch nicht nur im Hause Langendorf in Friedrichsfeld fanden zu dieser Zeit geheime Zusammenkünfte statt, man traf sich im Käfertaler Wald, in der Gaststätte „Karlstern" und am Wasserwerk, dem traditionellen Treffpunkt vieler Antifaschisten während der Jahre der nazistischen Herrschaft. Auch Zusammenkünfte auf der Friesenheimer Insel, im Gasthaus Dehus, sind noch in guter Erinnerung. Wie im Hause Langendorf, so gab man auch diesen „Treffs" gerne einen familiären Charakter. dennoch kam es oft genug vor, daß einer der Beteiligten nicht zur verabredeten Stelle kam, weil er auf dem Wege dahin merkte, daß ihn Spitzel der Gestapo beschatteten.

Paul Schreck erlernte nach seiner Haftentlassung Radfahren, um, wie er sagte, „mehr in der Welt herumzukommen". Seine Welt nach zweijähriger KZ-Haft war allerdings wesentlich das Gebiet des nördlichen Mannheim, besonders Waldhof, Gartenstadt und Luzenberg, wo er sich an der politischen Arbeit beteiligte und seinen Genossen mit Rat und Tat zur Seite stand.

Das Leben war hart für die aus den Konzentrationslagern zurückgekommenen Arbeiterfunktionäre, die Sorgen und Nöte waren groß. Paul Schreck war zunächst zwei Jahre als Notstandsarbeiter beschäftigt, und der Verdienst war kärglich. Kaum war er einige Wochen zu Hause, wurde seine Frau verhaftet, und er war mit den Kindern, zwei Jungen und drei Mädchen, ein Jahr lang allein. Durch solidarische Hilfe seiner Freunde im Waldhof wurde für die Familie gesorgt. Dabei half besonders tatkräftig die Frau von Georg Lechleiter. Erst im Jahre 1937 fand Paul Schreck bei der Firma Gerberich als Dreher eine feste Anstellung.

Die Aktivität der aus den Konzentrationslagern zurückgekehrten führenden Kommunisten im Jahre 1935 im nördlichen Mannheim wurde im Spätsommer zunächst jäh gestoppt durch die Verhaftungen im Stadtteil Waldhof. Die Erfolge der Gestapo in diesem Wohngebiet und die Massenverhaftungen in Neckarau führten zu Diskussionen darüber, ob es nicht besser wäre, die illegale Tätigkeit ganz auf die Großbetriebe zu beschränken. Die Betriebsorganisationen hatten bisher die wenigsten Verhaftungen zu beklagen, und zudem wies die rasche Forcierung der Rüstungswirtschaft immer dringlicher auf die Notwendigkeit verstärkter antifaschistischer Tätigkeit in den Betrieben hin. Die Verhaftungswelle in der Neckarstadt, die bald darauf einsetzte, verstärkte diese aufkommende Meinung.

Dennoch begann bald nach der Verhaftung der 14 Waldhöfer Arbeiterfunktionäre und ihrer Verurteilung die Aktivität zum Neuaufbau der dortigen Organisation. In Wohnungen von KPD-Mitgliedern und Parteilosen im Waldhof, in der Gartenstadt und im Luzenberg fanden Diskussionen und Beratungen statt. Man kam überein, für die drei Gebiete eine einheitliche Organisation mit gemeinsamer Führung zu bilden. Die Mitglieder des Gebiets wurden in Wohnzellen erfaßt. Die Gesamtleitung der Widerstandsorganisation im nördlichen Mannheim übernahm der Angestellte Friedrich Münzel vom Luzenberg. Er war ein erfahrener Funktionär der Arbeiterbewegung, bereits während des Ersten Weltkrieges aktives Mitglied des Spartakusbundes und Mitbegründer der KPD in Bremen. Alle Angaben der Mitverschworenen ergeben, daß die Stadtteilorganisation Waldhof der Kommunistischen Partei zur Zeit des Kriegsausbruches wieder recht stark und aktiv war.

Bekannt sind noch die ersten Beratungen Faulhabers mit Betriebsfunktionären im Restaurant „Dorfschenke". In diesem Lokal der Innenstadt trafen sich des öfteren Mannheimer Bürger zum Frühschoppen, die sich mehr zu sagen hatten als dies üblicherweise am Stammtisch der Fall ist. Es waren Arbeiterfunktionäre aus den Mannheimer Großbetrieben – Schlosser, Former und Dreher von BBC, Bopp und Reuther, Strebelwerk und Schiffswerft –, die in der „Dorfschenke" zusammen kamen. Wenn es Not tat, wegen der Tischnachbarn, dann sprach man angeregt über Fußballresultate, doch ansonsten diskutierte man Probleme des Kampfes in den Betrieben Mannheims gegen die zunehmende Ausbeutung, gegen die Rüstungsproduktion und für die Arbeitereinheit. An einem Sonntagmorgen tauchte der Gestapomann Bischoff in der „Dorfschenke" auf. Es kann Zufall gewesen sein, doch ab sofort fanden keine Zusammenkünfte in diesem Restaurant mehr statt. Man kam überein, Gespräche in solch großem Kreise möglichst zu vermeiden. Jakob Faulhaber traf sich in den folgenden Monaten im wesentlichen nur noch einzeln mit den führenden Funktionären der Betriebsgruppen.

Doch dies dauerte nicht lange an. Bald darauf fand im Käfertaler Wald eine politische Beratung statt, an der sich über 20 Betriebsfunktionäre beteiligten. Dies war im Hochsommer 1936. In der Gartenstadt hatte man bei Freunden Abstellplätze für Fahrräder festgelegt, denn die meisten Teilnehmer kamen auf Rädern. Von der Gartenstadt aus spazierten sie einzeln oder höchstens zu zweien – das war die Anweisung – zur vereinbarten Stelle am Wasserwerk. Jakob Faulhaber eröffnete die Beratung mit einer kurzen Begrüßungsansprache und Georg Lechleiter hielt eine Rede wie zu alter Zeit. Sein Hauptanliegen war nach einer politischen Analyse des Zeitgeschehens die Verstärkung der betrieblichen Positionen der KPD, das Wiedererscheinen von Betriebszeitungen und die Zusammenarbeit mit sozialdemokratischen Kollegen.

Die Zusammenkunft der zwanzig war gut abgesichert. In gewisser Entfernung hatte man Beobachter postiert und bestimmte Zeichen für den Fall vereinbart, daß sich Fremde nähern würden. Dennoch war diese Veranstaltung ein äußerst gefährliches Unternehmen. Zusammenkünfte dieser Art fanden noch zu späterer Zeit statt. Auch im folgenden Jahr sprach Georg Lechleiter unter den Bäumen des Käfertaler Waldes über die drohende Kriegsgefahr. Sogar nach Kriegsausbruch traf man sich noch in größerem Kreise im Freien zu Aussprachen. Lechleiter und Faulhaber wagten manchmal sehr viel.

Das Zentralkomitee der Kommunistischen Partei suchte die Verbindung mit der Mannheimer Organisation. Zuständig für das Gebiet Nordbaden/Pfalz war nun die Abschnittsleitung Süd, die sich in der Schweiz befand und aus dorthin emigrierten Kommunisten bestand. Die Fäden der zentralen Parteiführung nach Mannheim waren seit Monaten unterbunden. Die Abschnittsleitung Süd beschloß, einen Beauftragten über die schweizer Grenze zu senden, um sie wieder zu knüpfen. Diesen Auftrag übernahm Willi Fels, ein südbadischer Arbeiterfunktionär, der in die Schweiz geflüchtet war, um der Festnahme zu entgehen. Er kam als der Beauftragte „Artur" nach Mannheim. Seine Anlaufstelle ist noch bekannt, es war die kleine Schneiderwerkstätte von Karl Wagner in der Heinrich-Lanz-Straße. Dessen Frau Henriette, vor 1933 Stadtverordnete der KPD, besorgte die Verbindung zum Hause Langendorf. Willi Fels kam nun einige Male nach Mannheim, um mit den führenden Funktionären zu beraten und um wieder eine regelmäßige Verbindung zum Zentralkomitee der Kommunistischen Partei herzustellen. Es ist wohl anzunehmen, daß bei diesen Beratungen auch über die Notwendigkeit einer starken politischen Führung der antifaschistischen Bewegung für den Raum Nordbaden/Pfalz gesprochen wurde.

Die Führungstätigkeit Georg Lechleiters begann auf jeden Fall nicht, wie in einigen über den Widerstand in Mannheim erschienenen Schriften anhand von Gerichtsprotokollen und Aussagen in den späteren Prozessen dargestellt wird, bei Kriegsausbruch, sondern im Jahre 1936. Dafür gibt es noch genügend Hinweise und vor allem Zeugen. Die Erinnerungen noch lebender Mitstreiter der Widerstandsbewegung sowohl der Betriebe als auch der Wohngebiete Waldhof, Gartenstadt und Luzenberg weisen übereinstimmend darauf hin, daß die aus den KZ Zurückgekehrten entsprechend ihrer Persönlichkeit und ihrem Willen zu erneuter Aktivität auf selbstverständliche Weise zu den führenden Männern wurden. Die Beratungen mit dem Beauftragten der Süd-Leitung „Artur" bildeten wohl den Abschluß der Herausbildung einer neuen Führung im Rhein-/Neckar-Gebiet.

Die illegalen Fahrten des Willi Fels nach Deutschland und besonders nach Mannheim waren gefährlich. Schließlich war er ein Badener und nicht nur seinen Freunden bekannt. Die Verbindung konnte nicht fortdauern, es mußte ein ständiger Informationsweg eingerichtet werden. Kurt Langendorf berichtet in seinen schriftlichen Erinnerungen, daß er im Auftrage der Eltern des öfteren nach Basel fuhr, „um den dortigen Genossen Nachrichten zu überbringen und von ihnen Informationen für die Mannheimer Genossen in Empfang zu nehmen".

Doch diese Fahrten des jungen Langendorf, nur dem Nachrichtenaustausch dienend, genügten nicht für die Anleitung und Koordinierung. Darum wurde mit der Süd-Leitung vereinbart, von Mannheim aus wieder wie früher eine ständige Verbindung nach Straßburg zur Süd/West-Leitung herzustellen. Dieser Weg schien sicherer und weniger kompliziert. Zudem war dort Klausmann, der früher im badischen Landtag Abgeordneter war und die Verhältnisse im Arbeitsgebiet der Bezirksleitung sehr gut kannte. Wer sollte die Reisen dorthin unternehmen? Wilhelm Biedermann, der das früher tat, kam nicht mehr in Frage, er war bei seiner letzten Fahrt nach Straßburg offensichtlich beschattet worden. Schließlich übernahm Hans Schellenberger die so wichtige Kuriertätigkeit. as hatte einen großen Vorteil. Er wohnte mit Georg Lechleiter im gleichen Haus in der Alten Frankfurter Straße, und so konnten er und Lechleiter vor und nach jeder Reise Schellenbergers unauffällig beraten. Die Verbindung nach Straßburg bestand regelmäßig bis zum Ausbruch des Krieges. Von dort wurden auch, wie noch zu berichten ist, Transporte mit antifaschistischen Aufklärungsschriften nach Mannheim organisiert.[91]

## Widerstandsorganisationen in Mannheimer Betrieben

Erstes Ziel der Führ,ngstätigkeit von Georg Lechleiter, Jakob Faulhaber und Rudolf Langendorf waren starke Betriebsgruppen der Kommunistischen Partei. Dafür setzte sich besonders Faulhaber beharrlich und unermüdlich ein. Es widerspricht jedoch der damaligen Wirklichkeit, wenn heute geschrieben wird, die Männer um Lechleiter hätten den Aufbau betrieblicher Organisationen neu beginnen müssen. In entscheidenden Großbetrieben Mannheims bestanden im Jahre 1936, als die neue Bezirksleitung ihre politische Tätigkeit aufnahm, Gruppen der KPD. Folgendes ist heute noch mit Sicherheit festzustellen:
Bei der Firma Brown Boveri und Cie waren in drei Abteilungszellen

---

91 Berichte von Hans Schellenberger u. Wilhelm Biedermann (Februar 1972).

16 Mitglieder mit regelmäßiger Kassierung erfaßt. Sie zahlten Beiträge und sammelten Solidaritätsspenden. Die Leitung der Organisation hatte Adolf Feuerstein aus Ilvesheim. Er stand regelmäßig mit Jakob Faulhaber in Verbindung. Zur BBC-Organisation gehörten auch Willi Krumm, der 1936 verhaftet wurde und Hermann Hohl, im Jahre 1933 wegen der RGO-Zusammenkunft an der Altriper Fähre inhaftiert. Er hatte nach der Haftentlassung bei Brown Boveri Arbeit gefunden. Zur Betriebsgruppe BBC zählte außerdem Robert Schmoll, der im Jahre 1942 hingerichtet wurde.

Eine starke Widerstandsgruppe der Kommunistischen Partei bestand im Strebelwerk. Der Ilvesheimer Fritz Grohmüller, der 1936 in diesem Betrieb Arbeit fand, schätzt die damalige Mitgliederzahl der Organisation, der er zugehörte, auf mindestens 18 Kollegen des Betriebes. Der verantwortliche Mann war Rudolf Maus, aktive Funktionäre Willi Probst, Fritz Grund, Ludwig Mittel, Anton Wacker und Adolf Brunner. Zur Gruppe gehörte später auch Jakob Faulhaber selbst, nachdem es den Nazis gelungen war, durch organisierten Boykott seine Gärtnerei zugrundezurichten. Er arbeitete im Werk bis zu seiner Verhaftung im Jahre 1942.

Die Gruppe Strebelwerk war während der ganzen Zeit der faschistischen Diktatur eine der aktivsten Widerstandsgruppen in Mannheim. Darum war sie im Jahre 1934 auf der Saarbrückener Konferenz der KPD vertreten. Sie hatte, wie während dieser Tagung zum Ausdruck kam, gute Verbindungen zu sozialdemokratischen Arbeitskollegen. Von diesem Betrieb aus sollte auch der Wiederaufbau des Metallarbeiterverbandes den Anfang nehmen.

Im Strebelwerk war auch eine Betriebszeitung der KPD im Umlauf, die sich „Strebelhölle" nannte. Wie oft und bis zu welchem Zeitpunkt sie erschien, das ist heute nicht mehr zu erforschen. Im Prozeß gegen Fritz Salm und Genossen Anfang September 1935 wurde die Betriebszeitung des Strebelwerks vom Staatsanwalt als Beweis für die „gefährliche Zersetzungsarbeit der Kommunisten" angeführt.

Die Betriebsgruppe Strebelwerk der Kommunistischen Partei hat große Opfer im antifaschistischen Kampf gebracht. Viele ihrer Mitglieder wurden zu Gefängnis- und Zuchthausstrafen verurteilt. Vier der besten Kommunisten dieses Betriebes fielen später den faschistischen Mördern in die Hände und gaben ihr Leben für die Sache der Arbeiterbewegung.

Die dritte Betriebsorganisation war bei Bopp & Reuther. Bis Ende 1934 erschien in diesem Betrieb die KPD-Betriebszeitung „Das rote Ventil". Leiter der Gruppe war Ernst Hahner vom Waldhof. Er berichtet selbst: „Unsere Betriebszelle bestand nach 1933 weiter. Es wurden regelmäßig Beiträge kassiert, und die vor 1933 erschienene Zeitung ‚Das rote Ventil', eine ausgesprochene Betriebszeitung, wurde noch bis Ende 1934 im Betrieb verteilt. Die Einstellung der Zeitung war bedingt duch die uns gegebene

Aufgabe, zwei Tage vor dem 1. Mai 1934 durch Handzettel die Kollegen aufzufordern, dieser faschistischen Mai-Parade fernzubleiben. Die Gestapo hat damals versucht, die illegale Gruppe aufzuspüren. Es ist ihr nicht gelungen. Im Betrieb wurden auch weiterhin illegale Flugblätter und Zeitungen zur Verteilung gebracht, und es wurden regelmäßig Beiträge kassiert Mein Verbindsmann zur zweiten Zelle war der Kollege Heinrich van der Laan. Als dieser im Juni 1941 verhaftet wurde, verlor ich die Verbindung zur zweiten Gruppe."

Van der Laan bestätigt die Existenz dieser zweiten Zelle, sie erfaßte sechs Mann. Als er im Jahre 1936 bei Bopp & Reuther Arbeit erhalten hatte, bekam er von Paul Schreck die Anweisung, sich im Betrieb mit Hahner in Verbindung zu setzen. Dieser bat ihn, die Leitung der zweiten Zelle zu übernehmen.

Die vierte nachweisbare Organisation existierte bei der Firma Lanz AG. Der Verfasser dieses Buches, ab September 1938 nach der Haftentlassung in der Betriebsschlosserei bei Lanz beschäftigt, wurde in dieser Abteilung kassiert. Die Abteilungszelle bestand aus sechs Kollegen der Abteilungen Betriebsschlosserei und Maschinenreparatur. Der Leiter war Heinrich Kraft, dessen Sohn gleichen Namens in diesem Buch als Spanienkämpfer erwähnt ist. Wieviele Zellen zu dieser Zeit im Werk bestanden, ist nicht mehr zu erfahren. Auf der Konferenz in Saarbrücken 1934 wurde die Betriebsorganisation von Lanz als starke Gruppe erwähnt. Kommunisten, die zur damaligen Zeit aktiv im antifaschistischen Kampf in den Mannheimer Betrieben beteiligt waren, sind heute noch der Auffassung, daß die Lanz-Organisation in den Jahren 1935 und 1936 die stärkste KPD-Betriebsgruppe im Raume Mannheim war. Zu der Zeit, als der Faschismus den Krieg auslöste, war sie wohl noch größer.

Im Betrieb wurden auch Solidaritätsspenden für die Angehörigen politisch Inhaftierter bezahlt. Diese Solidaritätsbewegung im Betrieb Lanz AG hatte eine beträchtliche Breite. Damals in den Abteilungen Dreherei, Schleiferei, Härterei und in anderen Werkabteilungen Beschäftigte erinnern sich noch an die Arbeitskollegin Hedwig Wacker vom Kalkulationsbüro, die regelmäßig jeden Monat an den Arbeitsplätzen erschien, um eine Spende für die Internationale Arbeiter-Hilfe abzuholen. Zu ihren „Kunden" zählten Kommunisten, Sozialdemokraten und Parteilose.

Dies gilt nicht nur für die Zeit vor dem Ausbruch des Zweiten Weltkrieges. Auch danach wurden bei Lanz wie in anderen Betrieben Mannheims Spenden für die politisch Verfolgten gesammelt, und die Sammlungen hörten auch nicht nach den Verhaftungen und Hinrichtungen in den Jahren 1942 und 1943 auf. Sie gingen, wenn auch vorsichtiger als zuvor, weiter. Die Geldsammlungen führten im Jahre 1943 zu einer Denunziation. Der

Dreher Willi Kumm wurde vorübergehend verhaftet und von Frietsch und Schlude fünf Stunden lang verhört. Kumm hatte gerade 80 Mark für die Hinterbliebenen der hingerichteten Kollegen von Lanz gesammelt. Doch die Gestapo konnte ihm trotz der Aussage des Denunzianten nichts beweisen, und so kam er wieder in Freiheit.

Der führende Mann der Betriebsgruppe Lanz der KPD war vom Jahre 1938 bis zu seiner Verhaftung im Februar 1942 der Fräser Ludwig Moldrzyk. Die traditionsreiche KPD-Betriebsorganisation Lanz der KPD hatte bei den Hinrichtungen in den Jahren 1942 und 1943 die meisten Toten zu beklagen. Unter ihnen war auch Ludwig Moldrzyk.

Eine Sammelbetriebsgruppe von acht Mitgliedern bestand bei GEG und Konsum. Ihre Zeitung wurde bereits erwähnt. Die Gruppe war sehr aktiv, Kommunisten und Sozialdemokraten arbeiteten in beiden Betrieben kameradschaftlich zusammen. Die damalige Aktivität in diesen beiden Betrieben ist um so erstaunlicher, als zwei Jahre zuvor beim Konsum wie bei der GEG viele Gewerkschaftsfunktionäre, darunter die der SPD und der Sozialistischen Arbeiterpartei zugehörigen Betriebsräte, entlassen worden waren. Der führende Funktionär der Betriebsgruppe war bis zum Jahre 1937 Georg Fischer. Er wurde im Sommer dieses Jahres verhaftet und wegen seiner früheren illegalen Tätigkeit in der kommunistischen Jugendbewegung zu 18 Monaten Gefängnis verurteilt.

Auch in der Schiffswerft Mannheim war eine kommunistische Betriebsgruppe tätig. Einer der Anklagepunkte gegen den Dreher Albert Fritz aus Heidelberg/Kirchheim in dem Prozeß des Jahres 1942, in dem er zum Tode verurteilt wurde, war sein angeblicher Versuch, eine KPD-Organisation in der Schiffswerft aufzubauen. In Wirklichkeit hatte die Betriebsgruppe der Schiffsbauer nach dem Jahre 1933 bis zur Verhaftung von Fritz nie ihre Existenz aufgegeben. Als Jakob Faulhaber im Spätherbst 1936 mit ihr die Verbindung aufnahm, zählte sie 14 Mitglieder, die regelmäßig Beiträge zahlten. Der Dreher Albert Fritz leitete die Gruppe bis zu jenem verhängnisvollen Morgen des 26. Februar 1942, da ihm die Gestapo am Fabriktor auflauerte, als er zur Arbeit gehen wollte.

Albert Fritz war schon in den ersten Jahren der Weimarer Republik ein bekannter Arbeiterfunktionär und seit 1921 Mitglied der Kommunistischen Partei. In Heidelberg wurde er in den Gemeinderat gewählt und bei der Firma Lanz AG war er jahrelang Betriebsrat. Nach 1933 wurde Fritz zweimal inhaftiert und war 31 Monate im Gefängnis und im Konzentrationslager. Einmal wurde er im Betrieb Brown Boveri, wo er vorübergehend als „Dienstverpflichteter" arbeitete, von der Drehbank weg verhaftet, weil er Naziführern, die das Werk besichtigten, den Hitlergruß verweigerte.

Auch in anderen Betrieben Mannheims war damals die Kommunistische

Partei und der Widerstand gegen die Naziherrschaft gegenwärtig. Bei den Firmen Daimler-Benz, Motorenwerke und Hutchinson wurden ebenfalls Beiträge für die KPD und Solidaritätsspenden gesammelt. Bei Daimler-Benz geschah dies trotz der zahlreichen Entlassungen kommunistischer Betriebs- und Gewerkschaftsfunktionäre in den Krisenjahren 1932 und 1933, wie Ludwig Kober, Hans Hirschel, Jakob Mohr, Peter Sichler und viele andere. In den Werkabteilungen und Büros des Daimler-Benz-Werkes entstand eine besonders ausgedehnte und gut organisierte Solidaritätsbewegung. Dabei wirkten viele Sozialdemokraten mit – Arbeiter und Angestellte. Nach Kriegsausbruch kam es zu Verhaftungen. Am 8. Juni 1942 holte die Gestapo am frühen Morgen Hans Hoffmann vom Arbeitsplatz weg. Die Nazijustiz warf ihm die Sammlung von Geldern für die Rote Hilfe vor. Er wurde zu 18 Monaten Gefängnis verurteilt.

Soweit ein kurzer Abriß über die Existenz und Tätigkeit kommunistischer Betriebszellen und antifaschistischer Bewegungen in Mannheimer Betrieben zu der Zeit, als Georg Lechleiter und seine Freunde die Führung der Kommunistischen Partei im Bezirk übernahmen. Die Schilderung ist gewiß nicht vollständig. So ist zum Beispiel bekannt, daß auch in den Betrieben Spangenberg, Stahlwerk und Mohr und Federhaff der Vertrieb von Kampfschriften und organisierte Mundpropaganda spürbar waren. Dem Verfasser war es nicht möglich, darüber genaue Angaben zu erlangen. Allzuviele der Arbeiter und Angestellten, die an der antinazistischen Bewegung in den Industriewerken Mannheims Anteil hatten, haben inzwischen ihr Wissen mit ins Grab genommen.[92]

## Widerstand der SPD und SAP

Aus den Jahren 1936 und 1937 ist ein interessantes Dokument der KPD erhalten geblieben. Es trägt den Titel „Richtlinien für die Tätigkeit in Baden/Pfalz". Das Dokument gibt Kenntnis von der konkreten politischen Zielsetzung der Kommunistischen Partei des Rhein/Neckar-Gebietes in den letzten Jahren vor Ausbruch des Zweiten Weltkrieges. Es zeigt, wie in Mannheim die komuunistische Tätigkeit fortgesetzt werden sollte, um die Beschlüsse des VII. Weltkongresses der Kommunistischen Internationale und der Brüsseler Konferenz der KPD in die Wirklichkeit umzusetzen.

---

92 Das Kapitel Widerstandsorganisationen in Mannheimer Betrieben entstand unter Mithilfe von Karl Blattner, Adolf Feuerstein, Fritz Grohmüller, Ernst Hahner, Hans Hoffmann, Hermann Hohl, Willi Krumm, Willi Kumm, Heinrich van der Laan, Friedrich Münzel, Hedwig Wacker und Gustav Wenz.

Im ersten Abschnitt „Kampf um den Frieden" stellte sich die KPD des Rhein/Neckar-Raumes im Blick auf die immer bedrohlicher werdende Kriegsgefahr die Aufgabe: „Stärkste Kampagne für den Frieden aufgrund der Erinnerung an die Flugzeugbombardierung der Städte im Weltkrieg und die kilometerlangen Soldatenfriedhöfe auf der anderen Seite des Rheines. Stark die Tatsache ins Bewußtsein der Bevölkerung verbreiten, daß Baden/Pfalz Kriegsschauplatz werden wird." Die erste Voraussetzung für einen wirksamen Friedenskampf sah die KPD in der Arbeitereinheit. Sie zu erreichen, das war das Nahziel.

Im zweiten Abschnitt „Herstellung der Einheitsfront" wurde dargelegt, daß in den Jahren 1934 und 1935 in den Metallbetrieben Mannheims ein „einheitsfrontmäßiges" Zusammenarbeiten zwischen Kommunisten und Sozialdemokraten bestanden hat. Daran anknüpfend hieß es als Hauptaufgabe des Wirkens kommunistischer Betriebs- und Wohngebietsgruppen wörtlich: „Feststellung der Tätigkeit und systematische, vorsichtige Aufnahme der Verbindungen mit diesen alten Kadern der SPD und freien Gewerkschaften, besonders mit jenen, die in den Betrieben und faschistischen Massenorganisationen organisiert sind und dort Funktionen ausüben (Arbeitsfront, Sport, NSV, Luftschutz usw.)."

Das Dokument enthält einen Abschnitt mit dem Titel „Herstellung der Volksfront". Interessant ist die in jenen Schreckensjahren der faschistischen Gewaltherrschaft gegebene Anleitung, an alte demokratische Traditionen anzulehnen, an „die in der Pfalz und in Baden besonders starken freiheitlich-demokratischen Traditionen, die günstige Möglichkeiten zur Herstellung der Volksfront geben".

Der Abschnitt „Betriebspolitik" vermittelt nicht nur Einblicke in die damalige Strategie und Taktik des antifaschistischen Kampfes in Mannheim, sondern auch einige Kenntnisse über die sozialen Verhältnisse und die Lage der Arbeiter in den Betrieben im vierten Jahre der faschistischen Herrschaft in Deutschland. Die Tätigkeit in Baden/Pfalz sollte auf die „entscheidenden Betriebe der Metallindustrie: Lanz, Benz, Brown-Boveri und Strebelwerk, der Anilin-Ludwigshafen und der Pirmasenser Schuhindustrie" konzentriert werden. Wörtlich heißt es in dem Dokument:

„Genaues Studium der Lage der Arbeiter in jedem dieser Betriebe als Voraussetzung zur richtigen aktuellen Politik (z. B. bei Lanz anknüpfen an die Senkung der Akkorde um 30%, von 83 auf 68 Pfennig, Stundenlöhne von 48–54 Pfg., in der Anilin Wochenlöhne von 24–28 Mark, dauernde Kurzarbeit in der Schuhindustrie).

Ausnutzung des Gegensatzes zwischen den niedergehenden Löhnen und den hohen Dividenden und Tantiemen (siehe Bilanz von Lanz und Anilin).

Bei der starken Unzufriedenheit mit den Löhnen, der Preissteigerung und der Lebensmittelknappheit anknüpfen an die demagogisch radikalen Reden der Nazi- und DAF-Führer, wie z. B. der Reden Claus Selzners und Fritz Plattners über den ‚gerechten Lohn'."[93]

Das nächste Ziel war die Zusammenarbeit von Kommunisten und Sozialdemokraten. Doch eine solche Gemeinsamkeit, in welchen Formen auch immer, war in erster Linie bedingt durch die Existenz kommunistischer und sozialdemokratischer Organisationen. Wie sah es in den Jahren 1936 und 1937 damit aus? Gerade in dieser Zeit fanden Massenverhaftungen sozialdemokratischer Aktivisten in der Stadt und im Landkreis Mannheim statt. Sie hatten zur Folge, daß sich die letzten Zusammenhänge einer organisierten Widerstandstätigkeit der illegalen SPD-Gruppen auflösten. Sie erlagen dem permanenten Terror wie zur gleichen Zeit die Organisationen der KPD in den Wohngebieten Mannheims.

Über die Verhaftung sozialdemokratischer Funktionäre in den ersten Monaten der faschistischen Diktatur, über die Unterdrückung ihrer Partei und der „Volksstimme" sowie über einige Probleme des Übergangs der SPD zu konspirativen Organisationsformen wurde bereits berichtet. An dieser Stelle folgt eine kurze Darstellung der Entwicklung und des Schicksals der Mannheimer illegalen SPD, im Anschluß daran eine Schilderung des Kampfes und des Endes der Sozialistischen Arbeiterpartei.

Die Sozialdemokratie konnte im Gegensatz zur Kommunistischen Partei den Wahlkampf zur Reichstagswahl am 5. März 1933 noch wesentlich auf legale Art führen. Doch nach der Wahl wurde ihre Tätigkeit systematisch eingeschränkt und nach kurzer Zeit ganz unterdrückt, das Verbot der Partei erfolgte am 22. Juni 1933. Auch sozialdemokratische Funktionäre wurden, wie bereits geschildert, in Konzentrationslager verschleppt. Einigen gelang es, der beabsichtigten Festnahme durch die Flucht zu entgehen, unter ihnen war der Reichstagsabgeordnete Ernst Roth. Er floh nach Saarbrücken, nach der Rückgliederung des Saargebietes an Deutschland 1935 nach Frankreich. Roth spielte in der Emigration eine sehr aktive Rolle. Er beteiligte sich an den Bestrebungen zur Bildung einer Deutschen Volksfront.

Am 20. August 1937 war der Reichstagsabgeordnete der SPD Mannheims, Ernst Roth, Teilnehmer einer Tagung in der Stadt Metz, die mit der Bildung eines Ausschusses der Volksfront für das Saar-Pfalzgebiet endete. Er wurde Mitglied dieses Komitees. Außerdem gehörte er gemeinsam

---

[93] Richtlinien für die Arbeit in Baden/Pfalz 1936–1937. IML/ZPA/135/2/1821, Bl. 19–20.

mit sozialdemokratischen, kommunistischen und christlichen Emigranten einem Hilfskomitee an, das sich die Aufgabe stellte, die Opfer des nazistischen Terrors im Saarland und in der Pfalz zu unterstützen.[94]

Anfang Mai 1933, nahezu zwei Monate vor dem offiziellen Verbot der SPD, unternahmen Mannheimer SPD-Funktionäre den Versuch, Maßnahmen zur Überleitung ihrer Partei zu illegalen Organisations- und Tätigkeitsformen einzuleiten. Maßgebend war Jakob Ott, nach 1945 bekannt geworden als Parteisekretär und sozialdemokratischer Stadtrat. Schon bei der ersten Beratung schlug die Polizei unter dem Vorwand zu, einige der Teilnehmer hätten Waffen bei sich. Ott und 25 andere Funktionäre wurden verhaftet. Ott war fünf Monate hindurch im Konzentrationslager Heuberg. Er berichtete:

„Anfang Mai 1933 wurde ich mit etwa 25 Funktionären der SPD aus einer Besprechung heraus verhaftet und nachdem der größte Teil meiner Genossen wieder in Freiheit gesetzt wurde, selbst mit meinem Genossen Heinrich Utech in das Konzentrationslager Heuberg eingeliefert. Ich verblieb dort mehrere Monate im Strafbau 19, wurde dann in eine andere Stufe versetzt und nach 5 Monaten Gesamthaft aus dem Konzentrationslager beurlaubt."[95]

Die illegale Sozialdemokratie im Rhein/Neckar-Raum war zunächst in zwei Richtungen gespalten. Die eine der beiden Gruppen hatte Verbindung zum Emigrationsvorstand in Prag, die andere lehnte diese Kontakte zum Vorstand ab und bezog eine linkere Position. Es schien, als würden zwei sozialdemokratische Parteien entstehen. Nach Diskussionen fand man sich wieder auf der Grundlage einer einheitlichen Plattform und arbeitete gemeinsam für die Entstehung der illegalen SPD.

Nach der Entlassung aus der KZ-Haft setzte Jakob Ott die politische Tätigkeit fort und sicherte vor allem die Verbindung zur Grenzstelle der SPD in Nannweiler im Saargebiet. Die Führung dort hatte der ehemalige Landesvorsitzende von Baden, Georg Reinbold, der seiner Verhaftung durch die Flucht entgangen war. Der führende Mann der illegalen Organisation im Raum Mannheim/Heidelberg war zu dieser Zeit Emil Henk aus Heidelberg. Er wurde im Oktober 1934 verhaftet. Jakob Ott entging der zweiten Festnahme, indem er nach Frankreich flüchtete.

Der damals 13 Jahre alte Karl Amail, bis zum Machtantritt der Nazis Mitglied der sozialdemokratischen Jugendorganisation Rote Falken, erinnert sich an folgendes: „Ich übernahm von meinen Eltern den Auftrag, mög-

---

94 Bericht von Otto Niebergall (Januar 1973).
95 Bericht von Jakob Ott vom 28. 11. 1946 an den Landesausschuß der vom Nazi-Regime Verfolgten.

lichst unauffällig die Wohnung von Jakob Ott in der Draisstraße aufzusuchen, um für die Flucht die notwendigen Papiere herauszuholen. Das Haus stand unter Beobachtung. Um der Polizei ein Schnippchen zu schlagen, hatte ich meinen Schulranzen aufbehalten und ging in die Wohnung zu Muselmanns, wo Ott wohnte. So kam ich an die Papiere, die so lebensnotwendig für den Verfolgten waren."[96]

Emil Henk und acht weitere sozialdemokratische Funktionäre wurden am 29. März 1935 vom Oberlandesgericht Karlsruhe zu Gefängnisstrafen verurteilt. Nach Henks Verhaftung übernahm der Kernmacher Karl Mayer, nach dem Zusammenbruch der faschistischen Diktatur wie Jakob Ott durch seine Stadtratstätigkeit bekannt, die Führung der illegalen SPD.

Die sozialdemokratische Widerstandsbewegung in Mannheim war zu dieser Zeit trotz der vorhergegangenen Verhaftungen recht stark. Ende des Jahres 1934 gab es in beinahe allen Stadtteilen illegale Ortsvereine oder wenigstens Stützpunkte, die stärksten wohl in den Wohngebieten Neckarstadt, Innenstadt und Schwetzingerstadt. Das Verteilersystem für illegale Schriften, das auch Gebiete des Landkreises, besonders um die Städte Weinheim und Schwetzingen erfaßte, funktionierte gut. Man hatte zudem Verbindung zu den Gesinnungsgenossen in Ludwigshafen, Worms und Heidelberg. Aus dem Saargebiet reiste im Jahre 1934 in ziemlich regelmäßigen Zeitabständen der Kurier Richard Hussong aus Neunkirchen an und überbrachte illegale Aufklärungsschriften, zumeist außer Flugblättern die „Sozialistische Aktion" und den „Neuen Vorwärts"; er brachte auch Nachrichten und Instruktionen von Georg Reinbold.

Karl Mayer war im Strebelwerk beschäftigt und wohl der einzige Sozialdemokrat Mannheims, der sich in jener Zeit um den Aufbau von Betriebsgruppen der SPD bemühte. Im Betrieb nahmen er und zwei seiner ebenfalls dort beschäftigten Genossen, Camill Eisengrein und Valentin Giegrich, an gemeinsamen Besprechungen mit Funktionären der KPD-Betriebsgruppe des Strebelwerks teil.[96a] Davon ausgehend fanden im Spätherbst 1934 auch im Stadtteil Neckarstadt Aussprachen zwischen Sozialdemokraten und Kommunisten statt.

Der Kernmacher Karl Mayer beurteilte die Möglichkeit einer Neugründung des Deutschen Metallarbeiterverbandes recht skeptisch, lehnte jedoch gemeinsame Bemühungen für dieses Ziel nicht ab. Für eine Vereinigung von SPD und KPD zu einer einheitlichen Arbeiterpartei hielt er die Zeit wegen allzu großer prinzipieller Meinungsverschiedenheiten noch nicht gekommen. Doch er befürwortete politische Aussprachen und ge-

---

96 Bericht von Karl Amail (Dezember 1978).
96a Bericht von Ernst Hahner (November 1969).

**Anfang August 1934**

# Hitlers Staatsstreich

## Deutsches Volk!

## Die Lüge der Volksabstimmung

## Hindenburg eine Illusion
### Lehren der Vergangenheit

Die „Sozialistische Aktion", Anfang August 1934, vom Emigrationsvorstand der SPD in Prag herausgegeben.

genseitige solidarische Hilfe im gemeinsamen Kampf gegen den Faschismus. Den damaligen Einheitsbestrebungen der sozialistischen und kommunistischen Jugend stand er positiv gegenüber.

In den Kreisen des sozialdemokratischen Widerstandes gab es zu dieser Zeit kritische Überlegungen, die der Entwicklung einer Einheitsfront förderlich waren. Viele Sozialdemokraten glaubten nicht mehr an die These, daß der Faschismus „von allein abwirtschaften" werde. Diese Theorie der sozialdemokratischen Führung war durch die Realitäten widerlegt worden. Vor allem die sozialistische Jugend war es, die kritische Diskussionen hervorrief und eine klare, klassenmäßige Analyse und antifaschistische Strategie forderte. Dem genügte der Inhalt des Organs des Prager Parteivorstandes „Sozialistische Aktion" nicht. Junge Sozialdemokraten brachten einen hektographierten Artikel des österreichischen Theoretikers Otto Bauer in Umlauf. Er wurde von Kommunisten und Sozialdemokraten in der Neckarstadt gemeinsam diskutiert. Bauers Analyse stand im krassen Gegensatz zur Lageeinschätzung in der „Sozialistischen Aktion".

Otto Bauer schrieb, nur die revolutionäre Kampfkraft der Arbeiterklasse könne den Faschismus überwinden. Sie gelte es wieder zu organisieren durch ständige Kämpfe der Arbeiter und Angestellten um unmittelbare Gegenwartsinteressen. Diese Kämpfe würden das Bewußtsein und die Organisiertheit der Arbeiterklasse wieder herstellen, und das sei die Voraussetzung für den Sturz der Diktatur. Von Kämpfen um die täglichen sozialen und demokratischen Interessen zur Revolution gegen das faschistische System, das waren die Gedanken in dem Artikel von Otto Bauer. Niemand wußte damals, in welcher Zeitschrift oder Zeitung er erschienen war. Der Artikel löste Nachdenken aus und bildete eine gemeinsame Diskussionsgrundlage.[97]

Aus solchen Erkenntnissen konnte es nur eine Schlußfolgerung geben, nämlich die Gemeinsamkeit aller Antifaschisten, die Schaffung der Arbeitereinheitsfront. Im Stadtteil Neckarstadt kursierte das „Memorandum", gemeinsam formuliert von jungen Sozialdemokraten und Kommunisten, das solche Schlußfolgerungen enthielt. Die Verhaftungen in den folgenden Wochen und Monaten setzten diesen zaghaften Anfängen einer organisierten Zusammenarbeit und der Diskussion über eine gemeinsame antifaschistische Plattform ein jähes Ende. Die Führungstätigkeit von Karl Mayer endete am 15. April 1935. An diesem Tage verhaftete ihn die Gestapo. Sie beschattete die Wohnung des Eingekerkerten auch noch in den folgenden Tagen, und so fiel ihr auch Mayers Freund und Arbeits-

---

[97] Aussprache über Jugendprobleme unter Teilnahme von Karl Mayer, Willi Gwinner, Fritz Salm, Georg Fischer und Max Kirsten (September 1934).

kollege Camill Eisengrein in die Hände, der das Haus betreten wollte. In seiner Tasche fand die Polizei illegale Schriften.

Karl Mayer wurde am 26. November 1935 vom Volksgerichtshof zu sechs Jahren Zuchthaus verurteilt. In der gleichen Zeit wurden 14 weitere Aktivisten der sozialdemokratischen Widerstandsorganisation vom Oberlandesgericht Karlsruhe zu Zuchthaus- und Gefängnisstrafen verurteilt. Das war ein schwerer Schlag für die illegale SPD Mannheims. Die aktiven Funktionäre versuchten dennoch, die Tätigkeit ihrer Partei fortzusetzen. Dies gelang unter Führung des erfahrenen Arbeiterfunktionärs Jakob Baumann. Inzwischen wurden immer wieder sozialdemokratische Aktivisten festgenommen, so Albert Erny in Seckenheim und seine Genossen in diesem Stadtteil wie auch in Schwetzingen. Am 15. Dezember 1935 fiel auch Jakob Baumann der Polizei in die Hände, mit ihm Hans Heilig, der bis dahin während der ganzen Zeit der illegalen Tätigkeit den Vertrieb der Propagandamaterialien organisiert hatte. Unglücklicherweise wollte der Kurier Richard Hussong zu diesem Zeitpunkt eine Sendung von 1500 Exemplaren der „Sozialistischen Aktion" überbringen, er fiel ebenfalls der Polizeiaktion zum Opfer.

Im Jahre 1936 fand in Mannheim die umfassendste Aktion der Gestapo gegen Sozialdemokraten statt. Ein Bericht der Geheimen Staatspolizei vom 30. Mai 1936 führt 58 Aktivisten der SPD an, die um diese Zeit in Haft waren und vor der Verurteilung standen. Mitte Februar wurden vier Funktionäre verhaftet, im März der Eisenbahner Ludwig Ruf aus Seckenheim, der wahrscheinlich in einer Gefängniszelle zu Tode mißhandelt wurde. Im gleichen Monat des Jahres 1936 starb auch der Sozialdemokrat Gustav Dieter aus dem Stadtteil Neckarstadt, der 1935 verhaftet worden war, eines plötzlichen und ungeklärten Todes im Zuchthaus Bruchsal. Als ihn wenige Tage vor seinem Tode ein Verwandter besuchte, war er noch völlig gesund. Seine Familie hatte auch keine Nachricht über eine Erkrankung erhalten. Die Leiche Dieters wurde in unbekleidetem Zustand nach Mannheim gebracht. Sie war geöffnet worden; der Brustkorb war mit einem Stück Schnur zusammengeschnürt.[97a]

Jakob Baumann, Hans Heilig und Richard Hussong wurden am 9. März 1937 vom 2. Senat des Volksgerichtshofes zu hohen Zuchthausstrafen verurteilt, Baumann zu zehn, Heilig zu acht und Hussong zu fünf Jahren. Alle anderen Angeklagten wurden vom Oberlandesgericht Karlsruhe abgeurteilt: Sie erhielten zwischen 14 Monaten Gefängnis und drei Jahren und acht Monaten Zuchthaus.[97b] Mit diesen Massenverhaftungen und

---

[97a] Arnold Walter: Der Widerstand der Mannheimer Sozialdemokraten gegen den Nationalsozialismus in den Jahren 1933 bis 1939, Manuskript, S. 58.
[97b] Ebenda, S. 64.

Verurteilungen war es der Geheimen Staatspolizei gelungen, den organisierten sozialdemokratischen Widerstand in Mannheim endgültig zu zerschlagen.

Der Dreher Jakob Baumann, ein hervorragender Gewerkschafter und Arbeiterfunktionär, von der faschistischen Justiz zu zehn Jahren Zuchthaus verurteilt, hatte vor seiner Verhaftung das Schicksal vieler Funktionäre der Arbeiterbewegung geteilt. Bis zum 4. Oktober 1934 war er bei der Firma Heinrich Lanz AG beschäftigt gewesen. Für kurze Zeit verhaftet, wurde er von der Direktion entlassen. Als er wieder in Freiheit war, klagte Baumann gegen die Firma Lanz beim Arbeitsgericht auf Wiedereinstellung. Seine Klage wurde abgewiesen, in erster wie auch in zweiter Instanz. Zugleich nahm die Führung der Deutschen Arbeitsfront die Verhaftung zum Anlaß, um ein Ausschlußverfahren gegen ihn einzuleiten. Ein Ausschluß aus der DAF hatte damals böse Folgen, da es ohne diese Mitgliedschaft kaum möglich war, in einem Betrieb Arbeit zu finden. Und so erging es auch Jakob Baumann. Er arbeitete inzwischen bei der Firma Fulmina in Friedrichsfeld. Die Direktion teilte ihm mit, daß er bei Vollzug des Ausschlusses aus der Deutschen Arbeitsfront wieder aus dem Betrieb ausscheiden müsse, da Fulmina nur Mitglieder der DAF beschäftige. So kam es auch: Jakob Baumann wurde aus der Arbeitsfront ausgeschlossen und zugleich von den Direktoren der Fulmina auf die Straße geworfen. Kurze Zeit später erfolgte die erneute Verhaftung des Arbeiterfunktionärs.[98]

In Mannheim existierten während der Zeit der Hitlerdiktatur auch andere, aus der SPD hervorgegangene sozialistische Bewegungen, die aktiv gegen den Faschismus tätig waren. Da hörten politisch Interessierte plötzlich von einer Gruppe, die zur Sammlung der Sozialdemokraten werden wollte, welche mit der bisherigen sozialdemokratischen Führungspolitik nicht einverstanden waren. Dies war eine Gruppe, die sich „Neu Beginnen" nannte. Sie kritisierte die bisherige Politik der SPD und forderte eine konsequente sozialistische Orientierung. Ihre Auffassungen hatten Einfluß in den illegalen Gruppen der SPD, sie selbst spielte als selbständige Organisation in den Jahren nach 1934 kaum mehr eine Rolle. Zur Gruppe Neu Beginnen gehörten Paul Schmutz, Heinrich Holle und Karl Wilhelm.

Anders war es mit der Sozialistischen Arbeiterpartei. Ihre Gründung erfolgte im Jahre 1931 aus Ortsverbänden und Einzelmitgliedern der SPD, die in Opposition zum Führungskurs standen und für eine sozialistisch-revolutionäre Politik eintraten. Die SAP in Mannheim setzte nach 1933 ihre Bestrebungen fort und versuchte, ihre Organisation auszubauen. Ihre ille-

---

98 Bericht von Jakob Baumann vom 15. 10. 1945 an die Hilfsstelle für politisch Verfolgte.

galen Zellen umfaßten nicht nur ehemalige Mitglieder der Sozialdemokratischen Partei, es gelang ihr, auch bis dahin parteilose Arbeiter für den antifaschistischen Kampf zu gewinnen. Die Zeitungen, welche die SAP bis 1937 in Mannheim verteilte – „Das Banner", „Neue Front" und „Sozialistische Warte" – wurden aus der Schweiz und aus Frankreich eingeschleust. Einige Male wurde auch eine in Mannheim selbst hergestellte Zeitung herausgegeben: „Das Fanal". Die SAP-Gruppen im südwestdeutschen Raum wurden von Mannheim aus angeleitet, nach der Verhaftung des politischen Leiters Jakob Ritter im Jahre 1934 besonders von Paul Locherer. Die Gestapo-Leitstelle Karlsruhe bestätigte die besondere Aktivität der SAP in einem Lagebericht des Jahres 1938: „Die SAP, die von jeher eine aktivere und umfangreichere Betätigung als die illegale SPD entfaltet hat, ist während der Berichtszeit besonders in Südwestdeutschland hervorgetreten. Die Geheime Staatspolizei Karlsruhe nahm 30 Personen fest, die in Mannheim und Pforzheim Dreiergruppen gebildet, Schriften hergestellt und weiterverbreitet haben. Ein Teil der Schriften wurde von dem Stützpunkt in Basel aus nach Mannheim eingeschmuggelt und von dort an die Untergruppen ausgehändigt."[99]

Paul Locherer schilderte in seinen Erinnerungen anschaulich die Tätigkeit der SAP-Bezirksleitung: „Die Zentrale befindet sich in meiner Wohnung. In den Abendstunden wird illegales Material verpackt und verteilt. Bis in den Morgen hinein wird oft illegale Post beantwortet. Genosse Petry fällt die schwere Aufgabe zu, die Briefe mit sympathetischer Tinte anzufertigen; große Anstrengungen erfordert auch das Chiffrieren. Viele Nächte Arbeit sind notwendig, um die Fotomontagen herzustellen, aus denen kleine Fotos in Form von Plakaten angefertigt werden. Die Materialbeschaffung ist sehr schwer. In verschiedenen Läden und Orten muß dasselbe eingekauft werden. Ist alles soweit vorbereitet, geht es darum, in einer Nacht die Vervielfältigungen durchzuführen."[100]

Die Herstellung von Flugschriften der SAP erfolgte meist in der Wohnung von Georg Burkhardt. Locherer erzählt: „Es wird belichtet, entwickelt, fixiert, entwässert, getrocknet, geschnitten, abgezählt und verpackt. Bei Tagesanbruch gehen viele hunderte von kleinen Antikriegsbildern, Karl Marx- oder 1. Mai-Plaketten durch die Post und Kuriere ins Land hinaus."[101]

Die illegale Tätigkeit der Sozialistischen Arbeiterpartei hatte jedoch eine

---

99 Lagebericht des Geheimen Staatspolizeiamtes Karlsruhe vom Juli 1938. In Privatbesitz.
100 Erinnerungen von Paul Locherer, geschrieben am 1. März 1950.
101 Ebenda.

entscheidende Schwäche: Es gelang ihr nicht, Gruppen in den Betrieben aufzubauen. Führende Männer der Mannheimer SAP – der ehemalige Betriebsratsvorsitzende der Teigwarenfabrik der GEG, Fritz Glaser, und die GEG-Betriebsräte Paul und August Locherer – waren wenige Monate nach dem Machtantritt Hitlers entlassen worden. Damit verlor die SAP ihre einzigen betrieblichen Positionen.

In Mannheim fanden einige Besprechungen zwischen Vertretern von KPD und SAP statt, um den antifaschistischen Kampf zu koordinieren. Dies war im Spätherbst 1934. Sprecher der SAP-Gruppe bei diesen Gesprächen war August Locherer, einmal war auch sein Bruder Paul beteiligt. Es gab gegensätzliche Auffassungen, aber man war sich darüber einig, daß nur die Zusammenarbeit gegen den gemeinsamen Feind zum Erfolg führen konnte.

„Der Vortrupp", Funktionärsorgan der KPD für Baden/Pfalz, berichtete in der Ausgabe vom Dezember 1934 über diese Beratungen und beklagte, daß sie bis dahin nicht zu einem Ergebnis geführt hatten. Die Zeitung betonte: „Da wir es aber mit dem Kampf gegen den Faschismus und mit der Einheitsfront ernst meinen, werden wir auch fernerhin versuchen, die SAP für einen gemeinsamen Kampf zu gewinnen." [102]

Die Organisation der SAP in Mannheim war durchaus zu weiteren Gesprächen bereit. Wahrscheinlich hätten sich dabei in wesentlichen Fragen des antifaschistischen Kampfes Vereinbarungen erreichen lassen. Doch es kam nicht mehr dazu, die Verhaftungswelle gegen die KPD, die im Spätherbst 1934 einsetzte, verhinderte die Fortführung der begonnenen Aussprachen.

In den Jahren 1935 und 1936 gelang es den Aktivisten der Mannheimer SAP, immer mehr Verbindungen im südwestdeutschen Raum herzustellen. In einigen Städten, wo keine illegalen sozialdemokratischen Gruppen bestanden, stellten sich Sozialdemokraten für die antifaschistische Aktivität der SAP zur Verfügung. Die Zahl der Mitglieder nahm zu, die Zeitungen der Sozialistischen Arbeiterpartei tauchten häufiger auf. Doch dies hatte zur Folge, daß auch die Gestapo auf ihr Wirken aufmerksam wurde.

Im Frühjahr 1938 leitete die Polizei erneut Verhaftungen von SAP-Funktionären ein. Ein Bericht der Gestapo-Leitstelle Karlsruhe vom 29. April 1938 meldete die Verhaftung von Paul und August Locherer „aufgrund der Betätigung für die illegale SAP". Am Beginn des Monats Oktober waren 24 SAP-Mitglieder Mannheims in Untersuchungshaft. Die Verfolgung der Sozialistischen Arbeiterpartei in Südwestdeutschland führte zur Verhaftung

---

[102] „Vortrupp – Funktionärorgan für Baden/Pfalz", Dezember 1934. IML/ZPA/NJ 3327/2, Bl. 99, S. 3.

von 105 Arbeiterfunktionären. Die höchsten Strafen der Angeklagten aus Mannheim erhielten Paul Locherer und Alfred Meixner, der Volksgerichtshof verurteilte sie zu je acht Jahren Zuchthaus. Georg Burkhardt und Gustav Roos erhielten je vier Jahre, Fritz Adler dreieinhalb und Adolf Schröder drei Jahre Zuchthaus. Weitere Verurteilte: August Locherer, Karl Hofmann, Josef Mack und Willy Petry.

Auch an eine kleine anarchistische Widerstandsgruppe in Mannheim/Ludwigshafen muß erinnert werden, die bis zum Jahre 1935 existierte. Sie verbreitete vor allem die Zeitschrift „Fanal". Sieben Mitglieder der Gruppe standen am 28. August 1936 als Angeklagte vor den Schranken des Volksgerichtshofes. Die drei führenden Anarcho-Syndikalisten Friedrich Lösch, Eduard Bischoff und Karl Schild erhielten hohe Zuchthausstrafen, Bischoff war nach der Strafverbüßung bis zum Mai 1945 im KZ Buchenwald.

## Fritz Abels Tod

Der antifaschistische Kampf im Jahre 1936 forderte nicht nur von den Sozialdemokraten Mannheims große Opfer, auch die KPD wurde wieder hart betroffen. Je offensichtlicher die Kriegsvorbereitung fortschritt, je mehr die Rüstungsproduktion gesteigert wurde, desto vollkommener bauten die Faschisten ihr System der Beobachtung und Bespitzelung aus. Zu den Opfern dieses Jahres für die Mannheimer Arbeiterbewegung zählt Fritz Abel, der letzte Hersteller der illegalen „Arbeiter-Zeitung".

Einige Wochen vor seiner Verhaftung Anfang Juni war es der Gestapo gelungen, in der Innenstadt vier Verkäufer der „Arbeiter-Zeitung" und anderer Schriften auszumachen und festzunehmen. Während der pausenlosen und brutalen Verhöre war einer von ihnen schwach geworden und hatte Abel als den Lieferanten der Zeitung verraten. Die politische Polizei griff sofort zu. Die Gestapo-Bullen wandten alle Mittel an, um Abel zum Sprechen zu bringen. Er hatte die Zeitungen gedruckt, das lag für sie fest, also mußte er einen Abziehapparat haben oder wissen, wo dieser sich befand. Er mußte zudem Helfer gehabt haben und – das war für die Polizei das Wichtigste – die Verbindung zur KPD-Bezirksleitung, da die „Arbeiter-Zeitung" ja ihr Organ war.

Polizeikolonnen erschienen im Schrebergartengelände der Neckarstadt. Das war keine Sensation mehr für die Kleingärtner, allzu oft hatten sie das schon erlebt. Fritz Abels Garten wurde umgegraben, das Gartenhaus beinahe auf den Kopf gestellt. Vergebens. Das Abziehgerät war verschwunden. Wenige Tage nach der Verhaftung ging das Gerücht in der Neckarstadt um, Fritz Abel sei in seiner Gefängniszelle ermordet worden. Rasch genug wurde dies Gerücht zur erschreckenden Gewißheit. Fritz Abels Leben endete am 22. Juni 1936 in einer Zelle des Landesgefängnisses im Herzogenried. Sein Tod blieb wie das Hinscheiden so vieler anderer Antifaschisten ungeklärt. Zwei Tage vor der Festnahme hatten Beauftragte der Parteileitung der KPD ihm zur Flucht geraten. Man befürchtete seine Verhaftung. Alles war vorbereitet, um ihn über die Grenze zu bringen. Abel wollte trotz der Bedrohung in Mannheim bleiben.

Die Einäscherung des kommunistischen Kämpfers Fritz Abel am 27. Juni 1936 im Hauptfriedhof Mannheim wurde zu einer stummen Kundgebung vieler Antifaschisten, die zu dieser Zeit in Freiheit waren.

Die Gestapo hatte natürlich ihre Spitzel auf den Friedhof entsandt. Sie notierten die Namen all der an der Bestattung teilnehmenden Freunde Abels, die ihnen bekannt waren. Die Gestapo-Leute Frietsch, Michel und Schlude heckten einen besonders teuflischen Schurkenstreich aus. Sie scheuten sich nicht, die Ehre ihres Opfers zu schänden. Wahllos verhafteten sie Teilnehmer an der Bestattung mit der Begründung, Abel habe vor seinem Tode ein Geständnis abgelegt und sie als seine Helfer angegeben. Doch der Streich mißlang. Keiner der Verhafteten fiel auf den üblen Trick herein, der Großteil der Betroffenen hatte mit der Tätigkeit Abels überhaupt nichts zu tun gehabt. Sie mußten wieder freigelassen werden.

Den Abziehapparat suchten Frietsch und seine Kumpane nach dem Tode Fritz Abels immer noch vergebens. Die illegale Parteileitung versuchte ebenfalls, das Gerät aufzuspüren, um es für die weitere Tätigkeit zu retten. Zur gleichen Zeit wie die Gestapo in dem Gartengelände den Apparat suchen und ihn der Polizei abjagen, das war gewiß gefährlich. Doch man ging das Wagnis ein, denn es war nicht leicht, im Jahre 1936 ein Abziehgerät für den antifaschistischen Kampf käuflich zu erwerben. Die Verkaufsstellen für solche Ware standen unter Kontrolle der Polizei. Max Winterhalter und Gustav Müller übernahmen diese Aufgabe.

Eines war klar: Im Gartengelände des toten Fritz Abel konnte das Gerät nicht mehr sein, sonst wäre es der Polizei in die Hände gefallen. Es bestand die Vermutung, Abels Gartennachbar, ein Sozialdemokrat, habe es rechtzeitig an sich genommen und versteckt. Doch der zuckte nur die Schultern, als man ihn vorsichtig fragte. Einige Tage später bekam die Mannheimer Unterbezirksleitung die Meldung, das Gerät könne im Garten von Frau Käthe Biehler abgeholt werden. Max Winterhalter und Gustav Müller pirschten sich am späten Abend an den Garten heran. Es war immer noch höchste Vorsicht geboten, das Gelände wurde nach wie vor von Polizisten überwacht. Es gelang den beiden schließlich, den Abziehapparat unbeobachtet an sich zu bringen und in die Gartenstadt zu transportieren. Dort erhielt er unter der Obhut von Jakob Faulhaber ein sicheres Versteck. Der Apparat tat noch gute Dienste gegen die Nazis. Der letzte Antifaschist, der ihn in Tätigkeit setzte, war der 75jährige Sozialdemokrat Philipp Brunnemer bei der Herstellung des „Vorboten" im Jahre 1941.

## Prozeß gegen Neckarstädter – enttäuschte Gestapo

Fritz Abels Verhaftung war sozusagen ein Menetekel für die antifaschistische Organisation der Neckarstadt, der er zugehört hatte. Sein unerwarteter Tod löste einen tiefen Schock aus, denn er war beliebt und viele Neckarstädter zählten zu seinen persönlichen Freunden. Man arbeitete vorsichtiger in diesem Stadtteil, zumal man die Beobachtung gemacht hatte, daß die Polizei ihre Aktivität auf das Stadtgebiet konzentrierte. Dennoch stellte die Organisationsleitung Überlegungen an, wie die Druckstelle von Abel ersetzt werden könnte, um die Zeitung der Gebietsorganisation, „Der rote Scheinwerfer", wieder herstellen zu können. Dazu kam es nicht mehr, bald nach Abels Tod setzte in der Neckarstadt eine entscheidende Verhaftungswelle ein.

Die Polizei holte zunächst achtzehn Personen aus ihren Wohnungen, gegen elf von ihnen wurde Anklage wegen Vorbereitung zum Hochverrat erhoben. Der Prozeß fand am 30. Juni 1937 vor dem Oberlandesgericht Karlsruhe statt. Die Angeklagten in dem Prozeß gegen Jakob Tritschler und Genossen wurden zu insgesamt zwölf Jahren Zuchthaus und neun Jahren Gefängnis verurteilt, weil sie kommunistische Kampfschriften verteilt haben. Als eifrigste Verteiler bezeichnete das Gericht die Beschuldigten Hermann Conrad, Otto Kaufmann und Ludwig Knab.

Gestapo und Justiz kamen bei diesem Prozeß durchaus nicht auf ihre Rechnung, das Ergebnis der Verhaftungsaktion war ihnen zu mager. Frietsch und seine Kumpane wußte sehr wohl, daß die elf Antifaschisten auf der Anklagebank nicht die ganze Organisation der KPD Neckarstadt ausmachten. Die Wohngebiete besonders der westlichen Neckarstadt zählten vor 1933 zu den kommunistischen Hochburgen der Arbeiterstadt Mannheim. Die Gestapo war überzeugt von der Existenz vieler Straßenzellen der KPD in diesem Stadtgebiet. Sie mußten vorhanden sein, trotz der vielen Verhaftungen seit Februar 1933. Die Alphornstraße, die Drais – und die Bürgermeister-Fuchs-Straße, auch die übrigen Gassen der ehemals roten Neckarstadt – die Naziführung und die politische Polizei konnten sich auch 1937 diese Straßenzüge nicht vorstellen ohne starke kommunistische Zellen. Von keinem Stadtgebiet Mannheims lagen der Gestapo mehr Berichte über illegale Flugblattaktionen gegen den Faschismus vor als von den Wohngebieten der Neckarstadt.

Trotzdem nur elf Verurteilungen! Die NSDAP und die Geheime Staatspolizei waren deshalb keineswegs zufrieden mit dem Ergebnis, das die monatelangen Verhöre der Verhafteten und die Gerichtsverhandlung ans Licht brachten, Der ehrgeizige Frietsch war besonders darüber erbost, daß einigen führenden Kommunisten der Neckarstadt-Organisation, die er gerne unschädlich gemacht hätte, die Flucht gelungen war. Die Anklageschrift gegen die elf Angeklagten stellte fest: „Im Hintergrund des vorliegenden Verfahrens stehen die flüchtigen KPD-Funktionäre Ludwig Grimm, Gustav Müller und Heinrich Wieland." An anderer Stelle hieß es: „Müller ist nach einem Bericht der Landeskriminalstelle, Geheime Staatspolizei Kehl vom 28. 8. 1936 über die französische Grenze nach Frankreich entflohen."[103]

Gustav Müller war tatsächlich gemeinsam mit Erwin Strohmeier über den Rhein entkommen. Er schildert die Flucht:

„Wir beide mußten fort, um der erneuten Verhaftung zu entgehen. Es war uns klar, daß wir diesmal weit höhere Strafen und anschließend das Konzentrationslager zu erwarten hatten. Für die politische Tätigkeit in Mannheim fielen wir gewiß für viele Jahre aus. Mit Hans Schellenberger und anderen Genossen fand eine Beratung statt. Übereinstimmend wurde beschlossen, daß wir Deutschland verlassen sollten. Also fuhren wir am 10. August 1936 unter dem Vorwand einer Faltbootfahrt mit der Bahn nach Kehl. Mein Boot nahmen wir auf die Reise mit. In Kehl angekommen, richteten wir sofort am Rheinufer das Faltboot zu. Der Zufall wollte es, daß ausgerechnet ein SS-Mann dabei half. Er meinte es gut mit uns ‚Wassersportlern' und gab uns den Rat, nicht über die Mitte des Rheines zu fahren, sonst wären wir in Frankreich. Dahin wollten wir gerade.

Wir kamen über den Strom und ließen das Boot am französischen Ufer liegen. Irgendwie muß es wieder auf die andere Seite des Rheines getrieben sein, denn es kam in die Hände der Gestapo. Anhand der Bootsnummer war es leicht, den Besitzer festzustellen. Daher konnte die Geheime Staatspolizei acht Tage nach unserer Abreise aus Mannheim meine Flucht melden. Von Erwin Strohmeier wußten sie nichts. Nach der Landung am französischen Ufer gingen wir nach Straßburg zum Büro der Roten Hilfe. Von dort ging es nach Paris und später nach Spanien."[104]

Gustav Müller und Erwin Strohmeier wurden Kämpfer der Internationalen Brigaden. Strohmeiers Leben, von frühester Jugend an der sozialisti-

---

103 Anklageschrift gegen Jakob Tritschler u.a. vom 26. 1. 1937. IML/ZPA/NJ 12 848.
104 Bericht von Gustav Müller (März 1972).

schen Bewegung gewidmet, endete im Kampf für Spaniens Freiheit. Heinrich Wieland, der im Prozeß gegen die Widerstandsbewegung der Neckarstadt ebenfalls auf der Anklagebank fehlte, war auch die Flucht gelungen; er beteiligte sich wie seine beiden Gefährten Müller und Strohmeier am Freiheitskampf des spanischen Volkes.

An dieser Stelle sei nochmals der unermüdlichen Aktivistin der Arbeiterbewegung Elise Menges gedacht. Die Nazis begnügten sich nicht mit der im Prozeß ausgesprochenen Gefängnisstrafe von 16 Monaten. Sie verweigerten ihr nach der Strafverbüßung die weitere Genehmigung für ihren Marktstand. 35 Jahre lang hatte sie diesen Stand in Mannheim, besonders auf dem Neckarstädter Neumarkt betrieben. Bis zum Zusammenbruch des Hitlersystems war sie auf Fürsorgeunterstützung angewiesen.

## Verfolgungsaktion gegen Rote Hilfe

Das Jahr 1937 war ein Jahr politischer Prozesse gegen Antifaschisten. Gegen Kommunisten und Sozialdemokraten. Die Untersuchungszellen der Gefängnisse waren zu Beginn des Jahres voll besetzt, sogar ,,überbelegt" mit Frauen und Männern, die auf ihre Verurteilung warten mußten. Einer der Prozesse des Jahres 1937 richtete sich gegen die Rote Hilfe. In den Landgemeinden Mannheims und Südhessens wie auch in den Wohngebieten der Stadt waren Bürger betroffen, diesmal besonders Frauen. Die Verhaftungswelle erstreckte sich über zwei Jahre, sie begann 1934. Schließlich fand im Juni 1937 der Prozeß gegen dreizehn Aktivisten der Solidaritätsbewegung statt.

Die führende Frau der weitverzweigten Organisation war Maria Mandel in Viernheim. Sie stand mit der zentralen Leitung der Roten Hilfe für das Reichsgebiet in Verbindung. Das Hauptanliegen der Mitglieder war die Hilfe für die Kinder der politischen Gefangenen. In den Gemeinden des Landkreises Mannheim und Südhessens wurden Geld- und Sachspenden gesammelt und an die Notleidenden weitergegeben. Man betreute auch Verfolgte, die sich vor den Schergen des Faschismus verborgen hielten. Die Tätigkeit der Solidaritätsorganisation war genauso wie die aller antifaschistischen Gruppen durch Verhaftungen ständig erschwert und bedroht.

Im Monat Dezember des Jahres 1934 meldete das Geheime Staatspolizeiamt Karlsruhe die Verhaftung von Elisabeth Pfennig in Viernheim. Ihr wurde vorgeworfen, Post der Reichsleitung der Roten Hilfe für den Bezirk Mannheim erhalten zu haben. Wohin hatte sie die Post weitergeleitet? Das war die Frage, welche die Gestapo brennend interessierte. Sie wußte, daß

Frau Pfennig mit den Eheleuten Mandel in Verbindung stand, also wurden Maria und Willy Mandel verhaftet. Doch man konnte ihnen keine illegale Tätigkeit nachweisen, sie wurden wieder freigelassen.

Die Verhaftungswelle ging weiter. Ihr fiel Gertrud Neudorfer zum Opfer, die ebenfalls in Viernheim wohnte. Die Polizei warf ihr vor, Geldspenden gesammelt zu haben. In Weinheim suchte die Gestapo nach Heinrich Rudolf, der im dringenden Verdacht stand, Geld, Kleidung und Nahrungsmittel für die Familien politisch Inhaftierter eingeholt zu haben. Doch ihn konnte man nicht festnehmen, er war ins Saargebiet geflüchtet. Im folgenden Jahr griff die Welle der Verhaftungen auf die Schwetzingerstadt in Mannheim über. Dort leitete der Friseur Franz Friedel die Organisation der Roten Hilfe. Mit ihm wurden noch fünf andere Personen aus diesem Wohngebiet verhaftet. Bei Hausdurchsuchungen fand die Polizei auch mehrere Exemplare einer illegalen Zeitung mit dem Titel „Das rote Fanal". Die Polizei in Weinheim und in Ladenburg hatte schon des öfteren festgestellt, daß diese Zeitung zur Verteilung gekommen war.

„Das rote Fanal" spielte 1937 im Prozeß gegen die Funktionäre der Roten Hilfe eine besondere Rolle. Die Zeitung wurde in Viernheim hergestellt, und zwar von Maria und Willy Mandel. Sie hatten in einem Scheunenkeller in der Friedrichstraße Nummer 3 eine Vervielfältigungstelle eingerichtet. Dort entstand bei Kerzenlicht die Zeitung und außerdem wurden im Keller dieser Scheune Flugblätter hergestellt, die zu jener Zeit in den Gemeinden des Landkreises, aber auch im Stadtgebiet zirkulierten. Die Eheleute Mandel waren die Verfasser der Artikel wie auch die Drucker der Zeitung. Wie schon geschildert, entstand in den Jahren 1933 und 1934 das „Fanal" mehrmals auch im Gartenhaus von Ernst Heidenreich.

In ihrem Roman „Haus der schweren Tore", einer ergreifenden Schilderung des Lebens einer jungen Antifaschistin in den Zuchthäusern der Diktatur, erwähnt Eva Lippold, zu jener Zeit zentrale Instrukteurin der Roten Hilfe, ihren illegalen Aufenthalt im Hause Mandel in Viernheim und die Tätigkeit der Solidaritätsbewegung im Raume Mannheim.[105]

Die Organisation der Roten Hilfe im Gebiet Mannheim erlitt am 10. Juli 1935 einen empfindlichen Schlag. An diesem Tage wurde Maria Mandel erneut verhaftet, und diesmal wurde ihr der Prozeß gemacht. Das Oberlandesgericht Darmstadt verurteilte Frau Mandel am 29. November 1935 zu drei Jahren Zuchthaus. Nachgewiesener Tatbestand: zwei Reisen ins Saargebiet! Im Verlaufe des Jahres 1936 wurden in Mannheim, Viernheim, Ladenburg und Weinheim zwölf weitere Bürger wegen Betätigung für die

---

105 Eva Lippold: „Haus der schweren Tore". Roman. Röderberg-Verlag, Frankfurt am Main 1971.

proletarische Solidarität festgenommen, in Ladenburg der frühere KPD-Gemeinderat Theodor Haas. Auch Willy Mandel wurde wieder inhaftiert. Die Gestapo holte ihn von seiner Arbeitsstelle in einer Schreinerei im Stadtteil Schwetzingerstadt weg. Inzwischen war auch Heinrich Rudolf, von Frankreich nach Weinheim zurückgekehrt, der Polizei in die Fänge geraten. Am 12. Juni 1937 fand vor dem Oberlandesgericht Stuttgart der Prozeß gegen sie statt. Das Gericht sprach hohe Zuchthaus- und Gefängnisstrafen aus. Willy Mandel erhielt drei Jahre Zuchthaus zudiktiert.

Ein Vorgang in diesem Prozeß enthüllt die Willkür und Skrupellosigkeit der nazistischen „Rechtssprechung". Willi Krumm wurde nur deshalb zu einer Zuchtausstrafe von drei Jahren und sechs Monaten verurteilt, weil er, so unterstellte das Gericht, angeblich um die Osterzeit 1934 zweimal „mit dem Polleiter der KPD Mannheim Eugen Herbst" zusammenkam. In Wirklichkeit war Herbst nie politischer Leiter der Kommunistischen Partei in Mannheim, zu Ostern 1934 bereits in München illegal tätig und bis zu seiner Ermordung im Herbst des gleichen Jahres nicht mehr im Raum Mannheim gewesen.

## Massenprozeß gegen Ludwigshafener Kommunisten

Die Bezirksleitung der KPD unter Lechleiters Führung war stets um politische Kontakte nach Ludwigshafen, den Gemeinden der Pfalz und besonders zur Belegschaft der BASF bemüht. Jenseits des Rheins sollte wieder eine organisierte Widerstandsbewegung entstehen. Noch kurz vor ihrer Verhaftung im Jahre 1942 führten Lechleiter und Faulhaber Gespräche mit ehemaligen KPD-Funktionären der Pfalz, um dieses Ziel zu erreichen.

Warum bestand nach 1936 in Ludwigshafen und der vorderen Pfalz keine einheitliche Bewegung mit einer Führungsgruppe für dieses Gebiet mehr?

Über die Lage der Ludwigshafener KPD-Organisation und den Prozeß gegen Funktionäre im Jahre 1934 wurde berichtet. Unter der Führung von Philipp Geis nahm die Aktivität dennoch sehr rasch zu. Nicht nur in den Wohngebieten Ludwigshafens, auch in den Gemeinden Speyer, Frankenthal, Maxdorf und Lambrecht betrieben verhältnismäßig starke Gruppen antifaschistische Aufklärung. Doch zu Beginn des Jahres 1937 waren 24 Funktionäre in Untersuchungshaft und standen unter Anklage wegen „Vorbereitung zum Hochverrat". Die Organisation war damit weitgehend zerschlagen. Die Voruntersuchung führte zu dem Prozeß gegen Johann Schmitt und andere vor dem Oberlandesgericht München, der größten Justizaktion gegen pfälzische Antifaschisten. Mitangeklagt war der politische Leiter des Unterbezirks, Philipp Geis. Sein Mitarbeiter Jakob Rummer war schon am 24. August 1935 verhaftet und am 10. Dezember des gleichen Jahres zu 15 Monaten Gefängnis verurteilt worden. Mit ihm standen in dem Prozeß gegen Willy Schmidt und andere 15 Angeklagte vor dem 2. Strafsenat des Oberlandesgerichts München unter Anklage. Rummer konnte nicht allzuviel nachgewiesen werden. Dennoch verschleppte ihn die Gestapo nach Beendigung der Strafhaft in das Konzentrationslager Dachau. Dort war er bis 1939 inhaftiert.

Im gleichen Jahr stand auch der frühere politische Leiter der Unterbezirksorganisation Ludwigshafen Adam Voltz vor Gericht. Er war Ende 1933, wie schon berichtet, nach der Schweiz geflüchtet, kehrte aber bald wieder heimlich nach Deutschland zurück. Voltz leitete die illegale Arbeit der Roten Hilfe in Stuttgart. Dort wurde er verhaftet und am 14. November 1935 zu zehn Jahren Zuchthaus verurteilt.

Nach dem Zusammenbruch der faschistischen Gewaltherrschaft wurde offenbar, warum die Ludwigshafener Gestapo so gut über die illegale Tätigkeit der dortigen Parteiorganisation informiert war. Ohne Informationen aus der Bewegung wäre es ihr nicht möglich gewesen, so viele Aktivisten auf die Anklagebank zu bringen. Ihr war es gelungen, einen Spitzel in die Organisation einzuschleusen, der schon in den früheren Jahren viele der Antifaschisten auf dem Gewissen hatte, die der Justiz in die Hände gefallen waren. Er hieß Koch und war Vertrauensmann des Kriminal-Inspektors Hauck von der Ludwigshafener Zweigstelle der Geheimen Staatspolizei. Der Kommunistenjäger Hauck gab sich große Mühe, eine mögliche Entlarvung seines Agenten zu verhindern. Im Jahre 1936 wandte er sich zweimal an die Justizorgane mit dem dringenden Ersuchen, „dafür Sorge zu tragen, daß der Name des Vertrauensmanns Koch in den Verhandlungen nicht erwähnt wird". In einem der Schreiben Haucks an den Gerichtshof heißt es: „Es ist dadurch gelungen, das bereits über die ganze Pfalz verbreitete Tätigkeitsfeld der Kommunisten zu zerschlagen und die Täter ihrer Bestrafung zuzuführen. Auch bei dem neuerdings wieder aufgenommenen Ermittlungsverfahren hat Koch wertvolle Dienste geleistet."[106]

Das wiederaufgenommene Ermittlungsverfahren mit Hilfe der „wertvollen Dienste" des V-Mannes führte dann zum Massenpreozß vom 12. Mai 1937. Er endete mit Zuchthaus- und Gefängnisstrafen für die 24 Angeklagten. Zwei der Antifaschisten, die der Polizei- und Justizaktion zum Opfer gefallen waren, sahen Ludwigshafen nie wieder. Philipp Geis wurde nach der Verbüßung einer Zuchthausstrafe von achtzehn Monaten ins Konzen-

---

106 Schreiben von Krim.-Inspektor Hauck, Ludwigshafen, vom 5. 8. 1936 an Oberlandesgericht München. In Besitz von Jakob Rummer.

trationslager Buchenwald verschleppt. Dort gehörte er zur illegalen Lagerorganisation der KPD. So tapfer und selbstlos, wie er vor der Verhaftung als Kämpfer der Arbeiterklasse wirkte, so war auch seine Haltung im KZ Buchenwald. Dort wurde er im Jahre 1940 ermordet. Im Konzentrationslager starb auch der stets aktive Arbeiterfunktionär Karl Fuchs. Er kam im berüchtigten KZ Dachau, wohin ihn die Faschisten nach der Strafverbüßung transportiert hatten, ums Leben.

## Jungarbeiter Mannheims kämpfen für Spaniens Freiheit

Am 18. Juli 1936 putschten in Spanien faschistische Generale. In deutschen und italienischen Flugzeugen wurden Francos Truppen und Fremdenlegionäre von Afrika nach Südspanien gebracht. Die republikanische Regierung rief zur Verteidigung der Republik auf. Spaniens Volksfront organisierte in den Städten und Dörfern den Widerstand. Der deutsche Imperialismus unterstützte Franco mit Flugzeugen, Artillerie und Panzern. Die sogenannte Legion Condor bombardierte erbarmungslos spanische Städte und mordete Frauen und Kinder.

Den deutschen Imperialisten ging es um die Gewinnung strategischer Positionen gegen England und Frankreich, um die Sicherung der Interessen der deutschen Bank- und Industriemonopole in Spanien gegenüber den gesellschaftlichen Reformen der spanischen Volksfrontregierung und zugleich um eine Generalprobe für einen neuen Weltkrieg.

Überall in der Welt entstanden Solidaritätsbewegungen, und 35 000 Freiwillige aus 54 Ländern eilten der spanischen republikanischen Armee zu Hilfe. Am 7. August 1936 richtete das Zentralkomitee der KPD einen Appell an die deutschen Antifaschisten, sich der bedrohten spanischen Republik zur Verfügung zu stellen. 5000 Deutsche kämpften für die Freiheit Spaniens gegen den Faschismus, 3000 fielen im Kampf oder wurden nach ihrer Gefangennahme ermordet.[107]

Auch aus der Arbeiterstadt Mannheim eilten Antifaschisten – besonders Mitglieder des Kommunistischen Jugendverbandes – nach Spanien. In den Bataillonen Ernst Thälmann, Hans Beimler und Edgar André, in den Batterien Karl Liebknecht und Georgi Dimitroff kämpften sie für die Freiheit. Ihre Namen sind:

| | |
|---|---|
| Ludwig Cornelius | Kurt Diehl |
| Leonhard Dallinger | Gustav Grywatsch |

107 Vgl.: Geschichte der deutschen Arbeiterbewegung, Bd. 5, a.a.O., S. 154.

| | |
|---|---|
| Lisa Haas | Hans Schäffner |
| Karl Heinz | Karl Schneider-Lösch |
| Leo Heiß | Emma Steiner |
| Karl-Heinz Hoffmann | Hans Steiner |
| Ernst Huß | Johann Steiner |
| Herbert Jander | Oskar Stolzenberg |
| Karl Jung | Erwin Strohmeier |
| Alfred Kirchner | Heinrich Venuleth |
| Heinrich Kraft | Ernst Votteler |
| Karl Liesecke | Josef Wieland |
| Gustav Müller | Heinrich Wieland |
| Josef Safferling | Ludwig Wieland |

Fünf der Mannheimer Interbrigadisten fielen im Kampf und ruhen in spanischer Erde: Karl Liesecke, Oskar Stolzenberg, Erwin Strohmeier, Heinrich Venuleth und Gustav Grywatsch. Leo Dallinger wurde im Lager Vernet von einem Gendarmen der Vichy-Regierung ermordet.

Die Namen der Sechs stehen auf keiner Ehrentafel, ihre Hinterbliebenen erhalten keine Kriegsrente. Doch sie waren wahre Helden der Arbeiterstadt Mannheim. Sie kämpften freiwillig und bewußt gegen den schlimmsten Feind der Menschheit, gegen den Faschismus. Sie gaben ihr Leben, um Mannheim vor dem Grauen eines Krieges zu bewahren. Karl Liesecke war zweimal, bevor er nach Spanien ging, im Gefängnis, Erwin Strohmeier entging der dritten Verhaftung in Mannheim, Heinrich Venuleth war 1933 als RGO-Funktionär in Haft und sollte 1935 erneut inhaftiert werden, Gustav Grywatsch und Leo Dallinger standen auf der Fahndungsliste der Polizei.

Der Mannheimer Kämpfer des Thälmann-Bataillons Gustav Grywatsch hat in seinem letzten Brief am 11. Februar 1937 geschrieben: „Das Thälmann-Bataillon hat hier einen guten Klang. In großer Anzahl melden sich Angehörige anderer Nationalitäten zum Thälmann-Bataillon. Kürzlich war ich Wachhabender, wir waren Deutsche und Franzosen. Es waren nette Kerle. Wir konnten uns nur schwer verständigen, aber die französischen Kameraden nahmen mich in die Arme und sagten ‚mon ami'. Sie sind sehr stolz, in unserem Bataillon zu sein. Sehr gerne habe ich auch die spanischen Kameraden . . . Erwin Strohmeier habe ich noch nicht gesprochen. Er ist schwer verwundet. Ich sprach mit Kameraden, die neben ihm lagen, als es geschah. Sie konnten aber nichts über ihn sagen. Gestern wurde mir mit Bestimmtheit gesagt, daß er nicht tot ist. Er steht auch nicht auf der Totenliste. Heinrich Venuleth ist hier in der ersten Kompanie und ich bin in der zweiten." [108]

108 Brief von Gustav Grywatsch am 11. 2. 1937. In Privatbesitz.

Doch Erwin Strohmeier war zu dem Zeitpunkt, als sein Kamerad Gusch den letzten Brief seines Lebens schrieb, bereits tot. Er wurde schwer verwundet aus der Frontlinie gebracht und wahrscheinlich geriet der Lazarettwagen auf der Fahrt unter Beschuß. Dies war im Dezember 1936 bei der Verteidigung von Madrid, den genauen Todestag weiß niemand. Und Heinrich Venuleth fiel einige Monate später.

Josef Wieland, einer der Mannheimer Spanienkämpfer, beschrieb den Tod seines Kameraden Leo Dallinger im Lager Vernet:

„An Flucht war kaum zu denken, denn die Bewachung war wesentlich verstärkt worden. Wir hatten den Eindruck, daß man uns gut bewahrte, bis die SS- und SD-Leute uns abholen wollten. Sie kamen auch im Frühjahr 1941!

Unser Kamerad Leo Dallinger war von allem so stark beeindruckt, daß er die tatsächliche Lebensgefahr, die eine Flucht bedeutete, nicht mehr sah. Die Sehnsucht, aus dem Lager zu kommen, wurde immer stärker. Oft haben wir über unsere Flucht gesprochen, sämtliche Möglichkeiten geprüft. Es ging nur durch den Stacheldraht in einer dunklen Nacht. Aber dazu brauchte man auch eine Drahtzange oder sonstiges Werkzeug. Leo ist es gelungen, sich eine Drahtzange zu besorgen, auf welchen Wegen, ist uns heute noch ein Rätsel. Wir rieten ihm ab, sein Vorhaben gleich zu realisieren, weil es zu dieser Zeit mondhell war. Leo ließ sich nicht beeinflussen. Es war ein schöner sonniger Tag gewesen und die Nacht versprach besonders klar zu werden. Also keine Zeit für ein Fluchtvorhaben. Wir hätten auch nicht gedacht, daß Leo sich partous diese ungünstige Zeit aussuchen würde. Das genaue Datum weiß ich heute nicht nehr, aber es muß im Herbst 1940 gewesen sein. Es gab, genau wie wir gesagt hatten, eine sternklare Nacht. Mit meinem Freund Ludwig Cornelius stand ich am Zaun zum Nachbar-Ilot; wir unterhielten uns mit unseren Kameraden. Plötzlich wurde dieses Gespräch durch einen Gewehrschuß unterbrochen und schon waren wir auch in Richtung des Schusses losgerannt. Wir brauchten nichts zu sagen, jeder von uns dachte das gleiche: Das war für Leo. Wir brauchten nicht weit zu laufen, ca. 100 Meter von unserem vorherigen Standort lag Leo reglos unter dem Stacheldraht. Es war ihm gelungen, drei Drähte zu durchschneiden, als ihn aus einer Entfernung von nicht mehr als zwei Metern die Kugel traf. Ein Wachsoldat hatte auf ihn abgefeuert.

Leo muß sofort tot gewesen sein, denn die Kugel war unmittelbar unter dem Kopf in Nacken und Brust eingedrungen. Der „heldenhafte" Schütze stand noch da, das Gewehr im Anschlag, als wollte er auch auf uns schießen. Noch keine Minute war vergangen, und das ganze Ilot stand am Stacheldraht. Protestrufe gegen den Mordschützen wurden laut, und schon standen auch jenseits des Stacheldrahtes herbeigeholte Soldaten mit schußbereiten Gewehren. Doch wir standen still da und sahen unseren Kameraden Leo an, der feige abgeknallt worden war. Da lag er im Blute, noch die Zange in der Hand, die ihm zur Freiheit verhelfen sollte."[109]

Vielfältig war das Schicksal der Mannheimer Kämpfer der Internationalen Brigaden, die nicht im Kampfe fielen, nach dem Sieg des Faschismus in Spanien. Eines dieser Schicksale sei hier beschrieben: Karl Schneider-Lösch geriet im April 1938 bei Batea in die Gefangenschaft der Franco-Faschisten und wurde in das berüchtigte Konzentrationslager San Petro de Cardenne bei Burgos verschleppt. Er versuchte, aus dem Lager zu entkommen. Mit Hilfe spanischer Antifaschisten beschaffte er sich nach und nach zivile Kleidungsstücke, um seine Absicht zu verwirklichen. Im Lager fanden laufend scharfe Kontrollen statt, so daß er das Versteck für die Kleider mehrere Male wechseln mußte.

Karl Schneider-Lösch war beinahe soweit, da wurden die Gefangenen in ein anderes Lager bei Palencia transportiert, die Kleider waren verloren. Sofort begann er erneut mit der Vorbereitung zur Flucht. Dann brach im Lager Typhus aus. Er war einer der ersten, die daran erkrankten und einer der wenigen, die überlebten. Die Solidarität der Spanienkämpfer war groß. Von den zwei Brötchen, die jeder als Tagesration erhielt, gaben ihm andere Kameraden täglich eines ab, damit er schneller zu Kräften kam.

Zu der Zeit, als der deutsche Faschismus den Krieg gegen die Sowjetunion auslöste, lag Karl Schneider-Lösch im Fieberdelirium. Erst Wochen später, halb genesen, wurde ihm bewußt, was in der Welt eingetreten war. Nach dem Überfall auf die Sowjetunion gab es für ihn nur noch eines, die rasche Flucht, um den Kampf gegen den Faschismus weiterführen zu können. Nachdem er wieder zu Kräften gekommen war und die inzwischen neu getroffenen Fluchtvorbereitungen abgeschlossen waren, glückte ihm am 30. November 1941 der Ausbruch aus dem Lager. Er robbte sich durch die Wachketten hindurch; das dauerte Stunden. Nach vielen Strapazen, barfuß, halb verhungert, nur nachts laufend, durchquerte er Nordspanien und kam nach zwölf Tagen über die portugiesische Grenze. Dann geriet er hier in Gefängnishaft, immer in Gefahr, an die spanischen Faschisten ausgeliefert zu werden. Das wäre nach seiner Flucht aus dem Lager der sichere Tod gewesen. Im Januar 1945 entlassen, kam Karl Schneider-Lösch einige Monate später nach Mannheim zurück.

Auch das Leben der übrigen Kämpfer der Interbrigaden aus der Stadt Mannheim war nach dem Sieg Francos recht hart: Sie setzten in der französischen Widerstandsbewegung und in der Bewegung „Freies Deutschland" den Kampf gegen den Faschismus fort, einige erlebten das Ende des

---

109 Aus „Der Tod des Leonhard Dallinger", Erlebnisbericht von Josef Wieland.

Die Mannheimer Interbrigadisten Leo Dallinger, Ludwig Wieland, Josef Wieland.

Eine Gruppe Interbrigadisten, rechts stehend Heinrich Wieland.

Lisa Haas, Krankenschwester der Interbrigadisten (2. v. rechts).

Erwin Strohmeier, gefallen bei der Verteidigung von Madrid

Hans Schäffner, antifaschistischer Kämpfer in Deutschland und Spanien

Der Kriegskommissar des „Hans-Beimler-Bataillons", Karl-Heinz Hoffmann (links), mit dem Kommandeur des Bataillons, Heinz Schramm.

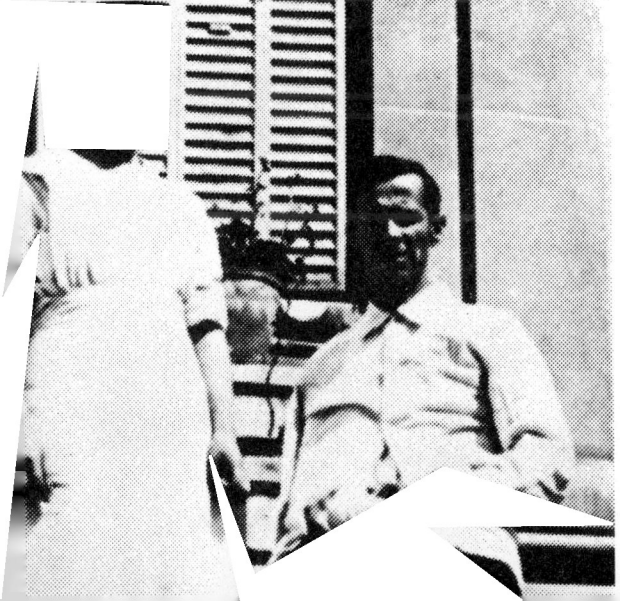

Gustav Grywatsch mit spanischen Kindern, für die er kämpfte und starb.

Gustav Müller, schwerverwundet im Lazarett.

Krieges in Internierungslagern in Nordafrika, andere in den Konzentrationslagern des deutschen Faschismus.

## Stimme der Freiheit über Welle 29,8

Während der Zeit der Volksfrontregierung und des Krieges in Spanien hörten viele Mannheimer über den Rundfunk Worte, die manchem Bürger, der sich bis dahin nur nach den Nachrichten der deutschen Sender „seine" Meinung über Vorgänge in und um Deutschland gebildet hatte, die Sprache verschlugen. Da erklangen plötzlich abends um zehn Uhr die Worte: „Der faschistische Staat kann in Frieden nicht bestehen, ihr aber wollt leben und Frieden haben. Schafft die Einheitsfront von Kommunisten und Sozialdemokraten, von Gewerkschaftern und Katholiken! Schafft die deutsche Volksfront zum Kampf für ein demokratisches, friedliebendes Deutschland!"

Das war der Freiheitssender auf Kurzwelle 29,8, der seit dem 10. Januar 1937 jeden Abend von 22.00 Uhr bis 23.00 Uhr sein antifaschistisches Programm ausstrahlte. Einigen aktiven Antifaschisten Mannheims war die Stimme des Mannes, der nun täglich zu ihnen sprach, nicht fremd. Der Sprecher des Deutschen Freiheitssenders 29,8 war Hanns Maaßen, zu Beginn der faschistischen Herrschaft ihr Mitkämpfer in der Arbeiterstadt Mannheim.

Vom Zentralkomitee der KPD kam der Hinweis an die Partei, die Sendungen des Freiheitssenders als die wichtigste Orientierung für ihre Tätigkeit zu betrachten. Diese Orientierung lautete: Schaffung der Volksfront für den Sturz Hitlers, für die Errichtung einer demokratischen Republik! In Mannheimer Betrieben ging es von Mund zu Mund: „Den Freiheitssender auf der Kurzwelle 29,8 einschalten. Er sendet abends von zehn bis elf Uhr." Viele Gegner des Nazismus fanden sich in Wohnungen zum Gemeinschaftsempfang zusammen, und am anderen Morgen diskutierte man auf den Arbeitsstellen über die Meldungen des Senders.

Am 26. September 1938 hielt Hitler im Berliner Sportpalast eine Brandrede. Am gleichen Tag warnte der Deutsche Freiheitssender: „Achtung, höchste Gefahr. Hitler will den Krieg!" Die Sendung endete mit den Worten: „Beginnt Hitler den Krieg gegen die Tschechoslowakei, beginnt Hitler den Weltkrieg, dann muß jeder Deutsche wissen: Der Feind steht im eigenen Land. Der Feind des deutschen Volkes ist Hitler und das Hitlerregime!"

Diese Warnung des Freiheitssenders erfolgte wenige Wochen vor der sogenannten Reichskristallnacht, der bis dahin schrecklichsten Terroraktion gegen die jüdischen Mitbürger in Deutschland. Am frühen Morgen des 10. November 1938 sprengten SA-Trupps, als Zivilisten getarnt, die Mannheimer Synagoge, demolierten das jüdische Gemeindehaus und brannten in Feudenheim das jüdische Gotteshaus nieder. Nichts war ihnen heilig, altehrwürdige und wertvolle Bilder und Kultgegenstände wurden auf die Straße geworfen, vandalisch zerschlagen und verbrannt. Am nächsten Tag zogen SA-Horden und faschistische Pöbelhaufen durch die Straßen der Stadt, plünderten Geschäfte, Wohnungen und Restaurants aus, mißhandelten selbst älteste jüdische Bürger und verschleppten Männer ins Konzentrationslager Dachau. Durch die Straßen Mannheims gellte am 11. November 1938 der Schlachtruf der Faschisten: ,,Deutschland erwache, Juda verrecke", noch schlimmere Pogrome ankündigend.

Was sich während der Reichskristallnacht und am Tage danach abspielte, das war kein ,,Ausbruch des Volkszorns", wie die Nazis in den folgenden Tagen die verbrecherische Aktion darstellen wollten. Die Kristallnacht gehörte zu dem wohldurchdachten Plan der Aneignung jüdischen Vermögens durch die faschistischen Konzerne, es war die ideologische Vorbereitung für die sogenannte ,,Arisierung" der Wirtschaft, die zur gleichen Zeit im Großen einsetzte. Man wollte zudem chauvinistische Haßgefühle hochpeitschen und die Bevölkerung, besonders die Jugend, abstumpfen gegenüber dem Leid, das sie schon bald im Waffenrock der Wehrmacht über die Völker bringen sollte.

Zwei Jahre nach der Reichskristallnacht, am 22. Oktober 1940, wurden nahezu 2000 Mannheimer Juden in das südfranzösische Internierungslager Gurs verschleppt. Der älteste unter ihnen war 98 Jahre alt, er starb infolge der Strapazen des Transports. Im Frühjahr 1942 folgte eine weitere Deportation. Insgesamt waren es aus dem Amtsbezirk Mannheim 2074 Frauen, Männer und Kinder, die aus ihren Wohnungen geholt und mit nur wenig Handgepäck versehen in Lager transportiert wurden.[109a] Die Endstation beinahe aller der Unglücklichen war schließlich das Vernichtungslager Auschwitz, dort starben die meisten in den Gaskammern.

,,Gegen die Schmach der Judenpogrome" veröffentlichte das Zentralkomitee der KPD Mitte November 1938 eine Erklärung, in der auf den Zusammenhang zwischen den Judenverfolgungen und der gesamten Politik des deutschen Imperialismus hingewiesen wurde. Darin hieß es am Schluß: ,,Die Befreiung Deutschlands von der Schande der Judenpogrome wird zusammenfallen mit der Stunde der Befreiung des deutschen Volkes von der braunen Tyrannei. Deshalb müssen alle deutschen Menschen, die

---

109a Friedrich Walter: Schicksal einer deutschen Stadt. Geschichte Mannheims 1907–1945. Fritz Knapp-Verlag, Frankfurt am Main. Bd. II 1925–1945. S. 256.

**Ehrenmal auf dem jüdischen Friedhof Mannheim.** (Foto: Willi Hölzel)

das Regiment der Unterdrückung und der Schändung des deutschen Namens ablehnen und es beseitigen wollen, ihren festen Zusammenhalt schaffen.
Solidarität im Mitgefühl und in der Hilfe für die jüdischen Volksgenossen, Solidarität mit den gehetzten Kommunisten und Sozialisten, Solidarität mit den bedrohten Katholiken, Solidarität aller untereinander im täglichen Kampf zur Unterhöhlung und zum Sturz des verhaßten Naziregimes durch die Schaffung der breitesten deutschen Volksfrontbewegung – das ist es, was die Stunde von allen friedens- und freiheitsliebenden Deutschen verlangt!
Einigkeit macht stark. Einigkeit wird den Sieg bringen!
Nieder mit der Hitlerdiktatur!
Es lebe der Friede!
Es lebe die Freiheit!"
Die Kristallnacht in Deutschland, die grausame Verfolgung der jüdischen Bürger erhärtete die Warnungen des Freiheitssenders 29,8 an das deutsche Volk. Als die Faschisten in Barcelona eindrangen – keine Stunde früher – zerstörten die Redakteure die Einrichtungen ihrer Sendeanlage und verließen kämpfend mit der Nachhut der republikanischen Truppen die Stadt. Unter ihnen war Hanns Maaßen.

## Als der Zweite Weltkrieg entfesselt wurde

Im Jahre 1939 wurde die politische Lage in Europa drohend, der Krieg stand vor der Tür. 1936 hatte die letzte Ausgabe der „Arbeiter-Zeitung" gewarnt: „Die Entfaltung einer leidenschaftlichen chauvinistischen Hetze, der ganze Staatsapparat, alle Mittel der Beeinflussung der öffentlichen Meinung, die gesamte Wirtschaft dienen der unmittelbaren Vorbereitung des Krieges."
Und so war es 1939 in Mannheim: Bezugsscheinpflicht und die Rationierung wichtigster Lebensmittel, die rasche Vervollkommnung des Luftschutzdienstes und des technischen Notdienstes, Registrierungsmaßnahmen der gesamten Bevölkerung, alles deutete auf den nahen Kriegsausbruch hin. In den Betrieben wurde der sogenannte „Werkschutz" verstärkt und unter das Kommando von größtenteils skrupellosen Kreaturen des Faschismus und der Werkdirektionen gestellt. Außerdem wurden in den Werken ein „Selbstschutz" und ein „erweiterter Selbstschutz" formiert.
Alles war präzise vorbereitet. Am Tage nach der Anordnung von Luftschutzmaßnahmen boten in den Tageszeitungen schon zwölf Mannheimer

Warenhäuser und Geschäfte Luftschutzgeräte, Verdunkelungsrollos an. Auch das Büro der Gestapo leitete besondere Maßnahmen ein. Früher politisch Inhaftierte wurden dorthin bestellt. Die Gespräche mit ihnen leitete Frietsch. Er stellte zunächst recht freundlich das Ansinnen, für die politische Polizei „Berichte über die Stimmung in den Betrieben" zu schreiben: „Wir wollen keine Namen wissen, sondern nur die wirkliche Stimmung kennenlernen." Bei Ablehnung drohte er dann allerdings mit der Möglichkeit der Wiederverhaftung. Die KPD-Betriebsgruppe Lanz bestimmte erfahrene Genossen, um alle Kollegen – auch die Sozialdemokraten –, die eine solche „Einladung" der Gestapo erhalten könnten, zu warnen: „Wer diesen Halunken den Finger gibt, von dem fordern sie zuletzt die ganze Hand. Wer ihnen über die Stimmung berichtet, von dem versuchen sie dann auch die Namen derer zu erpressen, die kritische Äußerungen getan haben. Und wer sich dann weigert, Namen zu nennen, den schaffen sie ins Konzentrationslager. Auf keinen Fall einlassen auf diese gefährliche Provokation." Diese Anleitung wurde im Betrieb weitergegeben.

In den letzten Tagen des Monats August setzte in der Presse eine wütende Hetze gegen Polen und das polnische Volk ein. Die Abendausgabe des „Hakenkreuzbanner" vom 28. August erschien mit der Schlagzeile „Polens Armee zum Einfall bereit – angriffsfertige polnische Truppen an allen westlichen Grenzen". Am 30. August hieß es auf der ersten Seite: „Blutrausch der Warschauer Chauvinisten wächst stündlich – Panzervorstoß auf Danzig geplant." Die Frühausgabe des 1. September 1939 brachte dann in großen Lettern die berühmte Falschmeldung: „Überfall auf den Sender Gleiwitz."

Die Hitlerarmeen fielen in Polen ein; der deutsche Imperialismus entfesselte den Zweiten Weltkrieg. Am 3. September erfolgte die Kriegserklärung von Frankreich und England. Von Kriegsbegeisterung war in Mannheim nichts zu merken, am wenigsten in den Betrieben. Aber der Großteil der Bevölkerung, verblendet durch die Propaganda, glaubte an den „Blitzsieg" Deutschlands. Als die faschistische Kriegsmaschine in Ost und West zunächst präzise wie ein Uhrwerk zu rollen und zu überrollen begann, da griff in Kreisen der Mannheimer Hitlergegner Verzagtheit Platz.

Das Zentralkomitee der Kommunistischen Partei Deutschlands reagierte sofort auf den Einmarsch in Polen. In einer ersten Erklärung nach Kriegsausbruch hieß es: „Die revolutionären Kräfte der deutschen Arbeiterklasse und alle fortschrittlichen Deutschen verurteilen aufs Schärfste die nationale Unterdrückung, den furchtbaren Terror wie die Germanisierungsmaßnahmen der deutschen Okkupanten. Das deutsche Volk kann selbst nicht frei sein und in Frieden leben, solange es zuläßt, daß die herrschende Klasse Deutschlands andere Völker unterdrückt."

Wenige Monate vor Kriegsbeginn, am 3. April 1939, hatte das Zentralkomitee der KPD an den sozialdemokratischen Emigrationsvorstand das Angebot gerichtet, sich über den gemeinsamen Kampf gegen die drohende Kriegsgefahr zu einigen. Das ZK hatte vorgeschlagen zu erklären, daß Adolf Hitler nicht im Sinne und im Auftrage des deutschen Volkes handle und es im ureigensten Interesse der deutschen Nation liege, das Hitlerregime aus eigener Kraft zu stürzen. Beide Parteiführungen sollten vor der Weltöffentlichkeit eine gemeinsame Erklärung abgeben, um Hitler als Kriegstreiber und Kriegsschuldigen anzuklagen. Für den Fall, das der deutsche Faschismus den Ausbruch des Krieges provoziere, sollte Einigung darüber erzielt werden, mit allen Mitteln und unter Ausnutzung aller Möglichkeiten gemeinsam auf den Sturz der Diktatur hinzuarbeiten und den Frieden wieder herzustellen. Die Antwort der führenden Gruppe der Sozialdemokratie erfolgte Mitte Juni: Sie lehnte jede Zusammenarbeit mit den Kommunisten ab.[110]

Das Zentralkomitee der KPD veröffentlichte am Jahresende 1939 die „Politische Plattform der Kommunistischen Partei Deutschlands". In diesem Dokument wurden die Beschlüsse der Brüsseler und der Berner Konferenz der KPD, die am 30. Januar 1939 stattgefunden hatte, auf die Bedingungen des Krieges angewandt. Diese Konferenz hatte darauf orientiert, durch den Kampf der einheitlich handelnden Arbeiterklasse und der mit ihr in der antifaschistischen Volksfront verbündeten anderen Hitlergegner die faschistische Diktatur zu stürzen und einen neuen, demokratischen deutschen Staat zu schaffen.

Die Führung der Kommunistischen Partei rief dazu auf, den Kampf gegen den Krieg zu verstärken, um den Frieden zu gewinnen. Es gelte, den deutsch-sowjetischen Nichtangriffspakt dadurch sichern zu helfen, daß die deutschen Hitlergegner die Versuche der reaktionären Kräfte des deutschen und internationalen Finanzkapitals durchkreuzten, Deutschland in einen Krieg gegen die Sowjetunion zu treiben. Die Antifaschisten sollten Aktionen gegen den Krieg mit dem Kampf gegen die nationale Unterdrückung des österreichischen, tschechischen, slowakischen und polnischen Volkes durch den deutschen Imperialismus verbinden.

Diese Zielsetzung war nicht zu erreichen, das Verhängnis für Deutschland und die Welt durch den deutschen Widerstand nicht aufzuhalten. Die Bedingungen des politischen Kampfes gegen den Faschismus waren mit Kriegsbeginn härter denn je. Die chauvinistische Hetze wurde auf die Spitze getrieben, viele Mannheimer glaubten dem „Hakenkreuzbanner" und den gleichgeschalteten bürgerlichen Zeitungen, die Tag für Tag den

---

110 Geschichte der deutschen Arbeiterbewegung, Bd. 5, a.a.O. S. 246.

Krieg als vom „internationalen Judentum" aufgezwungenen Verteidigungskrieg darstellten.

Hatte es einen Sinn, gegen den Strom der Meinung anzuschwimmen? War es nicht heller Wahnsinn, gegen die perfektionierte Staats- und Kriegsmaschine anzurennen und Hals und Kragen zu riskieren? Diese Frage stellten sich viele der bis dahin aktiven Hitlergegner. Es war schwer für die wenigen engagierten Antifaschisten, gegen die alle Medien beherrschende Kriegs- und Greuelpropaganda anzugehen. Man mußte recht vorsichtig sein mit Äußerungen und dies auch in den Betrieben. Gar viele der nationalsozialistischen Arbeitskollegen, mit denen bislang noch eine ziemlich offene Diskussion möglich war, zeigten sich jetzt fanatisiert, unduldsam und sogar zur Denunziation bereit. Jetzt, nachdem der Krieg da war, galt für sie eine oppositionelle Äußerung gegenüber der Staats- und Kriegsführung als verabscheuungswürdiger Landesverrat.

Jeder Bürger stand unter Kriegsrecht, die Strafbestimmungen waren verschärft worden, Presse und Rundfunk verbreiteten, was der „Führer" drohend ausgesprochen hatte: „Wenn der Soldat an der Front kämpft, soll niemand am Krieg verdienen, wenn der Soldat an der Front fällt, soll sich niemand zu Hause seiner Pflicht entziehen. Wer sich diesen Geboten widersetzt, hat nicht damit zu rechnen, daß die Volksgemeinschaft Rücksicht auf ihn nimmt." Diese Drohung Hitlers, mit Hilfe der Massenmedien tausendfach publiziert, wurde in den nationalsozialistischen Massenorganisationen zur Richtlinie des Handelns für jedes Mitglied erhoben, und wehe dem Hitlergegner, der dies nicht beachtete bei Gesprächen mit Nationalsozialisten.

Der Krieg des deutschen Imperialismus zur Unterdrückung der Völker Europas begann auch mit der Gefangennahme deutscher Bürger. Der Überfall auf Polen war verbunden mit einer erneuten Terrorwelle gegen Kommunisten und Sozialdemokraten. Die Gestapo ließ in der Nacht zum 1. September 1939 etwa 2000 ehemalige KPD-Funktionäre verhaften.[111] Wieviele waren es in Mannheim? Niemand weiß es. Am Abend dieses verhängnisvollen Tages stand fest, daß Paul Schreck wieder zum Gefangenen der Gestapo geworden war, die Polizei hatte ihn am frühen Morgen aus der Wohnung geholt. Es gab Gerüchte über weitere Verhaftungen, die sich nicht bestätigten und allgemeine Unsicherheit bei denen hervorriefen, die schon einmal in Haft gewesen waren.

Der Arbeiterfunktionär Paul Schreck wurde zunächst von Mannheim zum Hauptquartier der badischen Gestapo nach Karlsruhe transportiert. Im Polizeiwagen befand sich noch ein verhafteter Antifaschist aus der

---

111 Geschichte der deutschen Arbeiterbewegung, Bd. 5, a.a.O., S. 251.

Stadt Mannheim, der Ingenieur Richard Stark. Er hatte nach 26monatiger Haft wegen illegaler Tätigkeit in Kiel und Hamburg bei Brown Boveri in Mannheim Arbeit gefunden. Die den Transport begleitenden vier Gestapoleute erklärten, die beiden Inhaftierten kämen in die Gefangenenanstalt Hoher Asperg bei Ludwigsburg. Paul Schreck wurde wirklich nach kurzem Aufenthalt in Karlsruhe nach dort verbracht, wenige Tage später wurde er jedoch ins KZ Buchenwald verschleppt. Richard Stark hatte Glück, er wurde wieder freigelassen.[112]

Am laufenden Band wurden nach Kriegsausbruch neue Terrorgesetze geschaffen. Am Tage des Überfalls auf Polen veröffentlichte das „Hakenkreuzbanner" die „Verordnung über außerordentliche Rundfunkmaßnahmen". Der Paragraph eins lautete: „Das Abhören ausländischer Sender wird mit Zuchthaus bestraft", und Paragraph zwei kündigte drohend an: „Wer Nachrichten ausländischer Sender verbreitet, wird mit Zuchthaus, in besonders schweren Fällen mit dem Tode bestraft." Daß diese Verordnung nicht nur als abschreckende Drohung gemeint war, wie zu Beginn des Krieges noch so mancher annahm, das mußten bald genug auch Mannheimer Bürger am eigenen Leibe erfahren.

Die Einberufungen zur Wehrmacht und die vielen Dienstverpflichtungen Mannheimer Arbeiter in andere Industriegebiete, in Betriebe der Rüstungszentren, erschwerten zudem die antifaschistische Tätigkeit. Kommunisten und Sozialdemokraten, wegen früherer politischer Haft „wehrunwürdig", wurde „auf besonderen Erlaß des Führers die Wehrwürdigkeit wieder zuerkannt", und sie wurden sofort einberufen. Viele kamen in Strafbataillone.

Am 27. September 1939 hatte die Hitlerregierung das Reichssicherheitshauptamt der SS unter Führung des berüchtigten Faschisten Reinhard Heydrich gebildet. Diesem zentralen Amt, das den außergerichtlichen Terror koordinierte und verschärfte, unterstand während des Krieges auch die Gestapo. Und die Gestaposchläger um Frietsch, Schlude, Michel, Gerst und Bischoff in Mannheim verschärften ihre bisher schon brutalen und verbrecherischen Vernehmungsmethoden. Wer von nun an in ihr Quartier in der Karl-Ludwig-Straße befohlen wurde, bei dem ging es um Leben und Tod.

Was konnte, was sollte die demokratisch denkende Minderheit in Deutschland gegen die gewaltige Macht, die in wenigen Tagen die Tschechoslowakei und Polen überrannt hatte und in Frankreich unaufhaltsam im Vormarsch war, tun? Nicht wenige Antifaschisten sahen im Krieg gegen Hitlerdeutschland die einzige Möglichkeit, um von der Schreckensherr-

---

112 Bericht von Richard Stark (Februar 1973).

schaft befreit zu werden. Darum war es für sie unbegreifbar, warum die sozialistische Sowjetunion mit Deutschland einen Nichtangriffspakt abgeschlossen hatte.

Das internationale Geschehen war kompliziert. In den bisherigen illegalen Materialien hatte die Kommunistische Partei dargestellt, der deutsche Faschismus strebe eine Einheitsfront der großkapitalistischen Mächte gegen die Sowjetunion unter seiner Führung an. In der Mannheimer „Mai-Zeitung" 1936 war das so formuliert: „Wo dieser Krieg seinen Anfang in Europa nehmen wird, ist nicht vorauszusehen, aber der Selbsterhaltungstrieb des kapitalistischen Systems zwingt, den Krieg gegen die Sowjetunion zu führen, und Hitler setzt alles daran, führend beteiligt zu sein und ist bereits schon jetzt der Organisator desselben."

Nun war die Lage eine ganz andere. Frankreich und England führten Krieg gegen Hitlerdeutschland und die Sowjetunion hielt sich heraus. Daß für die UdSSR der deutsch-sowjetische Nichtangriffspakt vom 23. August 1939 das Mittel war, eine einheitliche Front der großen imperialistischen Mächte unter Führung Hitlerdeutschlands gegen sie zu verhindern, das erkannten zu Beginn des Krieges viele Antifaschisten nicht.

## Illegale Versammlungen bei Kriegsausbruch

Die Widerstandsbewegung benötigte unter den Bedingungen des Krieges neue Organisationsformen, die den härteren Anforderungen und Gefahren angepaßt waren. Darüber war schon vor Kriegsbeginn, auf der Berner Konferenz der KPD, beraten worden. Die KPD sollte noch mehr als bisher auf die entscheidenden Betriebe orientiert werden. In diesem Sinne hatte schon die „Mai-Zeitung" des Jahres 1936 auf die Bedeutung der Betriebsorganisationen im Kampfe gegen die Kriegsgefahr und für den Fall des Krieges hingewiesen: „Unsere Hauptaufgabe ist nach wie vor die Betriebsarbeit. Mit dem Wachsen der Kriegsgefahr sind feste Stützen in den Betrieben Voraussetzung. Nur mit straff organisierten Belegschaften sind die Betriebe in der Lage, Kriegsmaterial in ausreichender Menge zu liefern. Dort ist aber auch die Quelle unserer Kraft."[113]

Die illegale Leitung der KPD im Raum Mannheim verstärkte mit Kriegsbeginn ihre Anstrengungen zur Festigung und Erweiterung der Organisation. Man kann aus ihrer damaligen Tätigkeit folgende Ziele erkennen: die noch stärkere Konzentration auf die Betriebe, die Gewinnung von Sozialdemokraten für den gemeinsamen Kampf, die Aufnahme weiterer Verbin-

---

113 Mannheimer „Mai-Zeitung" 1936. IML/ZPA 3754 Bdl. 48.

# Tagesmeldung
## der Geheimen Staatspolizei — Staatspolizeileitstelle Karlsruhe

*Im Einklang mit der Geheimhaltung des Inhalts der Meldungen wird dringend ersucht, diese zu vernichten.*

Nr. 2

vom 6. Juni 1941.

**KPD. und andere marxistische Organisationen.**

Am 19. Mai 1941 gegen 18.30 Uhr wurde von einem 14 jährigen Jungen ein kommunistisches Flugblatt, auf dem Lindenhof in Mannheim, aufgefunden. Das Flugblatt lag zusammengefaltet, Schrift nach innen auf dem Boden. Sämtliche Polizei-Reviere wurden dieserhalb verständigt. Weitere Exemplare wurden nicht aufgefunden. Fotokopie des Flugblattes wurde gefertigt und der Meldung beigefügt. Originalblatt wird zur Weiterverfolgung hier benötigt. Über den Verbreiter konnte bis jetzt noch nichts in Erfahrung gebracht werden.

— // —

An die
  Geheime Staatspolizei
  —Geheimes Staatspolizeiamt—
  —Abteilung II H.G.St. (Ber.)—
  — Zimmer 351/352 —

in B e r l i n  SW 11
  Prinz-Albrecht-Strasse 8.

*Die Tagesmeldung darf nicht weitergegeben werden!*

Tagesmeldung der Geheimen Staatspolizei Karlsruhe vom 6. Juni 1941 über kommunistische Flugblätter in Mannheim.

dungen über Mannheim hinaus, vor allem nach Ludwigshafen zur Anilin und dann vor allem die Schaffung einer antifaschistischen Zeitung. Mit dem Ausbruch des Krieges, der damit verbundenen Verschärfung des Terrors und der erhöhten Gefahr für die antifaschistische Tätigkeit verstärkte sich die Meinung, man solle den illegalen Kampf gegen Diktatur und Krieg ganz auf die Betriebe beschränken. Die Führung um Lechleiter beschloß auf jeden Fall, sich noch weit mehr als bisher auf die Ausweitung der bestehenden und die Schaffung neuer Betriebsorganisationen zu orientieren. So gab man denn auch im „Vorboten", Ausgabe November 1941, die folgende Anweisung: Der Ausbau der Organisation erfolgt nur in Betriebszellen, die nicht mehr als drei Personen umfassen sollen. In den größeren Betrieben sollen je nach Bedarf die Zellen in Gruppen zusammengefaßt werden mit einer Leitung von drei Mann, die Zellen sollen jedoch untereinander keine Verbindung haben.

Die Orientierung der Widerstandsbewegung auf die Großbetriebe war auch aus sozialen Gründen von Bedeutung. Für die Konzernleitungen war der Kriegsbeginn das Signal zum Lohndruck, zur Verschlechterung der Arbeitsbedingungen und noch schärferer Disziplinierung des Arbeitslebens.

Ein wesentliches Merkmal der wirtschaftlichen Entwicklung während der Zeit des faschistischen Herrschaftssystems war die immer engere Verflechtung zwischen den Großkonzernen und dem Staatsapparat. Die Entwicklung der Rüstungsindustrie und der Beginn des Zweiten Weltkrieges beschleunigten diesen Prozeß. Als Beispiel sei hier der größte Konzernbetrieb im Raum Mannheim, die Daimler-Benz AG genannt. Gleich nach der Machtergreifung Hitlers war der SS-Führer Jakob Werlin in den Vorstand dieser Gesellschaft lanciert worden. Weitere Verbindungsleute von der Konzernleitung des Autowerkes zum faschistischen Staatsapparat und besonders zur SS-Führung waren der Wehrwirtschaftsführer Wilhelm Kissel als Vorstandsmitglied von Daimler-Benz, Max Wessing als Aufsichtsratsmitglied und in den späteren Kriegsjahren Karl Blessing.

Bezeichnend ist die Begründung des Aufsichtsratsvorsitzenden der Daimer-Benz AG, Hans Rummel, für die Aufnahme Blessings in den Aufsichtsrat: „Herr Blessing gehörte früher dem Reichsbankdirektorium an, war alsdann Generalreferent im Wirtschaftsministerium, ist heute Generaldirektor der Kontinental- und Ölgesellschaft, deren Vorsitzender bekanntlich der Minister Funk ist, und er gehört außerdem dem engsten Freundeskreis des Reichsführers SS, Himmer, an. Wir würden in dem Genannten persönlich und sachlich eine überaus wünschenswerte Ergänzung unseres Aufsichtsrates erhalten."[113a]

113a Fritz Seidenzahl: 100 Jahre Deutsche Bank, Frankfurt a.M., 1970.

Die zunehmende Verschlechterung der Lohn- und Arbeitsbedingungen löste bei den Arbeitern und Angestellten Unzufriedenheit aus. Das stellte sogar die Staatspolizeistelle Karlsruhe in einem ihrer Berichte im Jahre 1940 fest. Es heißt darin wörtlich: „Als nicht ganz befriedigend muß dagegen die Stimmung in verschiedenen Großbetrieben bezeichnet werden, ohne daß allerdings Anhaltspunkte dafür festzustellen wären, daß diese Unzufriedenheit oder Mißstimmung von Linkskreisen genährt oder propagiert wird. Der Grund hierfür dürfte vielmehr darin zu suchen sein, daß der Akkord ständig gedrückt wird und daß man versucht, möglichst viel für die Firmen herauszuwirtschaften und andererseits die finanzielle Lage des Arbeiters nicht genügend berücksichtigt. Es ist eine Tatsache, daß Lebensmittel, Kleider, Wäsche usw. gerade in der letzten Zeit ganz erheblich in den Preisen gestiegen sind."[114]

Der Kriegsausbruch war verbunden mit einer Lohnstoppverordnung und dem Verbot des Arbeitsplatzwechsels. Die Unternehmer begnügten sich mit dem verordneten Stopp der Löhne nicht; in vielen Betrieben wurden sie gesenkt. Hinzu kam die Verschärfung der Arbeitshetze in einem bisher beispiellosen Maße.

Georg Lechleiter und Jakob Faulhaber legten großen Wert auf die Vervollkommnung der konspirativen Organisations- und Tätigkeitsmethoden der KPD. Das ging bis zur Anweisung, kein illegales Material an irgendwen weiterzugeben ohne Absprache zumindest mit dem Verantwortlichen der Zelle oder Gruppe. Der Verfasser dieses Buches bekam vom Verantwortlichen der Abteilungszelle, der er bei der Firma Lanz AG zugehörte, die „strikt zu befolgende Anweisung", nichts zu unternehmen, um in anderen Abteilungen des Werkes, in denen er beruflich zu tun hatte, die Existenz von Parteizellen festzustellen. Als er den Auftrag der zentralen Leitung der KPD-Betriebsorganisation erhielt, mit Gruppen tschechischer Zwangsarbeiter und später mit französischen Kriegsgefangenen die Verbindung aufzunehmen, da übergab ihm diese Anweisung nicht ein Mitglied der Gesamtleitung, sondern der Verantwortliche seiner Abteilungszelle.

Zur Zeit des Kriegsbeginns fanden im Raum Mannheim, wie sich noch feststellen läßt, Besprechungen der Funktionäre statt, die zum Kern der Organisation gehörten. Die Anleitung der die Betriebsgruppen führenden Antifaschisten wurde noch kontinuierlicher gestaltet. Jakob Faulhaber war an jedem Sonntag auf Fußballplätzen, um sich dort auf möglichst unauffällige Weise mit Betriebsfunktionären zu treffen.

---

114 Jörg Schadt: Verfolgung und Widerstand unter dem Nationalsozialismus in Baden, herausgegeben vom Stadtarchiv Mannheim, Verlag W. Kohlhammer, Stuttgart 1976, S. 219.

Wenige Tage vor dem Überfall der Hitlerarmeen auf Polen trafen sich bekannte Kommunisten am Neckarufer bei Heidelberg, darunter die später Hingerichteten Lechleiter, Faulhaber, Langendorf, Moldrzyk, Winterhalter und Fritz. Man diskutierte über die Ereignisse, die den Krieg ankündigten und die sich aus einem eventuellen bewaffneten Konflikt ergebenden Aufgaben des antifaschistischen Kampfes.[115]

Einen der politischen Schwerpunkte für die Tätigkeit sah die Führungsgruppe um Lechleiter in der Aufklärung über die Bedeutung des deutsch-sowjetischen Nichtangriffspaktes. Sie wollte vor allem auch der Auffassung entgegentreten, daß nur der Krieg Deutschland von der Diktatur befreien könnte. Wenige Monate vor Kriegsausbruch hatte Heinrich Mann an die deutsche Arbeiterklasse appelliert, sich im Kampf gegen Hitler zu einigen, denn ihr sei „das Gesetz der Geschichte und die Verantwortung vor ihr" auferlegt. In der gleichen Zeit wandte sich die Abschnittsleitung Süd der KPD mit einem Aufruf an die Arbeiter der süddeutschen Industriegebiete, sich auf ihre Kraft zu besinnen und dahin zu wirken, daß sich alle Hitlergegner in einer deutschen Volksfront vereinigen. Im Geiste dieses Appells riefen die Mannheimer Kommunisten zur eigenen Tat auf und dies besonders im „Vorboten" des Jahres 1941.

Die Zusammenkünfte in größerem Kreis waren äußerst gefährlich und widersprachen gewiß den später im „Vorboten" gegebenen Anleitungen konspirativen Verhaltens. Doch die unmittelbare Gefahr eines Krieges brachte soviele neue Fragen und Probleme, daß man das Bedürfnis hatte, im Kreise von Genossen zu diskutieren. Diese Zusammenkünfte wurden später, in noch weit gefährlicherer Zeit, wiederholt: nach dem Überfall der Hitlerarmee auf die Sowjetunion und nach dem Flug von Rudolf Heß nach England. Sie umfaßten sogar noch mehr Kampfgefährten als das Treffen am Heidelberger Neckarufer, wie sich damalige Teilnehmer erinnern.[116]

Wenige Tage nach Kriegsausbruch fanden auch Beratungen der Betriebsgruppen statt, offensichtlich nach einem einheitlichen Plan. Nachweisbar sind sie noch für die Betriebe Bopp & Reuther, Brown Boveri, Lanz AG und Strebelwerk. Die Lanz-Gruppe führte die Beratungen getrennt nach Abteilungszellen durch, das spricht für ihre Stärke. Doch niemand kann heute sagen, wieviele solcher Abteilungsversammlungen damals für Kollegen des Betriebes Lanz AG stattfanden. An einer der Zusammenkünfte, die an einem Sonntagvormittag im Garten des Verantwortlichen der Zelle, Heinrich Kraft, veranstaltet wurde, beteiligten sich sechs Mitglieder aus den Werkabteilungen Betriebsschlosserei, Maschinenreparatur sowie aus der Betriebselektrikerwerkstätte.

115 Aus Berichten von Frieda Knapp, Erwin Knapp, Adolf Feuerstein, Ernst Hahner.
116 Ebenda.

Bei der Zusammenkunft diskutierte man über die Kriegsaussichten der Faschisten, über die Stimmung unter den Kollegen und natürlicherweise auch über die eigene, über die Aufgaben des antifaschistischen Kampfes unter den Bedingungen des Krieges. Kraft begann seine Erläuterung der Lage mit etwa folgenden Worten: „Genossen, wir waren noch nie auf Rosen gebettet, wir hatten es immer recht schwer, aber so schwierig wie jetzt war es noch nie. Und das ist erst der Anfang."

Das die Aussprache beherrschende Problem war der Nichtangriffspakt der Sowjetunion mit Hitlerdeutschland. Man kam überein, daß Aufklärung über die Strategie der SU not tat. Aber wie sollte man überzeugend aufklären, wenn man selbst nicht so recht verstehen konnte, was da vor sich ging? Schließlich wurde einer der anwesenden Kommunisten beauftragt, eine Ausarbeitung mit den notwendigen Argumenten vorzunehmen. Die sollte er in den folgenden Tagen seinen Genossen der Zelle mündlich übermitteln, sei es im Betrieb oder in ihren Wohnungen. So geschah es dann auch.

Georg Lechleiter strebte nach einer umfassenden Tätigkeit der Kommunistischen Partei. Er interessierte sich auch für die politische und theoretische Schulung der Parteigruppen. Daher bemühte er sich um Werke der Klassiker des Marxismus-Leninismus und um noch vorhandene Schulungsmaterialien. Marxistische Literatur zu dieser Zeit aufzufinden, war schwer. Die Polizei hatte bei den vielen Hausdurchsuchungen alles beschlagnahmt, was auch nur den Verdacht erweckte, „marxistisch" zu sein. Der Kommunist Bruno Kirsch übernahm die Beschaffung des notwendigen Schulungsmaterials. Lechleiter drängte, ihm dauerte die Sache zu lange. Er wandte sich an andere Bekannte und dabei auch an den ehemaligen Redakteur Gustav Süß aus Neustadt. Der belieferte ihn denn auch nach kurzer Zeit mit den gewünschten Schriften. Die verhängnisvolle Rolle des Süß wurde Lechleiter erst nach der Verhaftung und während der Vernehmungen gewahr. Aus welchen Beständen ihn Süß im Jahre 1940 so prompt mit den Schriften beliefern konnte, ist ein Geheimnis geblieben.

Je mehr Hitler den Krieg ausweitete und je totaler der Krieg gegen die Völker Europas geführt wurde, desto rastloser strebten Lechleiter und Faulhaber vorwärts, um eine wirkungsvolle Bewegung des Friedenskampfes zu schaffen. Ostern 1941 schrieb Georg Lechleiter an seinen Sohn: „Kampf auf den Schlachtfeldern, Kampf in der Natur. Der kalte leidvolle Winter kämpft immer noch mit dem heranstürmenden lebensfrohen Frühling. Kampf ist auch unser Lebenszweck. Und im Kampf mit unserem Schicksal müssen wir unsere Kraft zu entwickeln streben. Für einen edlen Gedanken leben und gegen alles furchtlos kämpfen, was sich ihm entgegenstellt. Keine Schwachheiten. Sie sind höchstens im Falle der Krankheit gestattet als Ausnahme. Niedergeschlagenheit ist Zeitverschwendung. Immer arbeiten. Immer seine Ideen klären. Die Philosophie in die Tat umsetzen, sie muß Zinsen tragen. So, das waren einige Ostergedanken und damit will ich heute die Plauderstunde beenden."[117]

## Verteilerstelle Volz im Vorort Seckenheim

Nach dem Ausbruch des Krieges beschloß die Bezirksleitung der KPD endgültig die Herausgabe einer zentralen Zeitung für den Bezirk. Zuvor hatte sie – das tat vor allem Faulhaber – auf die Herausgabe von Betriebszeitungen orientiert. Sie sollten Vorrang haben vor einer zentralen Zeitschrift, und die Kraft reichte nicht aus für beide Vorhaben. Seit dem Jahre 1936 waren keine Betriebszeitungen mehr erschienen. Faulhaber drängte bei jeder Zusammenkunft auf ihr Wiedererscheinen. Nun, nachdem der Krieg zur bitteren Tatsache geworden war, entschied man sich für die schnelle Herausgabe einer zentralen Zeitung.

Dieser Beschluß der Führungsgruppe besagt nicht, daß Mannheim in den letzten Jahren vor Kriegsbeginn ohne illegale Zeitungen war. Da ging in Betrieben unter Antifaschisten heimlich die „Rote Fahne" von Hand zu Hand, auch die Basler „Rundschau über Politik, Wirtschaft und Arbeiterbewegung" und „Inprekorr", beides Organe der Kommunistischen Internationale, waren nicht unbekannt. Sogar zwei neue Zeitungen erschienen kurz vor Kriegsbeginn: die „Süddeutsche Volksstimme", das Organ der KPD für Süd- und Südwestdeutschland und „Süddeutsche Informationen", die Zeitung der süddeutschen Volksfrontbewegung. Alle diese Zeitungen wurden aus dem Ausland – aus der Schweiz und Frankreich – nach Mannheim gebracht. Auch Rheinschiffer betätigten sich als illegale Transporteure der Schriften. Die zentrale Anlaufstelle befand sich seit dem Jahre 1937 bei Heinrich Volz in Seckenheim, manchmal sprachen die Überbringer auch in der Schneiderwerkstätte der Familie Wagner in der Heinrich-Lanz-Straße vor. Der illegale Kurier, der den Großteil der Schriften nach Mannheim transportierte, war bis zum Ausbruch des Krieges der Emigrant Otto Gentner.

Der ehemalige Mannheimer Redakteur Gentner brachte die antifaschistischen Materialien über die französische Grenze, mit gefälschtem Paß per Bahn und mit Hilfe von Schlauchbooten, die ihn bei Nacht und Nebel über den Rhein trugen. Das war eine gefahrvolle Tätigkeit, und Gentner entwischte mehr als einmal mit Mühe und Not den faschistischen Hä-

---

117 Brief Georg Lechleiters zu Ostern 1941. In Besitz von Jaques Lechleiter, Zürich.

schern. Seine Transporte mit der Bahn – auch Güterzüge wurden benutzt – und besonders mit Schlauchbooten wären nicht möglich gewesen ohne die Hilfe französischer Patrioten. Einige seiner damaligen Helfer, die in Straßburg wohnen, erinnern sich noch an diese Fahrten Otto Gentners. Seine Freunde waren jedesmal von einer schweren Last befreit, wenn er wieder nach Straßburg zurückkam, besonders seine Frau Irene, die mit ihm nach Frankreich emigriert war.

Das Ehepaar Gentner gehörte in Straßburg gemeinsam mit Klausmann und Gorbach zur Unterabschnittsleitung Süd/West der KPD, die besonders die Pfalz und einen Teil Badens zu bearbeiten hatte. Dazu gehörte die Belieferung mit illegalen antifaschistischen Schriften. Irene Gentner war in dem Kollektiv verantwortlich für das Versandwesen, und sie bereitete die gefahrvollen Fahrten ihres Ehe- und Kampfgefährten nach Mannheim vor.[118]

Auf diese Weise kam auch die kleine Tarnschrift „Ratgeber für den Haus-, Schreber- und Siedlergarten von Gartenbauinspektor Franz Mappes" nach Mannheim. Sie enthielt die Rede von Georgi Dimitroff auf dem VII. Weltkongreß der Kommunistischen Internationale. Von der Wohnung Heinrich Volz' holten Kuriere die Schriften ab und brachten sie zu ihren Gruppen. Antifaschisten in Ilvesheim erinnern sich daran, daß sie in den Jahren 1938 und 1939 mehrmals bei Volz Zeitungen und Flugblätter abgeholt haben. Als ihr Kurier betätigte sich Elise Grohmüller. Sie brachte auch zu Weihnachten 1939, also bereits nach Kriegsausbruch, in ihrem Nähkorb Flugblätter nach Ilvesheim. Diesmal hatte sie die Flugschriften allerdings im Hause der Familie Langendorf abgeholt. Frau Grohmüller war selbständige Näherin und fiel darum mit ihrem gefüllten Nähkorb nicht auf. Von Ilvesheim aus wurden die Antifaschisten Ladenburgs mit Materialien beliefert.[119]

Gegen Ende 1939 waren in Mannheimer Betrieben Flublätter aus Trier in Umlauf, die über die Anlaufstelle in Seckenheim zu den Organisationen der Kommunistischen Partei kamen. Sie wurden von Rheinschiffern mitgebracht. Eines, datiert vom 5. April 1939, war an die Hausfrauen gerichtet. Darin hieß es:

„Obwohl Hitler im Zeitraum eines Jahres Österreich, die Tschechoslowakei und das Memelland militärisch erobert hat, wird die Knappheit an Lebensmitteln immer größer. Mit Recht sagt das Volk: Deutschland wird immer größer, aber wir werden immer ärmer. Die Arbeitszeit wird erhöht

---

118 Die Schilderung stützt sich auf Berichte und Aussagen von Otto Niebergall, Max Gorbach, Elise Grohmüller, Fritz Grohmüller, Adolf Feuerstein.
119 Ebenda.

und soll nach dem Willen Goebbels und Leys zehn Stunden pro Tag betragen. Das Arbeitstempo wird schneller, die Kontrolle schärfer, aber der Staat kümmert sich nicht darum, ob der arbeitende Mensch genug Lebensmittel hat, um seine Arbeitskraft wieder herzustellen."[120]
Auch ein „Rheinischer Freiheitsbrief der Deutschen Volksfront", datiert vom 30. April 1939, wurde in Mannheim von Hand zu Hand gegeben. Der Brief war unterzeichnet mit „Rheinische Friedensfreunde". Es muß von Mannheim aus eine Verbindung zu dieser Gruppe gegeben haben.

Mit dem Kriegsaufmarsch wurden die Grenzen noch hermetischer abgeriegelt als bisher, die Einschleusung antifaschistischen Materials noch gefährlicher und zeitweise beinahe unmöglich. Die Spitzelapparate verschärften an den Grenzen ihre Tätigkeit und beargwöhnten jede mögliche Verbindung der deutschen antifaschistischen Bewegung nach dem Ausland. So schrieb zum Beispiel die Gestapoleitstelle Innsbruck am 14. November 1941 in ihrem Lagebericht: „Die Gefahr einer Verbindung nach dem Ausland ist insofern gegeben, als das zum Teil kommunistisch eingestellte Reichsbahnpersonal die Personen- und Güterzüge in die Schweiz begleitet und dort Gelegenheit hat, mit Emissären in Verbindung zu treten."[121]

Die abenteuerlichen Transporte Otto Gentners endeten kurz nach Ausbruch des Krieges. Klausmann wurde von den französischen Behörden interniert. Später gelang ihm die Flucht aus einem Internierungslager in Südfrankreich, und dadurch entging er der Auslieferung an die Gestapo. Der Weinheimer Antifaschist schloß sich einem in den Bergen Savoyens operierenden Partisanenverband an. Auch Otto Gentner kämpfte in den späteren Jahren in einer Einheit der Résistance gegen den Faschismus.

## „Der Vorbote" gegen Krieg und Faschismus

Die Bezirksleitung der KPD in Mannheim mußte sich auf die neue Lage einstellen. Ohne antifaschistische Schriften war der Kampf gegen den Krieg nicht zu führen. Die Arbeiterschaft sollte gerade jetzt aufgeklärt werden über die Absichten des deutschen Imperialismus, über die Kriegs- und Lügenpropaganda des Goebbelsministeriums. Also mußte man die Herausgabe einer Zeitung für den Raum Mannheim beschleunigen.

Im frühen Herbst 1941 war es soweit, die Zeitung erschien. In der späte-

---

120 Flugblatt der „Friedensfreunde Trier". In Privatbesitz.
121 Lagebericht des Geheimen Polizeiamts Innsbruck vom 14. 11. 1941. VVN - Bund der Antifaschisten Mannheim, Geschichtskommission.

ren Anklageschrift gegen die „Lechleiter-Gruppe" heißt es: „Dieser Plan wurde mit der Herausgabe der Druckschrift ‚Der Vorbote' verwirklicht. Lechleiter übernahm die Abfassung des Textes, Faulhaber die technische Leitung." Man hatte sich auf den Namen „Der Vorbote" geeinigt, und sicherlich war es Lechleiter, der diesen Titel vorgeschlagen hat. Er und seine Frau Anna waren eng mit der Schweizer Arbeiterbewegung verbunden, und von dort stammt der Name. Im Jahre 1866 erschien in der Schweiz eine Monatszeitschrift der Internationalen Arbeiter-Association „Der Vorbote", redigiert von dem deutschen Revolutionär Johann Philipp Becker aus der Pfalz.

In der ersten Ausgabe des illegalen „Vorboten" im September 1941 wurde der Zweck der Zeitschrift erläutert: „Mit der Herausgabe dieser Zeitung hoffen wir, unseren Genossen die ihnen gestellte Aufgabe zu erleichtern und ihnen neue Waffen zu geben, die sie befähigen werden, sich als Vorboten einer neuen Zeit den Weg zu bahnen zu den Arbeitermassen, damit diese kühn und entschlossen für ihre geschichtliche Aufgabe gesammelt werden können unter Führung der Kommunistischen Partei."[122]

Der vollständige Titel der illegalen Zeitschrift lautete: „Der Vorbote – Informations- und Kampforgan gegen den Hitler-Faschismus. Herausgeber: KP". Die Auflage ist in der Anklageschrift gegen Lechleiter und seine Genossen sehr niedrig angegeben: die erste Ausgabe, hergestellt Anfang September 1941 im Keller des Hauses von Philipp Brunnemer mit 30 bis 35, die zweite Nummer, in der Wohnung von Rudolf Maus entstanden, mit 40 bis 45 Stück.

Diese Angaben entsprechen sicherlich nicht den wirklichen Auflagen des „Vorboten", das geht aus den Aussagen damals Beteiligter hervor. Die Zeitschrift kam in mehr Mannheimer Betriebe als in der Anklageschrift und während der beiden Prozesse angeführt wurde. Daniel Seizinger, im benachbarten Röhrenlager beschäftigt, hat zum Beispiel die Antifaschisten des Betriebes Motorcondensator mit fünf Exemplaren beliefert, ohne daß dieser Betrieb im Prozeß erwähnt wurde. „Der Vorbote" kam mit Bestimmtheit auch in die Werke Daimler-Benz, Südkabel, Schiffswerft und MWM, dafür gibt es noch Zeugen. Er war auch in Wohngebieten in Umlauf, noch nachweisbar in den Mannheimer Stadtteilen Waldhof, Luzenberg und Sandhofen, in den Städten Ludwigshafen, Heidelberg und Lampertheim sowie in der Gemeinde Ilvesheim. Es versteht sich, daß die Anklageschrift nur eine Auflage anführt, die sich aus den Angaben ergibt, die man

---

122 „Der Vorbote – Informations- und Kampforgan gegen den Hitler-Faschismus. Herausgeber KP", September 1941, VVN – Bund der Antifaschisten Mannheim, Geschichtskommission.

den Angeklagten bei den brutalen Vernehmungen erpressen konnte. Dieser Widerspruch ergab sich auch bei früheren Prozessen, zum Beispiel gegen die Hersteller der „Arbeiter-Zeitung". Otto Magin gab zu, 500 Exemplare gedruckt zu haben, die wirkliche Auflage der AZ betrug 4000 bis 5000. Eine solch hohe Auflage hatte selbstverständlich der „Vorbote" nicht.

Die Anklageschrift gegen Georg Lechleiter und seine Mitkämpfer in dem Prozeß, der am 14. und 15. Mai 1942 vor dem 2. Senat des Volksgerichtshofes in Mannheim stattfand, schildert sehr detailliert die Vorbereitungen für die Herstellung des „Vorboten":

„Faulhaber übernahm vor allem die technische Leitung des Zeitungsbetriebes. Er besaß noch aus der Zeit seiner früheren politischen Tätigkeit eine Schreibmaschine und einen Abziehapparat, die er zur Verfügung stellte. Sodann gewann er durch Vermittlung des Angeklagten Brunnemer dessen Tochter, die Angeklagte Käthe Seitz, für die Herstellung der Matrizen. Da die Seitz aber in Heidelberg wohnte und keine Schreibmaschine besaß, ließ er ihr die seine überbringen.

Er wählte dazu folgenden Weg aus:

Zuerst stellte er die Maschine bei dem Angeklagten Brunnemer unter. Dieser gab sie auf seine Anweisung an Maus heraus, der sie nach Heidelberg brachte und dort an einem verabredeten Treffpunkt einem Fremden, dem Angeklagten Alfred Seitz, dem Ehemann der Käthe Seitz, aushändigte. Sodann gewann Faulhaber die Angeklagten Winterhalter, Maus und Brunnemer, die mit dem Abziehapparat die Zeitung vervielfältigen sollten und den Angeklagten Kupka, den er beauftragte, die Manuskripte Lechleiters der Käthe Seitz und die von dieser hergestellten Matrizen nach Mannheim zurückzubringen. Den Abziehapparat stellte Faulhaber bei dem Angeklagten Seizinger unter, dem die Aufgabe zufiel, ihn aufzubewahren und zur jeweiligen Verwendung an Winterhalter oder dessen Mitarbeiter herauszugeben. Nach Fertigstellung der Abzüge nahm Faulhaber diese in Empfang und leitete sie an Lechleiter weiter, behielt aber von jeder Lieferung einige Stücke, um sie seinerseits weiterzugeben."[123]

Die Herkunft des Abziehgerätes, das Faulhaber, wie die Anklageschrift betonte, aus seiner früheren politischen Tätigkeit noch besaß und für die Herstellung des „Vorboten" zur Verfügung stellte, ist dem Leser bereits bekannt: Winterhalter und Müller hatten es im Sommer 1936 nach Abels Tod aus den Schrebergärten der Neckarstadt geholt und zu Faulhaber gebracht.

---

123 Anklageschrift der Oberreichsanwaltschaft gegen Georg Lechleiter u.a. vom 21. 4. 1942. IML/ZPA/NJ – 1635.

# DER VORBOTE

**Informations- und Kampforgan gegen den Hitlerfaschismus.**

Herausgegeben von der K. P.     Ausgabe November 1941.

### Trotz Vernichtungsschlachten geht der Krieg weiter !

Die letzten vier Wochen sind gekennzeichnet durch grössere Blutströme, stärkeres Anwachsen der Verwundetenzahlen, Tod und Vernichtung in unvorstellbarem Ausmass, ständiges Anwachsen von Not und Elend, verschärfter Terror der Nazibanden gegen den wachsenden Widerstand der unterdrückten Völker. Nachfolgend einige Tatsachen, die zur Beleuchtung der Lage dienen werden.

Um die immer hellhöriger werdenden Volksmassen im Dritten Reich zu beruhigen musste **H i t l e r** selbst am 3. Oktober auf die Propagandabühne treten, um wieder einmal zu betonen, dass alles "planmässig" verlaufe. Trotzdem musste er aber offen zugeben, dass er sich getäuscht habe, vor allem die Sowjetunion in ihrer Widerstandskraft, die über gigantisches Kriegsmaterial verfüge! "Hier hatte sich gegen Europa eine Macht zusammen geballt, von der leider die meisten keine Ahnung besitzen". Einverstanden ! Gleichzeitig teilte Hitler mit, dass seit 48 Stunden im Osten eine Operation im Gange sei von gigantischem Ausmass. Und bereits am 9. Oktober liess er durch seinen Pressechef, Dr. Dietrich, erklären, dass die militärische Entscheidung im Osten endgültig gefallen ist! Aus Goebbels'schen Lautsprechern ertönte mehrfach ein als überzeugend: Die Sowjetunion erledigt ! Der Ostfeldzug entschieden !

In der Naziprasse erscheinen seither jeden Tag Artikel, die diesen Propagandaschwindel glaubhaft machen sollen, dass die "grosse Entscheidungsschlacht dieses Jahres, die der Führer in seinem Tagesbefehl an die Soldaten der Ostfront ankündigte, geschlagen ist". Und als Begleitmusik ertönt in gewissen Zeitabständen mit Trommeln und Fanfaren eine Sondermeldung des O.K.W., dass wieder etliche Sowjetarmeen vernichtet worden seien. Am 26. Oktober sollen schon 260 Divisionen der Roten Armee vernichtet gewesen sein !

Tatsache ist, dass seit dem 2. Oktober im Osten im Abschnitt **M o s k a u** und an der Südfront schwer gekämpft wird und die deutsche Armee besonders im Süden Gelände gewonnen hat. Tatsache ist auch, dass die Rote Armee kräftig Widerstand leistet. Im Abschnitt **L e n i n g r a d** ist der Vormarsch abgestoppt worden, nachdem vom D.H.B. bereits angekündigt worden war, dass der Fall Leningrads in 3-4 Tagen zu erwarten ist. "Chaos in Leningrad", "Der erste Verteidigungsgürtel durchbrochen", so hiess es bereits

Titelseite der antifaschistischen Zeitschrift „Der Vorbote", Ausgabe Dezember 1941.

Die Anklageschrift erwähnt weiter, daß Jakob Faulhaber im Besitz einer Schreibmaschine war, die er Frau Käthe Seitz überbringen ließ. Diese Angabe in der Anklageschrift bezeugt, daß Faulhaber ein unbeugsamer Revolutionär war, ein Mann, der, das Todesurteil vor Augen, alles auf sich nahm, um seine Genossen zu schützen. Er wußte sehr wohl, woher die Schreibmaschine kam. Der Vorsitzende der Waldhof-Organisation Friedrich Münzel hatte sie besorgt. An ihn hatte sich Faulhaber gewandt, und Münzel hatte die Lieferung zugesagt. Den Transport vom Luzenberg zur Gartenstadt besorgte wiederum der unermüdliche Max Winterhalter. Als dann zu Beginn des Jahres 1942 die Verhaftungswelle anlief, da wurde auch Friedrich Münzel aus seiner Wohnung geholt. Für ihn hing das Leben davon ab, daß Faulhaber und Winterhalter schwiegen. Zwei Tage lang wurde Münzel von der Gestapo verhört. Doch man konnte ihm nichts nachweisen, weder die Schreibmaschine noch die Führung der Organisation auf dem Waldhof. Faulhaber erklärte bei jedem Verhör und trotz brutalster Vernehmungsmethoden immer wieder: „Ich habe die Schreibmaschine und den Abziehapparat aus meiner früheren Tätigkeit." Und dabei blieb er. So stand es dann auch in der Anklageschrift. Faulhaber und Winterhalter nahmen ihr Wissen um die Herkunft der Maschine mit ins Grab. Friedrich Münzel wurde wieder freigelassen.

Zur Herstellung der neuen Zeitung wollte man einen sicheren und unauffälligen Raum ausmachen. Die Wahl fiel zunächst auf die Gemeinde Ilvesheim. Dort schien die Sache am sichersten. Faulhaber besprach mit seinen Genossen aus dem Ort die Möglichkeit der Vervielfältigung. Dann erklärte sich der 75jährige Sozialdemokrat Philipp Brunnemer bereit, diese gefahrvolle Tätigkeit in seinem Haus in der Gartenstadt zu übernehmen. Das schien die sicherste Stelle zu sein. Brunnemer war früher Funktionär der Sozialdemokratie, besonders aktiv war er im Reichsbanner Schwarz-Rot-Gold. Er war ein angesehener Mann und jahrzehntelang Werkmeister bei der Estol-Fabrik. Seine Tochter, Käthe Seitz, welche das Schreiben der Matrizen übernahm, war vor 1933 ebenfalls aktive Sozialdemokratin. Sie tat sich in der Zeit der großen Wirtschaftskrise und des damit verbundenen Massenelends besonders bei der Schaffung sozialer Einrichtungen der Arbeiter-Wohlfahrt hervor.

## Georg Lechleiter und seine Kampfgefährten verhaftet

Die erste Ausgabe des „Vorboten" erschien in den Tagen, als Hitler an der Ostfront eine neue Großoffensive der Wehrmacht einleitete. 80 Deutsche Divisionen standen zum entscheidenden Angriff gegen Moskau bereit. In Deutschland erwartete der weitaus größte Teil der Bevölkerung – ob mit Frohlocken oder Besorgnis – den Fall der sowjetischen Hauptstadt. Die Verfasser und Verteiler der antifaschistischen Kampfschrift ließen sich nicht beeinflussen von den Sieges- und Sondermeldungen des Oberkommandos der Wehrmacht, die täglich vom frühen Morgen bis zum späten Abend verbreitet wurden. Im Oktober 1941 erschien sogar eine Sonderausgabe des „Vorboten" zum 24. Jahrestag der Sozialistischen Oktoberrevolution. Sie dokumentierte die Zuversicht deutscher Sozialisten an den Sieg über den Faschismus und zugleich den Willen zur eigenen befreienden Tat: „Für uns aber ergibt sich aus dem Beispiel der russischen Revolution die mahnende Verpflichtung, alle Kräfte anzuspannen zum Sturze Hitlers, der diesen verbrecherischen Krieg begonnen hat."

Die letzte der vier Ausgaben des „Vorboten" erschien im Dezember 1941, wenige Tage vor Weihnachten. Sie kommentierte die Niederlage der deutschen Armee vor Moskau mit folgenden Worten: „Der Krieg gegen die Sowjetunion: Er hat allerdings im Jahre 1941 eine Entscheidung gebracht, aber nicht die von Hitler verkündete und von Goebbels ausposaunte ... Die Rote Armee hat nicht nur Moskau gerettet, sie wird den deutschen Heeren das Schicksal der napoleonischen Armee bereiten!"[124]

Mit dieser Verkündung endet die schriftliche Agitation Lechleiters und seiner Kampfgenossen gegen Krieg und Faschismus. Im zweiten Monat des Jahres 1942 begann die Verhaftungswelle. Sie wurde am 26. Februar eingeleitet mit der Festnahme von Georg Lechleiter, Jakob Faulhaber, Rudolf Langendorf, Ludwig Moldrzyk und Anton Kurz. Tags darauf folgte die Verhaftung von Käthe Seitz und am 28. Februar von Eugen Sigrist. In den folgenden Tagen wurden 26 weitere Antifaschisten besonders aus den Betrieben Lanz AG, Bopp & Reuther, Strebelwerk, Schiffswerft und Brown Boveri festgenommen.

Sieben Wochen vor der Verhaftung hatte Georg Lechleiter in einem Silvesterbrief an seine Familie in der Schweiz geschrieben: „Und nun stehen wir an der Schwelle eines neuen Zeitabschnittes. Das Jahr 1942, was wird es uns bringen? Stark war die Erschütterung, die wir im abgelaufenen Jahr erlebten, gewaltiger wird sie im kommenden Jahr uns erfassen. Hart war 1941, härter wird 1942 werden. Hat die Fackel des Krieges auch heller gelodert als die Kerzen am Christbaum, so gibt uns der große Dichter Goethe einen Trostblick: ‚Und will das Licht sich dem Trübsten entwinden, so wird es glühend Rot entzünden'."[125]

124 „Der Vorbote", Ausgabe Dezember 1941, VVN – Bund der Antifaschisten Mannheim, Geschichtskommission.
125 Brief von Georg Lechleiter an Silvester 1941/42. In Besitz von Jaques Lechleiter, Zürich.

Die Festnahmen in den Betrieben erregten Aufsehen und lösten lähmendes Entsetzen aus. Dies war besonders bei Lanz AG der Fall, denn neun der Verhafteten waren aus diesem Betrieb. Zudem hatte die Betriebsgruppe der KPD bei Lanz eine beachtliche Stärke und niemand konnte wissen, welchen Umfang die Verhaftungswelle annehmen würde. Und so war es auch in anderen Betrieben: bei Strebelwerk, Brown Boveri, Bopp & Reuther und in der Schiffswerft. Überall dort, wo der „Vorbote" in Umlauf gewesen war oder wo man sich in Wohnungen und sonstwo zu politischen Gesprächen zusammengefunden hatte, bangten Mannheimer Bürger um ihr Leben. Am meisten gefährdet waren die Antifaschisten, die schon vor dieser Gestapoaktion wegen ihrer antinazistischen Aktivität in Zuchthäusern, Gefängnissen oder Konzentrationslagern inhaftiert waren.

Es tauchten viele Gerüchte und Mutmaßungen über die Ursachen der Gestapoaktion auf. Nur wenige wußten, was man den Verhafteten würde anlasten können. Und mancher Kollege war wochenlang von Unruhe erfüllt. Da war zum Beispiel bei der Firma Lanz Hans Heck aus der Abteilung Zahnradfräserei verhaftet worden. In dieser Abteilung hatte nicht nur er den „Vorboten" gelesen, und man hatte viel diskutiert. War die Verhaftungsaktion zu Ende oder ging sie weiter?

Die Verhaftung von Hans Heck hatte sich unter dramatischen Umständen abgespielt: Morgens erschienen Frietsch und Bischoff im Betrieb, um ihn an seiner Arbeitsstelle festzunehmen. Die Gestapo-Leute nahmen vorübergehend seinen Ablöser an der Maschine fest. Sie wollten sicher gehen, daß keine Warnung erfolgen könne. Diese wurde versucht, doch vergebens. Etwa um elf Uhr kam der Betriebselektriker Meyer in die Betriebsschlosserei, um seine dortigen Genossen zu informieren. Er hatte bei einer Reparaturarbeit von der Situation in der Zahnradfräserei erfahren. Es galt, rasch zu handeln, um vielleicht doch noch die Verhaftung des Kollegen Hans verhindern zu können. Der Verfasser dieses Buches sollte sich unter einem Vorwand beim Meister einen Passierschein besorgen, um den Kollegen in seiner Wohnung in der Lampertheimer Straße erreichen zu können oder um ihn beim Gang zur Arbeit abfangen zu können. Der Versuch mißlang. Die Abteilungsleiter hatten am frühen Morgen strengste Anweisung bekommen, an diesem Tage keine Passierscheine auszustellen, dazu war das Einverständnis einer besonderen Stelle einzuholen. Der Werkmeister versuchte, über die Betriebsleitung einen Passierschein zu erlangen, er wußte selbstverständlich nicht, zu welchem Zwecke der Schein gebraucht wurde. Doch sein Bemühen war vergeblich. Die Herren hatten die Verhaftungsaktion generalstabsgemäß vorbereitet und alle Möglichkeiten einkalkuliert.

Die Gestapo-Leute lagen auf der Lauer. Zwei Mann waren am Haupteingang in der Lindenhofstraße postiert und zwei am Tor beim Neckarauer Übergang. Frietsch und Bischoff trieben sich am Eingang zum Umkleideraum, den Heck benutzte, herum. Dieser betrat um 13.00 Uhr nichtsahnend den Betrieb und wurde festgenommen.

In den Stunden und Tagen nach den Verhaftungen im Betrieb Lanz AG spielte ein Mann eine besondere Rolle: Der Sozialdemokrat Jakob Glaser aus der Abteilung Dreherei. Seine Drehbank stand neben der Arbeitsstelle des verhafteten Ludwig Moldrzyk. Er erschien in den Abteilungen der betroffenen Kollegen und ließ von zuverlässigen Antifaschisten heimlich die Werkbankschubladen und Spinde der Unglücklichen untersuchen. ,,Alle schriftlichen Dinge herausnehmen und bei der nächsten Feuerstelle sofort verbrennen", so lautete seine Anweisung.

Am Arbeitsplatz von Hans Heck in der Zahnradfräserei fand man tatsächlich einige Exemplare des ,,Vorboten". Die Schnüffler von der Gestapo hatten die Schublade nicht durchsucht. Hedwig Wacker, von Glaser mit der Aktion beauftragt, brachte die Schriften in die Härterei und dort verschwanden sie in einem Härteofen. Die Gestapo hat davon nichts erfahren. Welche Rolle der Sozialdemokrat Jakob Glaser damals in der illegalen Bewegung bei Lanz spielte und ob er zur Betriebsgruppe gehörte, darüber konnte niemand eine klärende Aussage machen.

In der Betriebsschlosserei war niemand verhaftet worden. Doch auch in dieser Abteilung war ,,Der Vorbote" in Umlauf gewesen, wurden Parteibeiträge und Solidaritätsspenden gesammelt und weitergeleitet. Wo war die undichte Stelle? Das war die bange Frage. Als ein Kollege dieser Zelle wegen einer Erkrankung nicht zur Arbeit erschien, da befürchteten seine Genossen, er sei verhaftet worden.

Was war geschehen, was wußte die Gestapo? Zwei alarmierende Vorgänge waren den Verhaftungen vorausgegangen. Sie hatten zu äußerster Vorsicht gemahnt, zur sofortigen Einstellung der Tätigkeit für die Herausgabe der fünften Ausgabe des ,,Vorboten" und zur Beseitigung der Schreibmaschine und des Abziehgerätes.

Daniel Seizinger hatte Weihnachten 1941 ein Exemplar der Zeitschrift an den SS-Mann Burchardt weitergegeben. Bei Burchardt, der ein Radiogeschäft besaß und zu einer SS-Einheit nach Berlin einberufen worden war, hatte Seizinger ab 1938 bis zum Ausbruch des Krieges als Vertreter gearbeitet. Der SS-Mann war zu Urlaub in Mannheim, Seizinger diskutierte mit ihm und gab ihm die Zeitung.

Aus dem Schreiben an das Reichssicherheitshauptamt, mit dem Burchardt den Antifaschisten denunzierte, geht hervor, daß er mit der Überwachung von Seizinger beauftragt worden war: ,,Im Jahre 1938 erbot er sich, für mich als Reisender tätig zu sein. Da ich ihn als prompten Zahler kennengelernt hatte, war ich nicht abgeneigt, ihn bei mir zu beschäftigen. Ich frug jedoch vorher bei der Kreisleitung der NSDAP an und ebenso bei der geheimen Staatspolizei und zwar bei Kriminal-Inspektor Gerst. Von beiden Stellen bekam ich die Auskunft, daß gegen eine Beschäftigung des Seizinger nichts einzuwenden wäre. Im Gegenteil, daß erwünscht sei, Seizinger unter zuverlässiger Beobachtung zu haben."[126]

Durch vorgespielte Unzufriedenheit mit der Kriegspolitik Hitlers erschlich sich der SS-Mann Vertrauen. Daniel Seizinger charakterisierte seinen Denunzianten bei einem Verhör mit den im Vernehmungsprotokoll festgehaltenen Worten: „Ich bin der Ansicht, daß Burchardt die Anzeige nicht aus nationalsozialistischer Überzeugung gemacht hat, sondern aus dem Grunde, eine Beförderung zu erzielen."[127]

So war es, der SS-Mann Burchardt war als übler Streber bekannt. Was hat Seizinger wohl veranlaßt, diesem Mann, den er bei der Vernehmung so treffend charakterisierte, in verhängnisvoller Weise sein Vertrauen zu schenken und ihm eine illegale Zeitung zu geben. Er wußte um die Gefährlichkeit seines Tuns. Ihm war auch die strikte Anweisung bekannt, eine Zeitung nur mit Zustimmung seiner Parteigruppe weiterzugeben.

Die Frau des Burchardt hatte dem Antifaschisten des öfteren erzählt, ihr Mann habe die Nase voll von der SS und dem Krieg Hitlers. Einmal sagte sie wörtlich: „In einem Brief an mich hat mein Mann geschrieben: ‚Sollte mir je etwas zustoßen, dann sorge Du dafür, daß von diesen Verbrechern keiner an mein Grab kommt.'"[128] Und Burchardt selbst bestätigte solche Aussagen seiner Ehefrau jedesmal, wenn er, nach Mannheim in Urlaub kommend, mit Daniel Seizinger zusammenkam. Der Aktivist Seizinger kam schließlich zu der Überzeugung, den SS-Mann für den antifaschistischen Kampf gewinnen zu können.

Am 12. Februar wußte die Führung der Widerstandsorganisation in Mannheim von der Anzeige Burchardts, die dieser nach der Rückkehr zu seiner Einheit in Berlin gemacht hatte. Max Winterhalter erhielt den Auftrag, von Seizinger zu erfahren, was der Denunziant wisse, und um mit ihm Fluchtmöglichkeiten zu beraten. Seizinger erklärte, er wolle sich verstecken und zunächst einmal abwarten, was geschehe. Er verließ seine Wohnung in der Gartenstadt und suchte Gesinnungsfreunde in Sandhofen auf. Die Genossen des Vorortes berieten, was zu tun sei. Maria Günther

---

126 Schreiben von Kurt Burchardt an das Reichssicherheitshauptamt IV., ALZ, Hd. v. Krim.-Dir. Lindow. Beglaubigte Abschrift in Privatbesitz.
127 Vernehmungsprotokoll der Geheimen Staatspolizeistelle Karlsruhe, Außenstelle Mannheim vom 19. 3. 1942. Abschrift in Privatbesitz.
128 Vernehmungsprotokoll der Geheimen Staatspolizei Karlsruhe, Außenstelle Mannheim vom 19. 3. 1942. Abschrift in Privatbesitz.

hielt Seizinger einige Tage in ihrem Hause versteckt. Richard Jatzek, seine Frau Mathilde und Hermann Müller wußten Bescheid. In der Nähe des Hauses tauchten einige Male SS-Leute auf, man fühlte sich nicht sicher. In fieberhafter Eile begannen sie, für Seizinger einen sicheren Unterstand zu bauen. Doch er wollte nochmals in seine Wohnung zurück. Dort wurde er am 19. März verhaftet.[129]

Das zweite Geschehen, das eine sich nahende Gefahr ankündigte, ereignete sich Ende des Monats Januar 1942. Plötzlich erschienen Gestapo-Leute im Betrieb Bopp & Reuther und nahmen Ernst Hahner und seinen 16jährigen Sohn mit zur Vernehmung in ihr berüchtigtes Büro in der Karl-Ludwig-Straße. Das Verhör dauerte bis abends 21.00 Uhr. Was war geschehen? Hahner schilderte später:

„Ich hatte die vierte Ausgabe des ‚Vorboten' im Betrieb zur Verteilung gebracht. Zwei Zeitungen ware noch in meinem Besitz und im Keller versteckt, um sie des Abends weiterzugeben. Als ich von der Arbeit nach Hause kam, sagte meine Frau: ‚Geh sofort in den Keller und schließe ab, Arbeiter legen eine Leitung zum Luftschutzkeller.'

Ich eilte hinab, um die Zeitungen zu holen. Es war zu spät. Sie waren zu meinem Schrecken verschwunden. Einer der Arbeiter namens Sorg hatte sie entdeckt und an die Gestapo weitergegeben. Bei der Vernehmung erklärte ich, nichts von den Zeitungen im Keller zu wissen. Nach der Unterzeichnung einer Loyalitätserklärung durften wir wieder nach Hause. Zuvor mußte ich jedoch versprechen, sofort die Geheime Staatspolizei zu benachrichtigen, wenn jemand zu mir käme, um mich über die Vernehmung auszufragen. Sofort benachrichtigte ich die Genossen und brach der Sicherheit wegen die Verbindung zur illegalen Organisation ab."[130]

In der Anklageschrift gegen die Lechleiter-Gruppe wird dieser Vorgang auf folgende Weise dargestellt:

„Als die Angeklagte Seitz die fünfte Ausgabe in Arbeit hatte, wurden bei dem Schreiner Ernst Hahner zwei Stücke des ‚Vorboten' gefunden. Nach seiner Vernehmung im Februar 1942 verständigte Hahner offenbar Faulhaber oder Maus. Es wurden auf jeden Fall sofort Vorsichtsmaßnahmen ergriffen, indem die beteiligten Angeschuldigten verständigt wurden. Nach Verständigung vernichtete Seizinger den Abziehapparat, die angeschuldigte Frau Seitz vernichtete, nachdem ihr Vater ihr im Auftrage des Faulhaber von der Gefahr Mitteilung gemacht hatte, entsprechend dem Auftrag des Faulhaber die Manuskripte der fünften Ausgabe und die teils fertigen Matrizen."[131]

129 Bericht von Hermann Müller (November 1971).
130 Bericht von Ernst Hahner (April 1946).
131 Anklageschrift gegen Georg Lechleiter.

Die Betriebsgruppe Bopp & Reuther der KPD war schon vor der Vernehmung Ernst Hahners betroffen worden. Der Verantwortliche für eine der beiden Zellen, Heinrich van der Laan, war am 6. Juni 1941 aus dem Betrieb heraus verhaftet worden infolge einer Denunziation. Die Festnahme erregte im Werk Aufsehen und bei den Mitgliedern der Betriebsgruppe zunächst Verwirrung. Man kannte nicht die Ursache. Doch am nächsten Tag wußten sie bereits, daß die Verhaftung van der Laans die organisierte Tätigkeit der Zelle nicht betraf. Es war sozusagen ein Einzelfall, ihr Genosse Heiner war das Opfer eines nazistischen Denunzianten geworden, der Betriebszelle konnte daraus keine Gefahr entstehen. Diese beruhigende Gewißheit ergab sich durch die Information von Ludwig Neischwander. Ihn hatte van der Laan vor der Verhaftung über die Denunziation und die zu befürchtenden Folgen unterrichten können.

Heinrich van der Laan wurde am 24. Oktober 1941 vom Sondergericht Mannheim zu einem Jahr und neun Monaten Zuchthaus verurteilt, weil er „in fortgesetzter Tat öffentlich den Willen des Deutschen Volkes zur wehrhaften Selbstverteidigung zu lähmen und zu zersetzen suchte". Er hatte Glück. Wäre er vom Volksgerichtshof unter Anklage gestellt worden, dann wäre die Strafe weit höher gewesen, für Hitlers obersten Staatsanwalt Freisler hätte die Anklage ausgereicht, um ein Todesurteil zu diktieren. Nach der Strafverbüßung wurde van der Laan ins Konzentrationslager Mauthausen verschleppt. Am 5. Mai 1945 befreiten ihn und seine Leidensgefährten amerikanische Truppen.

Die Denunziation des SS-Mannes Burchardt und die Vorgänge im Keller Hahners waren schlimme Vorzeichen. Die Widerstandskämpfer waren in äußerster Gefahr, und sie wußten es. Doch diese Ereignisse hätten wohl nicht zu den umfassenden Verhaftungen und zum Tode von 22 Bürgern Mannheims und Heidelbergs geführt. Es war noch Schlimmeres geschehen. Der Gestapo war es gelungen, einen Agenten in die Organisation einzuschmuggeln. Das war Gustav Süß. Georg Lechleiters verhängnisvoller Fehler war sein Vertrauen zu diesem Mann. Süß wurde in der Anklageschrift gegen die Verhafteten genauso wie die Angeklagten als Empfänger des „Vorboten" genannt; aber ihm war kein Platz auf der Anklagebank zugewiesen. Der Gestapoagent war bei einigen Beratungen dabei gewesen. Er hatte genug erfahren, um die Arbeiterfunktionäre aufs Schafott zu bringen. Ein Kassiber, von Lechleiter aus dem Gefängnis geschmuggelt, läßt erkennen, wie tief ihn die zu späte Erkenntnis der Rolle dieses Mannes berührt hat: „Gustav Süß ist die größte Enttäuschung meines Lebens."[132]

---

132 Bericht von Hans Schellenberger (September 1972). Über Gustav Süß siehe 1. Auflage dieses Buches, S. 203, Erklärung von Kriminalsekretär Johann Weiß.

## Folterungen, Justizkomödie und Mord

Aus dem Gebiet Mannheim/Heidelberg wurden 32 Personen unter Anklage gestellt. Gegen vierzehn Angeklagte mit Georg Lechleiter an der Spitze fand am 14. und 15. Mai 1942 in Mannheim der Prozeß statt. Alle 14 Antifaschisten wurden vom 2. Senat des Volksgerichtshofes zum Tode verurteilt. Der Prozeßverlauf war eine erbärmliche Komödie, die Todesurteile waren vorher längst beschlossen. Die Angeklagten, die im Justizgebäude des Mannheimer Schlosses vor den Richtern standen, noch gezeichnet von Mißhandlungen und Torturen, wußten schon zu Beginn der Verhandlung, was ihnen bevorstand.

Am Morgen des 15. September 1942 prangten an den Litfaßsäulen Mannheims leuchtend rot die Plakate des Oberreichsanwalts, welche die am gleichen Tag vollzogene Hinrichtung der Antifaschisten mit dem Fallbeil verkündeten: Georg Lechleiter, Jakob Faulhaber, Rudolf Langendorf, Ludwig Moldrzyk, Anton Kurz, Eugen Sigrist, Philipp Brunnemer, Max Winterhalter, Robert Schmoll, Rudolf Maus, Daniel Seizinger, Käthe Seitz, Alfred Seitz und Johann Kupka.

Die zweite Gruppe der Angeklagten wurde am 22. Oktober 1942 vom 1. Strafsenat des Oberlandesgerichtes Stuttgart unter Vorsitz des berüchtigten Senatspräsidenten Cuhorst abgeurteilt. Gegen Albert Fritz, Ludwig Neischwander, Richard Jatzek, Bruno Rüffer und Henriette Wagner wurde gleichfalls das Todesurteil gefällt. Ihre Hinrichtung fand am 24. Februar 1943 in Stuttgart statt.

Drei der Verhafteten starben vor den Prozessen in ihren Gefängniszellen: Hans Heck, Fritz Grund und Willi Probst. Heck und Grund haben sich angeblich in ihren Zellen erhängt, Probst, der als Soldat der Wehrmacht verhaftet wurde, starb an einem „Magenleiden". In Wahrheit wurden ihm bei der Vernehmung die Magenwände eingetreten. Das haben seine Mörder selbst bestätigt, indem sie bei Vernehmungen der anderen Angeklagten mit dem an Probst begangenen Verbrechen drohten. Ernst Hahner berichtete nach 1945: „Der berüchtigte Gestapokommissar Frietsch hat mir bei einer Vernehmung erklärt: ‚Dein Genosse Probst hat sich leider den Magen überfressen, sein Magen ist danach geplatzt. Wenn Du nicht endlich die Wahrheit sagst, kann der deine auch platzen.'"

Ernst Hahner und seine Leidensgefährten, welche die Torturen überlebt haben, schilderten die Vernehmungsmethoden der Bestien des Faschismus: „Du kannst eingestehen, Kommunistenschwein, denn dein Kopf gehört diesmal doch mir", so eröffnete jeweils Gestaposekretär Bischoff seine „Vernehmungen", während seine Assistenten mit Peitschen, Pistolen und Schlüsselbunden auf ihre Opfer einschlugen.

# Bekanntmachung

Der 57jährige Georg Lechleiter, der 42jährige Jakob Faulhaber, der 47jährige Rudolf Langendorf, der 43jährige Ludwig Moldrzyk, der 36jährige Anton Kurz, der 39jährige Eugen Sigrist, der 75jährige Philipp Brunnemer, der 40jährige Max Winterhalter, der 46jährige Robert Schmoll, der 40jährige Rudolf Maus und der 55jährige Daniel Seizinger, alle aus Mannheim, ferner die 48jährige Käthe Seitz geb. Brunnemer und der 39jährige Alfred Seitz aus Heidelberg, sowie der 42jährige Johann Kupka aus Ilvesheim, die der Volksgerichtshof am 15. Mai 1942 wegen Vorbereitung zum Hochverrat, Feindbegünstigung, Zersetzung der Wehrkraft und Verbreitens ausländischer Rundfunksendungen zum Tode und zum dauernden Verlust der bürgerlichen Ehrenrechte verurteilt hat, sind heute hingerichtet worden.

Berlin, den 15. September 1942.

## Der Oberreichsanwalt beim Volksgerichtshof

"Bekanntmachung" des Oberreichsanwalts beim faschistischen Volksgericht vom 15. September 1942 über die Hinrichtung von 14 Antifaschisten der Lechleiter-Gruppe.

Die 22 gemordeten Arbeiterfunktionäre starben als antifaschistische Kämpfer für Frieden, Demokratie und Sozialismus. Als die letzten fünf der Märtyrer für die Freiheit am 24. Februar 1943 in Stuttgart zum Schafott geführt wurden, da war die faschistische Springflut bereits an Stalingrad zerschellt und die Niederlage Hitlers gewiß, so wie sie es in ihrer Zeitung vorausgesagt hatten.

Ernst Hahner, Hermann Müller und Georg Fritz wurden im zweiten Prozeß gegen die Lechleiter-Gruppe zu je acht Jahren Zuchthaus verurteilt, August Leinz und Otto Quick zu je sechs Jahren. Der Angeklagte Rudolf Mittel erhielt fünf, Otto Edenhofer vier und Emil Frey drei Jahre Zuchthaus. Hahner, Müller und Fritz erlebten die letzten drei Kriegsjahre im Zuchthaus Vaihingen/Enz. Am Ostermontag 1945 wurden die Häftlinge, aufgeteilt in drei Kolonnen, nach Ulm in Marsch gesetzt. Unterwegs sickerte die Nachricht durch, die sie begleitende Wachmannschaft habe den Befehl, die Gefangenen zu erschießen. Der Mordbefehl lag tatsächlich vor, aber die Polizisten führten ihn nicht aus. Die vorrückenden französischen Truppen retteten endgültig das Leben der Häftlinge.

Maria Günther wurde gesondert verurteilt. Sie erhielt sechs Monate Gefängnis, weil sie dem flüchtigen Daniel Seizinger Unterschlupf gewährt hatte. Auch die Ehefrau von Richard Jatzek war deswegen in Haft, ihre Beteiligung konnte man nicht nachweisen. Allein vor Gericht stand auch die Tochter von Käthe Seitz. Am 24. August 1942 wurde sie wegen Abhörens des Londoner Rundfunks zu zwei Jahren Zuchthaus verurteilt. Sie hatte Glück: Ihre aktive Mitwirkung an der Herstellung des „Vorboten" – durch die Beschaffung der Matrizen für ihre Mutter – war der Gestapo verborgen geblieben. Ihrem heutigen Ehemann, Herrn Faster, gelang es, sie aus dem Zuchthaus Hagenau zu befreien. Bis Kriegsende hielten sich beide, von den Häschern Hitlers verfolgt, bei Widerstandskämpfern im Schwarzwald verborgen, zum Beispiel, wie Hilde Faster später schilderte, „bei der in Schwenningen so tapfer arbeitenden Kommunistischen Partei".[133]

Inhaftiert wurde auch Anette Langendorf. Drei Tage nach der Hinrichtung ihres Mannes und politischen Kampfgefährten Rudolf wurde sie festgenommen und war fünf Wochen in Haft. 1944 durch eine Denunziation erneut verhaftet, verbrachte sie die letzten acht Monate des Krieges im Konzentrationslager Ravensbrück. Aus diesem Schreckenslager befreite sie am 1. Mai 1945 die Rote Armee. Anette Langendorf war vor 1933 Abgeordnete der KPD im Badischen Landtag. Sie war eine aktive Kämpferin der Arbeiterbewegung. Auch in den Jahren der faschistischen Gewaltherrschaft. Schon im Jahre 1933 war sie einige Wochen in „Schutzhaft". Sie

---

133 Schriftlicher Erlebnisbericht von Hilde Faster (26. 8. 1946).

gehörte später zum engen Funktionärskreis um Georg Lechleiter. Nach 1945 war sie viele Jahre Abgeordnete im baden-württembergischen Landtag und Stadträtin in Mannheim.

Die Rache der Nazis und ihrer Kreaturen traf auch die Hinterbliebenen der Gemordeten, denen man keine illegale Betätigung nachweisen konnte. Ruth, die Tochter Jakob Faulhabers, wurde, kaum 16jährig, ein Opfer der nazistischen Sippenhaft. Im Jahre 1942 absolvierte sie eine kaufmännische Lehre bei der Firma MWM. Als die Hinrichtung ihres Vaters in der Presse veröffentlicht wurde, ließ sie der zuständige Abteilungsleiter Müller kommen und erklärte ihr, es sei ein Skandal, daß eine solche Person wie sie in seiner Abteilung tätig wäre und forderte sie auf, sich nach einer anderen Arbeitsstelle umzusehen.[134]

## Sie starben als unbeugsame Kämpfer der Arbeiterklasse

Max Oppenheimer hat in seinem Buch „Der Fall Vorbote – Zeugnisse des Mannheimer Widerstandes" den Freiheitskampf der Frauen und Männer um Georg Lechleiter dargestellt. Anhand der Texte der vier Ausgaben ihrer Zeitschrift, der Gerichtsakten und der letzten Briefe der Angeklagten aus den Todeszellen vermittelte er ein umfassendes Bild der Tätigkeit dieser Kämpfer der Arbeiterbewegung, ihrer Persönlichkeit und der ideellen Beweggründe ihres Handelns. Er weist in seinem Buch auf Losungen in den Schriften „Der Vorbote" hin, die von Führungsgremien der KPD längst revidiert waren: „Hier wird die ganze Problematik der Übermittlung von strategischen und taktischen Richtlinien im illegalen Kampf sichtbar. Besonders schwierig war die Orientierung der Antifaschisten nach Ausbruch des Zweiten Weltkrieges, als auch die letzten persönlichen Kontakte nach dem Ausland abbrachen. Hier liegt wohl die Ursache, daß noch im Herbst 1941 die Errichtung eines Sowjet-Deutschland als politisches Nahziel gefordert wurde, obwohl bereits seit 1934 und insbesondere nach dem VII. Weltkongreß der Kommunistischen Internationale im Jahre 1935 das Zentralkomitee der KPD eine solche Konzeption als falsch und sektiererhaft verwarf."[135]

Oppenheimers Buch weist auch darauf hin, daß in dem Kampforgan „Der Vorbote" die internationale Situation nach der Bildung der Antihit-

---

134 Max Oppenheimer: Der Fall Vorbote – Zeugnisse des Mannheimer Widerstandes. Röderberg-Verlag, Frankfurt am Main 1969, S. 151.
135 Ebenda, S. 203.

lerkoalition teilweise falsch interpretiert wurde, „in einer fehlerhaften aus der Situation des Ersten Weltkrieges schematisch übernommenen Weise". Im „Vorboten", Ausgabe Dezember 1941, als die Sowjetunion schon im Kriege gegen die faschistischen Okkupanten stand, wurde dieser Krieg noch als „zweiter imperialistischer Krieg" analysiert.

Zweifellos war die richtige politische Orientierung nach Kriegsausbruch, die Übermittlung strategischer und taktischer Richtlinien recht kompliziert und zeitweise unterbrochen. Die einzige Quelle der täglichen Information war der „Deutsche Volkssender" in der Sowjetunion, der aber erst am 10. September 1941, also zur Zeit des Erscheinens der ersten Ausgabe des „Vorboten", seine Sendungen nach Deutschland aufnahm. Die tägliche Losung dieses Senders „Hitler hat den Krieg begonnen, Hitlers Sturz wird ihn beenden", wurde denn auch von der Zeitung Lechleiters aufgenommen. Die Verbindung nach Straßburg und zur Abschnittsleitung Süd in der Schweiz bestand nach Kriegsausbruch nicht mehr. Die Mitglieder der für den Bereich Nordbaden/Pfalz zuständigen Leitung Süd waren kurz nach Kriegsbeginn von den schweizerischen Behörden interniert worden.

Worin bestand die entscheidende, durch mangelnden Informationsaustausch und fehlende kollektive Diskussion hervorgerufene Fehlanalyse? Man kannte die strategischen Festlegungen des VII. Weltkongresses der KI, und die entscheidenden Funktionäre hatten die Tarnschrift mit der Rede Dimitroffs gelesen. Aber viele Antifaschisten erkannten zu dieser Zeit nicht, daß der VII. Weltkongreß der Kommunistischen Internationale die strategische Zielsetzung der kommunistischen Weltbewegung für eine sehr lange Zeit, für die Periode des staatsmonopolistischen Kapitalismus bestimmte. Mit der militärischen Konfrontation von Sowjetunion und Hitlerdeutschland und mit der Erwartung des Sieges der Sowjetmacht entstand die Auffassung, der faschistischen Herrschaft werde gesetzmäßig ein sozialistisches Deutschland folgen. Nur so ist es zu erklären, daß die Führung unter Lechleiter – und er selbst in seinen illegalen publizistischen Arbeiten – vor dem Überfall auf die Sowjetunion die demokratische Republik und nach Beginn des faschistischen Angriffs gegen das Land des Sozialismus Sowjetdeutschland zum Ziel des antifaschistischen Kampfes erklärte.

Diese Fehlanalyse der internationalen Lage schmälert nicht die großen Verdienste der Kommunisten Lechleiter, Faulhaber und Langendorf. Am Tage vor seiner Hinrichtung schrieb Georg Lechleiter in seinem Abschiedsbrief: „Ein Mensch, der nicht fähig ist, sich für eine Idee aufzuopfern, ist in einem höheren Sinne kein Mensch. Das höchste Ziel eines Menschen besteht darin, wirklich für andere zu leben."

Die Abschiedsbriefe der Gemordeten an ihre Angehörigen zeugen von ihrer ungebrochenen Gewißheit des Sieges der Arbeiterklasse für Frieden und Sozialismus. Jakob Faulhaber schrieb an seine Familie: „Ihr wißt, daß ich immer für meine Idee gelebt habe und auch stark genug bin, für sie zu sterben." Richard Jatzek hat auf die Rückseite des Fotos seines Sohnes, das er in der Todeszelle bei sich hatte, die Worte geschrieben: „Kämpfe in meinem Sinne trotz allem weiter, der Endsieg wird doch unser sein. Das ist mein letzter Wunsch."

Der letzte Brief von Käthe Seitz an ihrer Tochter enthält die ergreifenden Worte: „Liebes, sei tapfer und stark, damit Du nicht vergehst, sondern es überdauerst. Du bist noch sehr jung, trotz allem liegt das Leben noch vor Dir, es wird der Tag kommen, an dem der Himmel wieder frei für Dich sichtbar und Dein Fuß wieder ungehindert gehen kann, wohin Du willst ... Mag es kommen wie es will, mein Herzlieb, Du brauchst Dich um Deine Mutter nicht zu schämen. Du kennst mein stetes Bestreben, die Menschheit mit Liebe zu befreien und zu beglücken. Ich habe es, mit viel Erfolg, in nächster Umgebung versucht."[136]

Die Frauen und Männer um Georg Lechleiter standen auf dem Boden des wissenschaftlichen Sozialismus. Sie bekannten sich, ob sie zu früheren Zeiten der KPD, der SPD oder der Gewerkschaftsbewegung zugehörten, zur Strategie der Arbeitereinheitsfront. Ihr Nahziel war die antifaschistische Front zum Sturze Hitlers, ihr Endziel die sozialistische Gesellschaftsordnung. Sie wußten, daß der Faschismus nur im breiten Bündnis aller demokratischen Kräfte überwunden werden konnte. Ihnen war klar, daß die Einheitsfront der Arbeiterklasse die Voraussetzung dazu war. Diese Arbeitereinheitsfront wollten sie in den Mannheimer Betrieben schmieden, so wie das in jener schweren Zeit Kommunisten im Ruhrgebiet, in Berlin, Hamburg und anderen Industriegebieten Deutschlands gemeinsam mit Sozialdemokraten versuchten. Arbeiterfunktionäre, die in jener Zeit mit Lechleiter und Faulhaber zusammenkamen und die Jahre der faschistischen Diktatur und des Krieges überlebt haben, erinnern sich daran, wie eindringlich die beiden immer wieder die Frage stellten: „Wie denken die SPD-Genossen in eurem Betrieb, habt ihr Verbindung zu ihnen?" Und sie selbst haben gemeinsam mit ehemaligen sozialdemokratischen Funktionären, mit Käthe Seitz und Philipp Brunnemer ihr Leben für die Freiheit gegeben.

Die Aktivität der Führungsgruppe um Georg Lechleiter hatte nichts mit Revolutionsromantik zu tun. Diese Männer beurteilten die Möglichkeiten der Arbeiterbewegung sehr real. Sie wußten, daß das faschistische Herr-

---

136 Ebenda, S. 151.

schaftssystem nicht durch einen Handstreich zu stürzen war. Lechleiter und Faulhaber betonten immer wieder die Notwendigkeit einer starken, auf marxistisch-leninistischen Prinzipien aufgebauten kommunistischen Partei. Im „Vorboten" appellierten sie an die Arbeiterfunktionäre: „Also nicht willkürliche Revolutionsmacherei, sondern Schaffung einer revolutionären Massenbewegung ist die Aufgabe der Kommunistischen Partei als dem fortgeschritteneren Teil der Arbeiterklasse."

Die illegale Bewegung jener Tage bekannte sich in Wort und Tat zum proletarischen Internationalismus. Nach dem Überfall auf die Sowjetunion erreichte die antikommunistische Hetze den Höhepunkt. Haß und Chauvinismus feierten Orgien. In dieser Zeit der antisowjetischen Hysterie, die große Teile des deutschen Volkes und auch der Arbeiterschaft erfaßt hatte, erschien „Der Vorbote" als Sondernummer zum Jahrestag der sozialistischen Oktoberrevolution:

„Am 7. November 1917 erhob sich unter Führung der bolschewistischen Partei, mit dem großen Lenin an der Spitze, das russische Volk zu einer weltgeschichtlichen Tat. Auf einem Siebentel der Weltoberfläche wurde die Macht des Kapitals über die Arbeit vernichtet. Ein 180-Millionen-Volk hatte die Fesseln der Lohnsklaverei gebrochen. In einem Riesenreich wurden die Voraussetzungen geschaffen zum Aufbau einer neuen Weltordnung auf sozialistischer Grundlage."[137]

Die Mannheimer Antifaschisten jener Tage bewiesen Mut und Standhaftigkeit. Sie stellten nie die Frage, ob es nicht besser sei, „eine Zeitlang mit dem Strome der Massenmeinung zu schwimmen". Der proletarische Internationalismus war für sie keine leere Phrase, sie waren bestrebt, ihn in den Mannheimer Betrieben zu verwirklichen. Zehntausende Zwangsverschleppte und Kriegsgefangene arbeiteten in Mannheim, zum größten Teil unter unmenschlichen Lebensbedingungen. Eine der dringlichen Anleitungen der KPD – des Zentralkomitees wie der Führung in Mannheim – war die Unterstützung und Zusammenarbeit mit den ausländischen Arbeitssklaven der faschistischen Konzerne. Es gibt sowjetische und tschechische Dokumente, die bezeugen, welchen Umfang diese Solidaritätsbewegung in Großbetrieben Mannheims angenommen hatte. Es gibt zudem Freundschaften Mannheimer Arbeiterfunktionäre über die Grenzen nach West und Ost, die damals in den Betrieben durch die Gemeinsamkeit gegen Barbarei und Krieg begonnen haben.

Über diese Verbrüderungen im Geiste des proletarischen Internationalismus in der Arbeiterstadt Mannheim in einer Zeit der chauvinistischen Hetze und des Rassenwahns soll auf den nächsten Seiten berichtet werden, soweit dies noch authentisch nachweisbar ist.

137 „Der Vorbote", Sonderausgabe zur Sozialistischen Oktoberrevolution 1941.

# Gemordete Kämpfer der Lechleiter-Gruppe

**Philipp und Luise Brunnemer. Im Hintergrund das Haus, in dem „Der Vorbote" entstand.**

**Georg Lechleiter**

**Jakob Faulhaber**

**Rudolf Langendorf**

**Willi Probst**

Ludwig Moldrzyk

Anton Kurz

Max Winterhalder

Robert Schmoll

Eugen Sigrist

Rudolf Maus

Daniel Seizinger

Johann Kupka

Henriette Wagner

Albert Fritz

Bruno Rüffer

Ludwig Neuschwander

Richard Jatzek

Hans Heck

Käthe und Alfred Seitz

Die bürgerliche Widerstandsforschung versucht, die Effektivität des Arbeiterwiderstandes in Frage zu stellen, wenn sie ihn überhaupt erwähnt. Wäre die antifaschistische Wirksamkeit in den Betrieben nur in dem Sinne erfolgreich gewesen, daß sie Tausenden von Zwangsarbeitern und Kriegsgefangenen das Überleben ermöglichte, schon dies würde die Bedeutung und Effektivität des proletarischen Widerstandes unter Beweis stellen.

Die antifaschistisch eingestellten Arbeiter – Kommunisten und Sozialdemokraten – in den Mannheimer Betrieben zeugten damals, als der nazistische Blutrasch in Deutschland alles Denken zu beherrschen schien, vom „anderen Deutschland". Sie handelten entsprechend der Losung in der ersten Ausgabe des „Vorboten", die der Staatsanwalt Hitlers gegen Lechleiter und seine Freunde als besonders belastend erwähnte: „Proletarier aller Länder, vereinigt euch!".

Die Hinrichtung der Arbeiterfunktionäre löste in vielen Ländern Empörung und Proteste aus. Sowohl der Londoner als auch der Moskauer Rundfunk widmeten den Märtyrern ehrende Worte. Wilhelm Pieck hielt über den Deutschen Volkssender im Namen des Zentralkomitees der KPD eine Gedenkrede, in der es hieß: „Die Mörder sind Hitler und Himmler, die vor der Rache unseres Volkes zittern, wie besessene Amokläufer durch das Land rasen und blindlings mit dem Henkerbeil um sich schlagen. Diese Verbrecherbande weiß, daß sie den Krieg verloren hat und daß es mit der Blutherrschaft zu Ende geht."

## Internationale Solidarität in Mannheimer Betrieben

Stalingrad! Am Beginn des Jahres 1943 erfüllte sich das Schicksal der 6. deutschen Armee. Am 31. Januar kapitulierte die Südgruppe dieser „unbesiegbaren" Armee Hitlers und zwei Tage später gab auch die Nordgruppe den aussichtslosen Kampf gegen die Rote Armee auf. Auf den Schlachtfeldern Stalingrads wurden nach der Kapitulation 147 200 tote deutsche Soldaten gezählt. 90 000 Soldaten und Offiziere, darunter 24 Generale, marschierten oder schleppten sich in sowjetische Gefangenenlager. In diesen Wintertagen betrugen die Gesamtverluste der Hitlerarmeen an den russischen Fronten über 800 000 Mann, die Gefallenenanzeigen in den Tageszeitungen stiegen steil an.[138]

Für viele Menschen in Deutschland war das grauenvolle Geschehen vor Stalingrad unvorstellbar gewesen. Der deutsche Soldat, so hatte es die Propaganda jahrelang eindringlich betont, war doch unschlagbar und die

138 Geschichte der deutschen Arbeiterbewegung, Bd. 5, a.a.O., S. 334.

Rote Armee mehr als hundertmal in Führerreden und OKW-Frontberichten als „total vernichtet" gemeldet worden. Irgend etwas stimmte da nicht. In den Betrieben steckte man die Köpfe zusammen und die Meinung der als Antifaschisten bekannten Kollegen war plötzlich gefragt.

Was vor Stalingrad geschah, das hatten ein Jahr zuvor die hingerichteten Mannheimer Antifaschisten in ihrer Zeitung „Der Vorbote" angesichts des heldenhaften Widerstandes der Städte Leningrad und Odessa vorhergesagt: „Das sind Tatsachen, die kein Fanfarengeschmetter und kein Posaunengetöne aus der Welt schaffen können und immer mehr die Erkenntnis reifen lassen, daß der eroberte Lebensraum ein großes Massengrab wird." Nun schien es den Arbeitern bei Bopp & Reuther doch möglich, daß der kommunistische Kollege van der Laan recht hatte mit seiner Äußerung, Hitlerdeutschland könne den Krieg gegen die Sowjetunion nicht gewinnen, für die man ihn ins Zuchthaus verschleppt hatte.

Die Rote Armee ging auch an anderen Frontabschnitten zur Offensive über. Sie warf die faschistischen Truppen stellenweise bis zu 700 Kilometer zurück. Damit begann die Vertreibung der faschistischen Okkupanten vom Territorium der Sowjetunion. Der Sieg der Roten Armee bei Stalingrad leitete den grundlegenden Umschwung im Zweiten Weltkrieg ein.

Soldaten, die auf Urlaub kamen, berichteten von Kampfhandlungen in Gebieten, die man bisher fest in den Händen hatte, von Kämpfen mit Partisanenverbänden in den okkupierten Ländern. Aus den vielen kleinen, oftmals isoliert operierenden Widerstandsgruppen wurden einheitliche Kampfverbände und schließlich Befreiungsarmeen. Auch das war letztlich eine Folge der Niederlage vor Stalingrad und der Siege der sowjetischen Armee. Die Arbeiterklasse in den unterdrückten Ländern wurde zur führenden Kraft im nationalen Befreiungskampf, an der Spitze standen die Kommunistischen Parteien. Was man nicht von Urlaubern erfuhr, das konnte man abends vom Moskauer oder Londoner Sender erfahren. Und immer mehr Arbeitskollegen wußten Bescheid über die Lage und flüsterten die neuesten Meldungen weiter.

Die zunehmende Wirkung der Luftangriffe tat ein übriges, um den Nimbus von der Unbesiegbarkeit Deutschlands zu zerstören. Der totale Krieg, von Goebbels proklamiert zur Vernichtung anderer Völker, fiel von Tag zu Tag mehr auf das deutsche Volk selbst zurück. Nach einem Fliegerangriff auf Mannheim in der Nacht zum 17. April 1943 zählte man 141 Tote und 258 Verletzte, beim Luftangriff am 9. August waren es 283 Tote und 1168 Verletzte, und am Abend des 5. September forderten die reihenweise geworfenen Bomben 414 Tote und 2991 Verwundete.[139] Die „lebendige Stadt"

---

139 Die Zahlen sind entnommen: Die Stadt- und Landkreise Heidelberg und Mannheim, Bd. I, Herausgeber: Staatliche Archivverwaltung Baden-Württemberg.

wurde zum Trümmerhaufen des totalen Krieges, und die Nazipropaganda verlor immer mehr ihre Wirkung auf die Bevölkerung.

Die Niederlagen der faschistischen Armeen führten in Mannheimer Betrieben zur Zusammenarbeit zwischen Gruppen deutscher Antifaschisten, ausländischer Zwangsarbeiter und Kriegsgefangenen. Die Lage der ausländischen Arbeitssklaven, die unter unmenschlichen Bedingungen in den Betrieben arbeiten und in primitiven Lagern unter der Knute von SS-Leuten vegetieren mußten, verschlimmerte sich mit der Fortdauer des Krieges. Die Konzernherren scheuten kein Verbrechen, um ihre Kriegsgewinne zu steigern. Bekanntgeworden sind besonders die menschenverachtenden Ausbeutungsmethoden des IG-Farbenkonzerns, der während des Krieges zum größten Arbeitgeber für KZ-Häftlinge wurde. Weniger bekannt ist die Tatsache, daß auch die Herren der Daimler-Benz-AG Konzentrationslager für ihre Sklaven unterhielten; die guten Beziehungen zur SS-Führung machten sich auch dabei bezahlt.

Im Schwarzwald errichtete der Daimler-Benz-Konzern die unterirdischen Werke „Vulkan" und „Schachtelhalm"; die Arbeitskräfte für diese Werke stellte die SS aus den Konzentrationslagern. Auch im Stadtgebiet Mannheim gab es ein „konzerneigenes" KZ des Autokonzerns, ein Nebenlager des berüchtigten Konzentrationslagers Natzweiler. Ältere Bürger des Stadtteils Sandhofen erinnern sich noch des allmorgendlichen Marsches der Ausgemergelten, bewacht von SS-Aufsehern mit Pistolen und Peitschen, vom Lager in diesem Stadtgebiet zum Daimler-Benz-Werk in Waldhof. Die Häftlinge, die nicht mehr zur Arbeit fähig waren, wurden zumeist in Vernichtungslager überführt.

Die Herren von Daimler-Benz arbeiteten eng mit den SS-Kommandos zusammen. Um nur einen Fall zu nennen: Werkdirektor Max Wolf, von der faschistischen Regierung zum Wehrwirtschaftsführer ernannt, meldete eines Tages dem SS-Kommandoführer, daß bei weiblichen Gefangenen ihnen von deutschen Arbeitern zugestecktes Brot gefunden worden war. Diese Frauen wurden zur Strafe in das KZ Ravensbrück transportiert, wo die meisten von ihnen ums Lebens kamen.[139a]

Zunächst waren es wesentlich Maßnahmen der Solidarität, die in den Betrieben von Antifaschisten für die Unglücklichen eingeleitet wurden. Es ging darum, ihren Hunger zu stillen, soweit dies möglich war. Doch dabei blieb es nicht, bald schmiedete man gemeinsame Pläne zur Störung und Lähmung der Rüstungsproduktion, damit der Krieg rascher ein Ende nähme.

[139a] Internationaler Suchdienst des Roten Kreuzes Genf: Vorläufiges Verzeichnis der KZ und deren Außenkommandos sowie anderer Haftstätten unter dem Reichsführer SS, Arolsen, Februar 1969.

Im Betrieb Motorkondensator hatte sich unter Führung des russischen Professors Iwan Grigorew aus dem Rajon Poltawa eine sowjetische Widerstandsgruppe gebildet. Sie stand in engster Verbindung zur kommunistischen Gruppe in diesem Werk. Besonders aktive Mitglieder der russischen Widerstandszelle waren zwei Lehrerinnen, die ebenfalls aus dem Rajon Poltawa nach Deutschland verschleppt worden waren. Der Professor arbeitete in der Stanzerei, und in dieser Abteilung war der Kommunist Willi Hunsinger als Einrichter tätig. Damit war eine tägliche und unauffällige Verbindung zwischen den beiden Gruppen möglich.

Die Kommunisten des Betriebes halfen ihren russischen Freunden bei der Herstellung von Kontakten zu Zwangsarbeitern und Kriegsgefangenen anderer Betriebe Mannheims. Die Zusammenarbeit von deutschen und ausländischen Antifaschisten dehnte sich auf weitere Industriewerke aus. Professor Grigorew spielte dabei eine bedeutende Rolle. Sein Ziel war eine umfassende Organisation, die nicht nur caritativen Zwecken, sondern der Störung der nazistischen Kriegsmaschine dienen sollte. Im Betrieb Süddeutsche Kabelwerke stellte die dort beschäftigte Gruppe sowjetischer Zwangsarbeiter ein alle vier Wochen erscheinendes Informationsblatt für ihre Landsleute her. Der Verfasser war Iwan Grigorew. Das Informationsblatt kam mit Hilfe deutscher Arbeiter der „Südkabel" zustande.

Die Aktivität des Professors aus Poltawa und seiner Freunde erfaßte immer größere Kreise. Es kam zu Verbindungen mit französischen Kriegsgefangenen, mit tschechischen Zwangsarbeitern und später sogar zu Soldaten der italienischen Armee, die als Gefangene in Mannheimer Betrieben arbeiten mußten. Grigorew brauchte Wohnungen deutscher Antifaschisten, um Beratungen durchführen zu können. Auch dabei erhielt er die Unterstützung Mannheimer Arbeiter. So fanden zum Beispiel in der Wohnung des Sozialdemokraten Josef Wolfsberger in L 8, 10 häufig Zusammenkünfte statt.[140]

In der Zeit, als Iwan Grigorew in Mannheim zäh und verbissen am Aufbau einer umfassenden Organisation der Zwangsarbeiter und Kriegsgefangenen tätig war, entstand in München ein zentrales Zentrum der Widerstandsbewegung sowjetischer Kriegsgefangener. Es nannte sich Brüderliche Zusammenarbeit der Kriegsgefangenen und hatte in viele Städte besonders in Süddeutschland Verbindungen.[141] Grigorew muß Verbindung zu dieser Zentrale in München gehabt haben, denn er war über dessen Tätigkeit und Zielsetzung bestens informiert. Eines Tages gab er seinem Arbeitskollegen aus der Stanzerei Willi Hunsinger einen Brief nach München

---

140 Bericht von Hydia Holle (Januar 1972).
141 IML/ZPA/NJO 1575.

mit. Dies war im Februar 1944. Der Maschineneinrichter der Stanzerei fuhr damals im Auftrage der Firma Motorkondensator dorthin. Grigorew war hocherfreut ob der Reise und bat ihn, für einen in München als Zwangsarbeiter beschäftigten Landsmann eine Nachricht mitzunehmen. Hunsinger erhielt den Namen und die genaue Beschreibung des Freundes und zudem noch die Bezeichnung eines Gasthauses in der Nymphenburgstraße. Dort sei sein Freund mit Sicherheit bekannt, meinte der Professor. Er mahnte: „Bitte recht vorsichtig sein, der Brief ist wichtig."

Willi Hunsinger machte sich in München auf den Weg zu dem Gasthof. Er war nicht allzu hoffnungsvoll, den Brief übergeben zu können. Doch der Wirt zeigte sofort zu einem Gast hin: „Das ist er." Und tatsächlich konnte der deutsche Antifaschist die sicherlich nicht unbedeutende Nachricht überreichen. „Das ist sehr gut", sagte der Empfänger und umarmte seinen wohl unerwarteten deutschen Gast aus Mannheim.[142]

Auch im Betrieb Bopp & Reuther waren viele ausländische Frauen und Männer als Arbeitssklaven des Faschismus beschäftigt, und auch dort kam es zu engen und solidarischen Verbindungen zwischen ihnen und Mannheimer Arbeitern. Einer der Arbeitskollegen, welche die Solidaritätsaktionen leiteten, war der Former Robert Winkler aus Neckarhausen. In der Gemeinde und im Betrieb war er ein stets aktiver Kommunist und Gegner der Nazis. Er gehörte zur illegalen Betriebsgruppe bei Bopp & Reuther. Schon zweimal war er von der Werkleitung wegen seines „Umgangs mit Fremdarbeitern" verwarnt worden. Am 4. Juni 1943 wurde Winkler verhaftet. Ein Spitzel der NSDAP hatte ihn bei der Gestapo denunziert. Er geriet in die Fänge des berüchtigten Staatsanwalts Freisler. Der beantragte im Prozeß vor dem Volksgerichtshof die Todesstrafe. Das Gericht verhängte zehn Jahre Zuchthaus.

Robert Winkler kam ins Zuchthaus Ludwigsburg. Nach dem schweren Luftangriff am 23. Februar 1945 auf Pforzheim wurde er gemeinsam mit anderen Leidensgefährten dort zu Aufräumungsarbeiten eingesetzt. Seitdem hörte seine Familie nichts mehr von ihm. Nach dem Krieg wurde seiner Frau auf ihr Drängen hin von der Zuchthausleitung in lakonischer Kürze mitgeteilt, ihr Mann sei in Pforzheim ums Leben gekommen.[143]

Bei der Firma Lanz AG hatte die KPD-Betriebsgruppe sehr enge Kontakte zu tschechischen Zwangsarbeitern und später zu den Vertrauensmännern der sowjetischen Kriegsgefangenen. Ende des Jahres 1942 nahm die kommunistische Gruppe Verbindung zu einer anderen Widerstandsbewegung auf.

---

142 Berichte von Willi Hunsinger und Franz Schmidt (Dezember 1971).
143 Bericht von Elisabeth Winkler (Februar 1948).

Es waren dienstverpflichtete Arbeitskollegen aus dem Elsaß, sie hatten Kontakt mit einer Gruppe Lehrerinnen und Lehrer aus ihrer elsässischen Heimat, gleich ihnen in Mannheim zwangsverpflichtet. Um was ging es diesen französischen Patrioten? Ihr Ziel war die Befreiung Frankreichs von der Herrschaft des deutschen Militarismus. Die Tätigkeit der Gruppe bestand vor allem im Aufbau einer Organisation, die französischen Kriegsgefangenen die Flucht ermöglichen sollte. Das war nicht einfach, dazu war die Hilfe der Mannheimer Antifaschisten notwendig, besonders bei der Beschaffung ziviler Kleidung. Darum wurden gemeinsame Beratungen vereinbart. Eine dieser Aussprachen fand außerhalb des Betriebes statt, um auch einer Vertreterin der französischen Gruppe die Teilnahme zu ermöglichen. Tagungsort war die Unterkunft tschechischer Zwangsarbeiter in der Alphornstraße.

Dies war Anfang des Jahres 1943. Die elsässische Lehrerin, die sich beteiligte, erklärte, keine Marxistin zu sein, ihr Kampf gelte der Befreiung ihres Vaterlandes. Darum sei sie bereit, mit all denen zusammenzuwirken, die für die Beendigung des Krieges und für den Sturz Hitlers kämpfen, auch mit Deutschen.

Eines Morgens stand in der Kesselschmiede bei Lanz ein Kran still. Der französische Kriegsgefangene Roger, der ihn steuern sollte, fehlte. In der Nacht zuvor war ihm die Flucht gelungen, die Organisation begann zu arbeiten. Die Zivilkleidung und etwas Reiseproviant hatte Roger im Krankorb versteckt, bis der Zeitpunkt zur Flucht gekommen war. In den folgenden Wochen gelang vier weiteren Gefangenen die Flucht. Dann mißlang ein erneuter Versuch, und die Gestapo entdeckte in Friedrichsfeld die ersten Fäden der Organisation. Am 9. Februar 1943 wurden zwei dort wohnende elsässische Arbeiter der Firma Lanz verhaftet und zu Gefängnisstrafen verurteilt. Sie hatten Glück, man konnte ihnen sehr wenig nachweisen. Dennoch warf ihnen das Gericht in der Urteilsbegründung vor, Gefangenen zur Flucht verholfen zu haben, ,,wodurch den Rüstungsfirmen, bei denen die geflüchteten Kriegsgefangenen zur Rüstungsarbeit angehalten worden waren und damit unmittelbar der deutschen Kriegsmacht, Produktionsausfall und damit großer Schaden entstanden" sei.[144] Die Gruppe elässischer Lehrer versuchte, die Tätigkeit fortzusetzen, einige Wochen später wurden sie verhaftet.

Am 25. Oktober 1943 standen sieben Lehrerinnen und Lehrer der französischen Widerstandsgruppe aus Mannheim vor den Schranken des Volksgerichtshofes. Die Lehrerin Antonie Merk wurde zum Tode verurteilt, die sechs anderen Angeklagten zu insgesamt 26 Jahren Zuchthaus.

---

144 Urteilsbegründung gegen Lucian Hürstel und Emil Sonntag vom 12. 3. 1943. In Privatbesitz.

Je schlimmer die Lage an den Fronten für die Wehrmacht, je schwindender der Glaube der Bevölkerung an den versprochenen Endsieg war, desto mehr verschärften die Nazis den Terror. Ihm fielen auch viele Zwangsarbeiter zum Opfer. Im Frühjahr 1943 wurde im Betrieb Lanz AG der Verbindungsmann der tschechischen Widerstandsgruppe zu deutschen Antifaschisten des Werkes verhaftet. Am Morgen nach Arbeitsbeginn – er war an einer Kranreparatur in der Kesselschmiede beteiligt – holten ihn zwei Gestapo-Leute von der Arbeitsstelle weg. Seine tschechischen Freunde hörten nichts mehr von ihm, sein Schicksal ist unbekannt geblieben. Franticek, so hieß er, war ein bewußter Sozialist und Internationalist, immer bestrebt, die Einheit tschechischer und deutscher Arbeiter gegen den Faschismus zu erreichen.

Über dreißig Jahre nach jener Zeit der faschistischen Schreckensherrschaft und des opfervollen Kampfes von Frauen und Männern für Freiheit und Frieden ist es leider nicht mehr möglich, diese Vorgänge in Mannheimer Betrieben vollständig zu erforschen. Nach Auskunft des Präsidiums der VVN – Bund der Antifaschisten weisen sowjetische Dokumente auf eine enge Kampfgemeinschaft von Arbeitern und russischen Gefangenen im Betrieb Daimler-Benz Mannheim hin, auf „das solidarische Verhalten deutscher Antifaschisten gegenüber den bei Benz als Arbeitssklaven ausgebeuteten sowjetischen Bürgern". Die Dokumente nennen Namen ehemaliger Mannheimer Arbeiter der Daimler-Benz AG, die leider nicht mehr am Leben sind.

Die Taten dieser Arbeiter entsprangen nicht nur dem Gefühl für Barmherzigkeit und Solidarität gegenüber versklavten Menschen. Ihnen ging es auch darum, der faschistischen Kriegsmaschine zu schaden, um das deutsche Volk von den Schrecken des Krieges und der Blutherrschaft zu befreien. Deshalb unterstützten sie alle Handlungen, die dazu beitragen konnten, die militärische Niederlage des Faschismus zu beschleunigen.

War es möglich, durch die Störung der Kriegsproduktion mit Hilfe von Arbeite-langsam-Aktionen und Gefangenenbefreiung das militärische Kräfteverhältnis zu beeinflussen? Gestapo-Berichte und Gerichtsakten aus jener Zeit beweisen die Effektivität des Widerstandes in den Betrieben zur Störung oder Verzögerung der Rüstungsproduktion. Gewiß wurde dadurch der Krieg nicht beendet, doch wenn dieser Arbeiterwiderstand in den Betrieben gegen die faschistische Kriegsrüstung dazu beigetragen hat, den Krieg auch nur um einen Tag zu verkürzen, dann hat er zehntausende, wenn nicht gar hunderttausende Menschenleben gerettet.

## Im Auftrag des Nationalkomitees „Freies Deutschland"

Die deutschen Armeen an der Ostfront fluteten zurück, die Rote Armee drang unaufhaltsam nach Westen vor. Auch in den Lagern der deutschen Kriegsgefangenen in der Sowjetunion verbreitete sich die Erkenntnis über die wahre Lage Hitlerdeutschlands, und es entstand eine organisierte antifaschistische Bewegung. In Konferenzen wurde der Plan erwogen, alle Gegner Hitlers unter Führung eines nationalen Komitees zusammenzuschließen. Diese Bestrebungen führten schließlich zur Gründung des Nationalkomitees „Freies Deutschland". Sie fand am 12. und 13. Juli 1943 in Krasnogorsk bei Moskau statt. Mit der Bildung des NKFD hatte die antifaschistische Einheits- und Volksfrontpolitik einen großen Erfolg errungen.[145]

Auch in anderen Ländern entstanden im Jahre 1943 Komitees der freien deutschen Bewegung. Sie wurden zu politischen und organisatorischen Zentren des Kampfes gegen Krieg und Faschismus. Bei der Vorbereitung zur Gründung des Nationalkomitees „Freies Deutschland" in der Sowjetunion wirkten auch deutsche Soldaten aus dem Raum Mannheim mit. Einer von ihnen war Walter Mohr aus Schriesheim an der Bergstraße. Noch zwei Jahre zuvor war er ein begeisterter Hitlerjunge und Scharführer der HJ.

Der junge Bauschlosser Mohr machte als Kriegsfreiwilliger den Einfall der deutschen Armeen in die Sowjetunion mit. Beim Kampf am Ilmensee geriet er in russische Gefangenschaft. Mohr besuchte als Kriegsgefangener eine Antifa-Schule und wurde zum aktiven Antifaschisten. Er schrieb in seinen Erinnerungen: „Am Schlusse des Lehrganges legte ich freiwillig den Eid ab, als Sohn des deutschen Volkes mit meinem ganzen Leben dafür zu kämpfen, daß Deutschland vom Faschismus befreit wird." Der ehemalige Scharführer der Hitlerjugend und Kriegsfreiwillige Mohr aus dem Landkreis Mannheim war Teilnehmer der Gründungskonferenz des Nationalkomitees „Freies Deutschland". In Aufzeichnungen schildert Mohr die Gründung:

„Es entstand der allgemeine Gedanke zur Aufstellung einer deutschen Legion. Hierzu fanden drei Konferenzen statt, bei denen auch die Genossen Pieck, Ulbricht, Florin und Weinert anwesend waren. Während dieser Konferenzen kamen wir zu der Feststellung, daß wir irgendeine Institution haben müssen, welche den Kampf politisch und militärisch leitet. Aus der Offiziersgruppe kam dann der Vorschlag zur Gründung eines Komitees. Er

---

145 Geschichte der deutschen Arbeiterbewegung, Bd. 5, a.a.O., S. 350.

fand lebhaften Beifall. In der damaligen Zeitung der Kriegsgefangenen ‚Das freie Wort' erschienen laufend Aufrufe zur Bildung von Komitees für die deutsche Freiheitsbewegung in den Gefangenenlagern. Am 12. und 13. Juli 1943 war der Tag der Gründungsfeier im Clubhaus der Stadt Krasnogorsk bei Moskau. In diesem Saale haben sich zum erstenmal seit Deutschlands Bestehen Angehörige aller Schichten des deutschen Volkes zu einem einheitlichen Ziel die Hände gereicht: zur Erreichung eines demokratischen Deutschland."[146]

Die Gründungsfeier beschloß einmütig das Manifest des Nationalkomitees „Freies Deutschland" an die Wehrmacht und an das deutsche Volk. Das Programm proklamierte das Kampfziel aller deutschen antihitlerischen Kräfte: das freie Deutschland! Als nächste Aufgaben wurden genannt: Beendigung des Krieges durch den Sturz der Hitlerregierung, Herbeiführung des Friedensschlusses durch Kräfte der Arbeiterklasse, der bürgerlichen Hitlergegner und der Opposition in der Armee. Die Soldaten und Offiziere an allen Fronten wurden aufgerufen, unter Waffen zu bleiben und sich mutig den Weg nach Deutschland und zum Frieden zu bahnen.

Alle Bevölkerungsschichten wurden aufgerufen, mit allen Mitteln und auf jede Weise gegen das Hitlerregime zu kämpfen sowie überall Kampfgruppen für die Beendigung des Krieges durch den Sturz der Hitlerregierung zu bilden. An alle Deutschen erging der Ruf: „Für Volk und Vaterland! Gegen Hitler und seinen Krieg! Für sofortigen Frieden! Für die Rettung des deutschen Volkes!"

Am Schluß des Manifestes hieß es:

„Das Ziel heißt: Freies Deutschland. Das bedeutet:

Eine starke demokratische Staatsmacht, die nichts gemein hat mit der Ohnmacht des Weimarer Regimes, eine Demokratie, die jeden Versuch des Wiederauflebens von Verschwörungen gegen die Freiheitsrechte des Volkes oder gegen den Frieden Europas rücksichtslos schon im Keim erstickt."[147]

Die Gründung des Nationalkomitees „Freies Deutschland" und des Bundes Deutscher Offiziere gab den demokratisch gesinnten Bürgern Mannheims neuen Mut. Die Aufrufe des Komitees waren den Antifaschisten bekannt, und sie diskutierten darüber in den Betrieben. Für die Bekanntgabe sorgte der Sender „Freies Deutschland".

Am Abend des 20. Juli 1943 ertönte erstmals seine Stimme:

„Achtung, Achtung! Hier spricht der Sender des Nationalkomitees ‚Freies Deutschland'!

---

146 Aufzeichnungen und Briefe von Walter Mohr. Abschriften in Privatbesitz.
147 Geschichte der deutschen Arbeiterbewegung, Bd. 5, a.a.O., S. 354.

Zum ersten Mal hören Sie heute unsere Stimme. Wir sprechen im Namen des deutschen Volkes. Wur rufen zur Rettung des Reiches. Deutschland befindet sich in höchster Gefahr... Dieser Krieg führt unser Vaterland ins Verderben... Das Nationalkomitee ruft dem ganzen deutschen Volk zu: Wer den Frieden und Deutschlands Freiheit will, der muß mitkämpfen, Hitler und seine Hintermänner zu stürzen."

Die schwedische Zeitung „Nyar Dagligt Allehanda" schrieb am 24. September 1943: „Der Aufruf der kriegsgefangenen deutschen Offiziere in Rußland ist in Deutschland nicht nur sehr schnell bekanntgeworden, sondern hat auch größtes Aufsehen erregt. Der Aufruf hat so gewirkt, daß die Regierung nicht lange wird stillbleiben können. In Berliner politischen Kreisen wurde am 23. September davon gesprochen, die schnelle Verbreitung des Aufrufs sei ein Beweis dafür, das ungeachtet aller Gegenmaßnahmen Auslandsender in Deutschland allgemein gehört werden."[148]

Walter Mohr handelte entsprechend dem Eid, den er für die Freiheit Deutschlands abgelegt hatte. Er übernahm freiwillig einen äußerst wichtigen, aber gefährlichen Auftrag. Gemeinsam mit einem Kameraden sollte er an den Kommandeur der 15. deutschen Armee, Generaloberst Lindemann, einen Brief des Präsidenten des inzwischen gleichfalls gebildeten Bundes Deutscher Offiziere, General Walther von Seydlitz, überbringen. Ein russisches Flugzeug brachte die beiden hinter die deutsche Linie. Zwei Mädchen einer Partisanengruppe sollten sie auf geheimen Wegen weiterführen.

Das risikoreiche Unternehmen schlug fehl. Walter Mohr und sein Kamerad wurden vom Kriegsgericht in Torgau zum Tode verurteilt. In einem Brief, den Soldaten aus der Festung schmuggelten, schrieb Mohr angesichts des zu erwartenden Todes: „Ist es recht, daß wir andere Völker unterdrücken? Sie sind genauso berechtigt, nach ihrem Gutdünken zu leben wie wir. Wir sind keine auserwählte Herrenrasse. Nein! Und der Kriegsgeist ist kein Naturgesetz, sondern eine Notwendigkeit für die kapitalistische Gesellschaftsordnung. Wir wollen in Frieden und Freundschaft leben. Auf einem Sechstel der Erde konnte der Sozialismus verwirklicht werden, in Rußland. Deshalb der Haß der Bourgeoisie. Die Arbeiterklasse wird aufstehen wie ein Mann und ihnen das Handwerk legen für immer."

Ein anderer, von unbekannten Soldaten aus der Festung getragener Brief Mohrs, abgesandt in Hannover, endet mit den beschwörenden Worten: „Wir müssen der Welt zeigen, daß wir Deutsche ein reines Herz haben.

[148] IML/ZPA/1291/3.

Schleudern wir den Faschisten den Haß zurück, den sie in uns gegen andere Völker gesät haben. Unsere Parole sei: Weg mit Hitler! Schluß mit dem Krieg!"[149]

## Junge Kämpfer für das neue Deutschland

Auch in anderen Ländern, die von den faschistischen Armeen okkupiert waren, entstand die Bewegung „Freies Deutschland". Überall in Ost und West, wo Partisanenverbände gegen den deutschen Faschismus aufbrachen, da waren auch deutsche Antifaschisten beteiligt, Soldaten im Waffenrock der deutschen Wehrmacht, politische Emigranten und ehemalige Kämpfer der Internationalen Brigaden! Der französische Schriftsteller Florimond Bonte hat in seinem Buch „Die deutschen Antifaschisten im französischen Widerstand" den Heldenkampf deutscher Partisanengruppen beschrieben, die Taten „deutscher Patrioten, vereinigt im gemeinsamen Kampf mit den französischen Patrioten", wie Bonte schrieb.[150]

Deutsche Partisanengruppen kämpften im Gebirge der Cevennen für die Befreiung Frankreichs. Bonte schildert in seinem Buch den blutigen und opferreichen Kampf um die Dörfer De la Parade und La Borie. Beim Dorfe La Borie, eingeschlossen von einem übermächtigen Gegner, kämpfte der Mannheimer Karl Heinz mit seinen Kameraden. Dort fiel er am 28. Mai 1943. Vor der Machtergreifung der Nazis war Karl Heinz Mitglied der Sozialistischen Arbeiter-Jugend. Ende des Jahres 1936 ging er nach Spanien und wurde Kraftfahrer der republikanischen Armee. Nach dem Siege der Faschisten über die spanische Republik schloß er sich nach seiner Flucht aus einem Internierungslager der Partisanenbewegung in den Hochalpen an. Mit ihr kämpfte und starb der junge Mannheimer Sozialist Karl Heinz.

Bei Jean des Gard geriet am 1. Juli 1943 eine Partisanengruppe in den Hinterhalt. Es waren französische und deutsche Widerstandskämpfer. Sie fielen bis auf wenige dem erbarmungslosen Gemetzel zum Opfer. 22 Franzosen und ein Deutscher, die überlebten, wurden gefangengenommen. Der Deutsche war der Mannheimer Kommunist Heinrich Schuhmacher. Die französischen Gefangenen wurden an Pfähle gebunden und erschossen. Heinrich Schuhmacher verbrachte die letzten sechs Monate seines Lebens in einer Folterzelle des SD in Paris. Am 12. Dezember 1943 wurde er ermordet.

149 Aufzeichnungen und Briefe von Walter Mohr. Abschriften in Privatbesitz.
150 Florimond Bonte: Les antifaschistes allemands dans la Resistance Francaise, Edition sociales, Paris 1969.

Auch eine junge Mannheimerin kämpfte in Frankreich für die Befreiung des französischen Volkes von der faschistischen Unterdrückung und für das freie Deutschland: Henriette Dreifuß. Ihr Vater, der jüdische Kaufmann Eugen Dreifuß, war vor der Machtergreifung der NSDAP ein bekannter Funktionär der SPD. Die Wohnung der Familie Dreifuß in der Goethestraße 18 war noch zur Reichstagswahl am 5. März 1933 ein Zentrum sozialdemokratischer Aktivität. Mit der Zunahme des Terrors nach der Wahl fürchtete Dreifuß um seine und seiner Familie Sicherheit. Darum emigrierte die Familie nach Frankreich. Im Jahre 1943 wurden die Eltern und der Bruder Henny Dreißfuß' in Südfrankreich verhaftet. Den Bruder Bernhard verschleppten die Faschisten am 6. März 1943 vom Sammellager für jüdische und politische Häftlinge Drancy bei Paris in das Vernichtungslager Majdanek. Dort wurde er ermordet. Die Eltern waren noch bis zum 7. Dezember 1943 im Sammellager. An diesem Tage wurden sie einem der berüchtigten Transporte in das Vernichtungslager Auschwitz zugeteilt. Das war ihre letzte Fahrt. Die Mannheimer Bürger Rosa und Eugen Dreifuß gehören zu den Hunderttausenden, die in Auschwitz in den Gaskammern starben.

Henriette Dreifuß war damals 16 Jahre alt. Sie hatte schon vor der Verhaftung der Eltern und des Bruders Verbindung zu deutschen Antifaschisten, die nach Frankreich geflüchtet waren. Sie half bei der Suche nach illegalen Quartieren für Verfolgte und betreute Kinder politischer und jüdischer Emigranten. Sie wollte vor den ständigen Gefahren den Kopf nicht in den Sand stecken. Sollte man sich abschlachten lassen ohne Widerstand zu leisten? Nur im Kampf gegen den Faschismus war ein Überleben möglich. Die aktivsten antifaschistischen Widerstandskämpfer waren die Kommunisten. Diese Erfahrung führte Henny Dreifuß zur kommunistischen Bewegung.

Henriette Dreifuß war es gelungen, sich der Verhaftung und damit dem Schicksal der Eltern und des Bruders zu entziehen. Mit Hilfe ihrer politischen Freunde war sie „untergetaucht". Die Verpflichtung, die sie als Kämpferin der Widerstandsbewegung auf sich nahm, war gefährlich.

Nach der Gründung der Bewegung „Freies Deutschland" im Westen Ende September 1943 wurde sie Beauftragte des Komitees im Süden Frankreichs für Verbindungsdienst und Aufklärungsarbeit. Antifaschistische Aufklärung in die deutsche Armee tragen, das war eine Tätigkeit, bei der es um Leben und Tod ging. Henny Dreifuß mußte Verbindung mit Soldaten aufnehmen und mit ihnen diskutieren, anders war dieser Auftrag nicht zu erfüllen. Zudem noch sollte sie Angehörige der Armee für die Verteilung der Schriften des Nationalkomitees, die Zeitungen „Volk und Vaterland" und „Unser Vaterland" in ihren Einheiten gewinnen.

Wie konnte man Verbindung mit Soldaten der Wehrmacht erreichen? Die jungen Kämpferinnen der antifaschistischen Bewegung taten dies auf folgende Weise: Sie beobachteten Soldaten beim Einkauf in französischen Warenhäusern. Gab es Sprachschwierigkeiten – und das war fast immer der Fall – dann boten sie ihre Hilfe als „zufällige" Dolmetscherinnen an. So kam man ins Gespräch.

Ziel des Nationalkomitees „Freies Deutschland" war die Bildung von Soldatengruppen in der Wehrmacht zum Kampfe für die Beendigung des Krieges und für ein demokratisches Deutschland.

Die letzten Wochen des Krieges erlebte Henriette Dreifuß als Kämpferin einer internationalen Partisaneneinheit in Lyon. Im Juni 1945 kam sie in ihre Vaterstadt Mannheim zurück.[151]

Gustav Müller wurde schon mehrmals erwähnt: als aktiver Teilnehmer am Widerstand in Mannheim, als Kämpfer im Bataillon Edgar André in Spanien und auch als Widerstandskämpfer in Frankreich. Er gehörte zur illegalen Gruppe der Spanienkämpfer in Paris, die sich wie Henny Dreifuß darum bemühte, Verbindungen in die deutsche Armee herzustellen und deutsche Soldaten für den antifaschistischen Kampf zu gewinnen. Nach der Bildung des Nationalkomitees war auch er Beauftragter dieser Bewegung.

Kurz vor der Befreiung von Paris übernahm Müller einen gefährlichen Auftrag. Er sollte sich durch die deutsche Frontlinie schlagen, um mit den Antifaschisten in Mannheim Verbindung aufzunehmen. Mit dem letzten Zug, der noch Paris verließ, fuhr Müller los, um seine nächste Etappe, Nancy zu erreichen. Dort sollten ihn Partisanen weiterbringen. Doch der Zug blieb auf freier Stecke stehen. Das war der Beginn eines abenteuerlichen Marsches nach Nancy. Auch hier kam er nicht weiter. Die Partisanen, die ihm weiterhelfen sollten, wurden kurz nach seiner Ankunft in Nancy von einer SS-Patrouille erschossen. Der Auftrag, mit den Mannheimer Antifaschisten Verbindung aufzunehmen, war fehlgeschlagen. Gustav Müller kam erst nach Kriegsende in seine Heimatstadt zurück.[152]

Die Aufrufe des Nationalkomitees „Freies Deutschland" verhallten nicht ohne Echo an den Fronten des Krieges. Es gab nicht wenige Jungen aus der Arbeiterstadt Mannheim und aus Gemeinden des Landkreises, die sich den faschistischen Verbrechern entgegengestellt und für ein demokratisches Deutschland gekämpft haben. Junge Mannheimer und Ludwigshafener standen in den Reihen des „Premier Bataillon des Volontaires Rhenan" gegen SS-Verbände. Viele von ihnen fanden in den letzten Monaten des Krieges den Tod.

151 Schilderung von Henriette Dreifuß (Januar 1973).
152 Bericht von Gustav Müller (Mai 1972).

# Front National

de lutte pour la libération et l'indépendance de la France

Siège central :
19, Rue Saint-Georges - PARIS (9e)

Téléphone : TRUdaine 40-64
Compte Chèques Postaux :
Marcel Rigout Paris 1912-46

Notre Comité Directeur

le 7 Novembre 1944

Le Secrétariat du FRONT NATIONAL, certifie que Monsieur MUELLER Gustave, est contrôlé par notre organisation. Il travaille avec la Résistance Française depuis 1940, en qualité de Membre actif du Mouvement "Allemagne Libre" pour l'Ouest dont le siège est à Paris; il milite en complet accord avec nous dans le domaine qui lui est assigné.

Paris le 7 Novembre 1944

N° d'Immatriculation: 18.217

Pour le Secrétariat National
du Front National

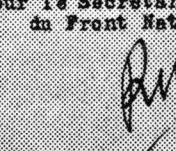

Französischer Ausweis für Gustav Müller als Kämpfer der Bewegung „Freies Deutschland“.

In den Bergen Jugoslawiens starb der junge Mannheimer Gerhard Engel. Er wurde am 14. Dezember 1944 in Bosnien von den Schergen der SS erschossen. Engel hatte Verbindung zu Partisanen aufgenommen und Aufrufe des Nationalkomitees an Kameraden weitergegeben.

Bei Stettin hatten deutsche Soldaten in ihrer Einheit eine Widerstandsgruppe gebildet. Zu ihr gehörte der Schwetzinger Albert Nocker. Die Gruppe versuchte Verbindung mit der vorrückenden Roten Armee herzustellen. Als die jungen Antifaschisten hörten, daß sowjetische Soldaten in unmittelbarer Nähe waren, verließen sie die Frontstellung. Nocker fiel der SS in die Hände und wurde wenige Tage vor Kriegsende ermordet. Mitgefangene Kameraden wurden in letzter Stunde von der Roten Armee befreit.[153]

Viele ehemalige politische Gefangene des nationalsozialistischen Gewaltsystems waren zur Bewährungseinheit 999 eingezogen worden. Sie sollten den Faschisten als „Bewährungssoldaten" helfen, den verbrecherischen Krieg des deutschen Imperialismus zu gewinnen. Oft waren sie an den gefährlichsten Stellen der Front eingesetzt. Auch unter ihnen befanden sich Mannheimer und Ludwigshafener.

Auf der griechischen Insel Korfu war ein Verband der Bewährungseinheit stationiert. Zu ihr gehörte der Mannheimer August Fend. Die Kommunisten in der Einheit hatten eine Widerstandszelle gebildet. Auf der Insel operierte eine Abteilung der griechischen Widerstandsbewegung. Mit ihnen wollte man Verbindung herstellen. Dies gelang, und es kam zu gemeinsamen Widerstandsaktionen der griechischen und deutschen Antifaschisten. Durch einen Handstreich gelang es ihnen, die Reparaturwerkstätte der Armeeinheit mit sämtlichem Material in den Besitz der Partisanen zu bringen. Dies war für die griechischen Freiheitskämpfer von großer Bedeutung. Achtzehn Soldaten der Bewährungseinheit gingen zu den Partisanen über.

Es gibt viele Beispiele des aktiven Widerstandskampfes von „Bewährungssoldaten". Auch der Mannheimer Karl Schild weiß davon aus eigenem Erleben zu berichten. Er war nach 54monatiger Zuchthaushaft in Ludwigshafen und im berüchtigten Aschenburger Moorlager zur Einheit 999 gezogen worden. Sein Einsatzgebiet war die Insel Rhodos. Auch dort wurden antifaschistische Aktivzellen in der Wehrmacht gebildet und auch auf Rhodos kam es zu Widerstandsaktionen der „Bewährungssoldaten" gegen den nazistischen Militärapparat. Karl Schild konnte als Krad-Melder der Stabsbatterie durch wertvolle Informationen zum Gelingen der Aktionen beitragen.

---

153 Aus Berichten der Hilfsstelle für politisch Verfolgte. In Privatbesitz.

Ebenso war es auf der Insel Leros. Seit dem Jahre 1944 waren auf der Felseninsel illegale Gruppen am Werk, die sich zum bewaffneten Kampfe gegen die Wehrmacht vorbereiteten. Die Organisation der dortigen Soldaten der Bewährungseinheit nahm einen breiten Umfang an. Sozialdemokraten, Kommunisten und bürgerliche Demokraten, die zuvor in den Konzentrationslagern inhaftiert waren, schlossen sich zu antifaschistischen Kampfgruppen zusammen. Zu ihnen gehörte der Ludwigshafener Jakob Rummer.[154]

Das sind nur einige Beispiele des Kampfes von Antifaschisten aus dem Rhein/Neckar-Gebiet an den Fronten des Krieges. Niemand kann sagen, wie viele Sozialdemokraten, Kommunisten und andere Hitlergegner sich im Waffenrock der Hitlerarmee auf die Seite der Freiheitskämpfer schlugen und gemeinsam mit den Befreiungsverbänden der unterjochten Völker gegen die Tyrannei standen und oft genug den Tod fanden.

## Der blutige Todeskampf der Diktatur

Im November 1943 wurde in Berlin eine neue zentrale operative Leitung der Kommunistischen Partei Deutschlands gebildet. Die notwendigen Voraussetzungen zur Gründung bildeten drei damals starke und sehr aktive Bezirksorganisationen der KPD: Berlin, Sachsen und Thüringen. Sie gaben in den Jahren 1942 und 1943 viele illegale Kampfschriften heraus und standen in enger Gemeinschaft mit Sozialdemokraten. Auch in anderen Bezirken Deutschlands entstanden damals wieder illegale Organisationen mit eigenen Leitungen. Die größte Kampforganisation hatte sich in Berlin gebildet, die Saefkow-Jacob-Bästlein-Organisation. In Berlin fand im November 1943 eine gemeinsame Beratung statt. Sie faßte den Beschluß, eine gemeinsame zentrale Leitung zu bilden, um den antifaschistischen Kampf in Deutschland zu verstärken und zu koordinieren. Dieser operativen Leitung gehörten Franz Jacob, Theodor Neubauer, Anton Saefkow, Georg Schumann und Martin Schwantes an. Bernhard Bästlein wurde in die Leitung einbezogen, nachdem ihm am 29. Januar 1944 bei einem Bombenangriff die Flucht aus dem Zuchthaus Berlin-Plötzensee gelungen war.[155]

Die operative Leitung der KPD arbeitete die politische Plattform „Wir Kommunisten und das Nationalkomitee ‚Freies Deutschland'" aus. Darin hieß es: „Nicht Weimar ist das Ziel der Volksrevolution, sondern die Errich-

---

154 Berichte von August Fend, Karl Schild, Jakob Rummer.
155 Geschichte der deutschen Arbeiterbewegung, Bd. 5, a.a.O., S. 398.

# Süddeutsche Volksstimme

**Sonderausgabe**

Januar 1945

Kampforgan
für die Freiheitsrechte des deutschen Volkes

## Die Lügenpropaganda der Nazis

In der September- und Dezembernummer haben wir Aufsätze veröffentlicht mit der Ueberschrift: "Göbbels, der Lügenpropagandist". Wir versprachen unseren Lesern eine Fortsetzung. Wunschgemäss haben wir nun die bisherigen Aufsätze und die geplanten Fortsetzungen in dieser Sondernummer zusammengefasst.    Die Redaktion.

Propaganda kann fortschrittlich oder rückschrittlich sein, sie kann die Wahrheit oder die Lüge zur Grundlage haben. Die Nazipropaganda ist rückschrittlich und ihre Grundlage ist die Lüge. Solange sie existiert, verfolgt sie ausschliesslich das Ziel, durch Lüge und Verleumdung das Volk über den reaktionären Charakter der von den Naziführern betriebenen Politik zu täuschen. Die Nazipropaganda kann sich garnicht mit den Bestrebungen beschäftigen, die dem Fortschritt der Menschheit dienen, sie kann

-1-

"Süddeutsche Volksstimme", Januar 1945, herausgegeben von der Auslandsleitung der KPD in der Schweiz für die Bezirke Süddeutschland und Südwestdeutschland.

tung der revolutionären Demokratie, die wirkliche Herrschaft des deutschen Volkes ... Die kommende Demokratie wird eine revolutionäre Demokratie der um den Fortschritt kämpfenden Massen sein." Das Dokument rief zur Schaffung der Aktionseinheit auf: „Die Einheit aller ehemaligen Mitglieder der verschiedensten damaligen Arbeiterparteien und Gewerkschaften, ihr sofortiger Zusammenschluß zu betrieblichen Kampfgruppen muß Tatsache werden. Das ist die Hauptaufgabe der nächsten Wochen im Kampf gegen Hitler."

Im Juli 1944 fielen die Mitglieder der operativen Leitung der Gestapo in die Hände. Nach dem gescheiterten Attentat gegen Hitler am 20. Juli 1944 wurden über 400 Todesurteile gegen Antifaschisten gefällt, darunter gegen die Mitglieder der operativen Leitung der KPD.[156]

Wie sah es zu dieser Zeit in Mannheim aus? Die antifaschistische Bewegung im Rhein/Neckar-Gebiet hat sich von dem schweren Verlust, den die Ermordung der 22 führenden Antifaschisten hervorrief, nicht mehr erholt. In den Betrieben hatte man Verbindung zueinander, traf sich auch über den Rahmen der einzelnen Industriewerke hinaus, um gemeinsam die Lage zu beraten, aber von einer Organisation kann für das Jahr 1944 nicht mehr die Rede sein.

Der Verfasser kann aus dieser Zeit nicht mehr aus eigenem Erleben in Mannheim berichten, doch alle Aussagen der Antifaschisten, die bis zum Zusammenbruch der faschistischen Diktatur in den Betrieben Mannheims beschäftigt waren, weisen darauf hin, daß Organisationen mit Beitragszahlungen kaum noch bestanden. Die organisiertesten Formen der antifaschistischen Aktivität von Kommunisten und Sozialdemokraten waren, wie schon geschildert, die Solidaritätssammlungen und die Zusammenarbeit mit Zwangsarbeitern und Kriegsgefangenen. Was zunahm, das war die Mundpropaganda und die Diskussion anhand der Meldungen des „Volkssenders" und des Senders „Freies Deutschland".

Auch diese mündliche Propaganda forderte Opfer, der Terror wütete immer grausamer. Wer in die Fänge der Justiz geriet, der mußte um das Leben bangen. Ein Wort zuviel am Stammtisch, die Äußerung des leisesten Zweifels am „Endsieg" konnte den Kopf kosten. Die Rundfunk-Quittungen trugen auf der Rückseite die Namen von Unglücklichen, die wegen des Abhörens ausländischer Sender zum Tode verurteilt und hingerichtet wurden. „Rundfunkverbrecher sind Volksverräter. Sie verdienen den Tod", so versuchten die Nazis zu verhindern, daß die Bevölkerung die Wahrheit über die militärische Lage erfuhr. Die Opfer der Nazirichter warteten in den Todeszellen oft monatelang auf die Hinrichtung, und zuhause

---

156 Ebenda, S. 415.

# Todesurteil für Rundfunkverbrecher

Im Oktober 1943 wurde der 56jährige Louis Birch vom Volksgerichtshof zum Tode verurteilt. Seit Beginn des Krieges hat er die Hetzparolen des feindlichen Rundfunks verbreitet. Sein Treiben war um so schändlicher, als er vor allem Soldatenfrauen zu beeinflussen versuchte. Mit seiner niederträchtigen Handlungsweise fiel er der kämpfenden Front in den Rücken und verwirkte somit das Recht, weiterhin der Volksgemeinschaft anzugehören.

## Rundfunkverbrecher sind Volksverräter!

### Sie verdienen die härteste Strafe.

Rückseite einer Rundfunkquittung vom Dezember 1944. (Stark vergrößert) lebten ihre Angehörigen in banger Ungewißheit. Halb verhungert waren oft die Unglücklichen, als sie zum Schafott geführt wurden.

So wurde am 27. März 1944 in Brandenburg an der Havel der Malermeister Friedrich Char aus der Neckarstadt hingerichtet und am 8. Mai des gleichen Jahres der Feudenheimer Jakob Reiter. Am frühen Morgen des 27. Oktober 1944 führten die vielbeschäftigten Henkersknechte vom Zuchthaus Berlin-Plötzensee den Ketscher Sozialdemokraten Karl Kemptner zum Schafott. Vor 1933 war er Vorsitzender des Ortsvereins der SPD und Führer der Eisernen Front seiner Gemeinde gewesen. Auch der damals bekannte Holzbildschnitzer Heinrich Wich vom Lindenhof fand im Zuchthaus Plötzensee den Tod. Am 7. April 1944 schleiften die Aufseher den toten Häftling aus der Zelle. Alle Nachforschungen seiner Ehefrau nach der Todesursache blieben ergebnislos, die Anfragen bei der Zuchthausverwaltung ohne Antwort.

Die Denunziation einer Frau, mit der er sich während eines Besuchs bei Bekannten in Friedelsheim in der Pfalz unterhielt, spielte Char der Gestapo in die Hände. Einer seiner Söhne, als Soldat in Urlaub, war mit ihm in die Pfalz gefahren. Char hatte die Frau, die er nicht kannte, zufällig getroffen, und er wußte nicht, daß sie Frauenschaftsleiterin und eine bösartige, im Ort gefürchtete Denunziantin war. Die Beamten der Friedelsheimer Gendarmerie leiteten ihre Anzeige erst weiter, als sie den Polizisten mit einer Meldung wegen „Unterlassung" drohte. Char wurde am 6. August 1943 verhaftet und die Gestapo konstruierte eine Anzeige wegen Wehrkraftzersetzung. Der Volksgerichtshof Berlin verurteilte ihn zum Tode. Friedrich Char war 1933 sieben Monate lang im Konzentrationslager gewesen. Kaum von dort zurück, nahm er wieder am Widerstandskampf teil. Im Jahre 1937 wurde er erneut verhaftet und zu zwei Jahren Gefängnis verurteilt. 1944 starb er auf dem Schafott.

Jakob Reiter war in der Zeit vor seiner Verhaftung vielen Mannheimern als Brezelverkäufer in der Vorhalle der Allgemeinen Ortskrankenkasse bekannt. Ein Gespräch mit dem Pförtner der AOK, dem NSDAP-Mitglied Olb, führte zu dessen Meldung an den damals berüchtigten und gefürchteten Betriebsobmann der AOK, Büdenbender. Der erstattete am 27. Januar 1943 Anzeige bei der Gestapo. In dem Schreiben, das dem Antifaschisten Jakob Reiter den Tod brachte, hieß es:

„Der schon von mir mehrfach verwarnte Reiter ist seiner ganzen Einstellung nach noch heute aktiver Kommunist, der es, wenn es sein muß, versteht, sich geschickt zu tarnen und den Biedermann zu spielen. Im Vorjahr stand er im Verdacht, die Schmähschrift gegen den Führer in der öffentlichen Abortanlage ‚Hitler ist ein Massenmörder etc. . . .' angebracht zu haben. Deswegen ließ ich ihn damals einer Vernehmung durch Ihre Dienststelle unterziehen.

# Ermordete Widerstandskämpfer

Georg Pütz

Friedrich Char

Eugen Biehler mit Familie

Heute morgen gegen 10 Uhr kommt unser Pförtner, Pg. Olb und meldet mir, daß Reiter sich in staatsgefährlicher Weise gegen den Nationalismus geäußert habe."[157]

Die Anzeige des Denunzianten Büdenbender endete mit der Aufforderung: „Soweit der ungefähre Tatbestand. Die gegen Pg. Olb vorgebrachte Drohung zeigt die kommunistische Gesinnung des Reiter vollauf. Reiter wittert, wie alle geheimen Kommunisten, durch die augenblickliche strategisch-politische Lage im Osten Morgenluft für seine Gesinnungskumpane in Deutschland.

Meine Ansicht als politisch Beauftragter der NSDAP im Betrieb ist: Reiter gehört sofort hinter Schloß und Riegel und unschädlich für immer gemacht. Ich bin der Überzeugung, daß er mit der geheimen kommunistischen Zentrale in Mannheim zusammenarbeitet."

Für immer unschädlich machen, verlangte Büdenbender. Die Geheime Staatspolizei Mannheim ließ sich das nicht zweimal sagen. Sie braute aus den Verdächtigungen bewußt die das Todesurteil geradezu provozierenden Anschuldigungen zusammen, und der Volksgerichtshof Berlin fällte am 29. März 1944, zwei Tage nach der Hinrichtung Friedrich Chars, das Todesurteil. Seine Frau wurde erst zwei Monate nach dem Justizmord und erst auf ihre Anfrage hin von der Hinrichtung benachrichtigt. Das Schreiben des Oberreichsanwalts des Volksgerichtshofes an Frau Reiter enthielt einen einzigen lapidaren Satz: „Auf Ihre Anfrage vom 2. Juli 1944 muß ich Ihnen mitteilen, daß das gegen Ihren Ehemann Jakob Reiter ergangene Todesurteil am 8. Mai 1944 in Brandenburg a. d. Havel vollstreckt worden ist."[158]

Das Todesurteil forderte der berüchtigte Ankläger des Volksgerichtshofes, Roland Freisler, auch gegen den Arbeiterfunktionär Georg Albert von Mannheim-Neckarstadt. Dieses Urteil war auch zu befürchten, da der Gestapo — und damit den Richtern des Volksgerichtshofes — seine Vergangenheit nicht unbekannt war. Albert stand bereits im August des Jahres 1917 vor Gericht, zusammen mit den beiden Führern der damaligen revolutionären Matrosenbewegung, Reichpietsch und Köbis, die zum Tode verurteilt und am 5. September 1917 hingerichtet wurden. Doch die Ankläger konnten dem Mitangeklagten Albert in diesem Prozeß nichts nachweisen. Einige Wochen später stand er wiederum unter Anklage, und zwar wegen der Matrosenaktion auf dem Kriegsschiff „Prinzregent Luitpold" gegen die Fortsetzung des Krieges. Diesmal wurde er zu fünf Jahren Festungshaft verurteilt. Nach Kriegsende war er Mitglied des Soldaten-

---

157 In Privatbesitz.
158 In Privatbesitz.

rates in Holland, wo er in einer Strafabteilung der deutschen Armee den Zusammenbruch der kaiserlichen Kriegsfront erlebte. Seitdem war Albert stets ein aktiver Arbeiterfunktionär, auch nach der Machtergreifung Hitlers.

Georg Albert wurde am 15. Dezember 1943 vom Arbeitsplatz aus zur Gestapo befohlen und kam nicht mehr nach Hause zurück. Er war beim Verein Deutscher Ölfabriken beschäftigt. Wer ihn denunziert hatte, das geht aus dem folgenden Brief hervor, den ihm die Direktion der Ölfabrik zehn Tage vor seiner Verhaftung überreichen ließ. Gestapo und Volksgerichtshof führten gegen ihn die gleichen Beschuldigungen ins Feld, mit denen die Direktion ihm die „Weihnachtsgabe" verweigerte. Der Brief lautete:

„Wie in früheren Jahren bringen wir auch heuer eine Weihnachtsgabe zur Verteilung. Voraussetzung ist hierbei Treue zum Betrieb und Einfügung in die Betriebsgemeinschaft. Bedauerlicherweise haben Sie sich selbst durch verschiedene, die Widerstandskraft unseres Volkes schwächende Reden, durch Ihre betonte Zurückhaltung gegenüber den zum Dritten Reich stehenden Kameraden und schließlich durch ebenso betonte Verweigerung des Hitlergrußes aus dieser Gemeinschaft ausgeschlossen, so daß wir nicht in der Lage sind, auch Sie mit einer Weihnachtsgabe zu beteiligen."[159]

Am 26. April 1944 fand die Verhandlung statt. Seine Frau war mit in Berlin und wartete klopfenden Herzens vor dem Gerichtssaal auf das Urteil. Sie erlebte in kurzer Zeit, bevor ihr Ehemann abgeurteilt wurde, 22 Todesurteile gegen Antifaschisten. Georg Albert hatte Glück, das Gericht „begnügte sich" mit sieben Jahren Zuchthaus, und er erlebte das Ende der Diktatur und die Befreiung. Dem Tode entging auch Fritz Becker, Funktionär der Kommunistischen Partei im Stadtteil Neckarstadt. Er erwartete die Vollstreckung des Todesurteils, das der Volksgerichtshof gegen ihn gefällt hatte wegen „Defaitismus und Wehrkraftzersetzung". Der Zusammenbruch des Hitlerregimes kam der Hinrichtung zuvor.

Zu den Opfern des verschärften Terrors der Jahre 1943 und 1944 zählte auch der Neckarstädter Arbeiterfunktionär Johann Garrecht. Nach dem Attentat auf Hitler und dem erfolglosen Offiziersputsch am 20. Juli 1944 verschleppte ihn die Gestapo ohne jegliche Begründung ins Konzentrationslager Dachau. Am 27. August erhielt seine Frau den ersten und letzten Brief. Garrecht bat um die Zusendung einiger Dinge des täglichen Lebens: „Strümpfe, Unterwäsche, Gabel und Löffel". Er brauchte sie nicht mehr, sieben Tage später erreichte Frau Garrecht das Schreiben der Lagerkommandantur mit der Todesmeldung: Trotz aller ärztlicher Bemühungen sei

---

159 In Besitz von Georg Albert.

es nicht gelungen, seiner schweren Krankheit Herr zu werden, ihm sei „die bestmögliche medikamentöse und pflegerische Behandlung zuteil geworden". Johann Garrecht war nicht krank, er wurde wie so viele andere Sozialisten und Demokraten meuchlings ermordet.

Ums Leben kam um diese Zeit auch der Mannheimer Antifaschist Franz Huber. Am 26. April 1936 verurteilte ihn die Nazijustiz zu neun Jahren Zuchthaus wegen zentraler Kuriertätigkeit für die illegale Kommunistische Partei. Er war in München der Gestapo in die Hände gefallen. Huber war im Jahre 1943 mit Ernst Hahner, Hermann Müller und Georg Albert im Zuchthauslager Vaihingen/Enz. zusammen. Von dort aus verschleppte ihn die Gestapo in das Konzentrationslager Mauthausen, offensichtlich sandte sie der Lagerleitung zugleich die Mordanweisung. Von Mauthausen kam Franz Huber ins Lager Neuengamme und wenige Wochen später erhielt seine Familie die Mitteilung, er sei gestorben und seine Asche beigesetzt.

Wie viele Menschen werden es wohl gewesen sein, die in den Konzentrationslagern wegen ihres Widerstandes gegen die Tyrannei ums Leben kamen? Es wird darüber nie eine vollständige Statistik geben. Eine Totenliste der VVN-Bund der Antifaschisten zählt 145 Namen von Mannheimern auf: in den Gaskammern umgebracht, den Hungertod oder an Seuchen gestorben, viehisch erschlagen oder in die elektrisch geladenen Stacheldrahtzäune gejagt. In Mauthausen wurde der Kämpfer der Arbeiterbewegung aus der Schwetzingerstadt Eugen Mast ermordet, in Berlin der Käfertaler Viktor Link erschossen, im Mannheimer Landesgefängnis starb wenige Tage vor dem Einmarsch der amerikanischen Truppen der Hockenheimer Karl Stoll und Stunden vor der Befreiung des Lagers kam in Buchenwald der frühere Neckarauer Funktionär der Metallarbeitergewerkschaft Georg Volk ums Leben. Es ist unbekannt, wie es geschah.

Diese Schilderung des entsetzlichen Schicksals von Bürgern aus dem Stadt- und Landkreis Mannheim am nahen Ende der Schreckenszeit steht für alle Opfer der Unmenschlichkeit in den letzten zwei Jahren der faschistischen Diktatur.

Der Faschismus schlug im Todeskampf wild um sich, seine Todeszuckungen waren von erbarmungsloser, verzweifelter Mordgier begleitet. Die Helfershelfer Hitlers bis zum kleinsten, jämmerlichsten Denunzianten waren gefährlicher denn je. Das gilt auch für die Gestaposchergen in Mannheim. Verachtet und gemieden auch von vielen ihrer Kollegen der Kriminalpolizei dienten sie bis zum Ende als Folterknechte im Dienste der Blutherrschaft. Ihre Vernehmungsmethoden waren brutaler und zynischer als in den Jahren zuvor.

Als die faschistische Nacht zu Ende war, da versuchte Kriminal-Assistent Frietsch, den „Befehlsnotstand" für sein Handeln verantwortlich zu machen. An Mißhandlungen und Folterungen hatte er angeblich nie teilgenommen. Für den Magendurchbruch des zu Tode getrampelten Willi Probst fand er keine Erklärung, er war zu der Zeit nicht in der Zelle des Unglücklichen. Das mag so gewesen sein, Frietsch ließ Mißhandlungen stets von seinen Kreaturen besorgen. Er verließ die Zelle unter Drohungen, und sie kamen herein.

Kriminal-Assistent Franz Frietsch mimte sehr gerne den um seine Opfer väterlich besorgten Biedermann und dies besonders gegenüber den Ehefrauen der Verhafteten. Kein Besuch in ihren Wohnungen war dem Gestapoverbrecher zuviel, er fühlte sich geradezu „menschlich verpflichtet" zu solchen Besuchen, wie er bei jeder Gelegenheit betonte. Dabei vergaß er jedoch nie, den Kummer verzweifelter Frauen zu nutzen, um zusätzliches Belastungsmaterial zu erpressen. Nach dem Tode „seines Führers" und dem Ende der Diktatur geriet Frietsch in das Gewahrsam der amerikanischen Armee. Er hatte nicht über schlechte Behandlung zu klagen, doch die Aufregungen der eigenen Haft führten nach wenigen Wochen zu einem Herzleiden. Er veranlaßte seine Frau, an Paul Schreck einen Bittbrief zu schreiben. Der Arbeiterfunktionär sollte ihm die Unschuld bezeugen. Schreck erhielt denn auch am 4. Oktober 1946 den Brief der Frau Rosa Frietsch, der ihn daran erinnerte, „daß er doch mit Herrn Frietsch von der Polizei dienstlich zu tun gehabt" habe. Sicherlich könne er bestätigen, von diesem dabei „nur gut und anständig behandelt" worden zu sein. Kriminal-Assistent Frietsch starb kurze Zeit später in einem amerikanischen Lazarett an Herzversagen.[160]

## So starb Josef Rutz in Sachsenhausen

Die folgenden Zeilen sind dem bescheidenen und tapferen Arbeiterfunktionär Josef Rutz gewidmet. Zunächst Mitglied der Freien Sozialistischen Jugend trat er 1923 der Kommunistischen Partei bei. Doch er war nicht nur in der Arbeiterbewegung tätig, seine Tatkraft galt auch seinem Verein, den „Fischerfreunden". Den Sonntag verbrachte er zumeist am Rhein als leidenschaftlicher Sportfischer. Als ihn die verfolgte Bewegung rief, da war er zur Stelle: als Kurier, als Flugblattverteiler und für die Herstellung der illegalen „Arbeiter-Zeitung". Nach jahrelanger Zuchthaushaft verschleppten ihn die Faschisten in das KZ Oranienburg und dann nach Sachsenhausen. Anfang des Jahres 1940 wurde er dort eingeliefert. Rutz gab auch im Konzentrationslager den Kampf für die Freiheit nicht auf, er wurde Funktionär der illegalen Lagerorganisation.

160 In Privatbesitz.

Karl Raddatz, einer seiner Leidensgefährten und Genossen im Lager, schilderte in dem Buch „KZ Sachsenhausen" die politische Tätigkeit der Parteigruppe, der Rutz nun zugehörte:

„Unablässig waren wir bestrebt, den Gemeinschaftsgeist zu wecken und zu erhalten, um dem Terror der SS zu begegnen. Solidaritätsaktionen, durchgeführt in kameradschaftlicher Zusammenarbeit mit den Vertrauensleuten aller europäischen Nationen, stillten den Hunger und retteten so manchen vor dem sicheren Tode. Die politisch geschultesten und kühnsten Antifaschisten organisierten den Widerstand, führten die Nationalitätenausschüsse und gaben der Masse des Lagers das politische Rüstzeug."

Das Buch „KZ Sachsenhausen" berichtet auch von den Vorgängen, die dem Tode von Josef Rutz und seinen Kameraden vorausgingen:

„Bereits im Frühjahr 1944 sandte die Gestapo eine Sonderkommission ins Lager zu dem ausschließlichen Zweck, durch Inszenierung eines Prozesses die noch im Lager befindlichen Funktionäre zu liquidieren. Eine über das ganze Lager verbreitete Spitzelorganisation lieferte die spärlichen Unterlagen für den Prozeß. 165 Funktionäre wurden im Laufe einiger Wochen verhaftet... Im Krematorium, angesichts des Galgens und der lodernden Flammen, wurden die Protokolle ‚geschrieben'. Aber es gelang den Henkersknechten nicht, die Zusammenhänge der über das ganze Lager verbreiteten Widerstandsbewegung zu klären..."[161]

Am 11. Oktober 1944 bei Anbruch der Morgenröte wurden 27 Kämpfer der Widerstandsorganisation des KZ Sachsenhausen von der SS erschossen. Unter ihnen war der Häftling Nummer 26 059, der Mannheimer Arbeiter Josef Rutz. Einer der Männer, die neben ihm fielen, war der ehemalige Reichstagsabgeordnete Ernst Schneller, der im Januar 1933 den Mannheimer Aufruf zum Generalstreik gegen die Machtergreifung Hitlers verantwortlich gezeichnet hatte.

---

161 Karl Raddatz, in: KZ Sachsenhausen, herausgegeben von Lucie Grosser i.A. des Hauptausschusses Opfer des Faschismus, Berlin 1946.

## Vor dem Rathaus der Stadt Dachau

Friedrich Dürr

Im Konzentrationslager Dachau wüteten wie in allen KZ in den letzten Tagen der faschistischen Blutherrschaft die Mordbestien der SS. Die Namen einiger in den KZ ermordeter Antifaschisten aus Mannheim wurden bereits genannt. Im Lager Dachau befanden sich im April 1945 nahezu 20 Antifaschisten aus dem Stadt- und Landkreis Mannheim. Sie waren nach der Verbüßung ihrer Zuchthaus- und Gefängnisstrafen oder aber von zu Hause dorthin verschleppt worden. Auch drei ehemalige Mannheimer Spanienkämpfer waren im Lager.

Den Häftlingen war bekannt, daß sich amerikanische Truppen näherten und die mögliche Befreiung bevorstand. Bekannt war aber auch ein Befehl zur Evakuierung, das wäre für Zehntausende ein Marsch ins Ungewisse, wahrscheinlich in den Tod gewesen. Sie mußte unter allen Umständen verhindert werden. Das war das Ziel der illegalen Widerstandsleitung in Dachau.

Am frühen Morgen des 27. April hatte die Küche den Befehl erhalten, für 30 000 Häftlinge Marschportionen bereitzuhalten. Die Gefangenen bekamen den Befehl, am Mittag „marschfähig" auf dem Appellplatz anzutreten. Es war höchste Zeit zum Handeln.

Nun wurden in Eile zwei Gruppen zusammengestellt, die aus dem Lager ausbrechen sollten. Die eine Gruppe hatte die Aufgabe, sich zu den amerikanischen Truppen durchzuschlagen, um ihre Ankunft zu beschleunigen, die andere sollte in Dachau die SS zum Kampf stellen, um sie an der Evakuierung des Lagers zu hindern. Der Ausbruch der je 15 Mann zählenden beiden Gruppen gelang mit Hilfe des „Moorexpreß", der zum Abtransport der Abfälle diente, und die erste Gruppe konnte sich tatsächlich zu den amerikanischen Truppen durchschlagen. Zur zweiten Kampfabteilung gehörten die beiden Mannheimer Friedrich Dürr und Leo Heiß. In der Stadt Dachau waren zuvor von Bürgern der Stadt Waffen versteckt worden. Die Gruppe gelangte an das Waffenlager, der Volkssturm von Dachau schloß sich den Häftlingen an. Dann rückten SS-Formationen gegen Dachau vor. In der Stadt kam es zu Straßengefechten, die antifaschistischen Kämpfer mußten sich vor der Übermacht zurückziehen.

Friedrich Dürr und Leo Heiß fielen der SS in die Hände. Dürr wurde am 28. April vor dem Rathaus Dachau erschossen. Leo Heiß wurde von der SS ins Lager zurückgeschleppt. Dort sollte er ermordet werden. Es gelang ihm zu entfliehen, und andere Gefangene versteckten ihn bis zur Ankunft der amerikanischen Truppen. Am 29. April um 17 Uhr besetzten alliierte Kampfverbände das Konzentrationslager Dachau. Für Dürr kamen sie um 24 Stunden zu spät.

Im Jahre 1948 erschien ein Buch mit dem Titel „Die Toten von Dachau", herausgegeben von der Generalanwaltschaft für die Wiedergutmachung München. Es enthält die folgende Würdigung der Opfer des Aufstandes in Dachau:

„Auch aus dem Konzentrationslager Dachau ist dieser Freiheitsfunke herausgeschlagen und hat Männer entzündet, die wenigstens den Versuch wagten, der Freiheit eine Bresche zu schlagen. Aus den Reihen der Freiheitskämpfer, die man jahrelang hinter elektrisch geladenen Stacheldraht gesperrt hatte, haben drei Kameraden für die endgültige Befreiung Deutschlands ... ihren Blutzoll entrichtet: die Konzentrationäre und Kameraden
    Erich Hubmann
    Anton Hackl
    Friedrich Dürr
sind beim Aufstand am 28. April 1945 mit vier anderen Dachauer Bürgern für uns und für ein freies Deutschland gefallen."[162]

Friedrich Dürr und seine Genossen haben ihr Leben in Dachau nicht sinnlos geopfert. Ihr Aufstand hat die geplante Evakuierung des Lagers verhindert und zehntausenden deutschen und ausländischen Gefangenen in letzter Stunde das Leben gerettet. In den Nachkriegsjahren wurde ein Geheimbefehl Himmlers an die Lagerleitung des Konzentrationslagers Dachau bekannt, nach dem kein Häftling „lebendig in die Hände des Feindes fallen" dürfe.

Der Name des Mannheimer antifaschistischen Kämpfers Friedrich Dürr steht auf einem Gedenkstein in Dachau an der Stelle, wo er erschossen wurde. Seine Heimatstadt hatte ihn vergessen, kein Stein und keine Straße trug seinen Namen. Über 30 Jahre vergingen, da war es die Jugend Mannheims, die eingedenk der demokratischen Tradition ihrer Stadt sein Denkmal setzte: Ihr Jugendzentrum in Selbstverwaltung trägt seit 1975 den Namen Friedrich Dürr.

---

162 „Die Toten von Dachau", herausgegeben von der Generalanwaltschaft für die Wiedergutmachung, München 1948, S. 285.

## Mannheim in Schutt und Asche

März 1945 in Mannheim: In der Vorderpfalz wurde gekämpft, Ludwigshafen lag unter Beschuß. Amerikanische und französische Truppen setzten zum Übergang über den Rhein an. Pausenlos angreifende Tieffliegerformationen zwangen die noch in der Stadt lebenden Bürger in die Häuser, soweit diese noch standen und in die Bunker. Der nazistische Oberbürgermeister Renninger erließ Durchhalteappelle an die Bevölkerung und die Anordnung, nur alte und gebrechliche Bürger, die nicht in der Produktion gebraucht würden, dürften die Stadt verlassen.

Die Kreaturen Hitlers in der Redaktion des „Hakenkreuzbanner" schrieben in diesen Tagen des totalen Zusammenbruchs noch Durchhalteappelle, die beinahe niemand mehr beachtete. Sie beschworen die angeblich zum Einsatz kommende „Wunderwaffe", und Leitartikler Hertel faselte am 12. März: „Die jetzt erlittenen Rückschläge haben unser Volk wachgerüttelt. Der Feind im Osten wird erfahren, was das bedeutet." Es fällt bei der Lektüre der damals letzten Ausgaben des faschistischen Blattes auf, daß die Redakteure nur „dem Feind im Osten" drohten, nicht aber den Alliierten im Westen, deren Truppen bereits vor den Toren der Stadt standen. Und Hertel verstieg sich zu der Phrase: „Eines Tages wird das Hakenkreuz doch über den Sowjetstern triumphieren."

Die vorletzte Ausgabe der Gemeinschaftszeitung „Hakenkreuzbanner und Neue Mannheimer Zeitung" – beide Zeitungen erschienen nur noch als gemeinsames Blatt – veröffentlichte eine phrasenhafte „Parole des Gauleiters von Baden" mit dem Versprechen „Der Feind wird an unserem Widerstand und an unseren Schlägen zerbrechen." Die nazistischen Schreiberlinge drohten den „Feiglingen und Defaitisten" mit Standgericht und Todesstrafe. Antisowjetismus und Morddrohungen, das waren die letzten Äußerungen der Schreibtischmörder des „Hakenkreuzbanner". Und sie hatten noch „Erfolg": Stunden vor dem Einmarsch amerikanischer Verbände wurden in den Lauerschen Gärten drei Angestellte von der Polizei erschossen, weil auf dem Hause, in dessen Keller sie Sicherheit suchten, die weiße Fahne gehißt worden war.

NSDAP-Kreisleiter Hermann Schneider ließ verkünden: „Sämtliche Dienststellen der Stadt und des Staates arbeiten im bisherigen Umfang weiter. Die Mitarbeiter haben sich pünktlich einzufinden. Versorgungsbetriebe, Lebensmittelgeschäfte, Bäckereien und Metzgereien usw. sowie die übrigen Einzelhandelsgeschäfte sind unter allen Umständen offenzuhalten. Selbständiges Schließen und Fernbleiben der Gefolgschaft wird schärfstens bestraft."[163]

---

[163] Sämtliche Auszüge aus Mannheimer Tageszeitungen sind mit Genehmigung dem Stadtarchiv Mannheim entnommen.

„Schärfstens bestraft" bedeutete Standgericht! Einige Tage später war der faschistische Kreisleiter bereit, ohne Rücksicht auf die Stadt und das Leben der Bevölkerung den Befehl Hitlers vom 19. März zur Zerstörung aller Industrie-, Verkehrs- und Versorgungsanlagen rücksichtslos durchführen zu lassen. In seinem Buch „Schicksal einer deutschen Stadt" schreibt Friedrich Walter unter Berufung auf einen Bericht Dr. Spulers: „Freitag, 23. März. Besprechung im Polizeipräsidium. Anwesend die Mitglieder des Verteidigungsausschusses, des Rüstungskommandos, der Oberbürgermeister und Vertreter der Wirtschaft. Unverkennbar die Tendenz, die Durchführung des Zerstörungsbefehls wenigstens hinauszuzögern. Starke Zweifel werden laut, ob der Befehl überhaupt vollzogen werden könne, selbst wenn man neben jeden Arbeiter einen Soldaten stellen würde."[164]

Kommunisten, Sozialdemokraten und andere Antifaschisten versuchten, die Belegschaften gegen die Zerstörung der Versorgungsbetriebe zu mobilisieren. Sie standen dabei in engster Verbindung mit den politisch organisierten Gruppen der Zwangsarbeiter und Kriegsgefangenen. Man erwägte den Einsatz von Waffen, um das Schlimmste für die Bevölkerung zu verhindern. Die Gruppe der sowjetischen Zwangsarbeiter unter Führung von Grigorew hatte in einem Kanalschacht ihres Wohnlagers ein kleines Waffenlager angelegt. Es blieb bei einer polizeilichen Durchsuchung des Lagers unentdeckt. Auch Mannheimer Antifaschisten hatten Waffen gesammelt. Das Lager befand sich in Ilvesheim. Sie wollte man im äußersten Notfall zum Einsatz bringen.

Ein Waffenlager der Gegner des Hitlerregimes in Ilvesheim? Ja, das gab es. Man hatte es angelegt, weil bei dem zu erwartenden Zusammenbruch der Nazidiktatur eine gewaltsame Auseinandersetzung mit den Faschisten nicht auszuschließen war. Vielleicht mußten die als Gegner des Faschismus bekannten Arbeiterfunktionäre, die zu dieser Zeit noch in Mannheim waren, ihr Leben verteidigen. Niemand konnte wissen, was die SS angesichts der totalen Niederlage tun würde. Sie war gewiß zu einem letzten Racheakt fähig. Drohungen gab es genug.

Die Beschaffung, der Transport und besonders die Betreuung der Waffen waren lebensgefährlich. Die Schilderung eines der Waffentransporte möge dies unterstreichen:

„Eines Tages fuhren zwei Radfahrer von der Neckarstadt in Richtung Ilvesheim. Sie transportierten auf ihren Rädern Verdunkelungsrollos. Damit fiel man zu dieser Zeit nicht auf, Verdunkelungsrollos, Feuerpatschen und

---

164 Friedrich Walter: Schicksal einer deutschen Stadt. Geschichte Mannheims 1907–1945. Bd. II. Fritz-Knapp-Verlag, Frankfurt am Main 1950, S. 286.

Löscheimer waren damals zu den wichtigsten Haushaltsartikeln geworden. In diesem Fall dienten die Rollos allerdings einem besonderen Zweck, nämlich der Verkleidung für zwei Armeegewehre. Auf den Gepäckträgern beider Velos waren zudem noch Säcke mit jeweils 300 Schuß Munition befestigt. Eine gefährliche Fracht!

Mitten in Feudenheim wurde die Fahrt durch Fliegeralarm gestoppt. Die beiden Transporteure wollten rasch weiterfahren, wurden aber durch Befehl zum Absteigen gezwungen. Die Räder mußten sie in der Nähe der Feudenheimer Polizeiwache an eine Hauswand stellen. Die Situation war kritisch, leicht konnten die Waffen entdeckt werden. Die Detonation einer Fliegerbombe in der Umgebung hätte genügt, um die verbergende Umhüllung zu zerfetzen. Nach bangen Minuten kam die Entwarnung, und die beiden Antifaschisten radelten erleichtert, aber im Eiltempo nach Ilvesheim, um ihre Fracht loszuwerden."[165]

In Mannheim kam es nicht mehr zur Zerstörung der Versorgungsanlagen. Ostern 1945 besetzten die Amerikaner die Stadt, zuvor hatten Kommandos der Wehrmacht sämtliche Neckarbrücken gesprengt. Die Versorgungsbetriebe blieben, soweit sie nicht durch Bomben und Beschuß beschädigt worden waren, intakt. Mannheim lag in Schutt und Asche. Die Bevölkerung hatte im Verlaufe des Krieges insgesamt 151 Luftangriffe erlebt, wobei 500 Luftminen, 43 000 Sprengbomben, 1,8 Millionen Stabbrandbomben, 100 000 Phosphorbomben und 13 500 Flüssigkeitsbomben auf dem Stadtgebiet niedergegangen waren. Die Zahl der Todesopfer, hervorgerufen durch Luftangriffe, betrug in der Stadt 2171. Der größte Teil der Gebäude Mannheims war zerstört.[166]

## Demokratischer Neubeginn?

Niemand konnte sich zunächst vorstellen, wie das Leben in der Trümmerstadt weitergehen sollte. Hunger und Elend beherrschten Mannheim, Plünderungen waren eine tägliche Erscheinung, das „Wirtschaftsleben" bestand aus Schwarzmarktgeschäften. Am schlimmsten sah es im Wohnungswesen aus. Der Kommunist Rudolf Kohl, der damals dem Wohnungsamt vorstand, schilderte später die Lage so: Vor der Zerstörung hatte Mannheim ca. 85 000 Wohnungen, beim Einmarsch der Amis waren es noch 15 000, die als unzerstört galten. Alle 32 Luftschutzbunker waren

---

[165] Berichte von Herbert und Hermann Hohl (Januar 1973).
[166] „Die Stadt- und Landkreise Heidelberg und Mannheim", Amtliche Kreisbeschreibung. Herausgeber: Staatliche Archivverwaltung Baden-Württemberg 1966, Bd. I, S. 364.

vollgestopft mit Menschen ohne Bleibe. Die Amis belegten schätzungsweise 5000 Wohnungen, die aus diesen Wohnungen hinausgeworfenen Mannheimer mußten untergebracht werden. Hinzu kam, daß die evakuierten Bürger in die ausgebombte Stadt zurückfluteten. Es war zum Verzweifeln.

Das Zentralkomitee der Kommunistischen Partei Deutschlands, die in der damaligen sowjetischen Besatzungszone bereits zugelassen war, richtete am 11. Juni 1945 ihren ersten Aufruf nach dem Krieg an das deutsche Volk:

„Jetzt gilt es, gründlich und für immer die Lehren aus der Vergangenheit zu ziehen. Ein ganz neuer Weg muß beschritten werden!

Werde sich jeder Deutsche bewußt, daß der Weg, den unser Volk bisher ging, ein Irrweg war, der in Schuld und Schande, Krieg und Verderben führte!

Nicht nur der Schutt der zerstörten Städte, auch der reaktionäre Schutt aus der Vergangenheit muß gründlich hinweggeräumt werden. Möge der Neuaufbau Deutschlands auf solider Grundlage erfolgen, damit eine dritte Wiederholung der imperialistischen Katastrophenpolitik unmöglich wird."

Die Mannheimer Kommunisten verbreiteten einen Appell an die Bevölkerung, in dem sie zu demokratischer Aktivität und zum gemeinsamen Wiederaufbau der zerstörten Stadt aufriefen: „Und alle müssen mit anpakken. Niemand soll die Hände in den Schoß legen und etwa auf Befehle oder Anweisungen warten, wie in den vergangenen zwölf Jahren. Der demokratische Neuaufbau kann nicht von oben verfügt, die Erneuerung des deutschen Volkes an Körper und Seele nicht bürokratisch verordnet werden. Wir müssen wieder demokratisch handeln, das hießt gemeinsam handeln lernen."[167]

Es waren die Mannheimer Arbeiter und Angestellten, die unter großen Entbehrungen die Betriebe zu enttrümmern begannen und die Produktion langsam wieder in Gang brachten. Die Kommunisten standen dabei gemeinsam mit ihren sozialdemokratischen Kollegen an vorderster Stelle: beim Wiederaufbau der Produktionsstätten, beim Aufbau der Verwaltung und der Gewerkschaften, beim Einsatz in den Wohngebieten zur Sicherung des Lebens der Bevölkerung. Not und Lebenswille führten zu vielen Initiativen. Die KPD der Neckarstadt rief ihre Mitglieder und Anhänger zum freiwilligen Einsatz für die Wiedererrichtung des ersten Kinderspielplatzes in der Ruinenstadt auf. Die nach jahrelanger Haft aus den Konzentrationslagern und Zuchthäusern zurückkommenden Arbeiterfunktionäre reihten sich sofort und selbstlos in die schwere Aufbauarbeit ein.

167 In Privatbesitz.

In den Stadtteilen entstanden antifaschistische Ausschüsse: Sozialdemokraten, Kommunisten, bürgerliche Demokraten und Christen wirkten gemeinsam für die Überwindung der größten Not und für die Anfänge eines neuen Lebens. Diese Volksausschüsse demokratischer Selbsthilfe waren etwas Neues, sie hätten zu Keimformen einer wirklichen Demokratie werden können. Doch die Antifas, wie man damals die antifaschistischen Ausschüsse nannte, wurden gar bald von der amerikanischen Besatzungsmacht aufgelöst. Sie wurden „von den konservativen Militärs unterdrückt . . ., während noch viele Nazis in privilegierten Positionen saßen oder gar Ohr von Besatzungsoffizieren hatten und ihnen einredeten, die Antifas bestünden aus Kriminellen oder aus der 5. Kolonne der Russen oder beidem."[168]

Zunächst sah es keineswegs danach aus, als ob aggressiver Antikommunismus und Repression gegenüber demokratisch-antifaschistischen Bestrebungen je wieder das gesellschaftliche und politische Leben bestimmen könnten. Noch konnte der Kommunist Max Bock, zunächst zum Landesdirektor und dann zum Arbeitsminister von Nordwürttemberg/Nordbaden berufen, am 20. Oktober 1945 in einem Artikel in der „Rhein-Neckar-Zeitung" die antifaschistische Einheit beschwören: „Auf einem Meer von Trümmern sollen und wollen wir ein neues Deutschland erbauen. Eine Aufgabe, die dem ungeheuerlich erscheint, der die von Bombenschwärmen niedergewalzten Städte geschaut. Und eine zweite große Aufgabe steht dazu: dieses neue Deutschland demokratisch zu verwalten und zu lenken . . . Ein demokratisches Deutschland wird, wenn es in seinem Handeln wieder frei ist, in der Frage der Regierungsbildung keine Schwierigkeiten finden, weil die Basis dafür in der Gemeinsamkeit der antifaschistischen Parteien gegeben ist."

Als in Mannheim unter der Leitung des kommissarischen Oberbürgermeisters Josef Braun eine kommunale Verwaltung gebildet wurde, da war es selbstverständlich, daß neben dem Sozialdemokraten Jakob Trumpfheller und dem Christdemokraten Walter Kaiser auch ein Kommunist dem zunächst dreiköpfigen Beirat der Stadt zugehörte. Es war Rudolf Kohl. Dann wurde dieser Beirat um je vier Vertreter der inzwischen zugelassenen Parteien SPD, KPD und CDP erweitert. Für die Kommunistische Partei wirkten im erweiterten Beirat Paul Schreck, Anette Langendorf, Kurt Weber und Jakob Kastner mit. Im Herbst 1945 entstand sogar ein gemeinsamer kommunaler Arbeitsausschuß SPD/KPD.

168 Zwischen Befreiung und Besatzung, Analysen des US-Geheimdienstes über Positionen und Strukturen deutscher Politik 1945. Herausgegeben von Ulrich Borsdorf und Lutz Niethammer. Peter Hammer Verlag, Wuppertal 1976, S. 80/81.

Es wurde schon erwähnt: Als am 8. Juli 1945 die erste Württemberg-Badische Regierung entstand, da wurde der Kommunist Max Bock zum Arbeitsminister berufen. Nach seinem frühen Tod am 16. März 1946 übernahm Rudolf Kohl dieses Ministerium, sein Nachfolger als Direktor des Mannheimer Wohnungsamtes wurde wieder ein Kommunist, Johann Steiner.[169]

Die damals tätigen Betriebsräte und Gewerkschaftsfunktionäre erinnern sich noch an die Leistungen der kommunistischen Arbeitsminister in Stuttgart: an die Rolle, die sie den Gewerkschaften und Betriebsräten zuerkannten, an den Kampf, den sie führten für wirksame Mitbestimmungsrechte in den Betrieben und in der Wirtschaft, an ihr Bemühen um ein fortschrittliches Betriebsrätegesetz.

Die Leistungen der Kommunisten beim kommunalen Wiederaufbau Mannheims führten dazu, daß im April 1948 ein Vertreter der KPD, Jakob Ritter, zum Beigeordneten der Stadt für das Bauwesen gewählt wurde.

In jenen Monaten schien es, als sei die Einheit der antifaschistischen Kräfte gesichert, der verhängnisvolle Antikommunismus gebannt und eine demokratisch-antifaschistische Ordnung im Werden. Doch die Hoffnungen trügten. Schon im September 1945 erklärte Paul Schreck in einer der ersten Beratungen des Mannheimer Vorstandes der KPD, der damals noch halb illegal tagte: „Entweder kommt es zur Einheit der Arbeiterbewegung und damit zu einer antifaschistischen Staatsordnung für ganz Deutschland oder aber die alten Kräfte werden im Westen wieder zum Zuge kommen."[170]

Das war die große Entscheidung nach der Niederlage des Faschismus. Sie fiel in Westdeutschland zugunsten der alten verderblichen Kräfte.

Als der führende Sozialdemokrat Fritz Erler im Jahre 1947 den Kapitalismus als „bankrott" und den Sozialismus zur „Gegenwartsaufgabe" erklärte,[171] da waren die Weichen bereits gestellt für die Restauration der alten Machtverhältnisse. Die Fehler von 1918 wurden wiederholt. Die wirtschaftliche, politische und gesellschaftliche Entwicklung wurde bald wieder von den Kräften bestimmt, die Hitler an die Macht gebracht hatten und für die Konzentrationslager und Krieg Quellen der Bereicherung waren. Mit der Remilitarisierung, der Eingliederung Westdeutschlands in die NATO und der Politik des Kalten Krieges wurde der Antikommunismus erneut zur Staatsdoktrin, und die Kommunisten wurden wieder unter Ausnahmerecht gestellt, die KPD 1956 erneut verboten.

169 Bericht von Kurt Weber (November 1972).
170 Protokollaufzeichnungen. In Privatbesitz.
171 Fritz Erler: „Sozialismus als Gegenwartsaufgabe". Neckar-Verlag, Schwenningen 1947.

So konnte es dahin kommen, daß der ehemalige Gestapo-Chef von Toulouse, Dr. Rudolf Bilfinger, ein Gehilfe des SS-Reichsführers Himmler, zum Oberverwaltungsgerichtsrat am Verwaltungsgerichtshof Baden-Württemberg und Hitlers furchtbarer Stabsrichter Dr. Hans Filbinger Ministerpräsident des Landes Baden-Württemberg werden konnte.

So konnte es dahin kommen, daß entgegen dem antifaschistischen Auftrag des Grundgesetzes neonazistische Organisationen, faschistische Propaganda und Umtriebe geduldet, doch Demokraten, Kommunisten und Sozialisten mit Berufsverboten verfolgt werden.

Wer die Macht besitzt, der hat die Ehre. Also ist ein Ehrenmann, wer Krieg und Mord nutzte, um das große Geschäft zu machen, sonst hätte er heute keine Macht. Das ist die Wolfsmoral der spätkapitalistischen Gesellschaft. Das ist die Moral, die es möglich machte, daß die Honoratioren der Stadt Mannheim im Jahre 1967 dem Aufsichtsratsvorsitzenden der BASF, Carl Wurster, den Schillerpreis zuerkannten.

Unter Hitlers Blutherrschaft war der Schillerpreisträger der Stadt Mannheim Wehrwirtschaftsführer. Nicht nur das! Als Mitglied des Verwaltungsrates gehörte er zu den führenden Männern der Gesellschaft DEGESCH, deren Zyklon-B-Gas in Auschwitz und anderen Vernichtungslagern Hunderttausenden – auch vielen jüdischen Bürgern Mannheims – den Tod brachte.

So mancher der antifaschistischen Kämpfer in Mannheim, im „Dritten Reich" Hitlers von der Gestapo gehetzt, verhaftet und geschunden, hat nach 1945 die Frage gestellt: Was wäre wohl aus dem Kriminalassistenten und Menschenjäger Frietsch geworden, wenn er nicht gestorben wäre? Nun, er war ein wendiger und anpassungsfähiger Mann, und nicht wenige seiner ehemaligen Kollegen von der Gestapo fanden wieder eine ihrer Ausbildung und Erfahrung sowie auch ihrem Charakter „entsprechende" Anstellung. Es gibt keinen Grund anzunehmen, daß dies nicht auch Franz Frietsch gelungen wäre. Er könnte noch unter uns sein, wenn er nicht gestorben wäre, vielleicht nach einigen Dienstjahren bei einem Amt für Verfassungsschutz als wohlbestellter Pensionär.

# Nachwort des Verfassers

Der Faschismus hat Deutschland in die Katastrophe geführt. Das deutsche Volk davor zu bewahren, war das Ziel des antifaschistischen Widerstandes. Dafür kämpften Mannheimer Arbeiter, dafür starben, barbarisch gemordet, Bürger unserer Stadt.

Für die Blutrichter des Volksgerichtshofes war es die Arbeiterklasse, die durch ihre Kraft und durch ihre Rolle in der Produktion den faschistischen Kriegstreibern gefährlich werden konnte. Darum spielte in der Begründung der Todesurteile gegen Georg Lechleiter und seine Genossen der antifaschistische Widerstand in den Mannheimer Betrieben eine besondere Rolle. In der Urteilsbegründung hieß es: ,,Sie erkannten, daß gerade Mannheim mit der großen Masse seiner Industriearbeiter ein geeigneter Boden für ihre Bestrebungen werden könnte und arbeiteten mit vereinten Kräften darauf hin, diesen Teil des deutschen Volkes für ihre Idee zu gewinnen."

Hitlers Schergen erinnerten in der Urteilsbegründung auf ihre Weise an die Rolle der deutschen Arbeiterklasse im Kampfe gegen die Kriegspolitik der herrschenden Klasse in der Zeit des Ersten Weltkrieges: ,,Mit dem Munitionsarbeiterstreik des Jahres 1917 begann der Zusammenbruch der deutschen Front."

Die Henkersknechte des Faschismus bestätigten damit die Richtigkeit der Strategie, die der VII. Weltkongreß der Kommunistischen Internationale 1935 erarbeitet hat: Schaffung der Arbeitereinheitsfront als Voraussetzung für eine umfassende Volksbewegung gegen Faschismus und Krieg. Daß es nicht gelang, sie zu verwirklichen, das wurde dem deutschen Volk zum Verhängnis.

Die Welt hat sich seitdem verändert, das politische Kräfteverhältnis ist im Ergebnis des Zweiten Weltkrieges und im Verlaufe der Nachkriegsentwicklung anders geworden. Nach dem Zusammenbruch der faschistischen Diktatur wurde im Osten Deutschlands in Erfüllung des Vermächtnisses der toten Widerstandskämpfer eine antifaschistisch-demokratische Ordnung begründet. So entstand die Deutsche Demokratische Republik, der erste sozialistische Staat auf deutschem Boden.

Und hierzulande? Die Industrie- und Bankmanager, die einst die SA- und SS-Horden finanzierten und Hitler die Staatsmacht zuspielten, sind mächtige und gefährliche Herren. Die Gefahr des Faschismus ist stets gegenwärtig, solange sie die wirtschaftliche Macht in Händen haben. Verständigung und Abrüstung, europäische Sicherheit und friedliche Koexistenz passen nicht in die Pläne der Rüstungsgewinnler. Sie versuchen wieder, mit Hilfe ihres Einflusses und ihres Geldes das Rad der Geschichte zurückzudrehen. Ihre Machtinteressen, das war der Schoß, der den Faschismus gebar, und so ist es auch heute.

Im Jahre 1932 leitete ich in der Gastwirtschaft „Käfernfalle" eine Zusammenkunft von Lehrlingen der Firma Brown Boveri, wo ich meine Lehrzeit als Maschinenschlosser absolvierte. Wir wollten beraten, was gegen die damals vorsintflutlichen Ausbildungsmethoden zu unternehmen sei, um künftigen Lehrlingen bei BBC unser Los zu ersparen. Für uns war die Lehrzeit in wenigen Wochen zu Ende.

Die Zusammenkunft war verraten worden, am nächsten Morgen wurde ich vor den allgewaltigen und gefürchteten Obermeister und SS-Führer Waagemann zitiert. Er brüllte: „Nach der Lehrzeit fliegst du sofort hier raus, und woanders kommst du nicht rein, dafür sorgen wir." So war es auch: das beste Lehrzeugnis und jahrelang überall Abweisungen.

Solange das möglich ist – wohlgemerkt, das trug sich beinahe ein Jahr vor Hitlers Machtübernahme zu –, besteht die Gefahr des Faschismus. Heute gibt es für solch verfassungswidrige Methoden sogar eine ministerielle Verordnung: den „Radikalenerlaß", das Berufsverbot!

Die Geschichte ist die Lehrmeisterin für die Gegenwart. Und die Lehre aus dem Geschehen vor 1933 und aus den zwölf Jahren faschistischer Herrschaft lautet: Gemeinsamkeit aller demokratischen Kräfte gegen das Wiederaufleben des Faschismus in all seinen Erscheinungsformen, für die Verteidigung der demokratischen Verfassungsrechte, für die Erfüllung des antifaschistischen Auftrages des Grundgesetzes.

# Dokumente

## Die vier Ausgaben der Zeitschrift „Der Vorbote"*

DER VORBOTE<br>
Informations- und Kampforgan<br>
gegen den Hitlerfaschismus

Herausgeber: KP                                                Ausgabe September 1941

An der Schwelle des 3. Kriegsjahres

Seit dem 22. Juni steht der hinterhältige Überfall des deutschen Imperialismus auf die Sowjetunion im Vordergrund des politischen und militärischen Geschehens. Mit dem Aufmarsch gegen Sowjetrußland hat ein Abschnitt in dem zweiten imperialistischen Krieg begonnen, der zweifellos das Ende des Dritten Reiches einleiten und die Beseitigung der Naziherrschaft beschleunigen wird. Sowohl der bisherige militärische Verlauf des Krieges im allgemeinen, als insbesondere der Ablauf der Ereignisse an der Ostfront, sowie die politische und wirtschaftliche Lage in Deutschland und in den militärisch besetzten Ländern berechtigen zu der obigen Feststellung.

Die militärische Lage
im Osten zeigt nach dreimonatigem, blutigem Ringen wohl einen Geländegewinn für die Deutsche Armee, der aber in keinem Verhältnis steht zu den Opfern und Verlusten, die von den deutschen Truppen gebracht werden müssen und vor allem das gesteckte Ziel nicht zur Folge hat, das vom OKW aufgestellt war. Eine kleine Blütenlese aus dessen Berichten wird dies klar erkennen lassen. Das OKW ließ verkünden:

am  3. Juli: Die Widerstandskraft scheint gebrochen zu sein. Die Sowjetarmeen ziehen sich überall in Auflösung zurück. Die Sowjetluftwaffe vernichtend geschlagen.
am  5. Juli: Auflösungserscheinungen in der Sowjetarmee. Stalin denkt an Rückzug über den Ural.
am 13. Juli: Die Stalin-Linie an allen entscheidenden Stellen durchbrochen. Deutsche Truppen dicht vor Kiew. Deutsche Panzerverbände im Vorgehen auf Leningrad.
am 15. Juli: Stalin bereitet die Flucht vor. Beginn des Chaos in Moskau.
am 18. Juli: Die Sowjetrussen werfen ihre letzten Reserven in den Kampf. Der innere Zerfall der Sowjetarmee.
am 21. Juli: Zunehmende Zersetzungserscheinungen in der Sowjetunion.
am 26. Juli: Gescheiterte starke Angriffe der Sowjetarmee.

* Texte nach: Max Oppenheimer, Der Fall Vorbote – Zeugnisse des Mannheimer Widerstandes. Bibliothek des Widerstandes. Röderberg-Verlag, Frankfurt am Main 1969, S. 157–198.

Seit August wird nur noch berichtet von „planmäßigen" oder „erfolgreichem" Verlauf der Operationen. Erst nach drei Monaten schweren Ringens konnte Kiew besetzt werden. Um Smolensk tobt immer noch unter ständigen russischen Angriffen der Kampf um den Weg nach der roten Hauptstadt. Und trotz der siegreichen Berichte des OKW konnte jetzt in Moskau die Konferenz der Verbündeten zusammentreten, wo die Stadt doch schon seit vier Wochen „in Flammen steht"! Auf Leningrad wird immer noch „siegreich" vormarschiert. Diese Stadt, die angeblich seit Wochen eingeschlossen sein soll, wird sich heldenmütig verteidigen, wie das tapfere Odessa am Schwarzen Meer. Dies sind einige Tatsachen, die kein Fanfarengeschmetter und kein Paukengetöse aus der Welt schaffen können und immer mehr die Erkenntnis reifen lassen, daß der eroberte Lebensraum ein großes Massengrab werden wird.

Gewiß ist die Lage in der Sowjetunion sehr ernst, aber nicht hoffnungslos. Die Arbeiterklasse der ganzen Welt hat es in der Hand, der Sowjetunion ihren Kampf zu erleichtern, den sie gegen einen mächtigen, kriegserfahrenen Feind zu kämpfen hat, der durch seine straffere Organisation und herkömmliche Autorität ein gewisses Plus zu verzeichnen hat. Aber auf der anderen Seite steht:

ein geschlossenes, riesiges Reich mit revolutionären Erfahrungen, und einer technischen Überlegenheit an Kriegsmaterial mit einem unvorstellbaren Hinterland, das mit allen Hilfsquellen zur Kriegsführung versehen ist, ergänzt von einer revolutionären Taktik, die sich mit den geographischen Bedingungen geschickt vereint.

Zu all dem kommt noch, daß die Sowjetarmee einen geschlossenen Block darstellt ohne zersetzende Klassengegensätze, erzogen im Geiste des großen Meisters Lenin, geführt von Stalin, dem Meister revolutionärer Taktik, dem fähigen und kaltblütigen Führer, der scharfsichtig und beherzt mit den Tatsachen rechnet, entschlossen, mit Kühnheit zu handeln, die das Ergebnis ist einer klaren Einsicht in den Stand der Dinge, entschlossen, allen Konsequenzen des Krieges Trotz zu bieten, mit größter Entschiedenheit zu handeln und offensiv vorzugehen, durch Überraschungen des Feindes täglich neue, wenn auch kleine Erfolge zu erzielen und so das „Moralische Übergewicht" der Truppen und der Bevölkerung festzuhalten.

Die übrigen militärischen Fronten zeigen die offensichtliche Tatsache, daß das Dritte Reich seine gesamte militärische Kraft gegen die Sowjetunion einsetzen und in Zukunft noch stärker sich im Osten zur Wehr setzen muß, da es mit der Hilfe der Achsenmächte nicht sehr rechnen kann. Italien beschränkt sich auf die Abwehr der englischen Angriffe in Nordafrika, nachdem es seine ostafrikanische Kolonie an die Engländer verloren hat. An der östlichen Front tritt Italien nur sehr gering in Erscheinung. Die italienische Halbinsel ist auch nicht vom Krieg verschont geblieben. Fliegerangriffe auf Genua, Neapel, Palermo, Catania, Syrakus und andere Städte haben die englischen Schläge aus der Luft reichlich zu spüren bekommen. England beherrscht immer noch das Mittelmeer, was die Operationen in Afrika – Tobruk, Sollum – genügend beweisen und keine Propaganda-Trommel aus der Welt schaffen kann. Wie selbst die Nazi-Presse zugeben muß, sind die italienischen Verluste in Nord- und Ostafrika, in Albanien und Griechenland nicht unerheblich. In allen Städten und Dörfern gäbe es trauernde Familien sowie Schwerverwundete. Die kriegswirtschaftlichen Einschränkungen sind für die unbemittelten Volksschichten nicht gering, so daß ein bedeutender Willensaufwand notwendig wird, um den Schwierigkeiten Herr zu werden.

So sieht es mit der Hilfe Italiens aus!

Japan hat sich bis jetzt immer noch nicht geneigt gezeigt, sich aktiv an der Seite der Achsenpartner zu beteiligen. Es hat sich sogar damit einverstanden erklärt, die amerikanischen Lieferungen für die Sowjetunion ungehindert nach Wladiwostock gelangen zu lassen. Japan hat mit China noch genug zu tun. Der dreijährige Krieg mit diesem Millionenreich hat Japans wirtschaftliche Lage sehr verschlechtert, was nicht zuletzt dazu Veranlassung gibt, vorsichtig Achsenpolitik zu machen. Die übrigen Miniaturachsenpartner sind so belanglos, daß sie nicht weiter in Betracht gezogen werden müssen.

Am Ende des zweiten Kriegsjahres steht fest, daß nach der Vergewaltigung von Österreich und der Tschechoslowakei, dem Krieg gegen Polen, dem Überfall auf Dänemark, Holland, Belgien und Norwegen, der Zerschlagung Frankreichs und Jugoslawiens und der Niederringung von Griechenland das englische Imperium unversehrt dasteht und eine Invasion gegen die englische Insel elend Schiffbruch erlitten hat.

Daß auf dem Atlantischen Ozean das Dritte Reich seine Flagge hat einziehen müssen, obschon nach den Heeresberichten längst kein englisches Schiff mehr vorhanden sein dürfte, ist ebenfalls eine Tatsache. Ja noch mehr, England ist erfolgreich bemüht, seine militärischen Kräfte zu Wasser und in der Luft wachsend zu stärken und seine Offensivkraft der Mittelost-Armee in zunehmendem Maße zu steigern und auszubauen, wie von der Nazi-Presse am 21. September zugegeben wird.

Im mittleren Osten hat in der letzten Zeit eine Verschiebung der Machtverhältnisse zu Ungunsten der Achsenmächte stattgefunden. Die Besetzung des Irak und Syriens durch England, sowie die Besetzung des Irans durch die Sowjetunion und England ist mehr als ein Versuch zu werten, einer Flankenbedrohung vom Kaukasus her eine neue strategische Linie entgegen zu halten. Es ist vielmehr eine Sicherstellung des Weges für amerikanische und englische Lieferungen an die Sowjetunion. Es ist vor allem auch eine Verbindung angebahnt zwischen Einheiten der Sowjetarmee und den indischen Truppen Wawells, um so neben der vorderasiatisch-ägyptischen Verteidigungslinie eine weitere zu schaffen, die vom Kaukasus über Iran zum Persischen Golf und von Belutschistan über Cey-

Ion nach Singapur reicht. Indien bildet nicht nur das Menschenreservoir, sondern auch den Warenspeicher hierzu.

Die Haltung Amerikas rückt ständig mehr in den Vordergrund der Betrachtungen hinsichtlich der Entwicklung der Machtverhältnisse. In der Nazi-Presse spricht man bereits von dem Einströmen der amerikanischen Materialhilfe im Nahen Osten, insbesondere des Vordringens der amerikanischen Luftwaffe. Schon längere Zeit beliefern die Amerikaner England durch den Suezkanal und durch den Persischen Golf auf dem Seewege. Die englische Offensive in Nord- und Ostafrika war erst möglich durch die zahlenmäßige Überlegenheit an Tanks, Flugzeugen und sonstigen motorisierten Fahrzeugen. Jetzt spricht man davon, daß Amerika intensiv daran arbeitet, direkte Fluglinien von den Vereinigten Staaten nach dem Nahen Osten einzurichten, um Bomben-Flugzeuge von Amerika mit Zwischenstationen in Südamerika und Westafrika nach Kairo und dem Iran zu schikken. Im übrigen lassen die Erklärungen der amerikanischen Regierungsmänner in der letzten Zeit deutlich erkennen, daß Amerika einer aktiven Beteiligung am Krieg ständig näher rückt. Damit erst wird der Höhepunkt des zweiten imperialistischen Krieges eintreten und damit der Endkampf des Imperialismus auf Leben und Tod.

Hierdurch wird die Plattform entstehen für die
Sozialistische Revolution!

Die wirtschaftliche Lage
in den verschiedenen kapitalistischen Ländern, seien sie am Krieg beteiligt oder nicht, seien sie besetzt oder unbesetzt, ist dadurch gekennzeichnet, daß der Lebensstandard der breiten Massen mit jedem Monat unvermeidbar stärker sinkt, nicht zuletzt im Dritten Reich, wo die Ausbeutung und Unterdrückung der Massen des Volkes im Steigen begriffen ist. Mit verstärktem Terror versuchen die Nazis der Unzufriedenheit der Völker zu steuern. Überall Verhaftungen, Erschießungen, Todesurteile, hohe Zuchthausstrafen, Einlieferung in die Konzentrationslager sind die Merkmale der „neuen Kultur", der „neuen Ordnung" des 3. Reiches. Trotz aller Terrormaßnahmen aber wächst überall die Widerstandskraft der Massen, werden alle Antifaschisten aktiv. Immer stärker die Parole:
Hitler hat den Krieg begonnen,
Hitlers Sturz wird ihn beenden!

Was können wir jetzt tun?
Mit dieser Frage suchen immer wieder die Antifaschisten unseren Genossen zu entgegnen, wenn sie wegen engere Mitarbeit gestellt werden. Die Beseitigung der Naziherrschaft darf und kann nicht dem Zufall preisgegeben werden, wenn die proletarische Revolution siegen soll. Hierzu ist in erster Linie eine Führung unbedingt erforderlich. Diese Führeraufgabe ist der Kommunistischen Partei gestellt. Durch die Aufhebung des Vereins- und Versammlungsrechts hat die KP, wie alle anderen proletarischen Par-

teien, die Möglichkeit verloren, sich eine gesetzliche Organisation zu geben. Aber schon Karl M a r x schrieb im Jahre 1952:

„Keine politische Partei kann ohne Organisation bestehen. Wenn die liberale Bourgeoisie und das demokratische Kleinbürgertum dem Bedürfnis nach einer Organisation dank seiner sozialen Stellung, den Mitteln und dem hergebrachten täglichen Verkehr ihrer Mitglieder einigermaßen abhelfen konnten, so blieb dem Proletariat, das dieser gesellschaftlichen Stellung und den finanziellen Mitteln entbehrte, zu diesem Zweck nichts übrig, als die geheime Verbindung."

Diese Worte von Karl M a r x haben auch heute noch Gültigkeit. Welche Aufgaben aber hat er diesen geheimen Verbindungen gestellt? Er schrieb weiter:

„Es gibt auch Verbindungen, die sich ein weiteres und höheres Ziel gesetzt hatten, die wußten, daß der Sturz einer Regierung nur eine Episode in dem herannahenden großen Kampf sein werde, und die sich zusammentaten, um die Partei, deren Kern sie bildeten, zu dem letzten entscheidenden Ringen vorzubereiten, indem eines Tages in Europa die Herrschaft nicht bloßer Tyrannen, Despoten und Usurpatoren, sondern einer weit gewaltigeren und furchtbaren Macht für immer vernichtet werden soll: die des Kapitals über die Arbeit."

Also nicht willkürliche Revolutionsmacherei, sondern Schaffung einer revolutionären Massenbewegung ist die Aufgabe der Kommunistischen Partei als dem fortgeschritteneren Teil der Arbeiterklasse. Die Kommunisten sind Vorboten der kommenden sozialistischen Revolution. Die Kommunisten müssen die Vorarbeit leisten unter den Massen, die ihrer Unzufriedenheit in Massenaktionen Ausdruck zu geben lernen müssen. Die täglichen Sorgen des Alltags bilden hierzu den geeigneten Anknüpfungspunkt.

Über die organisatorischen Fragen der Führung dieses Kampfes um Brot und Lohn, g e g e n den Krieg, f ü r den Frieden, zum S t u r z e H i t l e r s und f ü r die Beseitigung der kapitalistischen Klassenherrschaft werden wir in unserer nächsten Ausgabe des ,,V o r b o t e n'' nähere Ausführungen machen.

Mit der Herausgabe dieser Zeitung hoffen wir, unseren Genossen die ihnen gestellten Aufgaben zu erleichtern und ihnen neue Waffen zu geben, die sie befähigen werden, sich als V o r b o t e n einer neuen Z e i t den Weg zu bahnen zu den Arbeitermassen, damit diese kühn und entschlossen für ihre geschichtliche Aufgabe gesammelt werden können unter Führung der Kommunistischen Partei. Angesichts des zu erwartenden Todes auf dem kapitalistischen Schlachtfeld müssen wir mehr M u t und T a t b e r e i t s c h a f t uns zu eigen machen und die Wahrheit des Wortes im kommunistischen Manifest erkennen, daß wir nichts mehr zu verlieren haben als unsere Ketten, aber e i n e g a n z e W e l t z u g e w i n n e n.

Hört die Wahrheit auf Kurzwelle 32 Meter um 20.25 Uhr jeden Abend – ausgenommen montags.

Hört, was in der Nazibibel, Ausgabe 1933, auf Seite 249 über die Sowjetunion zu lesen steht:

... Man wende nun nicht ein, bei einem Bund mit Rußland müsse nicht gleich an einen Krieg gedacht werden, oder wenn, könne man sich auf einen solchen gründlich vorbereiten. Nein, „ein Bündnis, dessen Ziel nicht die Absicht zu einem Kriege umfaßt, ist sinn- und wertlos". Bündnisse schließt man nur zum Kampf...

Und einige Zeilen weiter:

„So liegt schon in der Tatsache des Abschlusses eines Bündnisses mit Rußland die Anweisung für den nächsten Krieg. Sein A u s g a n g w ä r e  d a s  E n d e  D e u t s c h l a n d s . . ."

Wir wünschen, hoffen und glauben, daß Hitler mit den letzten Worten recht behält.

Proletarier a l l e r  L ä n d e r  v e r e i n i g t Euch.
Achtung! Diese Zeitung n i c h t weitergeben.

## DER VORBOTE
### Informations- und Kampforgan gegen den Hitlerfaschismus

Herausgeber: KP  Sonderausgabe zum 7. November 1941

*HYMNUS*

*Ich bin das Schwert, ich bin die Flamme. Ich habe euch erleuchtet in der Dunkelheit, und als die Schlacht begann, focht ich voran in der ersten Reihe. – Rund um mich her liegen die Leichen meiner Freunde – aber wir haben gesiegt. Wir haben gesiegt, aber rundumher liegen die Leichen meiner Freunde. In die jauchzenden Triumphgesänge tönen die Choräle der Totenfeier. Wir haben aber weder Zeit zur Freude noch zur Trauer. Aufs neue erklingen die Drommeten, es gilt neuen Kampf.*

*Ich bin das Schwert, ich bin die Flamme.*   Heinrich Heine

### Zum Jahrestag der Russischen Revolution

Am 7. November war der 24. Jahrestag der Russischen Revolution. Am 7. November 1917 erhob sich unter Führung der bolschewistischen Partei, mit dem großen L e n i n an der Spitze, das russische Volk zu seiner weltgeschichtlichen Tat. Auf einem Siebentel der Weltoberfläche wurde die Macht des Kapitals über die Arbeit vernichtet. Ein 180-Millionen-Volk hatte die Fesseln der Lohnsklaverei gebrochen. In einem Riesenreich wurden die Voraussetzungen geschaffen zum Aufbau einer neuen Weltordnung auf sozialistischer Grundlage.

Ein schwerer Kampf war es, den das russische Volk vor 24 Jahren wagte, aber die Arbeiter, Soldaten und Bauern haben g e s i e g t. Zahllos war ihrer

Feinde Schar, aber sie nahmen den gigantischen Kampf mutig und opferbereit auf und – haben gesiegt. Das russische Volk kämpfte für den Frieden, für Freiheit und Brot. „Alle Macht den Sowjets" tönte der Schlachtruf durch das Land.

Vier Jahre mußte sich das russische Volk wehren, gegen seine Bedränger zur Wehr setzen. Die Armeen waren tief in das Land eingedrungen, und um dem Friedenswillen des russischen Volkes gerecht zu werden, unterzeichnete die Sowjetregierung in Brest-Litowsk das schmachvolle Diktat des deutschen Imperialismus.

Profitjäger bangten um die russischen Rohstofflager und Absatzmärkte des Riesenreiches. Im Norden, Westen und Süden des Landes standen die Weißgardisten gegen die revolutionären Massen. Aber unter der genialen Führung von L e n i n und seines engsten Mitarbeiters S t a l i n kämpfte das russische Volk gegen seine in- und ausländischen Widersacher. Nach vierjährigem, kühnem, herrischem Kampfe und unsäglichen Leiden konnten die Arbeiter, Soldaten und Bauern mit Stolz sagen:

Wir haben gesiegt!

Nun war der Weg reif zum Aufbau einer neuen Wirtschaftsordnung. Kühn und mit marxistischem Weitblick nahme L e n i n das Steuer in die Hand und lenkte entschlossen die Aufbauarbeit. Eine Riesenarbeit war zu bewältigen. Neue Kämpfe, Hindernisse und Übelstände in dem armen und rückständigen Lande waren zu überwinden. L e n i n legte auf allen Gebieten die Grundlinien des Aufbaues fest, die nach seinem Tode mit fester Hand und klarem Blick von S t a l i n mit ungeahntem Erfolg verwirklicht wurden. Ein volles Jahrzehnt arbeitete das russische Volk am Aufbau. Kein Opfer war ihm zu groß, keine Mühsal zu schwer und unermüdlich sein Schaffensdrang, bis die ersten Erfolge die beispiellose Arbeit lohnten.

Seit dem Jahre 1932 konnte dann das russische Volk von Monat zu Monat einen höheren Lebensstandard verzeichnen, und zwar ging die Steigerung in immer beschleunigterem Tempo vor sich. Der schon früher erwähnte Schweizer Arzt beschreibt in seinem Buch die Lebenshaltung des russischen Arbeiters mit folgenden Sätzen:

„. . . In Rußland herrscht eine sehr große Betriebsamkeit, doch ist das bei uns übliche Hetzen und Jagen dort unbekannt. Wenn einer mehr und schneller arbeitet als der andere, so tut er es nicht auf Kosten des anderen, sondern er trägt lediglich dazu bei, die Produktion zu steigern, was unter den dortigen Verhältnissen allen zugute kommt. Er reizt die anderen zur Nachahmung, und viele werden versuchen, es ihm gleichzutun, weil das gute Beispiel ansteckend wirkt und seine Verbesserung der eigenen Leistungen sowohl im eigenen, als auch im Interesse der Gesamtheit liegt, weil im sozialistischen Wirtschaftssystem das persönliche Interesse eines jeden gleichbedeutend ist mit demjenigen der Gesamtheit . . .

. . . Im sozialistischen Staate ist der Zusammenhang zwischen dem Wohlergehen des einzelnen und dem Wohlergehen aller viel naheliegender, in die Augen springender. Jeder Arbeitende wird sich während seiner Tätigkeit der Tatsache stetig bewußt, daß er durch Erhöhung seiner Leistung gleichzeitig sich und der Allgemeinheit nutzt. Der russische Staat ist daher nicht, wie die kapitalistischen Staaten, in Einzel-Individuen zersplittert, sondern er bildet eine Einheit, ein festgefügtes Ganzes, in welchem Millionen gleichgerichteter Kräfte tätig sind, und es ist über jeden Zweifel erhaben, daß der Mensch bei der Betätigung seiner Arbeitskraft zum Wohle der Gesamtheit eine stärkere Befriedigung und Freude empfindet, als wenn er seine Arbeitskraft lediglich zu seinem persönlichen Vorteil anwendet und seine Mitmenschen beeinträchtigt... Diese Befriedigung und dieses Glücksgefühl bei der Arbeit sind in der Sowjetunion überall zu sehen, und man kann wohl sagen, sie sind das auffallendste Merkmal des russischen Arbeiters, das wie ein Fluidum auch den Fremden ergreift und eine viel größere propagandistische Wirkung entfaltet als alles, was die Sowjetregierung an propagandistischen Künsten aufbietet.

Der Eindruck dieser Solidarität aller Sowjetbürger, der Gemeinschaftlichkeit ihres Strebens, der Opferbereitschaft und der durch diesen Zusammenschluß erreichten Kollektivsicherheit ist ein so gewaltiger, daß der Fremde, der ihn einmal erfaßt, nicht mehr davon loskommt.

Er mag nachher noch so viele Unzulänglichkeiten und Mängel entdecken, es wird sich zum Schluß doch die Überzeugung immer wieder durchringen, daß diese Vereinigung von Individuellem und Gemeinschaftswohl eine Leistung von weltgeschichtlicher Bedeutung ist, die in diesem Maßstab zum ersten Male in Rußland gelungen ist.

So arbeitet eben der russische Arbeiter unter ganz anderen psychologischen Voraussetzungen als der Westeuropäer. Er fühlt sich nicht ständig bedroht und bedrängt, sondern er ist von einer unerschütterlichen Zuversicht und ruhigen Sicherheit für seine und des Landes Zukunft erfüllt.

Und bei dieser Gemütslage spielt es gar keine so ungeheure Rolle, ob der Mensch einen etwas höheren, einen etwas tieferen Lebensstandard hat. Der russische Arbeiter fühlt sich glücklicher und freier als der Arbeiter in Westeuropa. Dazu kommt noch, daß der Staat in einer unerhörten Weise für die geistigen Bedürfnisse und für die Erhaltung der Gesundheit sorgt, wodurch das Band, das den einzelnen mit der Gesamtheit verbindet, weiter verstärkt wird."

Diese Ausführungen des Schweizer Arztes geben eine anschauliche Darstellung von den Erfolgen der russischen Revolution. Diese Ausführungen sind aber auch eine eindeutige Antwort auf die Frage, warum die russische Rote Armee gegen den frechen Überfall des nazideutschen Imperialismus auf die Sowjetunion einen solch heroischen Widerstand und beispiellosen Kampfesmut immer aufs neue unter Beweis stellt. Die Ausführungen des Schweizer Arztes sind der Schlüssel für die heldenhafte Verteidigung von Leningrad, Moskau und der anderen Städte. Sie enthalten aber auch die Gewähr dafür, daß das russische Volk diesen, ihm aufgenötigten Krieg siegreich zu Ende führen wird.

Für uns aber ergibt sich aus dem Beispiel der russischen Revolution die mahnende Verpflichtung, alle Kräfte anzuspannen zum Sturze Hitlers, der diesen verbrecherischen Krieg begonnen hat. Begeistern wir uns nicht nur an dem lehrreichen Beispiel der Sowjetunion, sondern verdoppeln wir unsere Aufklärungsarbeit unter den Werktätigen, damit sie aufgerüttelt werden und ihre historische Aufgabe verstehen lernen. Anfeuernd und siegverheißend erscholl am Jahrestag der russischen Revolution unser aller Kampfruf über die Schlachtfelder im Osten hinweg:

> Es rettet uns kein höheres Wesen,
> kein Gott, kein Kaiser, kein Tribun,
> uns aus dem Elend zu erlösen –
> das müssen wir selber tun.

*An die Wankelmütigen!*
*Das einzige, was heute beweisen kann, ob einer Wert hat oder nicht ist – daß er standhält!*     *Nietzsche*

In der Presse beschäftigt man sich mit dem Gedanken, was die vernichtete Sowjetunion nun tun wird und welche neue Stellungen von der Roten Armee bezogen werden. Es wird die Frage aufgeworfen, ob die Industriegebiete, die noch der Sowjetunion zur Verfügung stehen, ausreichen, die Kriegsmaschinerie zu speisen. Es ist bekannt, daß schon L e n i n den Aufbau der Sowjetunion unter dem Gesichtspunkt eingeleitet hat, daß Rußland einen kapitalistischen Ü b e r f a l l zu gewärtigen haben wird. Und so wurden nicht nur im Westen, sondern auch im Osten große Industriegebiete geschaffen. Nicht nur gewaltige industrielle Anlagen sind entstanden, sondern auch große Städte bis zu einer halben Million Einwohner.

Doch lassen wir wieder den Schweizer Arzt Dr. Vögeli sprechen, der über seine Reiseeindrücke in der Sowjetunion auf obige Fragen ebenfalls Antwort gibt. Wir lassen ihn also sprechen:

„. . . Inzwischen hat die Sowjetregierung Bergbauingenieure in alle Teile des russischen Reiches geschickt, um die Gegenden auf Kohle und Erze zu erforschen, in der Hoffnung, sich von den Rohstoffen der kapitalistischen Länder unabhängig machen zu können. Denn Rußland besaß in seinen europäischen Kohlenrevieren auch bei maximaler Ausbeutung nicht genügend Kohlen für seinen eigenen Bedarf.

Die Ergebnisse dieser Untersuchungen waren über alle Erwartungen günstig. Die Berechnungen ergeben für S i b i r i e n nahezu 1100 Milliarden Kohlenflöze, während im ganzen europäischen Rußland nur siebzig Milliarden Tonnen vorhanden sind, dasselbe Ergebnis hatten die Untersuchungen über das Eisenerz. Man entdeckte Eisenerzlager im U r a l von ungefähr 400 Millionen Tonnen Mächtigkeit und andere in O s t s i b i r i e n mit über 900 Millionen Tonnen Eisenerzgehalt.

In bezug auf G o l d v o r k o m m e n konnten die russischen Ingenieure über riesige Vorkommen im Amurgebiet in S i b i r i e n berichten. Heute ist Rußland der zweitgrößte Goldproduzent der Welt geworden.

So verschob sich das Schwergewicht der russischen Industrie nach Osten, nach Sibirien.

Die Erschließung Sibiriens und Mittelasiens benötigte natürlich auch Bahnen, und so wurden viele Tausende von Kilometern Gleise gebaut, vor allem die 1400 km lange „Turksib", die Turkestan mit Sibirien verbindet. Man hat diese Bahn in Mittelasien als ein zweifelhaftes Unternehmen dargestellt. Die Russen konnten aber nichts Gescheiteres tun, denn sie wußten, daß Japan infolge seiner gewaltigen Überbevölkerung am Ersticken war und sich in kürzester Zeit Luft machen mußte. Die Mandschurei mußte das erste, das erz- und kohlenreiche Sibirien das zweite Ziel des rohstoffarmen Japans sein. Nachdem man entdeckt hatte, welch ungeheure Reichtümer im Norden Sibiriens verborgen lagen, und deren Erschließung in die Wege geleitet hatte, mußte man diese Schätze behalten. So dient die „Turksib" zwei verschiedenen Zwecken: erstens wird damit sibirisches Getreide nach Turkestan transportiert und zweitens bekam man dadurch in Mittelasien ungeheure Felder für Baumwollkulturen frei, und es wurde in Russisch-Zentralasien die Baumwollkultur eingeführt. Bereits 1932 stellten die turkestanischen Fabriken 141 Millionen Meter Textilien her, wo es wenige Jahre früher keinen einzigen Meter gab. In Wüstengebieten entstanden in wenigen Jahren wohlhabende Kollektivwirtschaften.

## DER VORBOTE
Informations- und Kampforgan
gegen den Hitlerfaschismus

Herausgegeben von der KP                Ausgabe November 1941

Trotz Vernichtungsschlachten geht der Krieg weiter!

Die letzten vier Wochen sind gekennzeichnet durch größere Blutströme, stärkeres Anwachsen der Verwundetenzahlen, Tod und Vernichtung in unvorstellbarem Ausmaß, ständiges Anwachsen von Not und Elend, verschärfter Terror der Nazibanden gegen den wachsenden Widerstand der unterdrückten Völker. Nachfolgend einige Tatsachen, die zur Beleuchtung der Lage dienen werden.

Um die immer hellhöriger werdenden Volksmassen im Dritten Reich zu beruhigen, mußte Hitler selbst am 3. Oktober auf die Propagandabühne treten, um wieder einmal zu betonen, daß alles „planmäßig" verlaufen sei. Trotzdem mußte er aber offen bekennen, daß er sich getäuscht habe über die Sowjetunion in ihrer Widerstandskraft, die über gigantisches Kriegsmaterial verfüge! „Hier hatte sich gegen Europa eine Macht zusammengeballt, von der leider die meisten keine Ahnung besitzen." Einverstanden! Gleichzeitig teilte Hitler mit, daß seit 48 Stunden im Osten eine Operation im Gange sei von gigantischem Ausmaß. Und bereits am 9. Oktober ließ er durch seinen Pressechef Dr. Dietrich erklären, daß die militärische Entscheidung im Osten endgültig gefallen ist! Aus Goebbels'schen Lautsprechern ertönte mehr blechern als überzeugend: Die Sowjetunion erledigt! Der Ostfeldzug entschieden!

In der Nazipresse erscheinen seither jeden Tag Artikel, die diesen Propagandaschwindel glaubhaft machen sollen, daß die „große Entscheidungsschlacht dieses Jahres, die der Führer in seinem Tagesbefehl an die Soldaten der Ostfront ankündigte, geschlagen ist". Und als Begleitmusik ertönt in gewissen Zeitabständen mit Trommeln und Fanfaren eine Sondermeldung des OKW, daß wieder etliche Sowjetarmeen vernichtet worden seien. Am 26. Oktober sollen schon 260 Divisionen der Roten Armee vernichtet gewesen sein!

Tatsache ist, daß seit dem 2. Oktober im Osten im Abschnitt M o s k a u und an der Südfront schwer gekämpft wird und die deutsche Armee besonders im Süden Gelände gewonnen hat. Tatsache ist aber auch, daß die Rote Armee kräftig Widerstand leistet. Im Abschnitt L e n i n g r a d ist der Vormarsch abgestoppt worden, nachdem vom DNB bereits angekündigt worden war, daß der Fall Leningrads in 3–4 Tagen zu erwarten ist. „Chaos in Leningrad", „Der erste Verteidigungsgürtel durchbrochen", so hieß es bereits am 15. September. Die Einschließung Leningrads trotz starker Sowjetangriffe weiter verengt, hieß es im OKW-Bericht am gleichen Tage. Seitdem ist es um die Stadt Leningrad stiller geworden in den Berichten. Die eingeschlossene Stadt ist noch immer nicht verhungert und leistet im Gegenteil tatkräftigen Widerstand.

Inzwischen versucht man es gegen Moskau mit einer Umklammerung, nachdem der Frontalangriff des OK abgeschlagen worden war. In diesem Frontabschnitt lösen sich die Vernichtungsschlachten am laufenden Band ab. Vier Wochen tobt nun die große Schlacht um Moskau. Die wildesten Gerüchte und Schauermärchen aller Art tönen im Lautsprecher und erscheinen in der Presse und auf Versammlungen. „Moskau gibt sich verloren", „Stalin flüchtet", „Verzweiflungsruf Stalins", „Stalin geht an die Front", „Genickschuß für Generale", das sind so einige Proben aus der Goebbels-Küche. Die Umgruppierung der leitenden Stellen in den russischen Heeresgruppen hat willkommenen Anlaß gegeben zu den größten Tollheiten der Nazischreiber. Auch sie werden noch durch die Tatsachen Lügen gestraft werden.

Im übrigen hat der Winter im Nord- und Mittelabschnitt bereits seinen Einzug gehalten, was offensichtlich die deutschen Armeen in ihren Operationen hemmt und im südlichen Abschnitt zu verstärktem Einsatz der deutschen Truppen geführt hat, die erfolgreiche Vorstöße zu verzeichnen haben. Die Stadt O d e s s a mußte geräumt werden nach wochenlangem, beispiellosem Widerstand. Die deutschen Truppen zogen in die zerstörte Stadt ein ohne nennenswerte Beute zu machen.

Hitler hat sich g e t ä u s c h t über die Widerstandskraft der Sowjetunion. Das deutsche Volk erhält mehr Lebensraum im Osten, aber daraus ein M a s s e n g r a b.

Die wirtschaftliche Lage im Dritten Reich und in den besetzten Ländern wird ständig schwieriger. Die Frage der Ernährung und des Transportwesens im Zusammenhang mit den mangelnden Arbeitskräften zeigt die Schwächen des Hitlerfaschismus immer deutlicher. „Die Blockade durch England wirkt sich systematisch empfindlicher aus", schrieb die „Kölner Zeitung" am 19. Oktober im Hinblick auf die Versorgungslage in Belgien, was aber genauso auf das Dritte Reich und die übrigen besetzten Länder zutrifft. Belgien hat vor dem Krieg 50 Prozent seiner Nahrungsmittel und einen noch höheren Anteil seiner Futtermittel eingeführt, und die billigen überseeischen Produkte haben die Bevölkerung verwöhnt, heißt es in dem Artikel weiter, was im gleichen Ausmaß auf die anderen besetzten Länder zutrifft und somit die Lage dieser Völker deutlich kennzeichnet.

Teuerung, Not und Elend, Knechtschaft und Terror sind die Begleiter des Hitler-Faschismus. Dutzendweise werden die Menschen in den besetzten Gebieten hingerichtet und eingekerkert, weil sie sich gegen die Naziherrschaft auflehnen. Die Erschießung von Geiseln, diese neueste Kulturschande des Dritten Reiches, ist zur täglichen Erscheinung geworden.

Der Aufruf des Gauleiters Wagner wegen des Kohlenverbrauchs in dem bevorstehenden Winter zeigt mit aller Deutlichkeit nicht nur den Mangel an Kohlen, sondern zeigt auch die Schwierigkeiten im Transportwesen. Die Auslassungen des Ministers Köhler zum Erntedankfest lassen offensichtlich die Tatsache durchblicken, daß es mit der Ernährungslage schlecht bestellt ist, die aber auch nicht durch Mehranpflanzung im kommenden Jahr gebessert werden wird, da die deutschen Arbeitskräfte nicht den deutschen Boden pflügen, sondern auf der russischen Erde verbluten müssen.

In der schon erwähnten „Kölnischen Zeitung" heißt es weiter:

„Der totale Krieg stellt Anforderungen, die weit über jeden auch noch so großen Kriegsschatz hinausgehen. Dies hat sich schon nach dem ersten Kriegsjahr gezeigt. Der Kriegsschatz, mit dem man sich früher für den Fall eines Krieges sicherte, ist, gemessen an den Ansprüchen des totalen Krieges, ein Taschengeld. Auch Vorräte an Waffen, Rohstoffen und Lebensmitteln spielen bei längerer Kriegsdauer nur die Rolle einer bescheidenen Reserve..."

Diese Zeilen geben uns eine Vorstellung von dem, was uns noch alles mit der Zeit bevorsteht und welches Maß an Ausbeutung, Not und Elend noch über uns hereinbrechen wird.

Aber nicht nur die Leiden der werktätigen Massen wachsen, auch die Abwehrfronten beginnen sich zu stärken. Goebbels muß täglich in Artikeln sich verteidigen gegen die Auswirkungen der Nazipolitik. Das Volk bekommt die Nazischwindeleien immer mehr satt. Alle Register werden gezogen, um dem Volk das Abhören ausländischer Sender als Verbrechen plausibel zu machen. Und der Artillerie-General Ludwig muß in die Bresche springen und in der Nazipresse den Auswirkungen der Goebbels'schen Siegesmärchen entgegentreten. Er wendet sich mit aller Schärfe gegen d i e Leute, die auf eine schnelle Kriegsentscheidung hoffen und ungeduldig werden. Solche Leute, schreibt er in seinem Artikel vom 20. Oktober, dächten nur an die eigenen Interessen und ihre Einstellung sei vor dem Volksganzen unverantwortlich!

Ein anderes Beispiel. In Oberbayern gab es in verschiedenen Orten einige Tage keine Milch, denn die Bauern streikten, weil in verschiedenen Schulen die Kruzifixe entfernt wurden. Fünf Bauern und zwei Pfarrer wurden verhaftet. Sie wurden wieder entlassen und mit hohen Geldstrafen belegt, die Kruzifixe kamen zurück!

Die Lage in I t a l i e n tritt in eine immer kritischere Situation. Das italienische Volk ist kriegsmüde und es macht sich diese Stimmung bis in die höheren Kreise des Faschismus bemerkbar, so daß Mussolini eine ganze Anzahl führender Männer kaltstellen mußte. Die Einschränkung der Verbrauchsgüter in den letzten Wochen hat die Stimmung nicht gehoben. Eine Verknappung ist eingetreten von Fleisch, Mehl, Teigwaren und Seife. Kaffee fehlt völlig. Die Einschränkung des Benzin- und Kohlenverbrauchs wurde verstärkt. Die Fleischration beträgt in Italien pro Woche 100 Gramm, die Fettration 400 Gramm pro Monat. Die Brotration beträgt für den Normalverbraucher täglich 200 Gramm.

Auf dem Gebiet der Nahrungsmittelversorgung ist die Einschränkung fühlbarer geworden, schreibt die Nazipresse am 6. Oktober, und niemand wird leugnen, daß die Einschränkungen hart sind. Verständlich also, wenn keine Kriegsbegeisterung mehr vorhanden ist und die Massen langsam offen ihren Unwillen zeigen.

In Frankreich ist die Lage sowohl im besetzten wie im unbesetzten Gebiet ebenfalls kritischer geworden. Die Versorgungslage ist sehr ernst und die Opposition gegen Petain und Darlan im Wachsen wie gegen die deutschen Eindringlinge. Die Attentate gegen deutsche Militärpersonen nehmen zu und die Besatzungsbehörde antwortet mit zahlreichen Erschießungen von Geiseln, worüber – außer dem Nazibereich – die ganze Welt empört ist. In der Presse beklagen sich die Nazi, daß in Frankreich der Kommunismus weitgehend das öffentliche Leben durchdringt. Es heißt da weiter: „... es ist erstaunlich, mit welcher Dreistigkeit in Frankreich die kommunistische Propaganda noch immer aufzutreten wagt. Die kommunistische Zeitung „Humanité" erscheint täglich illegal und bringt sorgfältige Anweisungen für die Propaganda. Andere kommunistische Blätter erscheinen in einer Auflage von 20 000 Stück und die Zahl der hektographischen Lokalblätter geht in die Legion. Inschriften an den Häusern, Flugblätter in den Zügen, Flüsterpropaganda in den Betrieben seien alltägliche Erscheinungen ..."

In der übrigen Welt hat unter der werktätigen Bevölkerung ein Aufschwung der revolutionären Arbeiterbewegung eingesetzt. In den vom Faschismus noch nicht besetzten Ländern hat sich jetzt endlich die Erkenntnis über das wahre Gesicht der Faschisten durchgerungen, und diese

Erkenntnis wird durch den heroischen Kampf des Sowjetvolkes vertieft und angespornt zur Organisierung eines tatkräftigen Widerstandes. Der Überfall auf die Sowjetunion hat das Proletariat aufgeweckt zur Organisierung des letzten heiligen Krieges – der Arbeit heiliger Krieg gegen den Kapitalismus. Wir als Vorboten der kommenden Völkerrevolution müssen mit allen Kräften und größtem Mut dafür besorgt sein, daß das deutsche Proletariat erwacht.

Deutsches Volk e r w a c h e und mach dich frei,
von Hitler, Göring, Goebbels und Ley.

Täglich, stündlich muß überall der Kampfruf erschallen:

Hitler hat den Krieg begonnen,
Hitlers Sturz wird ihn beenden.

Das Recht auf Abwehr tyrannischer Gelüste!
N e i n – e i n e Grenze hat Tyrannenmacht!
Wenn der Gedrückte nirgends Recht kann finden,
Wenn unerträglich wird die Last – greift er
Hinauf getrosten Mutes in den Himmel
Und holt herunter seine ew'gen Rechte,
Die droben hängen unveräußerlich
Und unzerbrechlich, wie die Sterne selbst –
Der alte Urstand der Natur kehrt wieder,
Wo M e n s c h dem M e n s c h e n gegenübersteht –
Zum letzten Mittel, wenn kein andres mehr
Verfangen will, ist ihm das Schwert gegeben..."

Aus Schillers „Tell"

Den Kleinmütigen ins Stammbuch

„... Ich kenne meine Deutschen, Sie werden erschrecken, überlegen und – nichts tun. Ich zweifle sogar, daß das Buch verboten wird. Es war aber notwendig, daß es geschrieben wurde. In dieser seichten, servilen Zeit mußte etwas geschehen. Ich habe das Meinige getan und beschäme jene hartherzigen Freunde, die einst so viel tun wollten und jetzt schweigen. Wenn sie zusammenstehen in Reih und Glied, sind die feigsten Rekruten recht mutvoll, aber den wahren Mut zeigt derjenige, der allein steht.

(Aus einem Brief von Heinrich Heine)

Dichtung und Wahrheit

Mit dem Beginn des Ostfeldzuges ist eine neue Welle von Schauermärchen über die Sowjetunion ergangen. Alle Register der Lüge und Niedertracht werden gezogen, um leichtgläubige Menschen das Gruseln über die Bolschewiken beizubringen. Auch Soldaten von der Front schreiben Briefe, die eine einseitige und falsche Beurteilung der Dinge im besetzten russischen Gebiet enthalten und deshalb geeignet sind, bei gedankenlosen Leuten den Schein der Wahrheit zu erwecken, daß in der Sowjetunion ein geknechtetes, verwahrlostes und halbverhungertes Volk anzutreffen ist. Wir wollen deshalb in nachstehenden Zeilen ein Urteil unseren Genossen unterbreiten, das ein Schweizer Arzt in seinem 1936 veröffentlichten Buch niedergelegt hat. Wir lesen da u. a.:

„... Ich habe vor meiner Einreise in dieses Land selbst so unvollständige und vielfach falsche Vorstellungen über seine wirtschaftliche und politische Struktur, sowie über seine Bewohner gehabt, daß ich es fast als Pflicht empfinde, nachdem ich einen Teil des Landes aus eigener Anschauung kennen lernte, dazu beizutragen, daß der Schleier, der heute noch über diesem Riesenreich, allmählich gelüftet wird.

Gegen Bücher über Sowjetrußland ist der Leser im allgemeinen etwas mißtrauisch und er fragt sich stets: hat der Autor auch wirklich die Wahrheit gesagt? Steht er nicht im Solde der Sowjetregierung oder des Großkapitals?

Eine Tatsache glaube ich hierfür anführen zu dürfen, nämlich, daß die Publikationen von links viel spärlicher sind als die von rechts. Die meisten bürgerlichen und kapitalistischen Zeitungen in der ganzen Welt halten eigene Soldschreiber für Rußland, die nur das bringen dürfen, was nachteilig ist für die Sowjetunion.

Ich bin stets der Überzeugung gewesen, daß es gar keinen Sinn hat, in solchen Fragen Lügen-Propaganda zu treiben. Ein ökonomisch richtig aufgebautes System kann man auf die Dauer nicht diffamieren und wenn sich erweisen sollte, daß die sozialistische Produktionsweise der kapitalistischen wirklich überlegen ist, so wird keine Propaganda der Welt imstande sein, dieses Wirtschaftssystem zu bekämpfen und seine weitere Verbreitung zu verhindern.

Nur die unvoreingenommene Betrachtung der Dinge in Sowjetrußland kann uns die Erkenntnis verschaffen, ob die sozialistische Produktionsweise der kapitalistischen überlegen ist oder nicht und ob damit gerechnet werden muß, daß diese Wirtschaftsmethode sich in absehbarer Zeit auch auf die kapitalistischen Staaten West-Europas ausdehnen wird. Diese Erkenntnis werden wir nur erlangen, wenn wir alle Vorurteile fallen lassen und objektiv an das Studium des russischen sozialistischen Experimentes herantreten. Diese Aufgabe ist keine leichte. Denn das Eindringen in einen derartigen komplizierten Wirtschafts-Mechanismus, wie ihn der sowjetrussische darstellt, ist sehr mühevoll.

Um möglichst frei und selbständig reisen zu können, hatte ich vor meiner Reise in die Sowjetunion die russische Sprache etwas studiert, so daß ich mich schon nach kurzem Aufenthalt leidlich mit den Leuten unterhalten konnte. Die Mehrzahl der Gespräche wurde von Mund zu Mund geführt, ohne Dazwischentreten des Übersetzers, so daß die Leute aus sich herausgehen konnten und sich k e i n e n Z w a n g antaten.

Das H a u p t a r g u m e n t für das russische Wirtschaftssystem ist allerdings der E r f o l g und dieser läßt sich in der Sowjetunion n i c h t bestreiten. Das sieht allerdings der Westeuropäer, der aus Ländern mit einem viel höheren Lebensstandard herkommt, nicht auf den ersten Blick. Ruß-

land erscheint ihm auch heute noch in vielem ärmlich und rückständig. Wer sich aber an Hand der Literatur und besonders der früheren zaristischen Statistiken ein Bild des ehemaligen Lebensstandards macht, der ist sich bald im klaren, daß
 der Erfolg des heutigen Systems nicht nur ein geistiger, sondern auch in materieller Beziehung e in g r o ß e r ist.

Und dieser Anschauungsunterricht, dieses Spüren am eigenen Leibe und der mit den Händen greifbare Erfolg, die von Monat zu Monat immer rascher fortschreitende Besserung der Lebenshaltung ist das wirksamste Übersetzungsmittel. Dieser Erfolg hat der Sowjetregierung die Möglichkeiten gegeben, zahlreiche diktatorische Maßnahmen aufzugeben und mehr und mehr d e m o k r a t i s c h e Institutionen einzuführen.

Das alles kann aber nicht von einem Tag auf den anderen, sondern nur allmählich geschehen. Die Einführung des direkten und geheimen Wahlrechts u. a. sind Schritte in dieser Richtung, die beweisen, daß es der Sowjetregierung e r n s t ist mit der allmählichen Errichtung der Demokratie, und daß ihr Ziel nicht die Behauptung der diktatorischen Macht, sondern die Durchführung des sozialistischen Programm ist.

Das kann man in Westeuropa gar nicht verstehen, denn wir sind so große Anbeter der Macht des G e l d e s und des Besitzes geworden, daß wir uns gar keine Vorstellung machen können von einer anderen Welt, wo n i c h t die Erlangung und Behauptung von Geld und Besitz, sondern die Freude an der Aufbauarbeit eines neuen Staates, einer neuen Weltordnung, eines neuen gemeinwirtschaftlichen Produktionsmechanismus wichtigere Triebfedern des Handels sind als Gelderwerb und Erlangung von Reichtum.

Es wäre allerdings ein großer Irrtum, zu glauben, daß die Sowjetunion ein Paradies und dort alles zum Besten bestellt sei. So etwas glauben kann nur ein Träumer oder ein idealistischer Schwärmer. Und so ist es vorgekommen, daß idealistisch veranlagte Kommunisten voll Begeisterung in dieses Land eingereist und sich nach kurzer Zeit oder Jahren voll Enttäuschung wieder aus dem Staube machten. Das ist keineswegs verwunderlich, denn der gigantische Kampf gegen unzählige Übelstände, gegen die privilegierten Klassen, gegen die Dummheit, gegen den Analphabetismus, gegen verbrecherische Elemente in den Reihen der Partei, der Kampf gegen außen und innen, der Kampf um die Industrialisierung – all das war eine Wirklichkeit, vor welcher mancher verzagte und die Segel strich. Nur die härtesten Männer mit dem unerschütterlichsten Glauben haben Stand gehalten in diesem Kampf, und daß es solche Leute gab, die in den Zeiten der größten Schwierigkeiten nicht verzagten, das erscheint demjenigen wie ein Wunder, der mit eigenen Augen gesehen hat, welche Schwierigkeiten sind überwunden, auf gewissen Gebieten haben sich g r o ß e E r f o l g e eingestellt. Noch befindet sich die Sowjetunion in voller Entwicklung, aber die Wirtschaft ist annähernd im Gleichgewicht und für die Zukunft kann eine regelmäßige und ständige Erhöhung des Lebensstandards bei allmählich immer sinkenderer Arbeitszeit vorausgesagt werden, wenn nicht schwere Erschütterungen (Kriege) diese Planwirtschaft stören . . ."

So urteilt ein bürgerlicher Arzt über die Sowjetunion. Der Wille zur W a h r h e i t war es, der ihn trieb, sein Buch über seine Beobachtungen in der Sowjetunion herauszugehen. Wir werden weitere Auszüge in einer der nächsten Ausgaben des „Vorboten" bringen.

Unsere O r g a n i s a t i o n s -Arbeit

In seinem Artikel „Der Kommunistenprozeß zu Köln" im Jahre 1852 schrieb Karl M a r x über die Aufgabe der Kommunisten den Satz: „Die Vorbereitung einer revolutionären Bewegung kann in keiner anderen Weise als durch geheime Verbreitung der kommunistischen Ideen in den Massen erfolgen." In demselben Artikel schrieb Marx auch den in unserer Oktober-Ausgabe des „Vorboten" schon erwähnten Satz: „Keine politische Partei kann ohne Organisation bestehen." Mit diesen beiden Sätzen ist klar und eindeutig unsere Arbeit umrissen, die erforderlich ist, den Sturz der kapitalistischen Wirtschaftsordnung vorzubereiten. Mit diesen Sätzen hat schon der Altmeister Karl Marx jenen Arbeitern die deutliche Antwort gegeben, die meinen, die Zeit für organisierte Parteiarbeit sei noch nicht gekommen.

Wir leben zweifellos in einer Epoche revolutionärer Erschütterungen, und es ist daher für alle Kommunisten eine dringende Tagesaufgabe geworden, sich zu einem festen Parteikern zusammenzuschließen, der in den M a s s e n wurzelt und denselben in den Tagesfragen beispielgebend, führend den Weg zeigt, der die Fesseln der Lohnsklaverei sprengt.

Gewiß ist unsere Arbeit in der heutigen Zeit des Naziterrors nicht leicht. Aber zu allen Zeiten war die revolutionäre Tätigkeit mit Schwierigkeiten und Gefahren verbunden. Wer aber die Gefahren und Schwierigkeiten kennt, muß und wird denselben zu begegnen wissen, will er nicht von vornherein vor denselben kleinmütig kapitulieren und damit ungewollt die heutigen, schmachvollen Verhältnisse als unabänderlich erkennen.

Als oberster Grundsatz für illegale Arbeit muß Zuverlässigkeit, Pünktlichkeit und V o r s i c h t vorangestellt werden. Wer wider diese drei Gebote sündigt, gefährdet nicht nur sich, sondern unsere gesamte Arbeit. Getroffene Verabredungen sind p ü n k t l i c h einzuhalten und genau der T r e f f punkt zu beschreiben, der so zu wählen ist, daß er leicht gefunden werden kann und vor Bespitzelung bewahrt ist. Zusammenkünfte in den W o h n u n g e n von Genossen sind möglichst zu umgehen, denn die Erfahrungen haben gelehrt, daß die Häufer oft unter Kontrolle stehen. Treffpunkte von der Wohnung aus nicht sofort aufsuchen, sondern einen oder mehrere Umwege machen, um ein evtl. Nachspüren zu erkennen und abzuwenden.

Der **Aufbau** unserer Organisation erfolgt nur in Betriebszellen, die **nicht mehr** als **d i re** Personen umfassen sollen. In diese Zellen dürfen nur **nachweisbar** zuverlässige und erprobte Arbeiter aufgenommen werden. Schwätzer und Freunde des Alkohols sind grundsätzlich für die Parteiarbeit ausgeschlossen. **Neugierde** und **Wichtigtuerei** haben in der Partei **keinen Platz**.

Die **Verbindungen** der Zellen erfolgen nicht von Zelle zu Zelle, sondern ausschließlich von der Gruppenleitung zur Zelle, also keine vertikale, sondern horizontale Verbindung. In größeren Betrieben sind deshalb, je nach Bedarf die Zellen in **Gruppen** zusammenzufassen, die einen Kopf von 3 Mann haben sollen, der mit den Zellen die Verbindung aufrecht hält. Die Gruppen eines Betriebes werden von der Betriebszellenleitung kontrolliert und betreut, um so die Arbeit in dem Betrieb einheitlich auf die Gemeinsamkeit der **Interessen** auszurichten, die Einheit der **Ziele** zu gewährleisten und ein einheitliches **Handeln** zu ermöglichen. In einem weiteren Artikel in der folgenden Ausgabe werden wir auf die Aufgaben der Partei näher eingehen.

In der **Nazibibel** steht auf Seite 262 Ausg. 1933 u. a. zu lesen:
„Man pflegt die Presse gerne als eine ‚Großmacht' im Staate zu bezeichnen. Tatsächlich ist ihre Bedeutung auch eine wahrhaft ungeheuerliche. Man kann ihre Leser in drei Gruppen einteilen:
1. in die, die alles, was sie lesen glauben
2. in solche, die gar nichts mehr glauben
3. in die Köpfe, die das Gelesene kritisch prüfen und danach beurteilen.

Die erste Gruppe ist die weitaus größte, sie besteht aus der großen Masse des Volkes und stellt den geistig einfachsten Teil der Nation dar ... auch jene Sorte von Faulpelzen gehört dazu, die wohl selber denken könnte, aber aus reiner Denkfaulheit heraus alles aufgreift, was ein anderer schon gedacht ... Bei allen diesen Menschen wird der Einfluß der Presse ein ungeheurer sein. Dies kann von Vorteil sein dann, wenn ihre Aufklärung von ernster und wahrheitsliebender Seite vorgenommen wird, ist jedoch von Unheil, sowie dies Lumpen oder Betrüger besorgen.

Die zweite Gruppe ist wesentlich kleiner, die erst zur ersten Gruppe gehörten und nach Enttäuschungen in das Gegenteil umschlagen. Sie stehen auch der Wahrheit mißtrauisch gegenüber ...

Die dritte Gruppe ist die kleinste ... Sie werden keine Zeitung anschauen, ohne in ihrem Gehirne mitzuarbeiten und der Verfasser hat dann keinen leichten Stand ... Heute, da der Stimmzettel entscheidet, liegt ausschlaggebender Wert bei der zahlreichsten Gruppe, und diese ist die erste, der Haufen der Einfältigen oder Leichtgläubigen.

# DER VORBOTE
## Informations- und Kampforgan
## gegen den Hitlerfaschismus

Herausgeber: KP                        Ausgabe Dezember 1941

Die Entscheidung ist gefallen

Im letzten Monat des blutigen Jahres 1941 sind noch zwei wichtige Entscheidungen gefallen.

Seit dem 8. Dezember sprechen im Raum des 180 Millionen qkm großen Stillen Ozeans die Kanonen und Bomben ihre grauenvolle Sprache. Damit ist der gegen Polen vor 25 Monaten begonnene Krieg nun zum zweiten Weltkrieg geworden.

Der vor 6 Monaten gegen die Sowjetunion begonnene Überfall ist in ein neues Stadium getreten. Die Offensive der deutschen Armee ist zum Stillstand gekommen. Seit 5. Dezember hat an der ganzen Ostfront eine erfolgreiche Offensive der Roten Armee eingesetzt.

Der zweite imperialistische Krieg

hat nun durch die im fernen Osten begonnenen Kriegshandlungen sämtliche 5 Erdteile erfaßt. Die Neuaufteilung der Welt hat nun auf dem ganzen Erdball die Kriegsmaschine auf volle Touren gebracht. Im Weltmaßstab wird nun der Kampf geführt um die Beherrschung der Rohstoffgebiete und Absatzmärkte zur Steigerung der Gewinne und Vermehrung des Profits. Die Inselgruppen zwischen Australien und dem chinesischen Festland gehören zu den reichsten kolonialen Gebieten der Erde. Erze – vor allem Zinn – Kautschuk, Rohöl werden dort in ebenso üppigem Maße produziert wie Wolle, Ölsaat, Tee, Gewürze und Gold. Alle diese Schätze standen bisher den Vereinigten Staaten von Nord-Amerika und Großbritannien uneingeschränkt zur Verfügung. Diese wertvollen Rohstoffbasen stehen jetzt im Vordergrund dieses grandiosen Ringens der kapitalistischen Großmächte.

Japan hat nach jahrelangem politischen Ränkespiel dem immer stärker werdenden Druck von Berlin und Rom nachgegeben und Nordamerika und England den Krieg erklärt. Hitler und Mussolini beeilten sich, gegen Tokio gefällig zu sein und schlossen sich dieser Kriegserklärung an. Über ein Dutzend weiterer Kriegserklärungen der verschiedensten Staaten schlossen sich an. Auch China und Japan befinden sich jetzt offiell im Krieg. Hitler, der geniale Feldherr hätte aber gut daran getan, wenn er vor seiner Kriegserklärung an Amerika noch einmal sich den Clausewitz vorgenommen hätte. Dieser anerkannte große Kriegsphilosoph hat in seinem Standardwerk „Vom Krieg" folgende Sätze geschrieben:

„... man müsse sich hüten, daß ein neuer Gegner in den Krieg eintrete, da man riskiere, den Prozeß, den man in den früheren Instanzen gewonnen habe, in dem letzten zu verlieren und zu den Kosten verurteilt zu werden..."

Eine Mahnung, nach der Bismarck seinerzeit gehandelt hat, von seinem heutigen Nachfolger auf dem Deutschen Kanzlerstuhl aber schnöde in den Wind geschlagen wurde. Nun, das Urteil über diesen größenwahnsinnigen Menschen wird vom deutschen Proletariat gefällt und vollstreckt werden...

Die Kriegshandlungen im Fernen Osten
haben nach berüchtigtem Vorbild mit einem blitzartigen, hinterhältigen japanischen Überfall auf die nordamerikanischen Stützpunkte im Stillen Ozean und die englischen Kriegshäfen in Singapur und Hongkong begonnen. Die Kriegshandlungen haben Japan einen Anfangserfolg gebracht und der Flotte von Amerika und England empfindliche Verluste angetan. Das englische Blatt „Evening News" kennzeichnet die Lage folgendermaßen:

„Wenige andere Länder könnten einen solchen Schlag mit größter Kaltblütigkeit ertragen. Wir aber können es. Die Lehre, die wir jetzt über die begrenzten Möglichkeiten der Kriegsflotte und ihrer Abhängigkeit von Luftstreitkräften bekommen haben, muß benutzt werden. Wenn der Schutz durch ausreichende Luftstreitkräfte fehlt und die wertvollen Kriegsschiffe nicht vor Massenangriffen aus der Luft geschützt werden können, laufen sie schwere Gefahr. Allzu viele Sachverständige sind bisher geneigt gewesen, die Bedeutung der Bedrohung aus der Luft zu verringern, wenn es sich um kräftig mit Flak ausgerüstete Fahrzeuge handelt. Aber die Ereignisse dieser Tage haben alle bisherigen Ideen unmodern gemacht. Jetzt müssen wir einsehen, daß die Kontrolle des Luftraumes über unseren Fahrzeugen vor allem in engen Gewässern ebenso wichtig ist wie der Schutz des Landraumes über einer kämpfenden Armee..."

Die Stärke der Kriegsmächte im Stillen Ozean
Bis zum Jahre 1937 war die Flottenstärke zwischen Amerika und England sowie Japan durch ein Abkommen geregelt, und zwar war das Verhältnis der Kriegsflotte dieser drei Länder auf 5:5:3 festgelegt. Seit 1937 hat nun Japan freie Hand und systematisch und eifrig mit einer Neubautätigkeit eingesetzt.

Nach dem Bestand am 1. November 1940 besitzt Japan 12 Schlachtschiffe, 9 Flugzeugträger für Radflugzeuge, Flugzeugmutterschiffe für Wasserflugzeuge, 40 Kreuzer, darunter 12 schwere, 12 Zerstörer, 44 U-Boote bis 2000 Tonnen. Die Zahl der übrigen Flugzeuge wird auf 8000 beziffert.

Amerika verfügt über 15 Schlachtschiffe, 7 Flugzeugträger, 37 Kreuzer, 187 Zerstörer und 100 U-Boote.

England mußte einen Teil seiner Kriegsflotte aus dem fernöstlichen Gebiet nach dem Atlantik und dem Mittelmeer zurückziehen und dürfte etwa 5 Schlachschiffe und etwa 12 schwere und leuchte Kreuzer in Fernost haben, die australischen und neuseeländischen Seestreitkräfte sind nicht eingerechnet. Natürlich kommen zu den erwähnten Einheiten noch eine Anzahl Spezialfahrzeuge wie Minenleger, Torpedoboote, Schnellboote usw.

Der Vollständigkeit halber sei noch auf die Fernostflotte der Sowjetunion hingewiesen, die eine beträchtliche Zahl Einheiten umfaßt. Die Stärke der einzelnen Kriegsmächte darf man nicht allein nach Schiffseinheiten und Flugzeugen betrachten. Stützpunkte und Versorgungsbasen spielen ebenfalls eine große Rolle. Dann muß bezüglich Japan vor allem in Betracht gezogen werden, daß es schon im fünften Jahre des Krieges gegen China sich befindet und den größten Teil der wichtigsten Rohstoffe einführen muß. Somit dürfte der Handelskrieg eine überragende Bedeutung erhalten. Daß Amerika und England über ungleich größere Reserven verfügen, braucht nicht besonders betont zu werden. Japan wird seine Achsenpolitik teuer bezahlen müssen. Das japanische Volk wird bestimmt die Quittung vorlegen.

Der Krieg gegen die Sowjetunion

Er hat allerdings im Jahre 1941 eine Entscheidung gebracht, aber nicht die von Hitler verkündete und von Goebbels ausposaunte. Die schon so oft vernichtete, aufgeriebene, zusammengebrochene, endgültig geschlagene Rote Armee – sie ist nicht geschlagen, sondern befindet sich seit dem 5. Dezember in einer erfolgreichen Offensive. Die Schlacht um Moskau hat nicht Hitler, sondern Stalin gewonnen. Im Vorgelände der roten Hauptstadt hat bei mehrwöchigen, harten Kämpfen die Rote Armee standgehalten, die von Hitler eingesetzten 50 Divisionen dezimiert und die Reste zum eiligen Rückzug gezwungen unter großen Verlusten an Menschen und Kriegsmaterial. Nach 5 Monaten Krieg gegen die Sowjetunion hat Hitler eine Niederlage erlitten, die zweifellos derjenigen Napoleons von 1812 nicht nachstehen wird.

Hitler sagte in seiner Rede im Sportpalast am 4. Oktober u. a. folgendes:

„... An der Ostfront vollzieht sich eine neu eingeleitete Operation wieder als gewaltiges Ereignis. Seit 48 Stunden ist sie in gigantischem Ausmaß im Gange. Sie wird mithelfen, den Gegner im Osten zu zerschmettern..."

Die gesamte braune Meute hat nun in Reden und Artikeln von der im Osten bereits vollzogenen Entscheidung geschwelgt. Die Vernichtung des auf engstem Raum zusammengedrängten Gegners ging am laufenden Band vor sich, wenn man die Nazis hörte. Obwohl General von Bock für drei Offensiven seine Divisionen einsetzte, konnte er nicht über das Vorgelände von Moskau hinauskommen. Die angeblich „letzten Reserven" der Roten Armee hielten Stand! Die Marschälle Woroschilow und Budjenny haben nicht einen Genickschuß erhalten – wie die Nazipresse sensationell meldete –, sondern organisierten im Hinterland die noch lange nicht erschöpften Reserven und den Nachschub der ausgezeichnet ausgerüsteten Winter-Armeen.

Auch im Norden konnten keine wesentlichen Fortschritte erzielt werden. **Leningrad**, angeblich seit drei Monaten restlos eingeschlossen, verteidigt sich nicht nur beispiellos, sondern unternimmt ständig Angriffe – laut OKW-Berichten!

Im **Süden** dagegen konnte General von Kleist weitere Fortschritte erringen auf der **Krim** und im **Donezbecken**. Kertsch, Rostow und andere Städte wurden besetzt. Und so ging auch der November zu Ende, ohne daß die so laut angesagte Entscheidung gefallen wäre. Noch am 7. November sagte Hitler im Bürgerbräukeller zu den Kämpfen im Osten:

„Ich hoffe, daß wir in kurzer Zeit noch ein paar weitere Maßnahmen treffen können ... noch niemals ist ein Riesenreich in kürzerer Zeit zertrümmert und niedergeschlagen worden als dieses Mal Sowjetrußland ..."

Am 29. November aber mußte das OKW mitteilen, daß **Rostow** wieder geräumt werden mußte, angeblich um Vergeltungsmaßnahmen gegen die Bevölkerung durchführen zu können. In Wirklichkeit hat Marschall Timoschenko – auch er hatte bereits einen Genickschuß erhalten! – eine wirksame **Offensive** eingeleitet. Die Armeen des Generals v. Kleist befinden sich seither auf dem **Rückzug**. Die Rote Armee drängt ständig vorwärts und säubert das Donezbecken und die Küste des Asowschen Meeres von den feindlichen Truppen. An der ganzen Front – mit Ausnahme der Gegend um Kalinin – weichen die Truppen des Oberkalkulators Hitler andauernd zurück. Die Niederlage der deutschen Armee ist so groß, daß das OKW am 8. Dezember folgendes mitteilen mußte:

„... Die Fortsetzung der Operationen und die Art der Kampfführung im Osten sind von jetzt ab durch den Einbruch des russischen Winters bedingt. Auf weiten Strecken der Ostfront finden nur noch örtliche Kampfhandlungen statt."

Wie hatten sich die braunen Großmäuler doch vorher noch über den General Winter lustig gemacht, der die Rote Armee aber nicht hindert, in breiter Front die für den Winterfeldzug nicht ausgerüsteten deutschen Truppen regelrecht zu schlagen. In seiner letzten Reichstagsrede schwieg sich Hitler über sein **Fiasko** einfach aus. Für ihn war der 16. November der letzte Termin seines Ostberichtes, mit dem lapidaren Satz: „Es ist noch nicht die Zeit, über die Planung und Führung dieses Feldzuges zu sprechen ..." Die Rote Armee aber wird dem OKW keine Zeit lassen, einen Winterschlaf zu halten, sondern kräftig weiter zuschlagen. Am 28. Oktober konnte man in der Nazipresse lesen:

„Die deutsche oberste Heeresleitung hat jedenfalls auch die Operationen des Generals Winter in ihre Rechnung gestellt; so rechtzeitig und so sorgfältig in ihre Rechnung gestellt, daß heute schon erlaubt ist zu sagen: dem General Winter ist es nicht anders ergangen als den übrigen Verbündeten der Sowjets: er ist ein paar Ellenlängen zu spät auf dem Schlachtfeld erschienen. Die Operationen, die er behindern und zum

Guten für die Sowjets wieder wenden soll, sind nämlich bereits abgeschlossen oder stehen bereits so vor dem Abschluß, daß sein Eingreifen zu spät kommt. Der General Winter wird Moskau nicht mehr retten können. Es ist kein Geheimnis mehr, daß Moskau für den Fall reif ist..."
Die Rote Armee hat nicht nur Moskau gerettet, sie wird den deutschen Heeren das Schicksal der napoleonischen Armee bereiten!

Der Krieg in Afrika
hat in den letzten Wochen den endgültigen Sieg der englischen Truppen in Abessinien gebracht. König Humbert kann seine Kaiserkrone der Altwarensammlung Görings einverleiben. Damit hat Italien bis auf Libyen sämtliche kolonialen Besitzungen verloren. Aber auch in Nordafrika sind seit Mitte November neue Kampfhandlungen von den Engländern eingeleitet worden. General Rommel wird mit seinen Kollegen Kleist und Bock Schritt halten und bewegt sich ebenfalls rückwärts. Nach den letzten OKW-Berichten widerstehen Bardia und Sollum mit großer Hartnäckigkeit dem wachsenden Druck des Gegners! Wir kennen diese Weise schon zu gut, um nicht zu wissen, daß die Truppen Rommels zurückweichen müssen. Wenn nicht alle Anzeichen trügen, wird Libyen ebenfalls von italienischen und deutschen Truppen gesäubert. Die Schlacht im Mittelmeer nähert sich ihrem Höhepunkt.

Aus dem Dritten Reich
Die Lage im Reich spitzt sich langsam aber sicher immer mehr zu. Die drei Probleme: Ernährung, Transport und Arbeitskräfte stellen ständig größere Schwierigkeiten zur Lösung. Der Total-Ausverkauf tritt immer mehr in Erscheinung, wird immer deutlicher, da eine totale Unterordnung in die Kriegsführung durchgeführt wird. Als die neueste „Errungenschaft" des Nazi-Sozialismus haben wir nun auch die Kartoffelkarte. „Eßt Pellkartoffeln", ertönt es aus dem Lautsprecher, damit Kartoffeln gespart werden, weil es die Kriegsführung erfordert! Vom Reichsgesundheitsamt wird verlangt, mehr auf Rohkost sich umzustellen, weil dadurch noch mehr Nahrungsmittel gespart werden können, dazu benötigt man weniger Fett, spart dabei noch Kohlen, Gas und Strom. Was nicht alles im Dritten Reich gespart werden soll! Und das kommt noch das Eiserne Sparen. Hier werden gleich zwei Fliegen mit einem Schlag getroffen. Da man nicht einfach eine glatte Lohn- und Gehaltskürzung sich vorzunehmen traut, hat man das „Eiserne Sparen" erdacht, um so Gelder für die Kriegsführung abzuschöpfen.

Die Begründung für diesen neuen Raubzug konzentriert sich in dem Satz: Absaugung der Kaufkraft. Gleichzeitig wurden die Verbrauchssteuern für Tabak, Branntwein und Schaumwein erhöht. Den Unternehmern wird bei den Finanzämtern vorgeschlagen, sog. „Betriebsguthaben" daselbst anzulegen. Mit all diesen Maßnahmen will man nicht nur neue Mittel für die Kriegsführung hereinbringen, sondern auch die Kaufkraft des Volkes eindämmen, zumal die Waren aller Art ständig knapper werden. In der nächsten Ausgabe wird auf dieses Kapitel näher eingegangen, heute sei abschließend nur bemerkt, daß die Arbeiter auf diesen neuesten Nazitrick nicht hereingefallen sind. In einer Reihe von Betrieben konnten nicht einmal ein Dutzend Eiserner Sparer gezählt werden.

Der wirtschaftliche Bankrott der Nazis kommt gerade jetzt in der Weihnachtszeit ganz kraß zum Vorschein. Die Menschen raufen sich wegen ein paar Christbaumkerzen. Spielwaren sind wenig oder überhaupt nicht zu haben, stellenweise nur auf grünen Ausweis, der zeigt, ob auch tatsächlich Kinder vorhanden sind, B ü c h e r sind ebenfalls rar, und der Händler darf nur e i n Buch pro Person verkaufen. Schreibpapier, Kuverts und Bleistifte sind seltene Artikel geworden. Der Weihnachtsverkauf wurde auf e i n e n Sonntag eingeschränkt.

Armut, Not und Elend an allen Ecken und Enden. Das werktätige Volk beginnt hellhörig zu werden, zumal die B l u t o p f e r immer offensichtlicher in Erscheinung treten. Die Goebbels'schen Tiraden und Posaunenstöße bleiben zunehmend eindrucksloser. Und so wird ständig nach neuen A b l e n k u n g e n Ausschau gehalten. Da hat man einen Antikomintern-Rummel in Berlin veranstaltet, wozu die Achsenbrüder und die Mamelukken aus den besetzten Gebieten sich eingefunden haben, wobei natürlich wieder in großen Tönen Weltgeschichte gemacht wurde, wobei man an das beteiligte Dänemark, Kroatien oder die Slowaken denken muß! Der Champagner-Minister Ribbentrop eröffnete bei dieser Gelegenheit den Vasallen, daß der Achsenbefehlshaber gesonnen ist, dreißig Jahre Krieg zu führen! Er wollte damit wohl noch seinen Herrn und Meister übertreffen, der im November im Löwenbräukeller erklärte: „Der Krieg kann dauern so lange er will, das letzte Bataillon wird ein deutsches sein!"

Weil die Unzufriedenheit ständig im Wachsen begriffen ist, mußte Hitler eine neue Rede halten. Er gab eine Vorstellung in der Krolloper, wo er die sog. Reichstagsabgeordneten versammelte, damit sie nicht ganz umsonst ihre Diäten einstecken. Aber alles Theater und aller Tantam werden nicht verhindern, daß die Volksmassen auf ihre Aufgabe und ihre Kraft sich besinnen werden. So haben im Saargebiet die Hüttenarbeiter und Kohlenkumpels mit den französischen und italienischen Arbeitern sich zu einer Bewegung vereint und einmütig einige Forderungen gestellt bezüglich der Arbeitsbedingungen und der Lebensmittelrationen. Bürkel und Ley mußten sich bequemen, die Forderungen der Arbeiter anzuhören. Auch bei Lanz haben sich die italienischen Arbeiter gegen die Hungerrationen aufgelehnt. In Neckarau ging die Polizei gegen die hungernden Italiener vor.

Der Eintritt Amerikas in den Krieg im Jahre 1917 traf mit dem ersten Munitionsarbeiterstreik zusammen. Auch heute ist diese mächtige Waffe der Unterdrücken nicht vergessen. Mit den zunehmenden Sorgen des Krieges wird auch die Erkenntnis heranreifen, daß dem Arbeiter ein tödliches Kampfmittel gegeben ist gegen seine Bedränger.

Helfen wir alle mehr denn je mit, daß im Jahre 1942 das werktätige Volk einig und entschlossen zum Kampf sich stellt unter der Losung:

Hitler hat den Krieg begonnen,
Hitlers Sturz wird ihn beenden!

Leitspruch für 1942
Hoch die Herzen, empor den Blick!
Nach der Knechtschaft Schmerzen,
Winkt der Freiheit Glück!

Ein neues Weihnachtslied
Es ist ein Heß entsprungen aus einer Messerschmidt,
Er hat ein Lied gesungen – ich mache nicht mehr mit!
Das Lied, es ist schon längst bekannt, wir fahren gegen Engeland;
Wenn nun mal einer wirklich fährt, dann wird er für verrückt erklärt.

Todesacker der Vernunft
 Die Nazis werden nicht müde, vom Neuaufbau Europas zu schwätzen und sich über die n e u e  K u l t u r auszuschleimen. Wir wollen daher einmal an einem Beispiel veranschaulichen, wie es im Dritten Reich, als der „Urzelle dieser neuen Kultur", aussieht. Es mehren sich in der letzten Zeit die Stimmen, die zu der Frage der Schule kritisch Stellung nehmen und offen zum Ausdruck bringen, daß im Laufe der letzten Jahre wertvolles, manchmal unersetzbares schulisches Gut zerstört wurde.
 „Die Freimütigkeit, mit der heute diese zahlreichen Probleme behandelt werden, leitet sich aus der Gewalt der Erschütterungen her, von der die Schule heimgesucht worden ist", schreibt ein L e h r e r in der „Köln. Zeitung", aus dessen Aufsatz wir folgendes entnahmen:
 „Vom Absinken der Schulleistungen als dem Thema innerhalb des Fragenkreises Schule zu sprechen, dazu gehört in unserer Zeit schon der Mut zur Banalität. Die Klagen über mangelhafte Leistungen sind sicherlich zwar in manchem Hinblick so alt wie die Schule selbst . . . Was unsere Tage in dieser Hinsicht von der Vergangenheit unterscheidet, ist der Umstand, daß die Schule in ihrer Gesamtheit in ein Krisenstadium eingetreten ist. Wenn Volksschule, Berufsschule, Mittelschule, höhere Schule und Hochschule in fast gleicher Weise betroffen sind, dann kann es sich nur um Einwirkungen handeln, die ihrem Wesen nach allem Schulischen abträglich und feindlich sind.
 . . . Die Versuche, den Leistungsrückgang zu deuten, zu erklären – aber auch zu begatellisieren –, sind zahlreich. Vielfach wird gerade in den Kreisen der jungen Generation betont, daß es sich n i c h t um einen Leistungsabfall, sondern um eine Leistungsverlagerung handelt. Zugegeben, daß eine Reihe wichtiger neuer Fächer im Stundenplan Zeit und Geltung beanspruchen und einen hohen Grad innerer Berechtigung aufweist, so bewirkt diese Verlagerung doch einen Verfall d e r Kenntnisse, die in der Skala der Werte über allem zu stehen haben, nämlich des elementaren

Grundwissens. Es genügt, in diesem Zusammenhang an die Prüfungsergebnisse zu erinnern, wie sie von den Handwerkskammern, den Industrie- und Handelskammern, den Seminarleitern, der Hochschulen oder von Wehrmachtsstellen verbreitet worden sind in der Absicht, der Öffentlichkeit ein ungeschminktes Bild der Lage zu geben.

Mag sich dieses oder jenes Fach zu noch so großem Ansehen hinaufgesteigert haben, so muß es – besonders in der Volksschule – doch in ein Verhältnis zu den Elementarfächern Rechnen, Deutsch, Geschichte und Erdkunde gebracht werden, weil allein auf solchem soliden Grundwissen geistig weitergebaut werden kann.

Die Berufsschule entäußert sich ihres Wesens, wenn sie sich gezwungen sieht, die Anfangsgründe der Rechtschreibung zu lehren, die dem Volksschüler längst geläufig sein sollten.

Das historische Seminar einer Hochschule ist einfach nicht imstande, sein Pensum zu bewältigen, wenn es die Wahrnehmung machen muß, daß es die primitivsten Grundzüge der deutschen Geschichte noch einmal darzulegen hat, weil Oberschule oder Gymnasium nicht gründlich genug in den Stoff eingedrungen sind. In diesem Zusammenhang sei an die Feststellungen Hartneckers erinnert, daß jeder 13. deutsche Junge und jedes 18. deutsche Mädchen auf dem Hilfsschulniveau stehen, daß rund ein Drittel der deutschen Jugend nicht die oberste Volksschulstufe erreicht.

Das Nachwuchsproblem wird in fast allen gelernten Berufen durch zwei Tatsachen kompliziert: erstens durch die sinkende Quantität und zweitens durch die sinkende Qualität des Nachwuchses. Der erstere Umstand ist zum Teil auf den Geburtenrückgang nach dem Weltkrieg zurückzuführen, andererseits in den s o z i a l e n Verhältnissen begründet. Trotz überspitzter Nachwuchswerbung fehlt vor allem der qualifizierte Nachwuchs.

Ein Bericht über die Schulvorbildung der Berliner Berufsschuljugend ergibt folgendes Bild: Die Untersuchung ergab von den metallgewerblichen Berufen ein A b s i n k e n des Anteils der Volksschüler mit abgeschlossener Volksschulbildung und ein Zunehmen der schlechter vorgebildeten Schüler. Für die nicht metallgewerblichen Berufe war das Resultat n o c h  s c h l e c h t e r. Dort lag die Schulvorbildung allgemein unter dem Durchschnitt des Niveaus, das für die metallgewerblichen Grundberufe ermittelt wurde. Die ständigen Klagen des Handwerks lassen den Schluß zu, daß die Verhältnisse nicht nur in Berlin so ungünstig sind. Durch Befragen der ungelernten Jugendlichen ergaben die Berliner Erhebungen die Feststellung, daß ehemalige Schüler der obersten Volksschulklassen die Beschäftigung als ungelernte Arbeiter oder das Anlernverhältnis einer geordneten Lehre vorziehen, weil sie auf diese Weise mehr Geld verdienen.

Der Artikel in der ‚Köln. Zeitung' gelangte über die G r ü n d e der Leistungsminderung zu der Schlußfolgerung: ‚Hier nutzt nur eine Offenheit, die keine Verwischung und keine falsche Entschuldigung zuläßt.' Vier vielfach überschneidende Faktoren werden heute allgemein als die Ursache

der Schulkrise angesehen. Der Krieg mit seinen zahlreichen Folgewirkungen, die Schulzeitverkürzung, die außerschulische Inanspruchnahme, die Minderbewertung der schulischen Aufgaben und Leistung.
Der K r i e g w ü h l t a u f, er lenkt ab, er ist der Inbegriff der Unruhe. Die Schule dagegen verlangt R u h e, Konzentration und innere Ordnung. Wenn schon der riesige äußere Tribut – in Gestalt der Beschränkung von Klassenräumen und Stundenzahl sowie Lehrereinberufungen – zu entrichten ist, dann wird die Forderung um so dringlicher, daß der eigentliche schulische Geist des Lehrens und Lernens im höchstmöglichen Maße unangetastet bleibt. Die Schule muß das I h r e tun, nicht das Benachbarte, das Fremde oder Gefällige, vielmehr das, was mit dem guten, einfachen Wort ausgedrückt ist: Schule halten ...
Die Kinderlandverschickung hat die festgefügten Ordnungen des Schulsystems zumindest nicht gefördert. Die Altwarensammlungen konnten vielfach nur von der Jugend zu solchem Erfolg gebracht werden auf Kosten der schulischen Erfordernisse. Vom gleichen Problem war die Schulzeitverkürzung belastet, die der Wirtschaft zwar frühzeitiger Kräfte zuführt, die aber an die Schule das kaum erfüllbare Verlangen stellt, den intensivierten Unterricht noch einmal zu intensivieren ...
Es liegt oft die Versuchung nahe, Schulung mit Schule zu verwechseln, also die nachträgliche, zeitweilige, nebenberufliche, zusätzliche Unterweisung gleichzusetzen mit dem großen unverrückbaren Anliegen der Schule, das in Lehre und Erziehung den g a n z e n Menschen beanspruchende Lebensarbeit sieht. Man gebe der Schule die innere Ruhe. Man lasse sie mit Muße arbeiten. Man gewähre ihr Zeit für erzieherische Gründlichkeit und solide Wissensvermittlung, das heißt aber nichts anderes als: man gebe die Schule ihrer eigentlichen Aufgabe zurück."
Diese immerhin vorsichtige Kritik gleicht einem Todesurteil über den Hitlerfaschismus. Solange der Faschismus herrscht, wird die Schule ihre eigentliche Aufgabe n i e erfüllen können. Kanonen statt Butter! lautete der Nazi-Wahlspruch. Also militärischer Drill und Lumpensammeln statt Schule.
Der Krieg bringt nicht nur Massengräber, er macht aus der Schule einen Todesacker der Vernunft. Wenn die Schulen sich wieder ihrer Lebensarbeit widmen sollen, dann muß der Hitlerfaschismus sterben.

> An die Kleinmütigen
> Was fliehst du eilend vor der Welt,
> Sie bleibt dir doch zur Seite!
> Drum sei ein Mann – und sei ein Held!
> Und stell' dich ihr zum Streite. – Sturm –

V o r s ä t z e sind recht und schön, Grundsätze aber nötig.

Bereit sein!
Wie sie sich in die Haare geraten,
Wie sie schwitzen und sich beraten,
Wenn die Nazis vom Sozialismus sprechen,
Um nachher wieder ihr Wort zu brechen.
Dann Arbeiter aufgepaßt und sei gescheit,
Stets sind sie dich zu knechten bereit.

Ob Hitler oder Glöckner, ob Ley oder Lanz,
Sie tummeln sich alle im Geldesglanz.
Sie alle tragen die gleichen Kappen.
Immer müssen w i r für sie berappen.
Drum Arbeiter erwache! Und steh' bereit!
Bedenke, es naht die Abrechnungszeit.

---

Der deutsche Volkssender
ist auf der Kurzwelle 32 Meter täglich zu hören um 6 Uhr, 19 Uhr und 20.35 Uhr. Sonntags um 16 Uhr.

---

Des Krieges Anfang bestimmte Hitler,
des Krieges Ende bestimmen – die anderen!

## Die geplatzten Nähte

Den deutschen Kapitalisten geht es wie einem recht fetten Herrn, der sich schämt, seine Fettschichten offen zu zeigen und sich daher in einen viel zu engen Anzug einzwängt. Eines Tages aber hilft alles Versteckspielen nichts mehr: die Nähte platzen! Und nun kann das darbende Volk erkennen, wer ihm die Butter vom Brot und das Fleisch aus dem Topf geschwindelt hat. Die wahren Herrscher vom Dritten Reich, die Herren von Kohle und Eisen mitsamt ihrem willfährigen Schwarm mittlerer und kleiner Ausbeuter haben unter der Naziherrschaft geradezu unglaubliche Profite aus den Knochen der Arbeiter herausgeschunden. So wie im Dritten Reich alles „einmalig" ist, so ist auch d e r Schwindel einmalig, wie die Kapitalisten es verstanden haben, die R i e s e n p r o f i t e den Augen der breiten Öffentlichkeit zu entziehen.

In der Geschichte des Kapitalismus gibt es kein Beispiel, mit dem man den riesenhaften, behördlich organisierten Bilanzschwindel vergleichen könnte, wie er unter der Naziherrschaft betrieben wurde und wird.

Das Aktiengesetz sieht vor, daß ein gewisser Teil des Reingewinns als Rücklage für schlechte Zeiten verwandt wird. Das war in Ordnung. Nun machte man aber aus der Not eine Tugend und stopfte einfach die gewaltigen Überprofite in die „Rücklagen", man nennt das verschieden: Rücklage, offene oder stille Reserve etc. Ja, man ging sogar dazu über, die Profite in der Bilanz dort hineinzumanövrieren, wo normalerweise die S c h u l d e n stehen. Das ging so weit, daß bei vielen Aktiengesellschaften die so versteckten **Profite** das Doppelte, ja sogar das Drei- und Mehrfache des aufgewiesenen Aktienkapitals ausmachten.

Die ausgeschüttete Dividende bildete schon lange keinen Gradmesser mehr für die Rendite der Aktiengesellschaften. Es wurde vom Reingewinn immer gerade so viel vom Profit abgezweigt, wie zur Ausschüttung einer vom Vorstand vorher festgelegten Dividende erforderlich war. Die Rüstungsindustrie hätte am Geschäft gemessen in den letzten Jahren sicherlich Dividenden von zwanzig, dreißig, fünfzig und mehr Prozent verteilen können. Das aber war politisch unerwünscht, und man beschränkte sich mit acht, zehn und fünfzehn Prozent. Aber auch das war mit der Zeit nicht mehr „tragbar". Die Börse reagierte mit gewaltigen Kurserhöhungen. Alles stürzte sich in die vom letzten Krieg her so gut bekannten „Sachwerte", und wenn die Regierung nicht eingegriffen hätte, so wären die Kurse noch weiter in die Höhe getrieben worden.

So war die Situation etwa im Juni d. J., als die „Dividendenstoppverordnung" herauskam. Diese Verordnung beschränkt die Dividende auf 6 Prozent und belegt höhere Dividenden mit einer progressiven Steuer. Gleichzeitig wurde in dieser Verordnung den Aktiengesellschaften empfohlen, ihr Aktienkapital zu berichtigen, also zu erhöhen, damit die Aktionäre nicht zu kurz kommen. Die Folge war eine Welle von Kapital-„Berichtigungen".

Das Aktienkapital wurde von heute auf morgen verdoppelt, verdreifacht, ja sogar vervierfacht.

Der Aktionär brauchte keinen roten Heller einzuzahlen. Wenn er – sagen wir in einer Aktiengesellschaft Aktien für 100 000 Mark hatte, so wurden ihm gratis weitere Aktien von 100 000 Mark, 200 000 Mark etc. in die Hand gedrückt. Oder aber, die bisherigen Aktien wurden einfach überstempelt und hatten nach der „Berichtigung" einen doppelten oder dreifachen Wert. Er bekam dann die Dividende nicht mehr auf 100 000 Mark, sondern auf den „berichtigten" Wert. Wenn die Dividende früher 12 Prozent war, so kam er auf 100 000 Mark 12 000 Mark Dividende. Nach der „Berichtigung" hatte er dann bei einer Verdoppelung des Kapitals und einer Herabsetzung der Dividende von 12 Prozent auf 6 Prozent genau auch noch 12 000 Mark Dividende zu beanspruchen. Interessant ist die Begründung der Dividendenstoppverordnung (die natürlich gar keine ist!). In der „Frankfurter Zeitung" heißt es wörtlich:

„Es soll der Eindruck vermieden werden, daß in der Zeit des Lohn- und Preisstopps Ausschüttungen an Aktionäre und sonstige Anteilseigner in einem Ausmaß erfolgen, das in der Öffentlichkeit als unangenehm hoch empfunden werden könnte."

Man sieht, daß politische Gründe bei dieser Verordnung Pate gestanden haben und daß es keineswegs die Absicht war, die Aktionäre zu treffen, denn diese erhalten nach wie vor ihre alte Dividende, teilweise noch größere als früher. Wenn nämlich die Dividende bei einer Kapitalverdoppelung nicht halbiert wird, so erhält der Aktionär in unserem Beispiel nicht mehr 12 000 Mark, sondern 16 000 Mark ausbezahlt.

Die Frage ist nun, **woher** die Mittel kommen zu einer Verdoppelung oder Verdreifachung des Kapitals, wie z. B. bei der Firma Grün & Bilfinger. Einfach aus den sog. „Rücklagen"! Viele Aktiengesellschaften geben überhaupt nicht genau an, woher die Mittel kommen.

Nun kommen wir auf ein neues „Geheimnis" aus der kapitalistischen Hexenküche zu sprechen. Es gibt nämlich zweierlei Bilanzen, eine Handelsbilanz und eine Steuerbilanz. Während die Handelsbilanz für die Öffentlichkeit bestimmt ist, also – seit Hitlers Machtantritt – vor den Augen der „Öffentlicht" (gemeint sind hauptsächlich die Arbeiter) zu verbergen sucht, damit der Lohn- und Preisstoppschwindel weiter betrieben werden kann, ist von jeder Aktiengesellschaft eine mehr der Wirklichkeit entsprechende **Steuer-Bilanz** aufzustellen. Diese ist geheim und nur dem Finanzamt zugänglich. Die dort ausgewiesenen Zahlen bleiben also „in der Familie".

Grün & Bilfinger z. B. hatte ein Kapital von 4,41 Millionen Mark. Es wurde in diesem Jahr berichtigt – man nennt es auch „aufgestockt" – um 8,82 Millionen Mark und lautet jetzt auf 13,23 Millionen Mark. Davon wurden 8,54 Millionen, also fast die ganze Summe, aus dem Unterschiedsbetrag zwischen der Handels- und Steuerbilanz genommen und nur 1,56 Millionen aus den offengelegten Rücklagen der Handelsbilanz.

**Lanz** hat das Kapital verdoppelt, **Steinzeug** beinahe verdoppelt. Steinzeug verteilte im letzten Jahr 10 Prozent Dividende auf 4,446 Millionen Aktienkapital, also 444 600 Mark. In diesem Jahr 6 Prozent auf 8 Millionen Mark, also 480 000 Mark.

Im Juni d. J. platzten also den Kapitalisten die Nähte, die Dividenden und die Börsenkurse zeigten der Arbeiterschaft die abgesetzten Fettpolster, die überall durch die geplatzten Nähte hervorquollen. Durch das Dividendenstoppgesetz hat man dem dicken Bourgeois ein größeres Kleid angemessen und die Fettpolster wieder verdeckt. Wird die Arbeiterschaft warten, bis die Nähte **wieder** platzen **oder**?

Am 12. Juni 1941 kam die Dividendenstoppverordnung heraus und am 22. Juni, früh 3 Uhr, begann der Überfall auf die Sowjetunion. Der Zusammenhang ist offensichtlich und der Zweck noch klarer: Sand in die Augen der Arbeiter!

### Notwendige Bemerkungen zu unserer Arbeit

Zu diesem Thema waren in zwei Ausgaben bereits Ausführungen enthalten. Gewisse Beobachtungen und Wahrnehmungen geben Veranlassung, die dort enthaltenen Grundsätze unserer organisatorischen Arbeit noch einmal stark zu unterstreichen. Vor allem muß betont werden, daß getroffene Abmachungen unter allen Umständen pünktlich eingehalten werden und der Ort des Treffpunktes genau bezeichnet und gemerkt wird. Andernfalls entsteht nicht nur ein Leerlauf, sondern auch ein Gefahrenherd. Unsere Arbeit erfordert an sich schon viel Zeit und darf nicht noch solche verschwendet werden durch Unachtsamkeit und Unpünktlichkeit. Treffpunkte sind auch frühzeitig abzumachen, damit sich jeder gut darauf einstellen kann. Es sei nochmals mit Nachdruck bemerkt, das Aufsuchen der Wohnungen bekannter Genossen u n b e d i n g t zu vermeiden. Zusammenkünfte möglichst in die Zeit der Dunkelheit verlegen. Da unsere Organisation sich nur auf Betriebszellen stützt, muß es möglich sein, vor, während und nach der Arbeitszeit sich kurz zu verständigen. Besprechungen von längerer Dauer außerhalb des Betriebes vornehmen, da auch im Betrieb Spitzel vorhanden sind und alle bekannten Kommunisten ständig unter Kontrolle stehen. Die Neugierde ist eine revolutionäre Untugend und verträgt sich nicht mit einer verantwortungsbewußten illegalen Arbeit. Desgleichen ist das Mitteilungsbedürfnis mit illegaler Arbeit unvereinbar. Es ist durchaus gleichgültig, woher die Zeitung kommt oder w e r dieselbe ausgehändigt hat. Es muß genügen, daß die Zeitung da ist, alles übrige ist von Übel. Ebenso muß unbedingt darauf bestanden werden, daß niemand eine Zeitung weitergeben darf, es sei denn, er ist dazu speziell beauftragt worden. Querverbindungen sind zu vermeiden, damit genau kontrolliert werden kann, wer die Zeitung erhalten hat und verhindert wird, daß dieselbe in unbefugte Hände gelangt. Die Zeitung ist n u r für die Genossen bestimmt! Die Erfahrung hat gelehrt, daß alle Verhaftungen weniger der Findigkeit der Polizei als der „Unachtsamkeit" unserer Genossen zuzuschreiben sind. Deshalb heißt das oberste Gebot für eine verantwortungsbewußte Arbeit: Disziplin, Pünktlichkeit, Zuverlässigkeit, Standhaftigkeit.

In Gesprächen kann man immer wieder hören: ja, der ist gut! Bei näherer Betrachtung ergibt sich aber oft, daß der in Frage kommende Arbeiter wohl gegen das 3. Reich eingestellt ist, aber das allein genügt in der heutigen Zeit noch nicht, daß derjenige nun auch für die Partei erfaßt werden kann. Er muß eine feste politische Auffassung vertreten und darf nicht gleich umfallen, wenn die Ereignisse einmal nicht nach seinem Wunsche sich abspielen.

Nur u n e n t w e g t e Antifaschisten, deren politische Weltanschauung durch n i c h t s zu erschüttern ist, können für die Partei in Frage kommen. Jede Goebbels'sche Propagandapauke, alle Siegesfanfaren, alle Sondermeldungen müssen an der Standhaftigkeit abprallen. Alle Verleumdungen über unsere Bewegung, alle Greuelmärchen über die Sowjetunion, die 24 Jahre a u f g e b a u t und ihrem Volke Freiheit und Kultur gebracht hat und die heute lieber alles Geschaffene – unter größten Opfern Geschaffene – zerstört, als es in die Hände der verhaßten Faschisten gelangen zu lassen, sie m ü s s e n an der eisernen Überzeugungstreue zerschellen. Es ist deshalb unbedingt erforderlich, daß die Kandidaten für die Partei geraume Zeit über ihr Verhalten im Betrieb beobachtet und durch öftere Aussprache mit ihnen ihre politische Auffassung kontrolliert wird. Nicht zuletzt muß man sich davon überzeugen, ob es sich um einen charakterfesten Menschen handelt, der in gewissen Situationen als Mann sich zeigen wird und nicht als Schwächling.

Darüber hinaus müssen alle Arbeiter, die nicht für die Partei in Frage kommen, aber antifaschistisch eingestellt sind, um unsere Partei geschart werden und das Bindeglied sein zu den Massen der Werktätigen, um diese aufzurütteln zum

    Kampf gegen die Naziherrschaft, gegen den Krieg,
    für den Frieden, für Freiheit und Brot,
    für ein Sowjet-Deutschland!

Stalin führt in dem Werke „Der Leninismus" u. a. einen Ausspruch Lenins an. Lenin erwähnt, daß durchaus die Möglichkeit bestehe, daß alle Errungenschaften im Falle eines imperialistischen Überfalls noch einmal verloren werden könnten und noch einmal der Kapitalismus siegen könne. Diese Möglichkeit bestände jedoch nur dann, wenn bis dahin nicht wenigstens eine Großmacht sich in einen Sowjet-Staat umgebildet hätte, oder aber eine andere Hilfe hätte. Wohl steht bei dem jetzigen faschistischen Überfall der Union kein Sowjetstaat zur Seite, aber es stehen ihr Mittel zur Verfügung durch Staaten, ja Weltteile, die Deutschlands unerbittliche Gegner sind, die keinen Frieden mit Deutschland schließen werden, ehe der Hitlerfaschismus vollkommen geschlagen ist. Durch diese Tatsache, zusammen mit dem wirtschaftlichen Fiasko Hitlers, das Erwachen der Arbeiterschaft und nicht zuletzt durch die nunmehr eingetretenen militärischen Rückschläge, die die Rote Armee der deutschen beigebracht hat, sind die Voraussetzungen zu unserem Sieg gegeben.

    ... Hohl ist der Boden unter den Tyrannen,
        die Tage ihrer Herrschaft sind gezählt,
            und bald ist ihre Spur nicht mehr zu finden.    (Schillers Tell)
    ... am Ende siegt doch der Geist.
                      (Ausspruch Napoleons,
                      kurz vor seinem Tode auf Helena)

# Personenverzeichnis

Abel, Fritz 126, 127, 128, 150, 151, 184
Adler, Fritz 150
Albert, Georg 227, 228, 229
Amail, Karl 142, 143
André, Edgar 158, 218
Apelt, Fritz 33, 32, 44, 66
Arnold, Maximilian 59

Baier 90
Bästlein, Bernhard 221
Bauer, Otto 145
Baumann, Jakob 8, 146, 147
Bayer, Maximilian 117, 118, 119, 122
Becker, Fritz 228
Becker, Philipp 183
Beimler, Hans 158
Bernays, Dr. Maria 59
Biedermann, Wilhelm 97, 116, 135
Biehler, Eugen 126
Biehler, Käthe 151
Bilfinger, Rudolf 240
Birsch, Louis 224
Bischoff, Adolf 86, 97, 133, 173, 189
Bischoff, Eduard 150
Blattner, Karl 139
Blessing, Karl 176
Blomberg, Werner von 55
Bock, Max 238, 239
Bonte, Florimond 216
Brand, Heinrich 85, 122
Braun, Josef 238
Brede, Artur 100
Brüning, Heinrich 12, 13
Brunnemer, Luise 200
Brunnemer, Philipp 152, 183, 184, 186, 193, 198, 200
Brunner, Adolf 136
Büdenbender, 225, 227
Budjenny, Semjon 263
Burchardt, Kurt 189, 190, 192
Burkhardt, Georg 150

Cabelitz 81
Carstens, Karl 7
Char, Friedrich 225, 227
Chemnitz, Walter 49, 61, 66
Clausewitz, Karl 261

Conrad, Hermann 127, 128, 152
Cornelius, Ludwig 158, 160
Cuhorst, Hermann 193

Dahlem, Franz 91
Dahlhaus, Max 75, 76
Dallinger, Leonhard (Leo) 158, 159, 160, 161
Darlan, François 255
Delp, Alfred 10
Delp, Karl 123
Denninger, Karl 79, 80, 81, 82
Dewald, Otto 123
Diamant, Max 28
Diehl, Kurt 158
Dierolf, Jakob 122
Dieter, Gustav 146
Dietrich, Dr. 252
Dimitroff, Georgi 113, 114, 116, 158, 181
Doll, Franz 15, 47, 48, 50, 52, 77, 81
Dollfuß, Engelbert 88
Dreifuß, Bernhard 217
Dreifuß, Eugen 217
Dreifuß, Henriette 217, 218
Dreifuß, Rosa 217
Dreißig, Otto 58
Dürr, Friedrich 98, 107, 232, 233

Eble, Paul 74, 75, 92
Eckert, Erwin 12, 23, 25, 26, 35
Edenhofer, Otto 195
Eheim, Karl 86
Eiermann, Karl 94, 95, 121, 122
Eisengrein, Camill 143, 146
Engel, Gerhard 220
Englert 59
Erler, Fritz 239
Ernst, Robert 78, 79
Erny, Albert 146
Eschelbach, Valentin 127, 128

Faster, Hilde 195
Faulhaber, Jakob 8, 25, 66, 131, 133, 134, 135, 138, 152, 177, 178, 180, 183, 184, 187, 193, 196, 197, 198, 200
Faulhaber, Ruth 196
Feil, Rudolf 77

Feit (SA-Standartenführer) 38
Feller, Willy 100
Fels, Willi 134, 135
Feuerstein, Adolf 136, 139, 178, 181
Fichter, Käthe 126
Filbinger, Hans 7, 240
Fischer 59
Fischer, Georg (KPD) 95, 108, 127, 138, 145
Fischer, Georg (SPD) 54, 58
Fischer, Karl 51
Florin, Wilhelm 91, 213
Franco, Francisco 7, 158
Franticek 212
Fränznik 59
Freisler, Roland 192, 227
Frenz 59
Frey, Emil 195
Friedel, Franz 155
Friedrich, Karl 59
Frietsch, Franz 83, 84, 86, 97, 117, 151, 152, 153, 170, 173, 178, 189, 193, 229, 230, 240
Fritz, Albert 138, 193, 202
Fritz, Georg 195
Frohmann, Felix 54
Fuchs, Karl 158
Funk, Walter 176
Fütterer, Gustav 71, 85, 122

Garrecht, Johann 228, 229
Geiger, Josef 96, 106
Geis, Philipp 86, 96, 156, 157
Gentner, Irene 181
Gentner, Otto 180, 182
Genzwürker, Hans 70, 71
Gerst 47, 48, 71, 97, 173, 190
Giegrich, Valentin 143
Giesecke 90
Glaser, Fritz 149
Glaser, Jakob 189
Goebels, Josef 36, 187, 253, 266
Göltenboth, Ella 94, 127, 129
Göltenboth, Ernst 125, 126
Göring, Hermann 265
Gorbach, Max 115, 116, 181
Götz, Otto 83
Gräsle, Karl 108, 117, 124, 126, 132
Grigorew, Iwan 209, 210, 235
Grimm, Ludwig 153

Grimm, Willy 28, 54
Grohmüller, Elise 181
Grohmüller, Fritz 136, 139, 181
Grosse, Hermann 15
Grund, Fritz 136, 193
Grywatsch, Gustav 158, 159
Günther, Maria 190
Gwinner, Willi 145

Haas, Anni 85, 86
Haas, Lisa 159
Haas, Theodor 156
Hackl, Anton 233
Häfner, Karl 82
Hahner, Ernst 136, 137, 139, 143, 178, 191, 193, 195, 229
Harth, Karl 62
Hauck 157
Hauser, Heinz 69
Hebel-Kunze, Bärbel 22
Heck, Hans 53, 188, 189, 193, 203
Heidenreich, Ernst 125, 155
Heilig, Hans 146
Heimerich, Hermann 25, 54
Heine, Heinrich 248, 256
Heinz, Karl 159, 216
Heiser, Elsa 24, 26
Heiß, Kurt 67
Heiß, Leo 94, 95, 121, 122, 159, 232, 233
Henk, Emil 68, 69, 142, 143
Herbst, Eugen 15, 53, 66, 100, 156
Hertel 234
Herz, Martin 28
Heß, Karl 73, 82, 83, 85
Heß, Rudolf 178, 267
Heuser 112
Heydrich, Reinhard 115, 173
Hierl, Konstantin 104
Himmler, Heinrich 206, 233
Hindenburg, Paul von 55
Hirschel, Hans 139
Hitler, Adolf 13, 28, 29, 32, 33, 40, 59, 70, 86, 102, 166, 174, 197, 206, 213, 223, 235, 241, 246, 252, 256, 261, 263
Hoffmann, Hans 125, 139
Hoffmann, Karl-Heinz 91, 97, 98, 117, 159
Hofmann, Karl 150
Hofmann, Richard 67
Hohl, Herbert 236

Hohl, Hermann 61, 62, 136, 139, 236
Holle, Heinrich 145
Holle, Lydia 209
Holtz, Gerhard 68
Holtz, Käthe 68
Hölzel, Willi 168
Huber, Franz 229
Hubmann, Erich 233
Hugenberg, Alfred 33
Hunsinger, Willi 209, 210
Hürstel, Lucian 211
Huß, Ernst 159
Hussong, Richard 143, 146

Jacob, Franz 221
Jander, Herbert 159
Jatzek, Mathilde 191, 203
Jatzek, Richard 191, 193, 198
Jung, Karl 159
Jost, Ludwig 78
Jöst, Paul 99

Kahn, Jakob 54
Kaiser, Walter 238
Kampp, Fritz 99, 103
Kapp, Wolfgang 33
Kappler, Gustav 62
Kastner, Jakob 238
Kaufmann, Otto 152
Kemptner, Karl 225
Kieser, Jakob 58
Kirchner, Alfred 159
Kirsch, Bruno 179
Kirsten, Max 145
Kissel, Wilhelm 176
Klausmann, Robert 67, 135, 181, 182
Kleber, Walter 104, 106
Knab, Ludwig 152
Knapp, Erwin 53, 67, 178
Knapp, Friedel 67, 178
Kober, Ludwig 66, 139
Köbis, Albin 227
Kohl, Helmut 107
Kohl, Rudolf 238, 239
Kost, Ludwig 59
Kraft, Heinrich 137, 178
Kraft, Heinrich (Sohn) 159
Krämer, Otto 58
Krollmann, Maria 97

Krumm, Willi 108, 117, 118, 136, 139, 156
Kuhlen, Gustav 47, 131
Kumm, Will 67, 138, 139
Künstler, Karl 85
Kupka, Johann 67, 184, 193
Kurz, Anton 124, 187, 193

Laan, Jakob van der 39
Laan, Heinrich van der 42, 137, 139, 207
Langendorf, Anette 66, 131, 192, 195, 238
Langendorf, Kurt 131, 135
Langendorf, Rudolf 43, 131, 135, 178, 187, 193, 201
Layer, August 59
Lechleiter, Georg 8, 13, 43, 66, 129, 131, 133, 134, 135, 177, 178, 179, 183, 187, 191, 192, 193, 196, 197, 198, 201, 241
Leinz, August 195
Lemke, Fritz 28
Lenin, W. I. 244, 248, 251
Leuz, Paul 125
Ley, Robert 270
Liebknecht, Karl 100, 158
Liebl, Hans 84, 85
Liesecke, Karl 106, 159
Limbeck, Rudolf 124
Lindemann 215
Link, Viktor 229
Lippold, Eva 155
Locherer, August 149, 150
Locherer, Paul 148, 149, 150
Lockemann, Franz 58
Lösch, Friedrich 150
Ludwig (General) 254
Lumpp, Otto 98, 122

Maaßen, Hans 42, 66, 67, 166, 169
Mack, Josef 150
März, Christian 125
Magin, Otto 72, 83, 117, 118, 119, 127, 184
Mai, Johann 128
Mai, Wilhelm 85
Maier, Johann 128
Maldinger, Michael 116, 123
Mandel, Maria 125, 154, 155
Mandel, Willy 125, 155, 156
Mann, Heinrich 178

Marum, Ludwig 53, 56
Marx, Karl 247, 259
Mast, Eugen 229
Matzner, Uren 58
Maus, Rudolf 91, 136, 183, 191, 193, 204
Max (Kurier) 94, 95
Mayer, Karl 143, 145, 146
Meixner, Alfred 150
Menges, Elisabeth 59, 154
Merk, Antonie 23, 36
Merle, Christian 93, 94, 95
Michel, Franz 84, 151, 173
Mies, Herbert 9
Mittel, Ludwig 136
Mittel, Rudolf 195
Mohr (KZ-Kommandant) 53
Mohr, Jakob 139
Mohr, Walter 213, 214, 216
Moldrzyk, Josef 123
Moldrzyk, Ludwig 138, 178, 187, 193
Morschhäuser, Karl 17
Müller (Höllen-Müller) 112
Müller, Grete 78, 79
Müller, Gustav 71, 85, 108, 151, 153, 159, 184, 218, 219
Müller, Herbert 51
Müller, Hermann 191, 195, 229
Müller, Kurt 91
Müller, Heinz 78, 79
Münzel, Friedrich 133, 139, 186
Muselmann, Paula 143
Mussolini, Benito 255, 261

Nagel 47
Nägele, Fritz 125
Napoleon I. 274
Neidig, Friedrich August 17
Neischwander, Ludwig 72, 77, 108, 192, 193, 202
Neubauer, Theodor 221
Neudörfer, Gertrud 155
Niebergall, Otto 142, 181
Nickolay, Fritz 102
Nietzsche, Friedrich 251
Nocker, Albert 220
Noske, Gustav 22

Olb 225, 227
Oppenheimer, Max 57, 58, 196, 243

Ott, Jakob 142
Overdick 90

Papen, Franz von 12, 13, 28, 33
Paulus, Otto 58
Petain, Philipp 255
Petry, Willy 148, 150
Petzold, Reinhold 124
Pfennig, Elisabeth 154
Pieck, Wilhelm 206
Pinochet 7
Pitzuch, Emil 15
Plattner, Fritz 141
Popp, Johann 96
Probst, Willi 136, 193, 201, 230
Pütz, Georg 126

Quick, Otto 195

Raddatz, Karl 231
Rau, Heinrich 64, 77
Reichpietsch, Max 227
Reiling 90
Reinbold, Georg 28, 142, 143
Reiter (Frau) 227
Reiter, Jakob 225, 227
Remmele, Adam 56
Renninger, Karl 55, 234
Ribbentrop, Joachim von 266
Ries, Erwin 68, 71, 85, 124
Ries Ulricke (Rieke) 67, 81, 85
Ritter 112
Ritter, Jakob 148
Ritz, Anna 85
Roger 211
Rohleder, Ernst 84, 85
Rommel, Erwin 265
Roos, Gustav 150
Rößler, Karl Joseph 55
Roßmann 64
Roth, Ernst 141
Rudolf, Heinrich 155, 156
Ruf, Ludwig 146
Rüffer, Bruno 193, 204
Rummel, Hans 176
Rummer, Jakob 86, 96, 157, 221
Rutz, Josef 84, 117, 118, 119, 230, 231

Saefkow, Anton 221
Safferling, Josef 159

Salazar 7
Salm, Fritz 7, 8, 11, 90, 106, 136, 145
Schadt, Dr. Jörg 18, 29, 70, 177
Schäffner, Hans 72, 117, 118, 121, 159
Schaible, Ida 95, 97, 98
Schellenberger, Hans 108, 135, 153, 192
Schenkel, Hans 111
Schifrin, Alexander 28
Schild, Karl 150, 220
Schiller, Friedrich 256, 274
Schleicher, Kurt 13, 21, 28
Schlessmann, Karl 58
Schloz, Fritz 73
Schlude, Hermann 48, 79, 83, 86, 117, 118, 151, 173
Schmider, Ludwig 85
Schmidt, Franz 210
Schmidt, Willy 157
Schmitt 90
Schmitt, Johann 156
Schmitt, Josef 55
Schmitt, Karl 124
Schmitt, Valentin 25
Schmoll, Robert 193, 204
Schmutz, Paul 147
Schneck, Karl 49, 51
Schneider 108
Schneider, Hermann 234
Schneider-Lösch, Karl 99, 103, 106, 159, 160
Schneller, Ernst 46, 231
Schreck, Paul 18, 66, 124, 126, 131, 132, 137, 172, 173, 238, 239
Schröder, Adolf 150
Schröder, Max 72
Schuhmacher, Heinrich 216
Schumann, Georg 221
Schulz (Frau) 47
Schwab, Eduard 124
Schwantes, Martin 221
Schwarz, Fritz 85
Schwarzschild, Erna 79, 94
Seidenzahl, Fritz 176
Seitz, Alfred 184, 193, 203
Seitz, Käthe 184, 186, 187, 191, 193, 195, 198, 203
Seizinger, Daniel 183, 189, 190, 193
Selzner, Claus 141
Seydlitz, Walther von 215
Sichler, Peter 139

Sigrist, Eugen 125, 187, 193, 204
Sonntag, Emil 211
Sorg 191
Spill, Hans 96
Spuler, Dr. 235
Stalin, Josef 244, 248, 253, 263, 274
Stark, Richard 173
Steigleder, Philipp 67
Steiner, Emma 159
Steiner, Hans 159
Steiner, Johann 44, 48, 53, 86, 159, 239
Stoll, Karl 229
Stolzenburg, Oskar 159
Sturm, Sebastian 123
Strohmeier, Erwin 26, 70, 71, 108, 116, 153, 159, 160
Straubitz, Fritz 58
Süß, Gustav 179, 192

Thälmann, Ernst 24, 26, 60, 63, 65, 105, 158
Torgler, Ernst 60
Tritschler, Jakob 59, 152, 153
Trumpfheller, Jakob 8, 54, 238

Ulbricht, Walter 91, 213
Utech, Heinrich 159, 160

Venuleth, Heinrich 159, 160
Volk, Georg 229
Voltz, Adam 86, 157
Volz, Heinrich 180
Votteler, Ernst 159

Waagemann 242
Wacker, Anton 136
Wacker, Hedwig 137, 139, 189
Wagner, Henriette 134, 193, 202
Wagner, Jakob 73
Wagner, Karl 134
Wagner, Robert 54, 55, 254
Walter, Arnold 146
Walter, Friedrich 167, 235
Walter, Otto 84, 85, 86
Wawell 245
Weber, Fritz 124
Weber, Kurt 238, 239
Wehmaier, Heinrich 123
Weinert, Erich 213
Weiss, Johann 192

Wels, Otto 22
Wenz, Gustav 139
Werling, Jakob 176
Wesch, Georg 106
Wessing, Max 176
Wetzel, Otto, 37, 38, 55
Wich, Heinrich 225
Wiedmaier, Eugen 62
Wieland, Heinrich 77, 83, 116, 153, 154, 159
Wieland, Josef 159, 160, 161
Wieland, Ludwig 99, 159

Wilhelm, Karl 147
Winkler, Elisabeth 210
Winkler, Robert 210
Winterhalter, Max 77, 151, 178, 184, 186, 190, 193, 204
Wirth, Josef 15
Wolf, Max 208
Wolfsberger, Josef 209
Wurster, Carl 240

Zörgiebel, Karl 23